高校秘书学专业系列教材　总主编◎杨剑宇

秘书实务

MISHUSHIWU

第二版

U0329990

朱欣文　杨剑宇——主编

华东师范大学出版社
·上海·

图书在版编目（CIP）数据

秘书实务/朱欣文，杨剑宇主编. —2版. —上海：华东师范大学出版社，2019

高校秘书学专业系列教材

ISBN 978 - 7 - 5675 - 9439 - 5

Ⅰ.①秘⋯ Ⅱ.①朱⋯ ②杨⋯ Ⅲ.①秘书学—高等学校—教材 Ⅳ.①C931.46

中国版本图书馆 CIP 数据核字(2019)第 148160 号

秘书实务(第二版)

主　　编　朱欣文　杨剑宇
责任编辑　张　婧
审读编辑　王秋华
责任校对　林文君
装帧设计　俞　越

出版发行　华东师范大学出版社
社　　址　上海市中山北路 3663 号　邮编 200062
网　　址　www. ecnupress. com. cn
电　　话　021 - 60821666　行政传真 021 - 62572105
客服电话　021 - 62865537　门市(邮购)电话 021 - 62869887
地　　址　上海市中山北路 3663 号华东师范大学校内先锋路口
网　　店　http://hdsdcbs. tmall. com/

印 刷 者　上海华顿书刊印刷有限公司
开　　本　787×1092　16 开
印　　张　25.25
字　　数　474 千字
版　　次　2019 年 9 月第 2 版
印　　次　2022 年 8 月第 5 次
书　　号　ISBN 978 - 7 - 5675 - 9439 - 5
定　　价　58.00 元

出 版 人　王　焰

(如发现本版图书有印订质量问题,请寄回本社客服中心调换或电话 021 - 62865537 联系)

修订说明

本书是"高校秘书学本科专业系列教材"之一。秘书学专业于 2012 年被正式列入教育部本科专业目录后，秘书实务成为秘书学专业的核心课程之一。在各高校急需专业教材的背景下，我们编撰出版了此教材，自 2013 年出版以来，受到全国本科院校秘书学专业同行们的普遍欢迎和好评，被广泛用作教材。

近年，随着时代的发展，秘书工作也与时俱进，秘书的业务范围扩展，工作方式进化，同时，国家秘书职业资格考试等相关政策也发生了变化。为此，我们顺应形势的发展，在调研收集了任课教师和学生使用该教材的建议后，对《秘书实务》的内容作了修订和更新，修订及补充内容约 20%；形式上也增加了章前、章中、章后等栏目，希望能更切合实际，更方便教学。

本书大纲由杨剑宇和朱欣文多次讨论后确定，按照杨剑宇的"三三论"教学理论进行编排。全书体例上由绪论引导，将秘书业务分为三个层次，即办公室事务与管理、秘书传统业务、秘书辅助决策业务，由易到难、循序渐进地排列成十七章。各章由案例导入，章末有思考题、案例分析、实践训练、知识链接、扩展阅读，形式活泼，富有新意。

各章执笔分工情况如下：

绪论	杨剑宇
第一、十章	杨珈玮
第二、三、四、五、八、十四、十五章	朱欣文
第六、十三章	郑 梓
第七、十二章	汪东发
第九章	张南平
第十一章	钟嘉芳
第十六章	蒋兴礼
第十七章	李丽安

编辑范耀华和张婧为本书的出版付出了辛勤劳动，在此谨表谢意。

本书修订得到广东海洋大学 2016、2017 级秘书学专业学生的大力支持，在此一并感谢。

由于秘书学专业是发展中的专业，秘书实务也是随着秘书工作内涵的变化而不断发展的一门课程，所以，不足之处在所难免，敬请同行们批评指正，提出宝贵意见。

杨剑宇　朱欣文

2019 年 3 月 1 日

总序

秘书学专业已于 2012 年被正式列入教育部本科专业目录。我们努力了 30 余年,终于使学科正式跻身于高等教育本科专业之林,这是学科发展史上里程碑式的跨越,是学科正规化大发展的起步。秘书学科的春天真正来临了!

教材建设成为专业建设的首要任务之一。近年来,全国多家出版社纷纷组织编写秘书学专业系列教材,呈现出百家争鸣、百花齐放的势头,这是专业兴盛的表现,同时,通过竞争,教材也能越编越好。

回顾 30 余年来,秘书专业的教材大致经历了两代。

第一代教材产生于 20 世纪 80 年代前期,名称有《秘书学概论》、《秘书工作》、《秘书学和秘书工作》、《秘书学》等。各书的内容一般分三部分:首先是对秘书工作粗浅简单的经验总结;然后,大部分篇幅是文书工作程序介绍和法定行政公文的介绍及写法;最后,再加些秘书工作、档案工作等法规的附录。对这一代教材,宽容者称之为集专业教材、学术著作、工作手册三位于一体的连体;批评者斥其难以用作教材,不成工作手册,更远非学术著作,属生硬拼凑、不伦不类的"三不像"和"大杂烩"。客观而论,与文史哲等成熟的学科相比,这一代教材确实粗糙、幼稚、难登大学殿堂。然而,任何学科总是从低级到高级,从幼稚到逐步成熟的,因此,其开拓、铺路之功不可抹杀。

第二代教材产生于 21 世纪初,以全国统编秘书专业自考教材为代表。其主要标志是将秘书学专业的内容分解为"论"、"史"、"应用"三部分,出现了《秘书学概论》、《中国秘书史》、《秘书实务》、《文书学》、《档案学》、《秘书写作》、《公共关系学》等课程教材。这些课程教材既有相对独立的内容和理论框架,又彼此联系,初步形成了学科体系。但是,这一代教材一定程度上存在着基本概念含混、学科界限不清、研究对象欠明、体系不够完整的不足之处。

近年来组织编写的一系列教材,总结了 30 余年来的经验,是为第三代教材。本系列教材就是试图弥补第二代教材的缺陷,希望成为第三代教材中的集大成者。为此,我们要求各册教材均应达到基本概念明确、研究对象明确、课程界限明确、体系基本完整的要求。

本系列教材具有专、全、新的特点:

专——秘书学已成为独立的本科专业,其系列教材应当具有明显的专业性,即:

第一,每册教材都有各自专门的基本概念、研究对象、课程界限、基本体系。不再是既夹有"史"、"论",又杂有文书写作、实务等于一体的"三不像"和"大杂烩",也不再是相互混淆、重叠的复制品。

第二,本系列教材全部由长期从事该课程教学、研究的具有高级职称的专业教师对口主编，凝聚了他们十多年或者几十年的教学经验和研究成果。例如，我们邀请四川大学知名文书学专家杨戎教授、知名档案学专家黄存勖教授主编《文书处理和档案管理》，邀请从事秘书专业管理学课程教学多年的常州工学院钱明霞教授主编《管理学原理》，等等，以此保证本系列教材的专业性和高质量。

全——我们同时着手编撰秘书学专业系列教材和涉外秘书专业系列教材，这两个系列的教材，可相互交叉使用。这是至今最全的秘书学本科专业系列教材。

秘书学专业的主干课程，经学界在哈尔滨、杭州、厦门等召开的几次全国研讨会上反复讨论，认为应以七门课程为核心课程，在此基础上编写教材，即《秘书学导论》、《中国秘书史》、《秘书实务》、《秘书应用写作》、《秘书公关原理与实务》、《文书处理与档案管理》和《管理学原理》。本系列教材除此七册外，还包括了专业主要课程教材《秘书心理学》、《秘书实训》等。

鉴于涉外秘书专业与秘书学专业有明显区别，我们策划、组织一批长期从事涉外秘书课程教学的专家编写了涉外秘书专业系列教材，共七册，包括《涉外秘书导论》、《涉外秘书实务》、《涉外秘书英语综合》、《涉外秘书英语阅读》、《涉外秘书英语写作》、《涉外秘书英语听说》和《涉外商务单证》。

新——各册尽可能增加新内容、新观点，选用新案例、新数据、新材料。同时，文风和版面适应新时代大学生的需求，力求新鲜活泼，一改秘书专业教材严肃、刻板的面貌。

参与这两套系列教材编写的专业教师，多达几十人，来自各高等院校，北到哈尔滨、南到湛江、东起上海、西到广西，遍布全国，是一次学界的大兵团作战。我们希望将教材编写得尽可能好些，能成为受大家欢迎的教材，我们也为此付出了不少努力。但是，由于秘书学专业尚是发展中的新专业，还在摸索探讨中行进，也由于我们能力有限，所以，书中难免有不足之处，还望学界同仁批评指正，不吝赐教。

杨剑宇

目录

绪论

一、秘书实务课程的地位

在秘书学专业的课程体系中,秘书学课程群,即专业主干课程,在杨剑宇撰写的向教育部申报本科专业的报告中,列了6门课程。2011年11月在杭州举行的全国高校秘书学专业建设研讨会上,经大家讨论,又增加了管理学原理,共计7门课程。其中,秘书学概论、中国秘书史和管理学原理为专业基础理论课程,秘书实务、秘书写作、秘书文档管理、秘书公关和礼仪为应用型课程。

在这一课程体系中,秘书学概论和秘书实务是最重要的两门主干课程。它们都具有明显的综合性,而差别则在于前者侧重于秘书工作的理论阐述,而后者侧重于各项具体秘书业务的能力培养。二者之间是纲与目、总与分、虚与实的关系。

秘书学专业是培养秘书人才的,是一门应用型文科专业,它要解决的是"秘书要做些什么工作"、"秘书怎样为领导工作服务"和"怎样做好秘书工作"等问题,秘书实务正是解决这些具体问题的最主要课程。其教学目的就是使学生掌握各项秘书业务的主要内容、一般规律、操作规范、实施程序、具体要求以及注意事项等,以培养学生从事秘书工作的实际能力,适应现代秘书工作的需要,是在专业人才培养方案和教学大纲中必须设置的课程。所以,秘书实务课程的地位是:主干课程中最核心的课程。在实际教学中,又能感受到这是一门新课程、一门培养学生核心能力的课程、一门最受学生欢迎的课程。

(一) 一门新课程

第一,因为是新专业,所以是新课程。

秘书学是培养社会各行各业所需要的秘书人才的专业,是近年被教育部列入本科目录的新专业,它属于应用型文科,我们得在几十年积累下的经验的基础上,锻造出一门新课程来。从这一意义上说,本科阶段新专业中的秘书实务课程,是一门新课程。

第二,反映大量新内容的新课程。

随着社会的进步,科学技术的发展,办公室自动化设备不断更新,对秘书工作的要求不断提高,工作内容也不断演进。如以往秘书的收发工作,经手的都是纸质的邮件和文书,如今无纸化办公逐渐普及,大量的邮件和文书都通过电子邮件来收发,会议通知、通告等文书也电子化。秘书必须熟练掌握电子邮件的收发技巧和约定俗成的规则。又如各种电话会议,使会议筹办出现了全新的形式,有了全新的要求。各地,尤其是经济发达地区,会展事务日益增多,新出现的网络秘书、钟点秘书、秘书事务所的工作内容和特点都有不同。秘书实务课程应当加入这些内容,让学生尽可能掌握最新的工作内容和工作手段,以适应现实的秘书工作需要,而不能把已经陈旧的内容传授给学生,脱离实际。

从这一意义上说,秘书实务课程也是一门新课程。

(二) 一门培养学生核心能力的课程

秘书实务是一门最能反映秘书专业特色的应用型文科课程。其作用是使学生:

掌握各项秘书工作的基本知识;

形成胜任秘书工作的基本能力;

培养从事秘书工作的基本素质;

提升个人适应人才市场竞争的综合素质。

动手操作能力是秘书学专业的核心能力,高职高专院校开设的秘书实务课程,不管是一门课程,还是被分解成多门课程,从内容上来说都是以事务辅助为主,如日常值班、接打电话、接待来访、打印文件、速记速录、上传下达、会议安排、文书处理、档案保管等。本科阶段的秘书实务课程不但要重视培养学生事务辅助的能力,还应在此基础上,加强智力辅助部分,如各级沟通、信息处理、协助谈判、调查研究、督促检查、参谋咨询等,形成事务辅助加智力辅助的能力结构。

(三) 一门最受学生欢迎的课程

在笔者三十多年的教学经历中,秘书学概论、秘书实务、中国秘书史、秘书和公共关系、秘书写作等多门课程中,秘书实务是最受欢迎的课程,因为该课程内容实用又具体,对学生和考生有三方面的直接作用:

第一,寻找实习单位时大大增加了竞争力;

第二,应聘求职时很受欢迎;

第三,公务员考试中受益明显。因为考卷中很多内容是该门课程中学过的,如办公室的设置管理、接听电话、接待来客、筹办会议、文书处理、档案保管等。

学生感到上这门课能学有所得,学能致用。

二、秘书实务课程的性质

(一) 应用性

秘书学专业是适应我国经济和社会发展需要而开设的应用性很强的新专业,主要专业课包括秘书学概论、秘书史、秘书实务、秘书写作、文书档案管理等。在这些课程中,除了秘书学概论、秘书史偏重于理论阐述外,其他都是应用性课程,它们要解决的是"秘书应该做什么"、"怎样才能做好"等实际问题。

虽然秘书实务课程的应用性很强,但应用性课程不同于纯粹的操作技术训练。秘书工作作为一种复杂的脑力劳动,许多业务都需要以相关理论为指导,例如调查研究需要社会调查理论的指导,信息工作需要信息科学的指导,会务工作、信访工作、谈判工作等,均必须以相关理论作为指导。

这一性质要求秘书实务教学把握好应用和理论的度。

(二) 综合性

秘书部门常规业务达 20 多项。其中大多数工作有很强的专业性,从事这些工作需要一定的理论指导和业务训练。其中有一些业务性很强而内容又十分丰富的工作,可以单独开设课程来研究、阐述,如秘书写作、文书档案管理、公共关系学等。但是,不可能(也不必要)给每一项工作单独设立一门课程,秘书实务正是一门介绍各项秘书业务的综合性课程。秘书实务的综合性还表现在:要掌握各项秘书工作的规律和方法,往往会涉及许多其他学科的知识,例如,要探讨调查研究的规律就必然要涉及社会学的具体知识,要探讨信息工作的规律就必然要涉及信息科学的具体知识等等。

这一性质决定了秘书实务头绪多、事务杂、工作忙。从事秘书工作要有此思想准备。

三、秘书实务课程的教学设计和教学方法

(一) 详略得当、有取有舍

秘书实务课程中的部分内容,在本科专业教学计划中都设有独立的课程,如公文处理、档案管理、公文写作、秘书写作等,所以,在秘书实务课讲授过程中可以简略带过。

而没有独立设置课程的内容,如日常值班、接打电话、接待来访、上传下达、会议安排、各级沟通、信息处理、协助谈判、调查研究、督促检查、参谋咨询等部分则应详细讲解。有舍有取,有详有略。

(二) 处理好共性和个性间关系

当下的秘书实务教材和课程,往往只讲述中上层机关、事业单位的秘书工作。但从现状来看,在机关、事业单位任职的秘书约占了 30%,其他类型秘书如企业秘书等占了 70%。和机关、事业单位的秘书工作相比,企业秘书工作、涉外秘书工作,以及私人秘书工作(或称民间秘书工作),它们的职责范围、工作要求、操作程序等有很多不一样的地方。

如果秘书实务课程只是讲授机关、事业单位的秘书工作,而避开了数量占大部分的其他各行各业的秘书工作的共性,是一大失策。从学生毕业求职出路来看,去机关担任秘书工作须经公务员考试,这是千军万马过独木桥。我们的培养目标不能只局限于这一方面,这样势必失去大量生源,而是要将学生送往各行各业。

所以,我们既要把各行各业、各级各类秘书工作的最基本共性归纳出来,又要结合本地对秘书人才的需求,显示各自的个性,形成真正适合学生需要的秘书实务课程。这是这一新课程要研究解决的问题。

（三）补充新内容以适应社会需求

生活是活水，秘书工作是活水，秘书实务也应是活水。讲义要每学期有所更新，不能多年按一本教材照本宣科，也不能闭门造车，要调查研究，了解现实秘书工作中的新理念、新动态、新方法、新经验，从实践第一线选取新颖的内容，有针对性地补充和增加到讲义中。如新的办公设备和软件、会展事务、电子邮件和电子文件等，新出现的网络秘书、钟点秘书、秘书事务所的工作内容和特点等也应加入课程内容中，使课程反映出现实中真实的秘书工作情况。

（四）讲授由简入繁，由易入难

各种秘书实务教材，少则罗列了十几项秘书工作内容，多则包括了二十几项，有简单，有复杂，有容易，有繁难。讲授时应由简入繁，由易入难，效果更好。

秘书的工作大致包括"三办"——办文、办会、办事，秘书辅助领导的职能是通过办文、办会、办事来实现的。"三办"是秘书最基本、最主要的工作，也是秘书的重要基本功。

第一部分是办公室日常事务，指领导机构中由秘书处理的专业性不强、但是需要依靠经验和责任心才能办好的具体事务，包括时间管理、领导日程安排、差旅服务、值班工作、通信联络、印信管理、保密工作、公务接待等。

这是相对比较简单的事务，也是各行各业、各级各类所有秘书都得干的事务。

第二部分是传统业务，指由秘书承担的、需要有一定的专业知识和技能才能胜任、有较强专业性质的业务工作，包括文书工作、档案工作、会务工作、信访工作、谈判事务、公关工作等。其中有一些是市场经济下出现的秘书业务，如谈判服务和公关工作等。

这是需要有一定的专业知识和技能才能胜任的事务，难度中等，也是各行各业、各级各类大多数秘书都得干的业务。

第三部分是辅助决策业务，这是指直接为领导决策服务的综合性工作。内容主要包括调查研究、信息工作、参谋咨询、提供预案、协调工作、督查工作等，其中调查研究、信息工作主要是决策制定前的准备工作，而协调工作和督查工作主要是决策实施过程中的辅助工作，参谋咨询和文字工作渗透于领导决策的各个阶段，提供预案是辅助决策的工作。

这些是要求和难度最高的秘书业务。在一个由多名秘书组成的秘书部门中，不是每位秘书都参与这部分工作，只有其中高层次的秘书才能参与。

这三部分内容，自低到高，组成了一个金字塔。

因此，秘书学本科专业的秘书实务课程，宜先讲授第一部分的办公室日常事务，再讲授第二部分的传统业务，最后讲授第三部分的辅助决策业务。

本科阶段秘书实务课程的重点，是会务工作、文字工作、文档管理、调查研究、信息工作、督促检查、参谋咨询，即金字塔的中层和塔尖部分；难点是调查研究、信息工作、督促检查、参谋咨询，即塔尖部分。

（五）运用直观性教学方法

秘书实务课程若仅由老师口头讲述，学生听后自行想象，难以达到预期教学效果；而运用直观性教学方法，则能展示事物真相和操作过程，是辅助口语讲述的有效教学方法。直观性教学方法包括使用实物、图片、照片、投影、录像等。

（六）注重课堂提问和练习

课堂提问和练习能促使学生积极思考，增加兴趣，活跃气氛，增强效果。教师要多举案例，让学生来分析解答。案例可以是正面的，也可以是反面的，即错误的，让学生来找出错误、纠正错误。这种"纠误"式的案例，往往更吸引学生，激发他们的兴趣，鼓励他们积极思考，效果更好。

（七）注重实训实习

秘书实务要解决的是"做什么"和"怎样做好"等问题。所以，其教学决不能闭门造车，纸上谈兵，必须改变"述而不作"的满堂灌式的传统教学法，要注重实训实习。

多年来，各校的同行们，在秘书实务课程的教学中不断探索，摸索出了各种各样的教学法，如对分法[①]、慕课、翻转课堂、行动导向教学法、问题驱动教学法、情景模拟教学法、角色演练法、案例教学法、案例移植法、仿真教学法、网络教学法、群体自学法、综合实训法等。归纳起来，常用的主要类型是案例教学法和情景模拟教学法两类。

案例教学法是围绕一定的培训目的，把真实的情景典型化，编成案例，供学员思考分析和决断，通过独立研究和相互讨论的方式，来提高学员分析问题和解决问题能力的一种教学方法。它突出体现了课程教学中的实践性、操作性，在教学互动、理论与实践相结合上有力地弥补了传统教学方法的不足，在当今世界的教育和培训中被广泛应用。

情景模拟教学法，是让学生以组为单位，在一定时间内运用所学的秘书实务知识和操作方法进行演练，演练结束后，由同学对模拟过程中的问题进行分析和指正，最后由老师和专家点评。这是一种有助于学生掌握实际能力的学习方法。其操作规程如下：编写方案、分组、排练、演练、同学讨论、分析指正、老师点评。

作为应用文科中直接指导操作的实务课程，这两种教学法是必须结合使用的。我们应当归纳总结，提炼升华。

杨剑宇

2019 年 3 月

[①]　朱欣文：《运用"对分课堂"模式讲授秘书学概论课程》，《秘书》2016 年第 10 期。

上篇
办公室事务与管理

第一章

办公室日常事务

第一章
办公室日常事务

▌本章概述

　　秘书是领导的助手,通过秘书的有效管理做好办公室日常事务,使领导能够从琐碎的办公室事务中解脱出来是秘书的职责。本章介绍了办公室环境及办公用品管理、印信及名片管理、值班及保密工作等内容,是秘书工作的基础,虽然有些琐碎、繁杂,但凡是从事秘书工作的人都必须予以重视。

▌学习目标

　　1. 了解办公室环境管理内容。

　　2. 掌握印信管理的方法。

　　3. 了解保密工作的内容和要求。

▌重点难点

　　1. 如何做好办公室安全管理工作。

　　2. 印章的使用及审批流程。

　　3. 秘书保密工作的内容。

第一节　办公室环境及办公用品管理

【案例导入】

　　　　李小姐是永顺公司的总经理秘书。早上上班时,她提前 10 分钟来到公司,首先把办公室的窗帘拉起,窗户打开,桌面的文件按照柜架上贴的标签分类码放,把电脑下缠乱的电线梳理清楚,把领导一到公司就要审阅的重要文件放在办公桌中间。然后,她用酒精擦拭自己办公桌上的电话话筒和传真机磁头,清洁自己办公区域的地面、桌面,整理自己保管的各类文件。之后,她又到接待室把书架上供阅览的宣传品摆放整齐。做完这些,领导和同事也陆续来到公司,开始一天的工作。

　　　　李小姐所做的一切正是一位秘书在日常工作中对办公室环境进行管理的工作内容。

　　办公室工作环境的清洁、有序直接对组织的形象和绩效产生一定的影响。良好的工作环境有利于组织的对外形象塑造,有利于提高秘书的工作效率。

一、办公室环境的含义

办公室环境有广义和狭义之分。广义是指一定组织机构的所有成员所处的大环境,狭义是指一定的组织机构的秘书部门所处的环境。它包含人文环境和自然环境。人文环境包括文化、教育、人际关系等因素,自然环境包括建筑设计、室内空气、光线、颜色、办公设备和办公室的布置、布局等。

二、办公室环境管理的原则

办公室环境的管理是指对办公室环境加以合理的设计、组织和控制,使其符合秘书工作的需要,进而提高工作效率,完成组织欲达到的使命。在对办公环境进行管理的过程中,要坚持以下的原则:

(一) 方便省时

办公室的布局应该力求方便省时。如相关的部门及设备应尽可能安排在相邻的地方,以避免不必要的穿插迂回,便于工作的协调和同步进行。

(二) 舒适整洁

无论是办公室、办公桌椅,还是抽屉等,都不要放置与办公无关的东西。办公文具的摆放要井然有序。

(三) 和谐统一

办公桌椅、文件柜、办公自动化设备的大小、款式、颜色等要协调统一。这不仅能增加办公室的美观,而且能强化成员之间的平等观念,创造和谐一致的工作环境。

(四) 健康安全

布置办公室时要留意附近的办公环境和办公室存放财物的安全条件,信息如纸质文件、存储在计算机里的资料等的安全和保密能否得到保障;电器的电源、电线及器物的摆放是否对人员造成生理上的危害等。

三、办公室环境管理的内容

办公室环境管理的内容主要包含办公室的空间设计、办公室的视觉环境、办公室的听觉环境、办公室的空气环境、办公室的保健与安全管理等。

(一) 办公室的空间设计

所谓办公室的空间管理是指组织为节省成本,有效地利用空间、缩短工作流程、迅速处理信息、营造良好工作环境,并促进秘书与其他工作人员的沟通与协调所做的办公室内的布局与布置。

1. **办公室的布局**

按外观粗略划分,可分为封闭式布局、开放式布局、混合式布局。

(1) 封闭式布局。这是一种较为传统的办公室布局,是把组织内部各职能部门独立安排在一个个小房间内,组成一个个小办公室。

(2) 开放式布局。就是将一个大工作间"切分"成多个相对独立的工作单元,把组织内部各职能部门的所有工作人员按照工作程序安排在各工作单元中。

(3) 混合式布局。在开放式布局的大办公室内,把组织内部的各职能部门用组合式办公桌柜或其他材料分隔开来,组成若干个工作区域。

还可以按照内部配套,分为单间式办公室、单元式办公室、公寓式办公室等。

2. **办公室的布置**

(1) 布置要点:力求整齐、清洁,营造一个安静的工作环境;保证良好的采光、照明条件;合理安排座位,方便管理及沟通。

(2) 布置的原则:尽可能采用一个大间办公室。选用同一大小的桌子。档案柜应与其他柜子的高度一致,以使整齐美观;采用直线对称的布置。主管的办公区域需保留适当的访客空间并位于部属座位之后方,便于控制和监督;将通常有许多客户来访的部门置于入口处全体职员的座位一般应面对同一方向布置。桌位的排列,宜使光线由工作人员的左侧射入。应保持公共空间和私人空间的独立,桌与桌之间应留有一米左右的距离。常用的文件与档案应置于使用者附近。最常用的办公物品应放在伸手可及的地方。计算机等办公自动化设备,应有其独立的空间,既要方便使用又不影响他人工作。

(二) 办公室的视觉环境

办公室首先要整齐和清洁。整洁能给人秩序感和舒适感,使人的情绪安定而愉快,有助于提高工作效率。办公室的视觉环境包括办公室内覆盖物的颜色和照明。

1. **覆盖物**。包括墙壁、天花板、地面、门窗、支柱等上面的覆盖物。

(1) 有效地使用颜色。覆盖物的颜色和类型力求美观、舒适。

(2) 颜色协调一致。覆盖物的颜色和类型力求形成统一、和谐的环境。

2. **照明**。指为完成办公室的指定工作而设计适当的光照系统。

(1) 光线的量。设计时注意减少光源的强度,避免用一个光度较强的灯,可多用几盏光度较弱的灯,使光线匀散而非集束。

(2) 光线的质。设计时注意避免直接照射。窗上宜装半透明玻璃,用间接光。

(3) 光的设计。设计时注意避免物体遮光。光源宜置高处,并从后方或左侧射入。

(三) 办公室的听觉环境

听觉环境,是指办公室所处的有益声音或有害声音。有益的声音,如伴奏音乐或愉快交谈的声音,或者在某一特定时间播放的轻音乐;有害的声音即噪音,如办公机器的震动声。

如果办公室所处的周围环境常有噪音发出,如小汽车、摩托车、卡车的喇叭声,工作人员的谈话、开会、打电话的声音和人们不必要的活动等,势必会影响办公人员思考问题或起草文件的效率。因此,除了养成良好习惯外,控制有害的噪音就成为办公室环境管理又一重要任务。

控制噪音的有效办法:1. 消除噪音的来源;2. 用吸音材料以减少噪音的影响;3. 播放适量的音乐。

(四) 办公室的空气环境

经过空气环境管理的办公室,又叫空气调节办公室,是指那些为了减少人们的精神消耗,增强舒适性而精心调节空气的办公室。

1. **温度**。一般说来,秘书工作环境中最舒适并有益于健康的工作温度是 20~25℃。

2. **湿度**。一般说来,秘书工作环境中最适宜的工作湿度为 40%~60%。

3. **新鲜度**。一般说来,每人每分钟需要 45 立方米的新鲜空气。要达到这种要求,必须有良好的通风设备,使空气流通无碍,保证充足与新鲜,一般以 0.25 米/秒的空气流速较适宜。

4. **清洁度**。为保证空气的新鲜,减少办公室的污染和尊重所有工作人员的感受,办公室内应该禁止吸烟。办公室内空气的净化包括打扫、拖洗、擦净、上蜡与打光、用吸尘器吸尘、净化家具、粉刷墙壁和天花板等。

(五) 办公室的保健与安全管理

1. **增强保健意识**

保健,又叫保护健康。组织推行对秘书人员的保健方法主要有以下这些:定期健康检查,普及卫生知识,采取疾病预防,保持环境整洁,推行健身运动,举办康乐活动。

2. **做好安全管理工作**

(1) 树立健康安全意识。掌握基本的法律知识,用法律保护自己的合法劳动权益;上岗前认真学习并自觉遵守有关安全生产、劳动保护的规定和本组织有关的规章制度;细心检查并主动识别存在于工作场所及机器设备等处的隐患,及时排除隐患或向领导报告,尽快解决,以维护好健康安全的工作环境。

(2) 识别办公室安全隐患。办公室安全隐患包括办公建筑隐患、办公室物理环境方面的隐患、办公家具方面的隐患、办公设备及操作中的隐患、工作中的人为隐患及消防隐患等。

办公建筑隐患:这主要指地、墙、天花板及门、窗等,如地板缺乏必要的防滑措施,天花板脱落等。

办公室物理环境方面的隐患:如光线不足或刺眼,温度、湿度调节欠佳,噪音控制不当等。

办公家具方面的隐患:如办公家具和设备等摆放不当而阻挡通道,家具和设备有突出的棱角,橱柜顶端堆放太多东西有倾斜,等等。

办公设备及操作中的隐患:如电线磨损裸露,拖曳电话线或电线,电脑显示器摆放不当造成刺眼反光,复印机的辐射,违规操作设备等。

工作中疏忽大意的人为隐患：如站在转椅上举放物品，长头发卷进有关的机器设备，复印后将保密原件遗留在复印机玻璃板上，在办公室里抽烟，不能识别有关的安全标识，离开办公室忘记关窗、锁门，等等。

消防隐患：如乱扔烟头，灭火设备已损坏或过时，灭火器上堆放物品，火灾警报失灵等。

（3）进行安全检查。具体包括办公环境和办公设备两部分的安全检查。要形成一个安全的环境，就必须在以下方面重点加强管理。

防盗。在办公大楼内应设有专职保安人员 24 小时值班并安装监控设备。

防火。着重预防火灾，电器电线应作定期检查，以防走火跑电引起火灾。

防止意外伤亡。为了防止意外伤亡事故发生，组织应向职员进行防止意外事故的教育，在平时养成安全工作的习惯。

办公室安全检查的方法是：确定安全检查周期，定期对办公环境和办公设备进行安全方面的检查；发现隐患，立即报告、排除，在职责范围内排除危险或减少危险；发现个人职权无法排除的危险，有责任和义务报告、跟进，直到解决；将异常情况的发现、报告、处理等过程认真记录在"隐患记录及处理表"和"设备故障表"中。要区分两张表的使用，前者记录的是隐患，包括办公环境和办公设备两部分，后者记录办公设备运行中出现的故障。隐患记录及处理、设备故障清单格式如表 1-1、表 1-2 所示。

隐患记录及处理表　表 1-1

序号	时　间	地　点	发现的隐患	造成隐患的原因	隐患的危害和后果	处理人	采取的措施
1	11 月 4 日	研发部	靠窗一排电脑屏幕反光刺眼	无窗帘遮阳	有损眼睛	行政主管张强	安装窗帘
2	11 月 19 日	研发部	一名外来人员没有访客胸卡	接待人员离岗	有安全和失密隐患	行政主管张强	强调接待处职责要求
3	11 月 25 日	研发部	周末 5 号文件资料柜未锁	负责研发的人员外出开会	失密隐患	研发部经理王立统	周一部务会上强调

设备故障表　表 1-2

时　间		发现人	
设备名称		何故障	
维修要求		维修负责人	

四、日常办公用品管理

(一) 办公用品的计划

1. 办公用品的分类

办公用品,是指办公室人员在办公过程中需要用到的各种办公耗件和小型设备。

(1) 纸簿类:包括复印纸、标签纸、复写纸、信封、笔记本、收据本等;

(2) 笔尺类:包括各类笔、橡皮、尺子、修正液等;

(3) 装订类:包括订书器、剪刀、胶带、大头针、曲别针等;

(4) 归档类:包括文件夹、档案袋、资料架、收件日期戳等;

(5) 小型设备及耗材类:包括计算机、打印机、传真机、电话机、硒鼓、墨盒等。

2. 办公用品的计划与采购

秘书在办公用品采购前要做一个采购计划,根据采购计划填写计划表的内容。之后遵循货比三家、物美价廉的原则进行采购。采购中,严格执行财务制度,做到单据、账目、手续清楚。办公用品采购计划格式可参考表1-3。

表1-3 办公用品采购计划表 ....

办公用品采购计划								年 月
编号:			版本:			流水号:		
序号	名称	规格	单位	数量	申请部门	库存	实需购买量	完成情况

(二) 办公用品发放程序

为了保证办公用品的有序管理,有序发放,组织要建立严格的发放制度。

1. 专人管理发放;

2. 规定发放时间;

3. 急需物品处理;

4. 印制领用办公用品申请表(如表1-4);

5. 填写申请表,主管批准;

6. 清点核实物品;

7. 提醒节约使用。

领用单位		领用人		领用时间	
用　途					
部门负责人签字			管理部门负责人签字		
品　种	数量	单价	总　价		发放人签字

（三）节约用品措施

1. 复印需专人管理，注意核算成本，额度较大时需加强控制；

2. 专人管理传真机使用并做记录；

3. 按需使用计算机、打印机、互联网，加强监督；

4. 减少私人电话，控制国内、国际长途电话，核对电话账单；

5. 设立耐用办公用品档案，定期检查使用情况，如非正常损坏或丢失由当事人赔偿；

6. 收回单位调离人员移交的办公用品和物品；

7. 节约使用纸笔等办公用品。

第二节　印信及名片管理

【案例导入】

　　李小姐是永顺公司总经理的秘书。这天，销售部的老张说为方便工作，再三要求小李给他多开几张介绍信。于是，小李在三张空白介绍信上编好介绍信编号，并盖了公章交给老张。老张走后，小李越想越后悔，赶紧向办公室陈主任汇报此事，陈主任对她进行了严肃的批评，并责成她立即追回那三张介绍信。

　　李秘书的错误在哪？你对印信管理工作怎么看？

一、印信管理

　　印章和介绍信是各级各类组织对外联系的标志和行使职权的凭证。印章和介绍信代表了一个单位的权力和利益，一旦出现问题可能会给单位带来重大损失，所以，秘书人员有责任将印信管理作为自己一项十分重要的任务。印章和介绍信的使用要遵循一定的程序。

（一）印章的使用与管理

1. 印章的刻制及启用

单位印章是单位对外行使权力的标志，其作用是：标志作用，权威作用，法律作用，凭证作用。秘书部门掌管的印章主要有三种：单位印章（含钢印），单位领导人"公用"的私章，秘书部门的公章。

单位印章的规格、尺寸、文字、图案等要严格按照国家有关规定刻制，不得擅自更改；印章的刻制必须执单位证明及公安部门的批准证明，到指定的刻字单位刻制。任何人不得擅自刻制公章。

颁发印章时，应严格履行颁发手续，特别是颁发正式印章时，要郑重其事，安全可靠。颁发其他印章，也要按程序办理。印章启用时一般由制发单位发出启用通知，注明启用日期、发放单位和使用范围，发给有关单位保存，以备查考。启用印模应用蓝色印油，以示首次使用。

印章启用工作流程图：机构成立申报→上级审核批准→印章启用申报→公安局审核批准指定单位刻制→启用公章通知→上级机关备案。

2. 印章的审批和使用

（1）印章的审批。印章要严格管理，健全制度。

各级机关企事业单位都应制定印章的使用规定。原则上，使用机关或单位的印章，要由本机关或单位的领导人审核签字。

严格审批程序：一是严格手续，按规定的制度办事。印章管理人员用印前，要认真审核并进行认真登记。登记内容包括用印时间、当事人、用印原因和结果，如果有必要可作更详细的说明。未履行手续或手续不全时，不得用印。二是对所盖印章的文字内容必须认真审阅。对一些特别情况的用印，更要审阅清楚。如需要经办人亲手盖章，不让印章管理人经手，必须有领导人明确批示并登记清楚，否则不能用印。用印申请格式如表1-5所示。

表1-5 用印申请单

文件标题			
发往机关		份　　数	
用印日期		用印申请人	
批准人		备　　注	

（2）印章的使用

对需留存的材料应在加盖印章后，留存一份立卷归档。

不得在空白凭证上加盖印章。确因工作需要，由业务部门以领导机关名义颁发的凭证，需要事先加盖机关印章或套印之后填发的，经过领导批准后方可盖印。

当用印文件内容需要修改，或用印文件失效时，应标明"作废"或回收原文件。

盖出的各种印章，必须保证位置恰当、文字端正、图形清晰。

盖章要领：把握标准、印泥适度、用力均匀、落印平稳。一般应盖在文件成文日期的上方，上不压正文，下骑年盖月；印中的文字要端正、清晰，不得模糊歪斜。

印章的使用流程图：印章使用申请→领导签批→用印登记→柜中取印→正确用印→印章放回→妥善管理。用印登记的内容可参阅表1-6。

用印登记表　表1-6

编　号	用印日期	用印单位	用印事由	用印数	批准人	经手人	监印人	备　注

3. 印章的保管

专人负责。印章必须由单位的领导指派专人负责保管和使用，严禁擅自使用或外借。

确保安全。印章平时要放在安全可靠的地方，随用随取，使用过后应立即归还。印章如果需要携带外出，要采取必要的防范措施，确保安全。

防止污损。印章要保持干净、完整。印章如果丢失要立即报告公安机关备案，并以登报或信函等形式通知有关单位，声明其遗失或作废。

严禁伪造。单位印章具有法定权威性，严禁伪造印章或使用伪造印章，违者将受到法律的惩处。如发现伪造印章或使用伪造印章者，应及时向公安厅机关或印章所刊名称单位举报。

4. 印章的停用

印章停用，应发出停用印章通知书，告知正式停用日期。并清查被停用印章，及时办理停用印章的登记、上交、清退、处理、销毁等工作。

单位公章可根据上级主管机关的意见上交、封存或销毁。

印章销毁须报经原批准部门负责人同意，销毁时需办公室负责人和经办人至少两人在场。

领导个人的签名章、私章等可退还给本人，并办理交接手续。

印章停用、上交、封存、销毁须作好登记，填写《印章停用、销毁登记表》，并以《印章报备函》的形式将停用印章的事项通知有关部门和单位，也可随新印章启用文件一并发出通知，并附新、旧印章的印模样式和说明文字。停用报备印章时，留红色印油。

（二）介绍信的使用与管理

介绍信是本单位工作人员外出履行公务、联系工作、商洽事宜的重要凭证。具有介绍与证明双重作用。

一般单位的介绍信可分为：通用介绍信、专用介绍信两种。通用介绍信可以用于各种公务场合，专用介绍信只能用于某一项专门工作，如党团组织关系介绍信、调查材料介绍信、工作调转介绍信等。

机关单位的介绍信管理也应严格而细致，在实际工作中要注意以下问题：

1. 介绍信的格式应符合要求

介绍信应分为持出和存根两部分，中间以虚线隔开。持出和存根上都应清楚地填写前往单位的名称、被介绍人姓名、人数以及联系的事宜等项目。持出部分还应填好本单位的名称和填写时间，最后加盖本单位的公章方可生效。介绍信的格式可参阅表1-7。

表1-7 介绍信

```
NO. ××××          ×××公司介绍信（存根）
                  ×介字【20  】第×号

_____：
      兹介绍我公司_____等____位同志前往你处联系_____事宜。
                                ×××年××月××日

（有效期×天）
- - - - - - - - - - - - - - - - - - - - - - - - - - - - - - - -
NO. ××××
                  ×××公司介绍信
                  ×介字【20  】第×号

_____：
      兹介绍我公司_____等____位同志前往你处联系_____事宜，请接洽并予协助。
      此致
敬礼！

                                      （印章）
                                ×××年××月××日

（有效期×天）
```

2. 介绍信的管理与使用要严格

介绍信应由专人管理，认真履行审批手续，内容要明确具体不能含糊笼统，要填写有效时间。一份介绍信只能用于一个单位，要填写持信人的真实姓名和身份。妥善保管好介绍信的存根，存根内容要与正文内容相符，书写工整清楚不涂改，如有涂改，须在涂改处加盖公章。

3. 介绍信的使用程序

提出申请→填写申请表→领导审批→秘书开介绍信、盖章→填写领用登记表。

二、名片管理

随着社会交往的频繁,名片日益成为拓展人际关系的桥梁,它能帮助我们结交朋友、维持联系,也是自我增值和提升形象的重要工具,因此,有人把它称为"人脉存折"不无道理。为使名片统一规范,强化对外公关形象的塑造,应制定名片管理办法。

(一) 名片的格式和内容

要让名片发挥作用,必须注意内容和形式设计的精美。用于工作的名片,其风格要求大体上是简洁、朴实、大方。名片由组织设定统一格式,如有特殊格式要求,需报批后再安排制作。名片选用的纸张、印制的颜色及印制单位等也均由单位统一确定。

名片的版式主要有普通(单张)式和折卡式;也可以是横式或竖式。名片不宜太大也不宜太小,因为太大影响对方收藏,太小则容易受人忽视。一般来说,普通式名片为 55 mm×90 mm,折卡式为 95 mm×90 mm。

名片上的内容主要包括文字与图形。文字内容主要有:姓名、头衔、职称、工作单位、联系方式等。根据实际需要,有时还可列出主要产品或服务项目、收款账户与开户银行等。如果对外交往较多,为了工作的需要,名片背面可印外文,图形内容可以是单位徽记、商标等。作为公用的名片,内容不宜过于繁杂,色彩不宜太花哨。名片的格式内容参考下图 1-1、图 1-2。

图 1-1　名片正面图

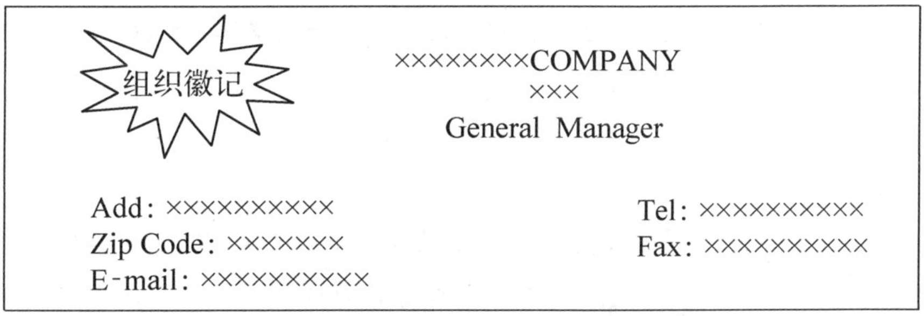

图 1-2　名片反面图

（二）名片的印制

名片一般由行政部负责统一印制，个人未经批准一般不得私自印制；公司在职员工均可通过填写《印制名片申请表》，经部门负责人及行政、人事部门核准后，由秘书为申请人安排印制名片；秘书严格检查名片的版式规格、数量、内容信息，确认无误后再送印；因工作需要可以使用比实际情况要高的职务头衔，且需主管领导同意方可，但不享受其待遇；如因印制单位工作失误而产生的问题，例如颜色不符、文字错误、纸质问题等，要求印制单位重新提供；名片英文使用须符合国际惯例和规范要求。

（三）名片的使用与管理

公司名片只能用于与业务相关的场合，严禁滥用；交往中，掌握名片递送礼仪和交换规则，维护公司形象；员工离职后不得持本公司名片与他人联系；员工在业务交往过程中收到的公务、客户名片属公司客户资料，须在公司内共同使用，不得占为己有。员工离职、调职均需按规定程序移交名片。及时更新名片，失效的名片要及时清理。

（四）名片申请流程

申请人填写→申请部门负责人审核→行政部审核→行政经理核准→秘书下单印制→申请人到秘书处领取。

第三节　值班及保密工作

【案例导入】

李小姐是永顺公司总经理的秘书。10月1日这天李小姐有值班任务。下午13:00李秘书来到值班室值班。上一班的小张正在处理一份文件，是总经理16:00要用的材料。与李小姐交接工作完毕后，小张下班离去。李秘书继续处理文件，15:30完成。李秘书在值班记录上填上值班的基本信息。16:00把文件送到经理办公室。此后，又收到5封邮件，接待了一位来访者，这些李秘书都及时在值班记录表上做了详细的记录。17:00李秘书在公司巡查了一遍，重点检查了办公室里的电源、门窗是否关好，填写值班记录。18:00下一班值班人员来到，两人交接完工作，李秘书下班。

一、值班工作

值班工作是为了保证组织及时获得准确信息进行正确决策，以及出于安全防范的需要而开展的经常性工作。值班应设立值班室，值班室有兼职值班室与专职值班室两种类型。值班工作具有连续性和应急性。值班工作应遵循一定的值班工作规范，完成相应的工作任务,包括制作"值班安排表"。

(一)值班工作的主要任务

1. **文电处理**。办理领导交办的有关事项、下班后和放假期间的文件和事务处理。

2. **信息传递**。值班期间,值班人员会接收到大量的内、外部信息,值班人员要做好分类、处理、登记工作,并及时将重要或需紧急处理的信息向有关人员传递。

3. **接待来访**。无论来访者是否有约,值班秘书都要热情接待来访者。

4. **处理临时性、突发性事务**。在值班过程中若遇到突发事件或紧急情况,值班人员应做到快、准应对,并加强预测,积极主动。

5. **值班记录**。值班人员要记好值班日志、接待记录、电话记录。

6. **交接班工作**。值班人员在交接班时,应检查登记表的填写是否完整。如果有未完成项目,在交接班时,值班人员应交代接班人继续开展工作,保证任务顺利完成。

(二)值班记录表的编写

值班记录应填写详细、准确、完整。

1. **值班日志**: 主要对外来的电话、信函、电报、反映情况等内容进行记录。填写值班日记应注意:内容简明扼要,语言规范,字迹清楚,不加评论,不带个人感情,实事求是。值班日志格式可参考表1-8。

值班日志表 表 1-8

时 间	日 时 分— 日 时 分	值班人	
	记 事		代办事项内容
承办事项			
处理结果			

2. **接待记录**: 主要记录来访者姓名、单位、来访事由、联系方法等内容。值班人员每班一张来访登记表,记录其值班期间每位来访者的情况。来访登记格式可参考表1-9。

来访登记表 表 1-9

日期: 值班人:

序号	来访时间	来访人单位	来访人姓名	来访目的	要求接见人员的部门、姓名	是否预约	实际接见人	备注

3. **电话记录**：主要记录来电时间、来电单位、来电者姓名、来电内容等。电话记录中应确保信息的正确。留言中若提到有关日期、时间、数字等重要信息，要非常仔细地记录，并要认真核实，不要遗漏。

（三）值班安排

值班室要编制值班表，制定严格的岗位责任制，做到职责分明，奖罚分明。

值班表是将某一时段中已经确定的值班人员姓名清晰地记载和标明的表格，提醒人们按照值班表的要求值班，以保证组织整体工作连续和完整性。值班安排格式可参考表1-10。

表1-10 值班安排表

人员 时间 / 日期	上午 7:30~12:30	下午 12:30~17:30	晚上 17:30~22:30	……
×月×日	王芳	陈飞	李文	……
×月×日	……	……	……	……
……				
值班地点	×××	×××	×××	……
注意事项	1. 每天按时值班，按时交接班，不迟到，不早退，不留空档。 2. 认真填写值班记录。 3. 有急事、要事可与×××联系，电话：×××××××（宅） 手机：×××××××××××			
值班任务	1. 及时传递信息，作好电话记录。 2. 对来访者询问登记。 3. 处理突发事件。 4. 提高警惕，加强巡逻：做好"四防"工作。 ……			
备　注				

值班表常用在日常值班室，节假日值班办公室，特殊任务值班办公室。

值班人员必须做到以下几点：具有服务精神和高度责任心，提高警惕，遵守值班纪律，认真做好保密工作；接待来访来电要热情，要认真学习业务知识，提高业务水平；认真填写值班日志，做好交接工作。

二、保密工作

"秘书"一词的古义是指秘密文书，后来指秘密文书工作者。所以有人说：秘书，姓"秘"

名"书"。意思是说,秘书人员的职责一离不开秘密,二离不开文书。世界各国各种文字的"秘书",不约而同地都包含有"秘密"的词根,这体现出对秘书人员共同的职业要求,即"保守秘密"。到了近代,秘书的职能有了极大的扩展,但保密仍是一条主线,几乎贯穿于秘书所有的工作之中。

例如:李小姐是永顺公司总经理的秘书。一天,李秘书接到一个电话,要找市场部的王经理,王经理不在公司。小李不假思索地回答对方:"对不起,王经理不在公司,他正在忙着准备26号的新产品发布会。"几天后,永顺公司的竞争对手兴盛公司在25号召开了同一类型的新产品发布会,抢占了市场。

正是由于秘书小李在回答来电中不假思索地把重要信息泄露给了竞争对手,于是,对方提前抢占了市场,使永顺公司蒙受了巨大的损失。可见秘书增强保密意识是多么的重要。

(一) 保密的概念与种类

1. 秘密及保密工作

秘密是一个集团、政党、国家或个人为保护自身的利益和安全,在一定的时间内只限一定范围的人员知悉的事项。我国《保密法》(2010年4月29日修订)对国家秘密的明确定义是:"国家秘密是关系国家安全和利益,依照法定程序确定,在一定时间内只限一定范围的人员知悉的事项。"保密的目的是为了确保集团、政党或本国的意志和活动的顺利贯彻执行。保密工作,就是为达到保密目的所采取的手段和措施。

2. 秘密的种类及范围

(1) 按照不同的标准,秘密可以分为以下几种:

按秘密的范围可分为:国家机密、组织机密、个人机密等。

按秘密的产生可分为:原始秘密、再生秘密。

按秘密的性质可分为:政治秘密、军事秘密、经济秘密、科技秘密、商业秘密、人事秘密等。

按秘密的形态可分为:有形秘密、无形秘密。

按秘密的等级可分为:国内级、内部级、秘密级、机密级、绝密级等。

按秘密的存在方式可分为:口头类、文献类、物体类、声像类、电子类、技术类等。

(2) 按照《保密法》第九条的规定,国家秘密的基本范围主要有七个方面:

国家事务重大决策中的秘密事项;

国防建设和武装力量活动中的秘密事项;

外交和外事活动中的秘密事项以及对外承担保密义务的秘密事项;

国民经济和社会发展中的秘密事项;

科学技术中的秘密事项;

维护国家安全活动和追查刑事犯罪中的秘密事项;

经国家保密行政管理部门确定的其他秘密事项。

（二）保密工作的内容与要求

1. 保密工作的内容

对于无形秘密,秘书要牢牢树立保密观念,时刻警惕并养成随时随地保密的习惯。有形秘密均要采取安全保密措施,具体内容如下：

（1）会议保密

会场选择具备保密条件的地点,采取保密措施,检查扩音、录音设备等,严禁使用无线话筒、移动通信工具等。

与会人员要严格控制,会前进行保密纪律教育,本人签到,验证入场,不得随意外出。

会议文件统一发放、回收或管理,领导人讲话,未经批准,不得随便印发。

会议内容不得以任何形式对外泄露,需要传达的要明确规定传达的范围。

会后清场区域包括会场及住所,以防文件、笔记本散失;文件及时清退。

（2）文件保密

印制密件前应按规定标明密级、保密期限、印刷顺序号,确定发放范围。

印制密件由专人、专门印刷厂负责,校样、废页、蜡纸等应及时销毁。

复制密件必须履行审批、登记手续,传送密件应注意加密装置。

收发、借阅密件要严格签收、登记制度,核对份号,确定范围。

保管密件应有专人专柜,并定期清退;销毁密件要履行审批、登记、签字手续,至少两人监销。

（3）计算机保密

计算机房应设置在有安全保障的地方,应加装屏蔽网或电子干扰器,以防止电磁信号泄密。计算机在安装使用前应请专业部门进行安全保密技术检查,对信息加密,设置屏幕保护程序。

秘密信息及数据软件,应建立健全的使用、借阅、复制、转送、携带、移交、保存、销毁等保密制度。对进出机房的工作人员应进行严格检查,禁止无关人员随便进入。对操作人员进行经常性的保密教育,增强保密意识,严格执行保密纪律。

（4）通信保密

使用前应对通信线路和设备采取防窃措施;对进口的通信设备进行严格的安全保密检查。

秘密信息不得在普通的固定电话、无绳电话、移动电话、电视电话、对讲机中传递。秘密信函等不准通过普通邮政部门传递,必须由机要通讯部门或派专人传送。秘密文件不得使用普通传真机传递和接收,文件传真后,要注意及时取回原件及删除图像。秘密事项必须使用密码传送,拍发电报必须"密电密复"、"明电明复",不得明密混用。

（5）宣传报道保密

对外宣传报道中,凡涉及国家的秘密内容,如秘密文件、内部资料、军队编制、军事设施、部队番号、武器的试制研究等,未经批准,不得公开报道。

对于如财政金融贸易数字、进出口计划和意图以及引进技术设备的仿制等内部秘密,对通过非公开渠道引进的尖端技术设备及外国专家、海外侨胞等提供的技术资料、工艺诀窍等,均不得公开报道。

凡在公共场合(如消息发布会)和公开媒体(包括计算机网站)发布、发表的信息,如有涉及到国家秘密、商业秘密或组织秘密的,应先交与有关保密部门进行保密审查,必要时先做保密技术处理。邀请或接受外国报刊、电台、电视台的记者进行新闻采访、录音和录像时,须先报有关部门批准。

(6)涉外保密

涉外活动应注意内外有别,友好与保密区分。

涉密单位,未经上级主管部门批准,不得让境外人员参观访问。接待境外人员参观、访问,应明确规定介绍口径、参观范围和路线等。参加外事活动以及出国人员,未经主管批准不得携带秘密文件、资料、笔记本等。

凡有外国人常驻的单位(包括中外合资、合作企业),不得让外国人接触我方秘密文件或参加秘密会议,中方人员也不得在外国人面前谈论秘密事项。

(7)企业保密

涉及国家及组织机密的文件,如上级下发文件、本单位文件、会议文件、文书档案材料要采取严格的保密措施。涉及组织利益的商业信息,如专利技术、发明创造、科研成果、工艺配方等要加强保密意识。属于组织内部的重要材料,如机构设立及变更、产权变动、资产重组等资料,人员的考核材料,各种公章、印信和证件等物品,也要严加保管。

对于组织未曾公开的事项,如人事变动、机构变动等也要注意保密。对知密者加强管理,如签订保密协议或劳动合同、明确保密责任、实行特殊薪酬政策等,防止商业秘密外泄。

(三) 保密工作方针

我国《保密法》规定:"保守国家秘密的工作,实行积极防范、突出重点、依法管理的方针,既确保国家秘密安全,又便利信息资源合理利用。"此方针也适用于保守单位、组织的秘密。

1. **积极防范**。保密工作应做好事前管理,加强保密宣传教育工作,建立健全保密法规和保密制度,积极改善和充分利用先进保密技术,最大限度地减少以至杜绝泄密、失密事件的发生。

2. **突出重点**。要在密级、部门、人员等方面区别情况,确保重点,带动一般。如绝密、机密材料是重点,关系党和国家安全及重大利益的秘密是重点,关系企业利益及命运的商业秘密是重点,机要部门是重点,领导人、秘书和机要人员是重点。

3. **依法管理**。准确界定秘密和密级,依法指导和规范各种涉密行为和涉密活动。处理好保密和便利工作这一矛盾体,对密级、范围、时间根据需要科学规定、及时调整。

4. **内外有别。**应区别保密对象,如党内党外、组织内部和外部、领导层内部和外部,尤其是国内国外的不同,要处理好保密工作和发扬民主、保密和友好的关系。

(四) 秘书与保密工作

1. 秘书在保密工作中的作用

秘书工作与保密工作有着密不可分的联系。秘书工作虽然是一项辅助性的工作,但秘书处于领导身边,凡领导掌握的秘密,秘书往往也会知道。可以说,秘书的工作有着知密时间早、知密内容多、知密程度高的特点。因此,秘书是保密工作的重点,是保密工作的前沿卫士。

2. 保密工作中的重点环节

秘书部门的保密重点,包括口头保密、公文保密、会议保密三个方面。

(1) 口头保密

秘书人员掌握大量秘密,必须谨言慎行,时刻绷紧保密这根弦。凡是领导没有委托、授权发布、传播的信息,都是"不该说的秘密";同时,也不能在其他场合谈论秘密。此外,秘书没有经过领导允许,私自发布信息以及接待记者也都是不允许的。

(2) 文件保密

文件是方针、政策、措施的物质形式,党政机关的文件是党和国家秘密的一种存在形式,往往记载、涉及一些重大决策以及政治、经济、军事、外交、科技等方面的重要国家机密。文件,历来是保密与窃密斗争的一个焦点。秘书部门是各级机关、企事业单位公文处理的主要部门,文件保密,是秘书保密工作的重点之一。

(3) 会议保密

会议是一种重要的决策方式,其内容直接涉及到党政、经济、科技等多方面的国家秘密,一旦泄露出去将会危及国家安全和利益。秘书部门和秘书人员必须重视会议的保密工作。

总之,秘书人员在保密工作中位置特殊,责任重大,必须有强烈的保密意识,要严格遵守《党和国家工作人员保密守则》的具体规定。

3. 保密工作的责任

我国《保密法》第三条规定:"一切国家机关、武装力量、政党、社会团体、企业事业单位和公民都有保守国家秘密的义务。任何危害国家秘密安全的行为,都必须受到法律追究。"《中华人民共和国宪法》也规定,保守国家机密是每个公民应尽的义务。

秘书人员应自觉遵守党和国家以及各级组织有关的保密法规、保密制度,不得以任何理由或借口违反国家的保密纪律和法规。一旦发现有失密、泄密、被窃密的情况,应该及时采取有效措施,进行追查。对违反《保密法》和保密规定的行为应进行制裁和追究法律责任。

(1) 遵守《国家机关工作人员保密守则》

为了防止泄密、窃密,确保国家秘密的安全,早在 1979 年,中共中央、国务院就对保密工作人员做出了相关工作要求。最新《国家机关工作人员保密守则》对保密人员的工作要求如下：

不该说的国家秘密，绝对不说；

不该问的国家秘密，绝对不问；

不该看的国家秘密，绝对不看；

不该记录的国家秘密，绝对不记录；

不在私人交往中涉及国家秘密；

不在公共场所谈论和处理国家秘密事项；

不在没有保障的地方存放国家秘密；

不在普通电话、明码电报、普通邮政传递国家秘密；

不准擅自复制国家秘密；

不携带国家秘密文件、资料、物品参观、游览和探亲访友。

（2）泄密的追查和处罚

泄密和窃密的方式

在日常生活中，发生的泄密现象主要有：人员泄密、办公设备泄密、传媒泄密、科技泄密，秘书人员要加以重视管理。

窃密的方式主要有：通过窃听和截取通讯网络搜集情报；利用考察、参观的机会搜集情报；窃取出差技术人员的资料；收买内部人员搜集情报；以签订优惠合同为诱饵骗取情报；打入企业内部搜集情报；内部人员盗窃出卖情报；通过形形色色的国际展览会搜集情报。对以上窃密方式，秘书应有清醒的头脑和意识，主动积极地进行防范，以防窃密事件的发生。

泄密的追查和处罚

秘书人员发现有失密、泄密、被窃密的情况，应立即报告直接领导，以便及时采取补救或应急措施。随后应迅速查明泄密事项的性质，是否属于国家、商业和其他秘密，查清其涉及的内容和密级，造成或者可能造成危害的范围和严重程度，搞清事件的主要情节和有关责任者，并及时采取补救措施，同时报告有关保密部门和上级机关，以便尽可能将泄密所造成的损失降到最低限度。

对泄密人员的处罚，按照《保密法》的规定，主要有两种：一种是故意或过失泄露国家秘密，不够刑事处罚的，可以酌情给予行政处分；另一种是故意或过失泄露国家秘密，情节严重的，要依法追究刑事责任。

【思考题】

1. 办公环境管理的内容包括哪些？

2. 封闭式布局、开放式布局和混合式布局各有哪些优缺点？

3. 值班工作的主要任务有哪些？

4. 保密工作的方针主要有哪些?

5. 总经理把保管单位公章和盖印的任务交给了秘书小陈,小陈应该怎样做?

6. 小李是刚到公司的文员,公司办公室内有各种文件柜、储物架、书报架,办公室主任给她配置了带锁的办公桌、电脑、电话机,还给了她新的文件架、文具用品盒、各种笔、胶水、剪刀、参考书、需要翻译的资料、公司印章、印盒、墨水、复印纸(2 包),要求小李整理好办公桌,把东西分门别类放置在适当的位置。小李应该怎么做?

【案例分析】

1. 一个女秘书的危险回忆:刚刚的那一幕现在想起来依然让我后怕! 看似很安全的办公室工作,其实存在着用电这个巨大的安全隐患。就在刚才我要打印文件,我准备插上打印机插头的时候,我的插座突然冒出了火花,之后突然"叭哒"一声,整个办公室断电了,我也被电的余光吓到了,呆立几秒才回过神来,手有点麻痹! 随后电工赶来。当一切恢复正常的时候,我这边依然处于断电状态,看着办公桌下一堆的线,我知道是到了该重新整理的时候了,而且要立即换掉那个漏电的插座,以绝后患。其实这个插座早该换了,只是我一直存有侥幸心理,终于在今天它真的发威了,谢天谢地,我还活着……头还是有点晕,下次真的要更加小心了……

【思考】这个案例对秘书做好办公环境管理有什么启示?

2. 秘书谢英到思图公司任职已一周了,一周来她发现办公室工作中存在不少安全问题。例如:领导传阅后,公司文件就被放置在公共办公桌上;秘书张正报销的现金就随手放在抽屉里;办公室无人时也经常不锁门;办公室电脑任何部门的同志都可以随便使用……她把这些情况向行政主管做了汇报,行政主管文东让她给秘书科同志讲一次课。

【思考】如果你是秘书谢英,你打算做哪些讲课的准备工作?

(1)列出办公室安全工作易出现的问题;

(2)办公室安全工作应注意哪些事项;

(3)机要文件的处理过程中应注意哪些问题。

【实践训练】

1. 某公司准备在当地开办一所销售分公司,租用了某写字楼的一层大厅。该销售分公司的负责人要求将整个一层大厅全部设计为当今很流行的全开放式办公室和半开放式办公室,用站立并能够移动的间隔物来分隔,没有门,所有人的工作都能清楚可见。负责人说,这种设计能够降低成本,提高工作效率,也易于职工沟通。

要求：请按领导要求设计办公室，包括总经理办公室、副经理办公室、接待区、销售部、财务部、会议室（六个空间）。

2. 秘书决定为自己的办公室购买一台新的计算机，经过有关领导的同意，他看了一位操作员的演示以后，选好了满意的机型，开始订购。

要求：请以小组为单位，分别扮演公司秘书 A、公司的采购员 B、公司的财务部职员 C、公司的仓库保管员 D、计算机公司的销售部门职员 E、F、G 等共七人，演示从发出订购单开始你公司与计算机公司之间形成的商业文件流的程序。

【知识链接】

中华人民共和国保守国家秘密法

（1988 年 9 月 5 日第七届全国人民代表大会常务委员会第三次会议通过，2010 年 4 月 29 日第十一届全国人民代表大会常务委员会第十四次会议修订）

（内容略）

中华人民共和国保守国家秘密法实施条例

（国务院 2014 年 1 月公布，自 2014 年 3 月 1 日起施行）。

（内容略）

（资料来源：中国政府网）

【扩展阅读】

1. 赵晓勇：《企业秘书保密工作难点及对策》，《办公室业务》2013 年第 19 期。

2. 刘育光：《新形势下办公室管理的创新研究》，《办公室业务》2014 年第 3 期。

3. 王韦程，周金鑫：《浅议印章使用风险及解决思路》，《中国行政管理》2016 年第 1 期。

4. 董智荣：《关于办公室安全管理工作要点的思考》，《办公室业务》2016 年第 22 期。

5. 邢继扬：《信息时代秘书保密工作探究》，《秘书之友》2018 年第 4 期。

6. 李垚，刚申坤，黄晨阳：《推进精细化管理 提升办公室工作效能》，《办公室业务》2018 年第 22 期。

第二章

接待工作

第二章
接待工作

本章概述

　　秘书是代表领导或公司做接待工作,从某种意义上说,秘书就是公司的形象代言人。秘书在接待客人时的形象及态度,就是整个公司形象的缩影。文秘人员热情、礼貌、耐心、细致地接待,能让客人有宾至如归的感觉,客人则由此观察到组织认真严谨的工作作风和朝气蓬勃的精神风貌,这无形中提升了组织的知名度和美誉度,扩大了组织的影响,故秘书不仅在衣着打扮和言谈举止方面要注意,而且在精神状态方面也要重视。秘书必须掌握接待的礼仪规范,做好接待的准备工作;熟悉接待工作的基本程序、具体接待工作的方法,并能随机应变地接待;能区分接待对象,确认不同的接待规格,并掌握拟定接待计划的方法。

学习目标

　　1. 了解接待工作的准备,能区分接待对象,确认不同的接待规格。

　　2. 掌握接待工作的原则,接待的礼仪规范,接待工作的基本程序。

　　3. 掌握具体接待工作的方法,能随机应变地接待,学习拟定接待计划。

重点难点

　　1. 拟定接待计划;做好接待的准备工作。

　　2. 能区分接待对象,确认不同的接待规格。

　　3. 具体灵活又合乎规范地接待。

【案例导入】

　　　　东方机械制造公司总经理告诉秘书吴霞,今天上午,他要集中精力写一份重要报告,不希望被任何事情打扰。但是不久,公司来了一位陌生人,他要向总经理推荐他们公司的一款新产品。吴霞告诉他总经理不在公司。恰巧这时总经理打开房门,叫吴霞进办公室给他找一份文件。此情此景让吴霞非常尴尬,只好解释说今天总经理特别忙,不接待任何来访。客人非常不高兴地离开了。

　　　　请问:这件事吴霞怎样处理更妥当?

第一节 接待工作的准备

一、接待工作概述

（一）接待的含义

接待工作是指组织在对内对外的联络交往中所进行的接洽招待工作。接待工作不仅可以扩大交往合作，传播组织文化，塑造组织的"品牌形象"，而且可以牵线搭桥，架起合作的桥梁，使双方获得效益。接待工作还是一种投资，有着明显的情感效应和延伸效应，通过热情、周到、细致的服务，给客人留下良好的印象，进一步扩大相互交流，在投资、合作选择的天平上起到加重砝码的作用。秘书的良好接待是实现上述目的重要保证。

（二）接待的分类

接待的分类如表2-1所示。

表2-1 接待分类表

分类标准	来访人数	来访地域	相互关系	接待性质	准备程度	接待规格	公开程度
类别	团体接待 个体接待	内宾接待 外宾接待	对上接待 对下接待 平级接待 公众接待	工作接待 生活接待 事务接待	有约接待 无约接待	高规格接待 对等规格接待 低规格接待	公开接待 半公开接待 秘密接待

工作接待，即围绕某一方面的工作而开展的接待，如上级领导的视察，有关方面的工作检查、评比，合作单位的业务洽谈、参观、考查，会议等。

生活接待，即以安排吃、住、行、游、购、娱为主要内容的接待。

事务接待，以处理临时事务为主的接待，如接转关系、查找人员、询问情况等。

二、接待工作的准备

秘书要做好接待工作，前期的准备是非常重要的。秘书应该从接待工作的环境、物质与心理三个方面进行准备。

（一）接待的环境准备

公司的前台、会客室、接待室、办公室是展示公司形象的窗口，秘书应当使这些地方保持干净、明亮、整洁、大方、美观，让来访者一进门就感觉到这里工作规范有序。同时，办公室内部的工作人员应该热情大方、工作配合协调,给来访者留下美好的印象。

办公室、会客室的环境一般分为硬环境和软环境。

1. 硬环境

硬环境包括空气、光线、颜色、办公设备及室内布置等外在客观条件。一般说来,较大规模的公司设有多个接待室。一种是专门接待四五位客人的小型接待室;另一种是接待十多位客人的较大型接待室。接待室大小有些区别,但摆设是一致的,一般都有办公设备、内线电话、桌子、椅子、沙发、茶几、烟灰缸等。

如果接待室布置得太华丽,会给人俗气的感觉,但是接待室也不能太简陋,挂几幅字画,或者摆几盆鲜花,就能给接待室带来几分雅致。

接待室要经常保持清洁,台布、椅套要勤洗勤换。如果接待室弄得乱七八糟,客人一进门就会感到不舒服。行政秘书在检查布置时要特别注意以下几点:

(1) 桌椅摆放整齐,仔细检查是否有污渍和灰尘;

(2) 检查地板、地毯、墙壁、窗户玻璃等是否洁净;

(3) 收拾好以前客人用过的茶杯、烟灰缸等;

(4) 检查杂志、报纸、样本等是否齐全;

(5) 调整好空调的温度。

2. 软环境

软环境是指办公室的工作气氛、接待人员的协作关系、办事效率、个人素养等在接待过程中体现出来的人文环境,具体包括组织文化环境和接待礼仪环境。组织文化环境即在接待过程中展示给来访者的组织文化精髓,如组织的运行方式、价值观、工作氛围、人与人之间协作关系等,这是通过接待的一系列工作展示的。接待礼仪环境即包括接待人员的仪态、风度、接待过程的安排、衔接等。

(二) 接待的物质准备

包括必备用品和辅助用品。必备用品指文具用品、书报架等用具,茶叶、矿泉水等生活必需品及企业刊物、公司简介、样本等对外宣传资料。接待室不要放公司电话一览表等内部资料。

辅助用品包括接待标志、接待用车、接待设备,如扩音器、传真机、摄像机等,还有接待礼品,如特别准备的绿茶、高档糖果、香烟等。

(三) 接待的心理准备

"来的都是客",以诚待人。不管生活中遇到什么不愉快的事情,都不能把个人情绪带到工作中,更不能发泄到来访者身上。要改变"门难进、脸难看、事难办"的衙门作风,改变对上奉承巴结、对下欺压训斥的势利作风。

无论来访的客人是有约还是无约,是易于沟通还是脾气急躁,秘书都应该让客人感到自已得到重视,受到欢迎。客人无论多或少,好接待或者难应对,秘书都要有理有序地处理,应沉着友善、耐心解释,不能失礼。

第二节　接待工作的基本程序

有些单位的前台做一些登记客人资料、初步分流客人的工作,并通知秘书有客人来访(办公室的秘书最好在每天早上给前台接待员一份当天来访者的名单)。有些单位这项工作由秘书直接负责。任何来访的客人,都不应该绕开前台或秘书直接去找被访者,前台、秘书的责任之一就是要甄别客人身份,起到过滤、分流客人的作用,让预约的或有必要接待的客人及时得到接待,把没有接待必要的客人客气地挡在门外,不让客人直接见领导而影响其工作。接待忌讳以貌取人。有时,穿着随便的客人可能是公司老总的亲戚或重要客人,穿得讲究的人实际上是推销员。前台秘书如果以貌取人,容易做出错误的判断。接受名片,初步了解客人情况后,前台秘书应及时用适当方式把来宾来访信息通知领导或预约的部门,或直接引到接待地点,不能让来宾久等。

一、接待的原则

1. 按照先来后到的原则,做到公平、礼貌地接待。
2. 要和颜悦色接待,不能皱眉头。
3. 接待时态度要郑重,但说话要留有余地。
4. 预约接待要迅速转达客人的要求,不让客人久等。
5. 为了避免出错,对于客人说的重要事项要确认一遍。
6. 尽快记住客人的相貌和姓名,了解他与本公司的关系。
7. 领导没确认见的客人,就坚持不让其打扰。

秘书在接待客人的过程中,要养成说礼貌用语的习惯,如"欢迎您"、"谢谢您"、"让您久等了"、"实在对不起"等。秘书不仅要养成习惯,更要发自内心,这样,客人才能真正感受到秘书的真诚,有一种"宾至如归"的感觉。这是秘书职业素质的体现。

二、预约接待

预约接待和无预约接待的主要区别是准备的时间和内容不一样。秘书接待依照约定而来的客人,称预约接待。在预约接待中,秘书一定要做好充分的准备,使接待有礼有序进行。预约来访是对对方和自己的一种尊重。

(一) 事先准备

和约访者再确认时间,提醒领导约会时间,准备相关资料,整理布置接待室和其他见面的地方,尽量收集、回忆约访者的相关信息及与本组织、领导的关系。做好心情和语言的接待准备。没有客人时,秘书可以整理名片、来客登记本,或者把因接待客人而中断的工作继续下去。总之,秘书要做到有空无闲,提高时间的使用效率。

(二) 热情待客

迎接,要给客人留下最好的第一印象,为下一步深入接触打下基础。客人一进门,秘书应该站起来、微笑、注视对方说"您好",客人接着作自我介绍。如果是正在等待的客人,秘书就要迎上前去,并伸出手说:"我正在等您,这边请。"握手时力度要适中,太轻给人以轻视的感觉,太重则显得过分热情,握手时间大约是在心里默数 3 个数。说话时,手势不要过多,也不要放声大笑或高声喊人。

客人进门后,假如秘书正在打字,不能一边打字,一边只用余光扫视客人。秘书正通话时客人来了,应该马上向客人点头致意,迅速结束电话并向对方表示歉意:"让您久等了"。接待客人时电话铃声响了,秘书应对客人说"对不起,失陪一下",然后去接电话。无论是公司内部电话还是外部电话,都要多听少说,尽快结束通话,回来向客人致歉并继续接待。

客人较多的时候,秘书要坚持先来后到的接待原则,不要熟人优先,让客人明显感到厚此薄彼。如果客人预约前来,可是领导因办急事出去了,这时,秘书应向客人说明情况,请求谅解,并征求他的意见:"请再等一会儿好吗?"或者根据具体情况,把他介绍给相关部门:"让市场部的吴经理跟您谈谈,您看如何?"总之,不管客人是愿意等领导回来还是愿意跟有关人员谈,都要按照领导事先留下的指示办。秘书必须弄清楚,领导究竟是不想见客人还是实在抽不出时间,如果是当天抽不出时间,那么,就有一个改期的问题。

(三) 引领客人

与他人同时行进时,通常讲究"以前为尊,以后为卑",前面行走的人,位次高于后面的,因此,一般应当请客人、女士、尊长行走在前,主人、男士、晚辈与职位较低者随后而行。按照国际惯例,两人行走,以右为尊,当三人并排行进时,以前进方向为准,中间为尊,右者次之,左者再次。

将客人领到会议室或接待室途中,如果客人不熟悉方位,秘书应在拐弯处或上楼梯时,快走几步在左前方带路;秘书要走在靠走廊一侧或楼梯的外侧,请客人走在走廊的中央或楼梯的内侧;走路时要配合客人走路的步伐并经常回头,确认客人是否跟上,不要走得太快。

如要乘坐电梯,在上电梯之前,要告诉客人"是某某层"。如果电梯内有专门服务的工作人员,就让客人先上电梯;如果没有,秘书自己先进电梯,在里边按住"开门"按钮,同时招呼客人进电梯。电梯到达时,就按住"开门"按钮让客人先出电梯。

进入接待室或会议室前,必须先敲门再进去。如果门是向外开的,那么用右手打开门后请客人先进去;如果门是向里开的,那么秘书打开门后自己先进去,用左手按住门把手请客人进来。

（四）请客人入座

当客人走入会客厅，接待人员用手指示，请客人坐下。如客人坐错下座，应请客人改坐上座。一般来说，从门口看去，最里面的座位是上座，离门口最近的座位是下座；如果会客室摆放的是大圆桌，从门口看去最靠里的是上座；上座人的右手第一个座位是次上座，左手的第一个座位是第三位，右手的第二个座位是第四位……以此类推，离上座最远的是下座；与单人椅子相比，沙发是上座。安排座次的基本原则是让客人、地位较高者坐上座。

如果是冬天、雨天，接待人员要主动将客人的大衣、帽子、伞等接过来并把它们挂在衣架上，同时告知客人。

客人到了之后，领导可能由于种种原因不能马上接见，秘书要向客人说明等待理由与等待时间。为了缓解客人紧张或不耐烦的情绪，秘书可以陪客人闲聊几句。闲聊时可以聊这些话题，比如天气、兴趣、流行时尚、休闲、新闻报道、母校、访问地餐饮、建筑、风土人情等，应尽量避免谈论如政治、宗教、信仰等可能造成双方对立或让对方不舒服的话题。

（五）双方介绍

当领导与客人初次见面时，秘书应负责给双方作介绍。介绍的顺序如下：先将职务低的介绍给职务高的，将男士介绍给女士，将客人介绍给主人。但在聚会等特殊场合，有时也需要先介绍女士。当需要介绍的人较多时，需从职位高的人开始依序介绍，也可以将要介绍的主要人物与其他人区分开来，这样容易记住。

在互相介绍的时候，口齿要清楚，说到姓名时，速度要比平时说话的速度慢一些，让那些没有准备好的人也能听清。秘书一般用这样的开场白："请允许我为您介绍……"介绍客户时，原则上以"姓名＋职位"的形式："这位是大唐公司胡强总经理。"介绍本公司人员时，原则上用"职位＋姓名"的形式："这位是我们公司营销总监程冬。"职位附在姓名后面是一种尊称，表示敬意；职位放在姓名前，仅仅起介绍职位的作用。

介绍完毕后，双方交换名片。一般来说，这时秘书已经事先与对方交换过名片了，在领导与客人交换名片时，秘书也要站在领导身旁行注目礼。有些秘书以为自己不要交换名片了，站在一旁发呆，这是一种没有礼貌的表现。

（六）给客人沏茶

给客人沏茶时应当注意：

1. 进来之前先敲门，但不一定要等到里面说"进来"才进去。

2. 茶杯一定要清洁，杯口有裂口或污渍不能使用。

3. 选用质量较好的茶叶，茶水保持七分满。招待国内客人最好用上好清茶，招待英、法等国客人最好用红茶。如果能记住客人的特殊习惯，那是对客人最好的尊重。

4. 送茶先从客人开始（即使客人的地位比自己的领导低），先客人后本公司人员。端茶时有人发言也不要紧，但不能影响主宾双方的交谈。

5. 不要把茶杯放在烟灰缸旁边。

6. 给客人续茶,要先把冷茶撤下来再把热茶端上去。

(七) 适时告退

秘书在送完茶或者办完其他事情退出会客室时,要轻轻地把门掩上,掩门时,一定要用目光询问室内人员,看他们是否还有事要自己代办。出门后不要在过道上弄出声响,因为在会谈时,人们对室内外的响声非常敏感。

(八) 适时提醒

按照原定的时间,孙总应该见程先生了,可他与钱先生还没有谈完,这时,秘书最好写一张便条,把程先生的事简单地说一下,进去递给孙总,便条最后要加一句:"程先生还需等多久?"这样,孙总在与钱先生会谈时,可以对秘书的请示作简短的回应。如果来了紧急电话,也可以用同样的方法处理,假如在便条上写太多问题,反而让领导为难。

(九) 送客

秘书虽然在会客室的外面,但也得留心会客室的动静。待客人一出会客室,就马上进去看看里面有否客人遗漏物品,如果有,就迅速给客人送去,但是,不要让客人觉得秘书是迫不及待整理收拾撵人快走的意思。一般的客人路过秘书面前,秘书站起来向他点头示意即可;如果是年纪较大或者腿脚不方便的客人,秘书就要上前扶一扶或者送一送;对于重要的客人,原则上是送客到电梯或者大门口。无论送到哪里,基本上目送到看不见客人为止;如果一直看得见客人的身影,至少也得等客人走出七八步远才离开。

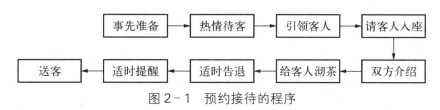

图 2-1　预约接待的程序

三、无预约接待

来访者事先没有约定而临时来访,这种接待称为无预约接待。预约来访是现代社交中的一般规矩,但是,对于不速之客,秘书绝不能因为没有预约而怠慢他们。秘书要让领导见到愿意与之会晤的来宾,也要学会有效地甄别、过滤不速之客,有理有节地为领导挡驾,节约领导的宝贵时间。

(一) 了解身份和来意

如果是素不相识的客人,秘书这样跟他打招呼:"您好,请问您是……"引导对方介绍身份和目的。不能用"你预约了吗"这种冷漠的方式询问对方。可以问对方"您与某某约好的是什么时候见面"、"您的事情某某是否知道"、"他知道您今天来吗"等等。客人既然上门了,秘书就得无条件地热情接待。

如果对方不是初次来访,秘书就要尽量回忆对方姓名:"您就是永昌公司的马云龙先生吧?"一开始就让客人从心里感到亲切,被秘书的热情所感染。学会记住来宾的名字,相隔一段时间仍能亲切地称呼他的名字,这是对他最大的恭维。

(二) 分流客人

秘书在了解来宾的身份和来意之后,应及时对来宾做出恰当的分流处理,不浪费来宾的时间。

经常有这种现象,秘书在没有弄清客人到底找谁合适之前,就把他带到市场部;到了市场部,又说客人的事是销售部负责;当他们来到销售部时,又说这方面的工作已移交给客服部⋯⋯这种来回往返,让客人感到十分难堪,这实际上是对客人的不尊重。因此,在没有把握的情况下,最好先请客人稍等,用电话与有关部门联系,这样,让客人少走弯路,节约时间,客人也会感到秘书的热情和效率。

如果是领导熟识的上级,重要来宾,紧急、重要事务者,应立即通知领导,按领导的指示处理。如果领导刚好独自在办公室,秘书不要贸然把来宾带到领导处,要先询问领导意图再作处理,不要自作主张。如果领导没有时间接待,应按照领导的意思与来宾另约会面时间。

如果是不需要领导出面就能解决问题的来宾,秘书不应该态度冷漠地予以拒绝,而应该热情地把他们介绍到有关部门。如果是上门联系业务的推销员,秘书可以介绍他与采购部门联系,或者让他留下名片和产品说明书,告诉他会转告领导,需要的话会与他联系,不能按他的要求去见领导。

(三) 婉拒来宾

为了让领导集中精力工作,秘书要婉拒一些来访的客人。除个别极为特殊的情况外,领导在办公室时应该向领导请示,不要仅凭个人判断,就将客人回绝。在那些被秘书"看不上眼"的客人身上,很可能就有领导需要的信息。另外,即使是拒绝对方,也应该注意礼节,说话要留有余地,说不定以后还有机会再见。秘书代表的是公司及领导,如果举止得体,就会无形中增加客人对公司的好感。

如果客人点名要与某某会谈,就应当立即与当事人联系。但是,在联系好之前,不应给客人以肯定的答复,因为当事人有可能不在,也有可能不愿见该客人。有时候,客人不愿说出自己的姓名,只问领导在不在,遇到这种情况,秘书不能简单回答领导在或者不在,而要继续询问客人其他情况,并坚持不通报情况不能安排领导接见的原则。如果客人作了简单的自我介绍,但保密来访目的,秘书应当让客人先到会客室等候,并热情地对他说:"请您稍等一会儿,领导刚刚散会,我帮您去找一找。"以找领导为由向领导汇报,请领导决定是否接见这位客人。

有些素不相识的客人喜欢问领导或同事的手机号码,遇到这种情况,要按公司的规定答复。一般来说,如果是公司配给员工的手机,可以告诉客人。秘书应跟领导约好,哪些客人可以知道,哪些客人不宜知道。当遇到不方便透露领导手机号码的客人时,秘书可以这样回答对方的要求:"非常抱歉,不知您是否方便告诉我具体情况? 或者留下您的电话号码,回头我请领导给您回电话?"如果遇到不受欢迎的客人,秘书应该婉言拒绝。

(四) 礼貌送别

即使来宾是不速之客、目前不受欢迎,秘书也应该以礼相送。迎三送七,迎接客人快走近三步,送客多送七步,这样,既平息他们的情绪,又显示组织的风度和良好形象,还为日后相见埋下伏笔。

图 2-2 无预约接待的程序

(五) 接待投诉的客人

秘书经常会接待一些不请自来且态度不那么友好的客人,他们上门的目的大部分是为了投诉,比如,对公司产品(服务)不满意或指责销售人员态度恶劣等。虽然,现在一般企业已设立专门机构负责处理客户投诉,但因为部门之间相互推诿,不负责任的现象时常发生,所以,投诉的人进门后一般都要求见公司领导,这种情况通常都先由秘书出面接待。

在接待投诉时,秘书说话必须注意策略。如果秘书简单地拒绝对方:"对不起,××领导现在不在,至于什么时候回来我不太清楚",那么,对方可能更加纠缠不休:"他什么时候回来,我就等到什么时候……"因此,不管遇到什么情况,秘书都要沉着冷静,有一种遇事不慌、应付自如的本事。如果,秘书的热情和周到能让这些不速之客感到心悦诚服,那么,秘书就真正起到了助手的作用。

假如秘书确认对方是无理取闹,甚至是耍无赖,就要马上向领导汇报,请求采取相应措施。对于那些特别容易冲动的客人,问题解决得越快越好,即使对方要面见领导,也只能让领导出面,假如这时候还推诿给有关职责部门,事情只能变得更坏。

接待上门投诉的客人,处理的步骤如下:

1. **为客户创造良好的接待环境。** 在前台那种嘈杂、人来人往的地方与对方交涉,不仅影响公司形象,而且对方的情绪也不易得到控制,所以,应尽快把客人带到会客室。

2. **倾听、记录客人的陈述。** 有效地倾听客户的诉说和抱怨,抓住主要内容。

3. **尽量满足客人的情感需求。** 客人都有被赞赏、同情、尊重等各方面的情感需求,秘书应尽量去理解客人的情感需求。客人上门多是受了委屈,如果秘书对他们的处境、遇到的问题表示同情和理解,那么,客人心里的怨气就消了一半。这要求秘书有敏锐的洞察力,能够了解客人的需求并加以满足。当然,完全满足客人所有需求也不容易。

4. **针对客人的投诉,介绍本公司的产品和服务。** 这需要秘书对本公司业务有充分的了解,能满足客人的专业需求。有一次,一位客人怒气冲冲地上门投诉产品质量,秘书请专业人员检测产品后发现,客人购买的是假冒产品。秘书不是简单地给客人假冒产品的结论,而是进一步请客人参观企业的生产,推介企业的优质产品。最后,客人不但怒气全消,而且表示对秘书推介的产品很有信心,今后会购买。客人能够上门,说明他对公司还是信任的,他希望得到专家的指点或认可,这时,秘书应该代表公司对这些客人表示衷心地感谢。同时,秘书要不断地充实自己的专业知识,因为只有具备专业知识,才能为客人提供满意的解决方案,才能满足客人的专业需求。

5. 双方通过协商解决问题。以爱心对待客人,不推诿问题,迅速帮助客人协商解决问题,达到双赢的目的。协商其实就是有条件地退让。

四、团体接待

团体来访一般人数较多,事情比较重要也比较复杂,时间更长一些,接待往往涉及多个部门,因此,要提前做好接待准备。

(一) 接待准备

宾客到达前要做好如下准备工作:

1. **了解来宾的基本情况。**如单位、姓名、职务、性别、民族、人数、来访目的和要求、抵达时间、抵达方式、日程安排等。接待外国客人还要尊重他们的风俗习惯。比如,国人习惯认为,假如接待不够热情,那是没有礼貌和没有教养的表现,但是,欧美一些国家的客人不习惯被过分热情地接待。又如个人兴趣和饮食方面,不仅存在国别的差异,而且也因人而异,甚至千差万别。作为秘书,应该对东西方文化差异有更多的了解,这样才能在接待客人时,尽可能地尊重客人的习惯。

2. **及时报告主管领导**,听取领导对接待工作的具体意见。

3. **制订接待计划**,向主管领导报批,重要客人还要向上一级领导报批。

4. **协调有关部门落实接待计划。**如预订旅馆,外国客人一般都会事先用信件、电话、电子邮件或传真等方式将到达的日期和航班通知相关部门,有些客人还会请求帮助办理旅馆预订手续。如果没有特别指定,秘书应协助相关部门帮客人预定离公司较近、交通方便和条件较好的宾馆。

(二) 迎接

重要客户初次来访,到机场迎接是应有的礼节。接待一般坚持对等的原则,安排与客人身份、职务相当的人员前去迎接。如对方是总经理,我方也应由总经理出面接待。若因某种特殊原因,相应身份的人不能前往,前去迎接的人应向客人作出礼貌的解释。当然,有时也可以派代表迎接。

主人应提前到达车站、机场、码头,恭候客人的到来,决不能迟到让客人久等,若迎接来迟,一定会给客人留下不好的印象,事后无论怎样解释,也很难消除这种失职和不守信的印象。迎接客人应提前准备好交通工具,不要因为匆忙调集交通工具而让客人久等。客人看到有人迎接,内心会非常高兴。

接到客人后,应首先问候:"一路辛苦了!""欢迎您来到我们这个美丽的城市!""欢迎您来到我们公司!"然后向对方作自我介绍。

乘车贯穿整个接待活动的始终,乘车应注意乘车礼仪,不同类型的车,乘车时座次的排列不同(见图2-3)。

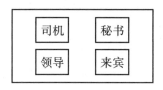  

司机	秘书
领导	来宾

秘书兼司机	领导
来宾2	来宾1

领导兼司机	来宾1
秘书	来宾2

图2-3 乘车座次图

小轿车。如有司机驾驶,小轿车的座位,以后排右座为首位,左侧次之,前排副驾驶位再次之(出于安全考虑,国外一些政要首脑在特殊时期会坐后排中间位)。如果由主人亲自驾驶,以驾驶座右侧为首位,后排右侧次之,左侧再次之,后排中间座为末席。若同坐多人,中途坐前座的客人下车后,在后排就坐的客人应改坐前座,此项礼节最易疏忽。主人驾车时,则主人夫妇坐前座,客人夫妇坐后座。男士要服务于自己的夫人,宜开车门让夫人先上车,然后自己再上车。女士登车不要一只脚先踏入车内,也不要爬进车里,需先站在座位边上,把身体降低,让臀部坐到位子上,再将双腿一起收进车里,双膝一定保持合并的姿势。司机应该"后上先下",先为来宾和领导打开车门,自己再上车;停车时则先下车,为领导和来宾打开车门。地位最高的来宾最后下车。秘书为领导和来宾打开车门时,要注意用手挡住车门框上沿;来往于车的左右侧时,应从车尾绕行。

吉普车。吉普车无论是主人驾驶还是司机驾驶,都应以前排坐为尊,后排右侧次之,后排左侧为末席。上车时,后排位低者先上,前排尊者后上。下车时前排客人先下,后排客人再下。

旅行车。我们在接待团体客人时,多采用旅行车接送客人。旅行车以司机座后第一排为尊,后排依次为小。其座位的尊卑,从每排右侧往左侧递减。

主人(秘书)应协助客人办理住宿手续并将客人领进房间。主人不要立即离去,应陪客人稍作停留,热情交谈,比如,向客人介绍住处的服务、设施,将活动的计划、日程安排交给客人,并把准备好的旅游图、名胜古迹等材料送给客人,还要向客人介绍当地风土人情、自然景观、特产、物价等。随后,与来宾负责人商议活动日程安排,征求客人意见,及时调整活动安排。最后,将商议结果报告负责接待的领导。考虑到客人一路舟车劳顿,主人不宜久留,让客人早些休息。分手时将下次联系的时间、地点、方式等告诉客人。

（三）宴请

宴请是交往中最常见的交际方式之一，配合不同的工作性质和内容，宴请的形式不一样。

在饮食方面，由于国情不同，加上宗教方面的原因，有些食物客人是禁忌的，应坦率地询问客人禁忌，以便根据客人的情况作安排。譬如，有些客人是素食主义者，不吃肉，那就以素菜为主。点菜要全面照顾，不能因为某些人要减肥、节食就满桌素菜，菜式也不能太单调；要照顾喝酒的客人，点一些荤菜。应该是荤菜和素菜搭配，特色菜和家常菜组合。

1. 中餐正式宴会

中餐正式宴会以圆桌排座，与国宴相比，除了不挂国旗，不奏国歌，出席人员的级别不一样之外，其余安排与国宴大致相同。宴请者会提前半月或一周发出请柬，请柬注有时间、地点、服饰要求等内容，收到请柬的人不论是否参加宴会，都应对主人邀请礼貌回复。排座严格按照礼宾要求，出席人员对号入座。赴宴着装应大方得体，赴宴时，男士应穿西服打领带，女士应着套装或礼服，不宜穿裤子、短裙，以过膝的裙子为好。宴会服务质量要求较高，对餐具、酒水、菜肴数量、上菜程序等均有严格规定，并要求上一道菜换一次餐盘。每道菜上桌后先向宾客示意，再进行分菜。宴会进行前，有正式的致辞和祝酒，宴会进行中，有背景音乐或穿插文艺表演，调节宴会气氛。宴会结束，主人还要在门口握手送别。

2. 非正式宴会

非正式宴会也称便宴，常见的有午宴、晚宴，这类宴会形式简便，可不排席位，不作正式讲话，菜肴道数酌减，用于日常友好交往。家宴是便宴的一种形式，往往由主妇亲自掌勺，家人共同待客，显得亲切自然。

3. 冷餐会（自助餐）

冷餐会（自助餐）这种宴请形式的特点是不排固定席位，菜肴以冷食为主，也可冷、热兼备；餐具、酒水、饮料陈放在桌上，供来宾自取，亦可请服务员端送，来宾可自由活动多次取食。冷餐会可设小桌、椅子，自由入座，也可不设座椅，站立进餐，方便进餐人员交谈。冷餐会的地点可在室内也可以在室外花园，这种形式适合招待人数众多的宾客。

4. 鸡尾酒会（酒会）

鸡尾酒会（酒会）形式较为活泼，便于广泛交谈接触，它以酒水招待为主，略备小点心。鸡尾酒是用多种酒配成的混合饮料。酒会上通常以鸡尾酒、各种酒品、饮料为主，不用或少用烈性酒，服务员用托盘托着酒水和菜点在席间巡回敬送。酒会举行的时间较为灵活，中午、下午、晚上均可。请柬一般均注明酒会起讫时间，参加者可在其间任何时候入席或退席，来去自由，不受约束，并可自由走动，自由交往。

5. 茶话会

茶话会是一种更为简单方便的招待形式，它一般在客厅或会议室举行，不排座次，客人一边品茶，一边交谈，席间只摆茶点、水果或风味小吃。茶话会重"说"不重"吃"，可安排一些短小的文艺节目助兴。场地大小不限，时间长短不拘，气氛轻松活泼。

6. 工作餐会

工作餐会即在会议或工作之中,以套餐的形式提供的便餐。按用餐时间可分为工作早、中、晚餐,一般多在午间提供。工作餐会是现代生活中经常采用的非正式宴请形式之一,它不请配偶以及其他与工作无关的人员参加,有的工作餐会需要参与者各自付费,在进餐过程中,大家可以边吃边谈,不必过分拘束。

(四)参观游览

带外国客人在本地观光游览,大多是秘书充当导游。如果是在北京,可以带客人去八达岭、故宫、颐和园等地方,还可以带客人去看京剧、吃全聚德的烤鸭等。如果客人携夫人前来,那么,她们可能会花一些时间购物,买一些土特产品留作纪念。很多宾馆设有小商店,专卖外国人喜欢的土特产品和传统工艺品。秘书应该能给这些客人提供一些购物知识和技巧。

在参观游览与人交谈时,秘书要注意交谈礼仪,表情要自然,态度要诚恳,用语要文明,表达要得体。若他人在个别交谈时,秘书不要凑前旁听,应待别人说完再上前。交谈中若有急事离开,应向对方打招呼,表示歉意。不要只和一两个人交谈而冷落在场的其他人。注意选择可以交谈的喜闻乐道的话题,诸如体育比赛、文艺演出、电影电视、风光名胜、旅游度假、烹饪小吃等,这类话题使人轻松愉快,受到普遍欢迎。避免不能交谈的话题,如对方的年龄、履历、婚姻、薪金、服饰价格等私密话题。如果外国人主动谈起我们不熟悉的话题,我们应该洗耳恭听,认真请教,不要不懂装懂,更不要主动同外国人谈论自己一知半解的话题。

(五)送别

秘书将代购的回程车、船、飞机票交到来宾手中,协助来宾结算住宿费用,落实返程安排及送行车辆和人员,一般是迎接的人应该参加送别。送行人员可以前往来宾住宿处陪同来宾出发,也可以到交通场所恭候送客。

馈赠礼仪。为拉近人与人之间的关系,接待过程离不开馈赠礼品。挑选适宜的礼品是个费神的事情。秘书应该通晓送礼技巧,不仅能达到大方得体的效果,而且能增进彼此感情。不要把以前接收的礼物转送出去或丢弃,送礼人会留意接受者对他所送物品的态度。切勿直接问对方喜欢何种礼物,一方面,他要求的可能会超出你的预算,另一方面,他一旦说出你没有办到,他的期望可能会落空。切忌送一些刺激别人的物品,使人情绪产生波动。送一些本公司能负担的有纪念性的礼物较好。最好每年送礼时作记录,以避免给同一对象送相似的礼物。必须考虑接受者的职位、年龄、性别等因素,考虑接受者在日常生活中能否应用赠送的礼物。谨记除去价钱牌及商店的袋装,重视包装。有时,细微的地方更能显出送礼人的心意。

最后将接待工作中的有关文字材料整理归档。

图2-4 团体接待的程序

第三节　接待规格与接待计划

一、接待规格的种类

接待规格俗称接待标准，是从陪同的角度来说的，它决定了陪同人员的职位、数量、日程安排、经费开支、宴请规格、客人住宿宾馆等级、房间标准等。在接待事务中，主管领导接见和一般人员接待是不一样的。主管领导出面表示重视，一般人员则是例行公事。接待规格过高，影响领导的正常工作；接待规格过低，影响与交往对象的关系。因此，接待规格应慎重全面地考虑。

接待规格的最终决定权在领导，秘书仅提供参考意见。接待规格确定以后，秘书应把我方主要陪同人员的姓名、身份及接待日程安排给对方发一份传真，征询对方意见，双方协商后确定下来。接待规格有以下三种。

（一）高规格接待

接待方主要人员比主要来宾的职位、级别高，就是高规格接待。如上级领导派工作人员来了解情况，传达意见，兄弟企业派人来商量要事等，需高规格接待。高规格接待表明对被接待一方的重视和友好。

（二）对等规格接待

接待和被接待双方主要人员的职位、级别相当，就是对等规格接待。这是最常用的接待规格。企业一般采用对等规格接待。

（三）低规格接待

接待一方的主要人员比主要来宾职位、级别低的接待，就是低规格接待。这种接待规格常用于基层单位，如上级领导到下属企业视察，只能低规格接待。

二、接待规格的确定

（一）接待规格的决定因素

1. 经费

指某次接待工作的开支总额及其具体环节所需要的费用支出。在任何情况下，接待来宾都是需要花钱的，每一次接待工作的费用支出状况，尤其是总开支，既要有一定标准，又须反映出接待方对来宾的重视。

2. 规模

指在接待的过程中，尤其是在迎送、宴请、陪同等重要环节，接待方人员参与的具体范围以及实际到场的人数。在接待中，所谓接待规模大往往是指具体到场的接待方人员范围广、人数多,反之则称为接待规模小。一般认为,接待规模越大,表明接待方对此次接待重视的程度越高。

3. 身份

身份的高低,通常是指在接待过程中,尤其是在一些较为重要的场合,到场的接待方主要人员的具体身份的高低。显然,到场的接待方主要人员的身份越高,越能说明接待方尊重并重视对方,双方关系较为密切。

(二) 接待规格的参考因素

1. 明文规定

一般情况下,对接待工作中的具体礼宾规格,有关部门通常都会作出明文规定。这些规定有的出自国家或地方政府,有的出自各类企事业单位,有的则出自外事部门。

在涉外接待中,此类明文规定的礼宾规格的规范性与重要性较强。因此,在具体的接待工作中,我们必须全面地、一丝不苟地贯彻执行。

例如:《党政机关国内公务接待管理规定》(中办发〔2013〕22 号)第十条规定,"接待对象应当按照规定标准自行用餐。确因工作需要,接待单位可以安排工作餐一次,并严格控制陪餐人数。接待对象在 10 人以内的,陪餐人数不得超过 3 人;超过 10 人的,不得超过接待对象人数的三分之一。工作餐应当供应家常菜,不得提供鱼翅、燕窝等高档菜肴和用野生保护动物制作的菜肴,不得提供香烟和高档酒水,不得使用私人会所、高消费餐饮场所"。第九条规定,"接待住宿应当严格执行差旅、会议管理的有关规定,在定点饭店或者机关内部接待场所安排……住宿用房以标准间为主,接待省部级干部可以安排普通套间。接待单位不得超标准安排接待住房,不得额外配发洗漱用品"。

2. 参看规范性做法

在接待过程中,有许多规格的细微之处是不可能一一作出规定的。故处理这些问题时,各地方、各单位、各部门往往都有一些自己的补充、变通或其他规定。一般而言,只要行之有效并且不与有关的明文规定相抵触,都是可以被采纳的。

3. 尊重国际惯例

在确定涉外接待的礼宾规格时,还可以直接采用通行于国际社会的做法,即尊重国际惯例。此种方式既易于被双方接受,又易于我方人员操作。在尊重国际惯例时,需要注意两点:一是不应与我方的外交方针政策相抵触;二是不应有违接待对象的习俗。

4. 采取对等做法

当一时难以确定接待规格时,可以采取对等的做法,即指接待方可以参照被接待方在此之前接待我方同等职级者所采用的礼宾规格执行,以示双方有来有往、礼遇相当。

5. 比照他方先例

若上述方式均难以实施时,接待方人员还可以参考国内其他机关、单位、部门此前接待被接待对象时的成功的接待经验,这种做法往往可以使接待方"兼听则明",在接待工作中少走弯路。

三、制订接待计划

制订接待计划是完成接待工作的重要一步,接待计划可以使接待工作有条不紊地进行,事前全面考虑接待过程,把复杂的工作分解成许多具体的单项,起一个备忘录的作用。接待计划主要内容有:

1. **接待方针**。即接待的指导思想。

2. **接待规格**。针对不同的客人采用不同的接待规格,依据来宾的身份和实际的需要决定。

3. **接待日程安排**。接待日程安排应当制定周全,尤其是接待活动的重要内容不可疏漏,包括工作安排、生活安排、业余活动安排等。接待日程安排还要注意时间上的紧凑,上一项活动与下一项活动之间既不能冲突,又不能间隔时间太长。

4. **接待形式**。具体的接待方式,比如安排迎接、拜会、宴请、会谈、参观、游览、送行等事宜。

5. **接待经费开支**。包括所有的费用,吃、住、行、游、购、娱、资料费、租借场地费等等。从简务实,不摆阔气,不讲排场。

表2-2 公务接待审批单

年　月　日

来访单位		接待部门	
来访主要领导		接待负责人	
陪同人员数量		接待人员数量	
陪同人员名单		接待人员名单	
公函或文件		公务时间	
公务内容			
接待费用	住宿		
	餐费		
	车辆		
	其他		
	合计		
审批意见			
经办人			

接待审批单须附:1. 派出单位(邀请)公函　2. 接待方案

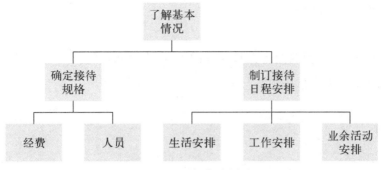

图2-5　制订接待计划流程图

【案例】

上海鸿达公司与北京伟强公司经过数轮磋商,两公司合作条款达成基本共识。2018年8月2日到4日,伟强公司总经理夏伟强率领团队到上海参观并签订合同。鸿达公司总经理吴刚的秘书李小娜制作的日程安排如表2-3:

接待日程安排表　表2-3

日期	时　间	地　点	事　项	参　与　人
8月2日周四	16:00	上海虹桥机场	接机(东方航空MU5118空客330)	鸿达公司总经理吴刚、秘书李小娜等
	19:00	上海新锦江大酒店	拜访夏伟强总经理	吴刚总经理、黄全副总经理、李小娜等
	19:30	上海新锦江大酒店长乐坊中餐厅	共进晚宴	吴刚、黄全、李小娜及客人
8月3日周五	9:00~11:00	车间	参观生产线	吴刚总经理陪同客人
	11:10~12:10	公司	签约仪式	吴刚总经理及客人等
	12:30	上海老饭店	共进午餐	吴刚、李小娜及客人等
	14:30~18:00	城隍庙　豫园	游上海城隍庙　豫园	李小娜及客人
	18:30	上海豫园万丽酒店	共进晚宴	吴刚、李小娜及客人
8月4日周六	8:00~17:00	上海世博园	参观世博会	李小娜陪同客人
	20:10	上海虹桥机场	送机(中国国际航空CA1550)	总经理吴刚、秘书李小娜等

【思考题】

1. 简述接待工作的含义和分类。

2. 列出接待工作的准备内容。

3. 简述接待的原则。

4. 谈谈预约接待、无预约接待、团体接待的基本程序和礼仪。

5. 接待规格由什么因素决定?

【案例分析】

1. 小娜的困惑

这天下午,市房管局的张局长顺路来找李总。李总到市里开会,作为李总的秘书,小娜知道张局长与李总是读研究生时的同学,张局长告诉小娜说,他们导师的夫人昨晚突然去世了,他想约李总明早一起去看看恩师。正说着,电话铃响了,小娜匆匆用手指了一下椅子,赶快接电话。接完两个电话,小娜为客人送上一杯水,与张局长接着闲聊。因为关系很熟,所以,张局长说话也比较随意,他请小娜转告李总,希望看老师的时候,多少送点钱,表示一下心意,同时,希望他俩最好送一样多,请小娜转告。李总到下午7点多才回到办公室。小娜马上把张局长的意思向李总作了汇报。李总沉思片刻,反问小娜送多少钱合适?明天还要带哪些东西?小娜摇摇头。她看到了李总眼里流露出的失望。

问题讨论:

(1) 小娜的接待过程是否恰当?

(2) 小娜应该怎么做才比较合适?

2. 客人提前到达

李丽是上海东方机械公司总经理的秘书。这天上午10点,江苏万马公司江总来访。李丽看了看日程表,领导与江总约好是11点见面,现在对方提早1小时到了。领导正在开会,估计11点才结束。于是李丽对江总说:"怎么回事?我记得约好的是11点钟?现在总经理正忙着。请您稍等一会儿,可以吗?"

李丽的问话合适吗?怎样说更好?

【实践训练】

1. 业务接待

工作情景设置:某星期一上午10时,公司办公室赵主任将一封外商刚刚发来的应邀前来商务洽谈的函电交给办公室的一名秘书,同时明确告知了中方公司接待时间、规格、参加人员及其他有关事宜,要求这位秘书拟订一份国际商务代表团来访接待安排表,报请总经理批准后执行。秘书接受了任务。仔细分析来函的内容,很快拟订出一份接待计划草案,经办公室主任审核,由总经理批准后,秘书打印出正式的外宾来访接待日程安排表,交给负责接待的部门。

在这项训练中,请你根据所给的背景材料,编制一份"广州长城粮油食品进出口公司关于接待加拿大麦氏麦特尔(magmata)公司商务代表团来访接待日程安排表"。

背景材料

① 外方函电内容简介:外方一行共5人,他们是李斯特总经理、约翰副总经理、小李斯特经理、霍普金斯先生、范德林小姐。要求在白天鹅宾馆下榻。与国内公司商谈该公司长城牌450克糖水杨桃罐头的包销合同事宜,并出席一天的广交会(4月23日)。请安排半天参观广州老城区。外宾乘中国国际航空公司991号航班,北京时间4月19日23时15分由加拿大温哥华国际机场起飞,20日10时20分到达广州机场。北京时间4月25日16时30分离开广州机场,航班是中国国际航空公司992号航班。

② 广州长城粮油食品进出口公司秦方柏总经理关于接待安排的指示:

A. 李斯特先生是我公司多年的客户,也是我公司在北美业务的主要代理人。安排上要体现老朋友之宜,尽可能满足客户的要求。

B. 要注意外交礼仪和外事纪律,不要泄露公司的机密。

C. 安排时间应张弛有度,不要太紧张,不要安排娱乐活动。

D. 李副总机场迎接及送行。

E. 迎送宴会安排在高级饭店,其他时间以工作餐为宜。

F. 签约搞一个简单仪式,要真诚热情,体现出老朋友、老客户的关系就行。

G. 注意各项工作的安排,一定要有专人负责,要有明确的分工。全部工作由总办负责,赵主任主抓。

H. 陪同客人旅游一定要注意安全。要有预案防止发生意外事故。

2. 投诉接待

工作情景设置:假设你是公司秘书,现有客户上门投诉公司产品质量或公司员工服务态度或公司工作流程不合理等问题,请你接待客户投诉。

工作任务和要求:接待态度亲切,掌握接待工作的礼仪、接待的方法和技巧。抓住对方谈话的要点,快速把它记下来。完整填写接待记录卡。

准备材料:笔、投诉接待卡。

实训过程:2名学生一组,1人扮演投诉客户,1人扮演接待秘书,演示整个接待过程。随后学生讨论。教师点评。

工作成果:学生掌握投诉接待的方法和技巧,完成接待记录的填写。

【知识链接】

中共中央办公厅　国务院办公厅

关于印发《党政机关国内公务接待管理规定》的通知

中办发〔2013〕22 号

各省、自治区、直辖市党委和人民政府,中央和国家机关各部委,解放军总部、各大单位,各人民团体:

《党政机关国内公务接待管理规定》已经中央领导同志同意,现印发给你们,请遵照执行。

中共中央办公厅

国务院办公厅

2013 年 12 月 1 日

(此文件公开发布)

党政机关国内公务接待管理规定

第一条　为了规范党政机关国内公务接待管理,厉行勤俭节约,反对铺张浪费,加强党风廉政建设,根据《党政机关厉行节约反对浪费条例》规定,制定本规定。

第二条　本规定适用于各级党的机关、人大机关、行政机关、政协机关、审判机关、检察机关,以及工会、共青团、妇联等人民团体和参照公务员法管理事业单位的国内公务接待行为。

本规定所称国内公务,是指出席会议、考察调研、执行任务、学习交流、检查指导、请示汇报工作等公务活动。

……

第二十六条　本规定自发布之日起施行。2006 年 10 月 20 日中共中央办公厅、国务院办公厅印发的《党政机关国内公务接待管理规定》同时废止。

中共中央办公厅秘书局

2013 年 12 月 1 日印发

(资料来源:中国政府网)

【扩展阅读】

1. 陈合宜著:《秘书学(第六版)》,暨南大学出版社 2010 年版。

2. 杨树森主编:《秘书实务》(丁晓昌、杨剑宇总主编"高等学校秘书学专业系列教材"之一),高等教育出版社 2011 年版。

3. 向国敏编著:《现代秘书学与秘书实务(第四版)》,华东师范大学出版社 2012 年版。

4. 陆瑜芳主编:《办公室实务》,复旦大学出版社 2013 年版。

5. 杨剑宇主编:《涉外秘书实务》,华东师范大学出版社 2013 年版。

6. 葛红岩主编:《新编秘书实务(第三版)》,高等教育出版社 2014 年版。

7. 胡伟,郑雅君主编:《秘书实务》,北京师范大学出版社 2016 年版。

8. 中共中央办公厅秘书局:《秘书工作》杂志,2014—2018 年。

9. 上海大学:《秘书》杂志,2014—2018 年。

10. 兰州大学:《秘书之友》杂志,2014—2018 年。

11. 中国人民大学:《档案学通讯》杂志,2014—2018 年。

第三章

通讯工作

第三章
通讯工作

本章概述

　　在秘书的日常工作中,电话、邮件无疑是最得力的助手。从北京到上海,从广州到纽约……只要电话接通邮件发送,距离就立刻消失了,与传统书信相比,现代联络通讯不知要方便多少倍。如果没有现代通讯工具,秘书工作就难以开展。

　　秘书的通讯工作,小则关系到工作效率,大则关系到社交礼仪、单位、领导形象。正是由于通讯工作的这种作用,所以,秘书在日常工作中要掌握电话处理的程序、规范与技巧,掌握办公室邮件收发的礼仪和规范。

学习目标

1. 了解通话工作的基本要求和注意事项。
2. 掌握接打电话的程序、规范与技巧,灵活处理不同电话。
3. 掌握办公室邮件处理的程序和方法。

重点难点

1. 接打电话的程序、规范与技巧。
2. 娴熟掌握现代通讯工作的方法。

【案例导入】

　　　东方市教育局的李局长正在会议室召开一个重要会议,会议11点结束,会议期间,一般的事情不能打扰。这时,办公室的电话铃响了,秘书吴霞接听,电话是找李局长的……

　　　(1) 假设电话是下属宣传科的马科长打来的;

　　　(2) 假设电话里是一位女性的声音;

　　　(3) 假设电话里是一位陌生男性的声音;

　　教师与学生互动,演示上面几种情景。

第一节　通话工作概述

在通话中,人们彼此并未谋面,看不见对方的表情、举动,但是,人们会通过电话应答的声音、表达方式在心里想象对方的模样：亲切大方？刻板冷漠？秘书电话应答的声音和方式是对方能够直接感受到的全部信息。树立良好的电话形象，给组织建立有效的沟通窗口。

一、通话工作的基本要求

1. **态度和蔼**：态度决定沟通的其他举动，接打其他人的电话也要像与领导通话一样，态度亲切自然。

2. **思维敏捷**：能随机应答一些特殊事项。

3. **语言简练**：不要拐弯抹角、不着边际、浪费时间。

4. **声音亲切**：发音正确，吐字清晰，音量适中，既能让对方听清又不影响周围其他人的工作，与话筒保持1～2厘米距离最好。

5. **语速适中**：说话节奏适宜，语速过快让人感觉忙乱甚至听不清楚，太慢又会让人感觉懒散。

6. **办事准确**：重要的内容做好电话记录。

二、通话工作的注意事项

1. 电话交谈也要保持微笑。电话交谈与面对面交谈不一样，面对面交谈是多种渠道传递信息，视觉、听觉共同作用，电话交谈只有单一渠道传递信息，所以，要加强信息输出强度；想象对方站在面前与自己谈话，笑容要稍夸张一些，这样，才能产生友善的声音，让对方准确地感受到你的热情和亲切，避免机械应答。

2. 注意接打电话的姿势。虽然接打电话双方没有见面，但是在电话里也能闻其声如见其人。如果打电话时随随便便，同样会影响秘书个人和公司的形象。比如，一些年轻的秘书在办公室打电话时千姿百态：坐在椅子上，二郎腿不停地摆晃；为了舒适，把手臂靠在电话机边上……对方可以通过你说话的语气和声调，猜想你说话时的模样。打电话时，想象对方坐在自己对面，秘书的态度是一丝不苟，规规矩矩。

3. 熟悉通话知识，熟记有关部门的电话号码。这是提高工作效率的要求。

4. 通话时，听清对方所属部门和姓名，防查无对证。

5. 注意发话意图和来话意图。

6. 发话应当准确，不含糊其辞，模棱两可。

7. 答话不得越权。

8. 培养自己对声音的敏感。一听声音就知道对方是谁，跟自己领导的关系如何，这一点很重要。

9. 通话时遵守保密规则。特别是在两个电话同时打进来，或者秘书接听电话时有客人在旁边。

10. 及时接听。一般电话铃响第三声接听。如果超过第四声尚未接听,迟接听需要向对方表达歉意:"对不起,让您久等了"。

第二节 电话处理技巧

一、拨打电话的程序与规范

电话要"打"出成效,就要注意拨打电话的程序与规范。

(一) 通话准备

1. 情绪准备:深呼吸,调整自己的情绪,保持愉快的心情,以确保声音的柔美、温和,不能表现出不耐烦的情绪。

2. 内容准备:拨号前,应把通话内容要点记下来,同时,预备一些说笑、问候语。

3. 工具准备:左手拿电话,右手随时准备记下重要内容。

(二) 正确拨号

注意力集中,看清号码,以免拨错。至少让电话铃响 7 次以上,确认对方没人应答再收线。

(三) 自我介绍

电话接通后,首先以温和的语调报出本公司名称或所属单位,如"中国东方出版公司总经理室,您好!"同时兼有广告的作用。有人说,凭着第一句话就可以基本决定我对对方公司的态度。所以,希望电话交流成功的人,应努力说好电话接通后的第一句话。

(四) 清楚陈诉

打电话的要点,如时间、地点、产品的数量、种类等,可以重复,以确认对方明确了。

通话过程中如果线路出现故障,电话中途被切断,要马上重拨并向对方道歉。若通话中有紧急事情需要马上处理,可以向对方致歉,暂时中断通话,"对不起,请您稍等一下",待处理完毕后接着通话,应再次表示歉意,如"非常抱歉,刚才有事情耽误了,请您继续说"。

如果是传电话,如传达领导的意图、指示或布置工作,电话通知、电话收集信息资料,电话联络询问等,要问清接电话人的姓名、电话号码,以便过后查对;挂断电话之前,要将对方的电话号码重复一遍。重要的电话内容请对方复述,做记录,自己再重复。委托对方代为传话时,清楚地告诉对方自己的电话号码、姓名,以便联系。

(五) 结束通话

结束通话要说一些礼貌告别语,如"谢谢"、"再见"、"请多关照"、"感谢您的来电"等。右手按住听筒弹簧,轻轻挂机。一般等年龄大、地位高的先挂机,或者打出的先挂机,或者等3秒钟再挂机,想想是否还有遗漏的事情。

(六) 后续处理

尽量完整地把较重要、较复杂的电话内容记录下来,及时跟进并处理相关事情。

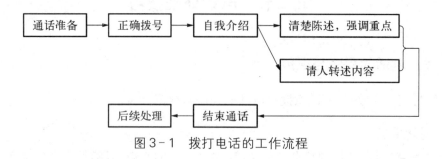

图3-1　拨打电话的工作流程

二、接听电话的程序与规范

(一) 记录准备

要使电话通讯更有效率,秘书应该养成良好的习惯。在办公桌或者其他工作的地方放置随时可供记录的本子和笔,并养成左手拿电话,右手拿纸笔,随时准备记录的好习惯。

(二) 礼貌问答

接电话后作自我介绍(包括本人单位和姓名),注意自称。如电话铃响了,对方在电话里说:"我找章小姐。"很多年轻的秘书就直接回答:"您好! 我就是章小姐。"在工作场合,称自己为"小姐"或其他头衔,如总经理、主任等,都是不恰当的,甚至被认为是没有教养的表现。所以,接电话时应该直呼自己的名字:"我就是章小娜。"绝不可以用轻率的语调问道:"喂,你找谁? 你是谁?"这样很不礼貌。

(三) 分流处理

秘书每天都会接到许多的电话,必须迅速甄别、过滤、分流,作出判断:是马上处理还是延后安排? 是由自己答复还是由领导出面? 或由相关部门处理? 秘书应该用礼貌的方式了解对方的组织和主叫人的姓名和身份,并询问来电要求,根据来电内容及单位分工情况,把电话转给相关人员或者婉拒。这些处理都必须讲究技巧,否则工作会陷入被动。

(四) 认真听记

通话过程中可适当插入一些短语如"好的"、"我们会考虑这个问题"、"然后呢"或者副语言如"嗯"、"啊"等,表示自己在认真倾听。

重要的内容,主动予以复述,以便得到对方的确认。不清楚的地方,请对方重复或解释,以确保信息的准确。

如果对方在电话中谈到的问题确实无法解决,不要生硬地拒绝,使对方尴尬,而应该热情地给对方一些力所能及的帮助,如帮助对方把电话转给其他相关部门或人员等,给对方留下良好的印象。

对方说到伤心或者愤怒的事情时,应表示同情和理解。

接听电话前,可以事先准备电话记录单,方便记录。电话记录单(卡)必不可少的内容包括:① 来电时间(具体到年、月、日、时、分);② 来话单位、姓名、电话号码;③ 来话内容,分条列项,简洁明了;④ 处理意见(接电话人的看法和意见,写给领导看,用来帮助领导处理问题,口气应委婉、谦虚,意见应具体明确,不含糊其辞);⑤ 记录人署名。

电话记录单(来电) 表3-1

第　　号					记录人	
来电单位(姓名)				电话		
来电时间	年	月	日	时	分	
来电内容						
处理意见						
备注						

(五) 结束通话

如果内容已讲完,对方仍喋喋不休地讲一些无关紧要的话,我们不能生硬地打断对方,而应该以总结的口吻结束电话,比如说"您说的内容我已经记录下来,您放心吧,我们一定会妥善处理的","抱歉,这个问题让我考虑一下,20分钟之后给您一个满意的答复"。

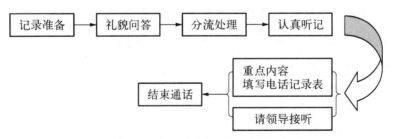

图3-2　接听电话的工作流程

三、特殊电话处理技巧

(一) 正确处理找领导的电话

1. 若熟人找且领导在的话,立即转告,让领导接,在传电话前清楚地表达哪个单位、谁打来的电话,同时,把从对方处得到的消息转告领导,让领导有个思想准备。

2. 若是领导不愿意接的电话,巧妙搪塞:"对不起,先生,×领导刚离开办公室,我不知道何时能找到他。"不能说"他正在开会"或"正在谈话,等一下再打过来",这些说法给人不受重视之感。这时候,可以说一些富有弹性的话,如对方要找张总,待对方说明意图之后,你便说:"请您稍等一下,我去找一找,张总刚刚散会。"这样,你可以去向张总汇报,听取他的指示;如果张总认为事情不急,不愿意接电话,那么,你就这样回答对方:"实在对不起,这会儿不知张总上哪儿去了,等张总回来,我们就给您回个电话,您看这样可以吗?"这样做,滴水不漏,且对方完全可以谅解。

许多公司都有这样的规定,开会时,领导原则上不得接电话,所以,如果有电话找领导,只要不是很急的事,就不要让领导接电话,散会之后再说。

碰到陌生人打来电话,开门见山询问领导在不在,秘书不能随便回答对方"在"或者"不在"。在没有弄清对方的身份和目的之前,若随便透露领导的信息,随时都有可能给秘书惹来麻烦。应该这样反问对方:"请问您是……"坚持弄清对方的身份和目的之后再说:"请你稍等一下,我去看看张总在不在。"搁下话筒,去向领导请示如何答复。

3. 若领导正忙或已出差无法接电话,可请对方留话(或号码),表示会主动联系,或建议转给其他人。

(二)正确处理陌生人的电话

客气地问明对方公司名称、姓名、来意,对方不愿说,应保持彬彬有礼的态度,但要坚持不报姓名就不能打扰领导的原则,可以说:"对不起,先生,如果您不能告诉我您的姓名,您可以给他写一封信,注明'私人'信件,我将尽快交给他。"

(三)正确处理咨询、投诉及业务电话

对于打给本公司的咨询、投诉、业务电话,可回答:"这事由我们公司的××部门负责处理,若您愿意,我可以帮您接过去。"如果是投诉电话,先平复他的情绪,"任何人碰到这样的事情都会很愤怒,很难过……"然后再说解决问题的办法,这样会拉近双方的距离。

(四)两电话同时进来

从容应付,多听少说,尽快结束一方电话,注意保密。

(五)接听打错的电话

不要只说"打错了"就"咔嚓"一声挂断电话,而应该礼貌地询问"我这里是……我的电话号码是……,您是不是打错了?"变肯定回答为询问,让对方明白错在哪里又摆脱尴尬处境,还抓住了宣传本单位的好机会,一举多得。

(六)接到告急电话

冷静、细心、果断处理。先弄清楚事情发生的详情,如时间、地点、人物、严重程度,然后,

根据情况处理。如是自己职权范围内的，当机立断，马上解决；如不能解决，应马上汇报，提出初步处理意见，协助有关部门立即处理。

第三节　办公室邮件处理

秘书邮件处理工作是办公室日常事务工作，每天秘书上班的第一件事情就是查收邮件。做好邮件处理工作，秘书需要掌握一些程序和方法。

办公室邮件主要包括两大类：一是通过邮政系统传递的邮件，如各类纸质信函、包裹、报纸、杂志等；另一类是电子邮件。

一、传统邮件

（一）邮件的接收程序

1. 邮件分类

（1）将私人邮件与公务邮件分开。私人邮件既包括寄给组织中具体的某人、组织负责人的邮件，也包括那些封皮上标有"亲启"、"私人"、"保密"等字样的邮件，对于这类邮件，秘书一般都要将其直接交到收件人手里。

（2）将办公室邮件与外部邮件分开。把其他部门的邮件尽快整理送出。

（3）邮件分类。把邮局投递、专人传递的邮件分开。

（4）按邮件的重要程度，简单地将邮件分为重要邮件和普通邮件。把优先考虑的邮件放在一起，凡邮件封皮上有"机要"、"急件"、"快递"、"保价"、"挂号"等标记或其他带回执邮件，或落款是重要人物、重要单位的，均属重要邮件，其他为普通邮件。

2. 邮件拆封

邮件分类后，秘书应抓紧拆封属于自己处理的邮件。拆封公务邮件，要求用剪刀、拆信器或电动邮件启封机等工具，不能用手撕，以免不小心破坏邮件上的一些重要信息，同时也保持邮件封皮（如信封）的美观。误拆邮件请在封面上注明"误拆"字样，并尽快交还当事人。

3. 邮件阅读

如果得到领导授权，秘书应及时对信函进行阅读处理。

4. 邮件登记

秘书在拆启邮件及阅读过程中，还应对与组织有关的重要邮件进行登记，这样，既方便秘书对重要邮件的来函、去向、办理情况的掌握和跟踪，也能保证重要信函的安全归档。登记表可根据实际情况自行设计。

5. 邮件呈送

在对邮件进行拆封登记过程中，秘书应在邮件的右上角加盖或手写收件日期，这是因为有些信函的成文时间与发出时间可能会有较大的间隔，同时，也方便秘书分辨信函是否已经作过处理。秘书还应按轻重缓急程度对需呈送的邮件再作细分，保证重要信函得到优先处理。

秘书在呈送信函时，可视情况将自己已处理的信函及处理结果附上。另外，领导传阅邮件的顺序基本上按职位高低排列。

（二）邮件的寄发程序

寄发邮件必须经过邮件签发、查核邮件、邮件封装和登记、选择寄发方式等四个环节。

1. 邮件签发

（1）做好邮件的准备和核对工作。信函起草完毕后，秘书应该按照正确的格式进行打印，并保证字句、用词及标点的正确使用，同时核对附件等是否已经装好。尽量保持信件的清楚、整洁，防止疏漏，确保附件齐全。

（2）提请领导签发邮件。秘书代领导拟写的邮件必须经过领导签字之后才能生效。领导的亲笔签名会引起对方对邮件内容的格外重视，甚至有人在收到信后还会确认是否有领导签名，因此，请领导在信件上签名是一件不可忽视的事情。秘书将需要领导签发的信函准备好，在恰当的时机送给领导签字。除紧急的信件必须立即请领导签字外，一般的信件可以集中在一起，找一个方便的时间统一请领导签字。

2. 查核邮件

在邮件封装寄发之前，需要仔细查核邮件。一是查核全部附件是否齐全；二是查核信封（信皮）的格式、姓名、地址、邮编是否正确，检查收信人信息与信封上的收信人姓名、地址是否一致，标记是否注明。标记有两种类型：一种是邮件性质标记，如"私人"、"保密"等，另一种是邮寄方式标记，如"挂号信"、"特件"等。

3. 邮件封装和登记

邮件封装之前，秘书应该注意将信纸上的小夹子或其他装订用具取下。信纸的折叠应该根据信封和信纸的规格而定，为方便收件人拆阅，折叠信纸时宜将信纸的上下或左右纸边留出大约 0.5 厘米的距离。重要邮件在发送前先要在登记册上登记，以便以后工作的落实和跟踪。

查核完毕的邮件折叠装入信封后，要仔细封好开口，并贴上邮票。这一环节的工作需要注意：给邮票和封口上胶水时，要同时使用吸湿器，吸湿器能吸干过量的水分，以免玷污信封。不要用舌尖舔信封和邮票，这样做既不卫生也不雅观。

4. 寄发方式

要了解邮政方面的规章制度和寄发时间，选择适当的邮寄方式。如果邮件的数量和种类较多，可以先对邮件进行汇总并分类，如境内平信、国际航空、特快专递等，因为不同的类型往往意味着不同的寄发要求，分类能够帮助秘书人员快速处理邮件。快件应立即处理，大宗的信件可以捆扎。如果时间充裕，一般通过所在地邮政服务机构邮寄；如果时间紧迫，可以采取其他的快速传递方式,如电子邮件等。

二、电子邮件

(一) 主题

主题要提纲挈领,切忌应用含意不清或太过随意的词句,例如"嘿!"或是"收到"。增添邮件主题是电子邮件和普通纸质邮件的主要区别,在主题栏里用短短的几个字概括出全部邮件的内容,便于收件人权衡邮件的轻重缓急,分别解决。尤其是回复的函件,要重新增添、更换邮件主题,最好写"来自××公司的邮件"及年月日,以便对方准确了解及保留。

(二) 称谓

尽管电子邮件自身已表明了邮自哪里,寄与何人,但在邮件中注明收信者及寄件者大名乃是必须的礼节,适宜的称谓是自尊及尊重他人的表现,包括在信尾注明寄件者的通讯地址、电话,以方便收信者联络。越是大型企业,越要重视在邮件地址中注上收件人的姓名,同时,在邮件的结尾增添个人签名栏。

(三) 内容

针对需要回复及转寄的电子邮件,内容要简明扼要、斟词酌句地表达。电子邮件能否作为证据,目前我国尚无统一规定,但电子邮件广泛运用于现代经济社会却是不争的事实。电子商务、电子教育、电子政务等是现代信息社会的产物,《合同法》第十一条有"书面形式是指合同书、信件和数据电文(包括电报、电传、传真、电子数据交换和电子邮件)等可以有形地表现所载内容的形式"的表述。电子邮件已列为书面合同的一种形式。发电子邮件时要注意,假如对公司不利的,千万不要写上,如报价等。

(四) 结束语

一般电子邮件的文体格式应该类似于书面交谈的风格,结尾要有问候语,问候语可以随意一些,比如"以后再谈"、"祝你愉快"等;也可以什么都不写,直接注上本人的姓名。然而,假如你写的是一封较为正式的邮件,还是要用正式信笺的文体,结尾要有祝福语或期盼语,如"顺致时祺"、"即颂台安"等。

(五) 礼俗习惯

互联网把世界变成小小的地球村,人们交往的习惯正在相互尊重,互相趋同。电子邮件的往来也应该尊重双方的习惯,尊重大众认可的礼貌习惯,如,切忌全文用英文大写字母书写,这样写成的邮件太强势,甚至暗示寄件人懒得应用正确的文法。毕竟,电子邮件仍是种文字沟通方式,按照通用的文书规范是一种职业礼貌。

人们有时会把邮件群发多人,所以在转发邮件前要做一下整理,把邮件的数量控制在最小。条件允许的话要天天检查自己的邮箱,及早回复邮件。主要邮件发出后要电话确认。另外,机密和敏感的话题不要用普通电子邮件发送,因为它不够保密,要用专门加密的发送渠道。

电子邮件给秘书工作带来很多方便,收发邮件时若能从小处重视礼仪,定能展现单位形象及秘书自身良好的个人素质。

【思考题】

1. 简述通话工作的基本要求。

2. 秘书处理公务电话时要注意哪些问题?

3. 秘书如何正确处理找领导的电话?

4. 接听、拨打电话的程序与规范有哪些?

5. 收发电子邮件应注意哪些礼仪?

【案例分析】

1. 该不该告诉他

小李给王副总经理当了一年多的专职秘书了,对王总的社交范围基本熟悉。这天上午,王总外出办事,有一位陌生人打电话找王总,并且说如果王总不在,就把王总的手机号码告诉他。当小李询问对方姓名时,对方非常不耐烦,只说他是王总多年的铁哥儿们。

问题讨论: 小李该不该告诉他王副总经理的电话号码?

2. 领导不想接广告公司的电话

嘉娜是广威食品(广州)公司总经理的秘书。快到年底了,公司马上就要召开董事会,许多事情都要在董事会上汇报,总经理忙得焦头烂额,心情非常烦躁。这天上午十点左右,广告公司的经理郑斌来电话,想就明年的广告代理问题与总经理谈谈。正忙得晕头转向的总经理一听说谈明年的广告问题,就对嘉娜说:"现在谈明年广告的事? 还早着呢,没时间!"

问题讨论: 嘉娜应该如何给广告公司的经理郑斌回电话?

【实践训练】

1. 婉拒领导不愿意听到的电话

"您好! 这里是……公司,我是……,请问怎么称呼您?"

……

"他出差去了,今天不回来。"

……

"明天会不会回来?"

……

明确地拒绝："很抱歉，领导明天的计划，我不太清楚。请问您的事情可否让我转告？"

按上述事由演示婉拒领导不愿意接听的电话。以彬彬有礼的态度坚持不通报姓名或不说明来意就不能打扰领导的原则。

实训要求：　强化通话工作的知识点，训练通话技能。

2. 按照实际要求做电话记录

保险公司张力业务员给东方机械制造公司经理王宝打电话，王宝不在办公室，秘书吴霞接电话。电话请秘书转告王宝经理关于商议保险合同签字时间事宜（包括时间、地点、具体合同名称等）。教师口述，学生记录相关内容。

实训要求：　把口语转变成书面语，让学生学会填写电话记录单。

3. 应对投诉电话

秘书接到一个投诉电话，对方所购产品出了一些问题，火气很大："喂，叫你们老板来听电话，我要的那批产品超过时间还没发货，你们那个业务员还说没有货了。你们会不会做生意！"请演示秘书如何应对。

实训要求：　掌握难以应对的投诉电话的处理技巧。实践训练可在课堂进行，也可以在秘书综合实训室进行。模拟办公室情景，学生可以和老师一组，分别扮演客人和秘书，教师展示秘书规范的接打电话的程序和技巧；也可以学生分组进行，教师点评。

【知识链接】

新来的秘书请教你，如何做好电话接听工作，你根据单位工作的特点起草了一份电话接待服务规定。

电话接待服务规定

响铃时。电话铃声响起之后，应尽快拿起话筒，在电话铃声响起3次之内，必须有人接听电话，以免引起客户失望或不快。

找人时。电话指名找人，应迅速把电话转给要找的人。如果不在，应明确告诉对方，如果需要留言，必须做好记录。

接听时。一般由最低职位的职员接听，但是，新职员对企业情况知之不多，不要抢接电话，以免一问三不知，给客户留下不良印象。

声小时。对方说话声音小，不能大声叫嚷，要有礼貌地告诉对方："对不起，您声音有点小，我听不清楚。"

通话时。通话时如果有其他客户进来，不能置之不理，应该点头致意。如果需要与同事交谈，应有礼貌地说"请您稍等"，然后捂住送话筒，小声交谈。

中断时。通话中突然中断，应该立即挂上电话，再次接通后要表示歉意，并说明原因。

挂断时。打完电话，不要自己先挂断电话，应该等对方挂断之后再轻轻放下。

高峰时。在业务通话高峰时，尽量不要往外打电话，不要占线时间太长，并且设法告诉客户，"现在正是电话高峰时间，对不起……"①

【扩展阅读】

1. 黄桐华主编：《秘书工作实例评析》，广西人民出版社1997年版。

2. 廖金泽著：《秘书怎么办》，海天出版社2003年版。

3. 孙荣，杨蓓蕾等著：《秘书工作案例》，复旦大学出版社2005年版。

4. 李卫民：《如何做好企业秘书》，中国经济出版社2006年版。

5. 潘月杰，刘琪编著：《如何做秘书工作》，首都经济贸易大学出版社2012年版。

6. 孟庆荣主编：《秘书工作案例及分析》，清华大学出版社2007年版。

7. ［韩］赵宽一著，千太阳译：《像秘书一样行动》，中国友谊出版公司2009年版。

8. 谭一平编著：《秘书实务与案例分析》，外语教学与研究出版社2009年版。

9. 吴良勤，雷鸣主编：《秘书实训指导与案例分析》，北京大学出版社2010年版。

10. 史玉峤，谭一平著：《秘书工作情景案例》，高等教育出版社2011年版。

11. 杨锋主编：《秘书工作案例与分析（第二版）》，暨南大学出版社2016年版。

---

① 张浩主编：《最新办公室内部管理制度范本大全》，蓝天出版社2005年版，第430页。有改动。

第四章
时间管理

第四章
时间管理

本章概述

　　时间管理已成为人们的关注点,这应归结于经济的迅速发展,归结于企业,因为企业是时间管理讨论和研究的高热区,时间管理的好坏直接影响企业的管理水平及经营效率。优秀的企业管理者都是优秀的时间管理者,他们不会从早到晚忙得焦头烂额,他们通常安排事务都有条有理,计划中的事都发生在该发生的时间和地点,例外之事也都有预备的方案和应对的人员。时间作为一种资源,在现代管理中发挥着越来越重要的作用。

　　秘书的时间管理就是指对自己和领导的工作时间进行有效的计划和控制。秘书的时间管理分为两个部分:一部分是规划好自己的时间,提高工作效率,做到忙而不乱;另一部分要替领导掌控时间,为领导节省大量的时间和精力,保证领导工作高效率。秘书要掌握计划管理、时间"四象限"法等时间管理的理论,掌握时间管理的方法和技巧,学会编制领导日程表,这是秘书重要的职责。

学习目标

1. 了解时间管理对秘书工作的重要意义。
2. 掌握秘书时间管理的原则和方法。
3. 能够合理进行日程安排及制作工作日志,当好领导的助手。

重点难点

1. 时间管理的原则和方法。
2. 合理安排领导时间,学习日程表的编制。
3. 训练秘书管理时间的能力,提高其工作效率。

【案例导入】

　　经理按铃叫秘书进来,想知道上午有什么事情需要向他汇报。秘书吴霞初来乍到,她性格开朗,办事风风火火,一进门,她就大声问:"什么事,老总?"

　　"请把上午重要的来电讲一下,吴秘书。"

　　"噢,蓝天公司经理来电,说他刚从国外访问回来,有时间请您打高尔夫球;还让您问张副经理好。"

　　"嗯?"经理翻了一下眼皮,又问:"还有吗?"

　　"您夫人中午来过电话。"

"什么事?"

"让您回电话,三点以前,有要事商量。"

"没有啦?"

"没有了。"吴秘书看看记录。

"约黄星公司会谈的时间定下来没有?"

"哎呀,糟糕!忘了联络了。"

"马上去联系!"经理挥挥手,自己又忙着处理其他事务了。吴秘书跑起来鞋跟叮叮直响,她迅速去打那个险些误了大事的联络电话。

周末工作会上,经理要求人事部门重新聘请称职的秘书。吴秘书感到委屈,她莫名其妙地问:"我怎么了?"

案例简析:吴秘书跑起来叮叮直响的鞋跟声音扰乱了领导的办公环境;她大声问话不符合秘书说话礼仪;她的回答缺乏专业性,问一句答一句;更重要的是她的汇报没有重点,表明她做事情没有计划。

第一节　时间管理概述

一、时间的本质

时间,是一个常数还是一个变数?在一般人眼里,时间是常数,因为它每天只有 24 小时;但是在另一些人眼里,时间是一个变数,它是最有伸缩性的,只要会挤,每天 24 小时可以变成 32 小时,甚至 48 小时。时间可以一瞬即逝,也可以发挥最大的效力。时间是一种不可缺少的、无可替代的宝贵资源。充分合理地利用每个时间点,使时间价值最大化。

1958 年,英国历史学家、政治学家西里尔·诺斯古德·帕金森(Cyril Northcote Parkinson)通过长期调查研究,出版了著名的《帕金森定律》(Parkinson's Law)一书。他在书中描述了这个故事:一位老太太花上一整天的时间寄一张明信片给她的侄女,其中 1 小时找那张明信片,1 小时找眼镜,0.5 小时查地址,1.5 小时写明信片,20 分钟则是用来想去寄信时是不是要带把伞……一个人只需要 3 分钟就能干完的事情,却让另一个人花了一整天来犹豫、担心、操劳,而且疲累不堪。帕金森发现做同一件事时,不同的人所耗费的时间差别很大,他的结论是:"一份工作所需要的资源与工作本身并没有太大的关系,一件事情被膨胀出来的重要性和复杂性,与完成这件事花的时间成正比。""事情增加,是为了填满完成工作所剩的多余时间。"在现实中,工作会自动地膨胀,占满一个人所有可用的时间,如果时间充裕,他就会放慢工作节奏或是增添其他项目以便用掉所有的时间。我们以为给自己充裕的时间完成一件事就可以改善工作的品质,但实际情况并非如此。时间太多反而使人懒散、缺乏原动力、效率低下,故应该严格规定完成工作的期限。

用这个定律可以解释机构人员膨胀的原因及后果,可以分析大型组织变得大而不当、毫无生气,以及个人效率降低的原因,因为他们给了一个项目太多的时间。

有人曾这样预言:"几十年后,我们将悠闲得无事可做。"提出这种观点的人认为,当节约劳动力的机器设备将人们从乏味的日常劳动中解放出来后,我们所关心的问题将是"如何去休闲"。如果人们了解帕金森这一条定律,就不会说出那样的话了。

"一寸光阴一寸金,寸金难买寸光阴。"中国人很早就认识到时间管理的重要性。"人生有涯"更是将时间管理与人的生命相提并论。孔子曾感叹:"逝者如斯夫,不舍昼夜!"当他见到他的弟子"宰予昼寝"时,孔子给了这位不善于时间管理的弟子全方位的否定:"朽木不可雕也,粪土之墙不可杇也。"可见,一个会管理时间的人在别人眼里是多么重要。

二、时间管理的内涵

所谓时间管理,是指对时间进行有效的计划和控制,从而在有限的时间内创造最大的效益。时间管理简单地说就是用最短的时间或在预定的时间内,把事情做好。研究表明:一个效率低的人与一个高效的人工作效率相差 10 倍以上。成功人士的共同点之一就是善于高效地运用时间,实际上,人人都需要掌握时间管理的理念和方法。

时间管理就是效率管理,是有效地运用时间,降低变动性。时间管理最重要的功能是透过事先的规划,作为一种提醒与指引。时间管理,就是在日常事务中执着并有目标地应用可靠的工作技巧,引导并安排自己的工作和生活,合理有效地利用可以支配的时间,达到理想的目标。

三、时间管理存在的问题

(一) 工作缺乏计划

大量的时间浪费来源于工作缺乏计划,比如:没有考虑工作的可并行性,结果使并行的工作以串行的形式进行;没有考虑工作的后续性,结果工作做了一半,就发现有外部因素限制只能搁置;没有考虑工作方法的选择,结果长期用低效率高耗时的方法工作。绝大多数难题都是由未经认真考虑的行动引起的,在制订有效的计划中每花费 1 小时,在实施计划中就可能节省 3—4 小时,并且会得到更好的结果。如果你没有认真做计划,那么实际上你正计划着失败。

(二) 不会适时说"不"

时间管理当中最有用的词是"不"。热情洋溢的工作新人最不善于拒绝,新人为了表现自己,往往把来自于各方的请托都不假思索地一一接受下来,但这不是一种明智的行为。

适当地说"不",对人对己都是一种负责任的态度。首先,自己不能胜任委托的工作,不仅徒费时间,还会对自己的其他工作造成障碍。其次,无论是工作延误还是效果无法达标,都会打乱委托人的时间安排,结果是"双输"。所以,接到别人的委托,不要急于说"是",而是分析一下自己能否如期按质按量地完成工作,如果不能,在必要时刻要敢于说"不"。

(三)干扰太多

干扰太多是时间的致命杀手,我们周围存在众多干扰因素,如嘈杂声、报纸、杂志、零食、美容品、温度、安全感、方向感、氛围、压力、烟瘾、联想、健康状况、临时被要求讨论事情、帮忙等,你随时得放下手上的工作去做别的事情。注意力不集中,效率不高。

(四)优柔寡断

深思熟虑是好事,但若考虑太多、迟迟不敢下决心动手执行,等到终于做了决定,却压缩了执行时间,让自己处于时间的强大压力之下,结果也令人沮丧。

(五)完美主义

"把事情做到最好"是个好原则,但若过于追求完美,把时间浪费在对细节的过度关注上,就会影响更重要的工作。凡事追求完美的结果,时机可能会错过,应从拥有多少时间、人力、资源来考量,当条件有限时,就应思考"先求有,再求好"的生活哲学。

(六)害怕失败

如果太在意成功害怕失败,不仅压力过大,也会在执行时显得畏缩,反而浪费更多时间。没有人可以把每件事做到满分,从今天的小失败中学到经验与教训,慢慢累积,才能成就日后的成功。

(七)拖延工作

总是借口还有时间,把工作拖到最后时段才进行,这时,剩下的时间不多了,匆忙完成的工作只能是应付了事,谈不上效率和好的结果,或者根本没时间完成。思考一下在过去的几天里,你有哪些工作没有完成? 你都用一些什么借口来解释工作的拖延? 这些被拖延的工作通常会有什么样的结果?

第二节 秘书时间管理

一、秘书时间管理的原则

(一)确立个人的价值观

价值观是指一个人对周围的客观事物(包括人、事、物)的意义、重要性的总评价和总看法,是判断事物有无价值和价值大小的评价标准。它一方面表现为价值取向、价值追求,凝结为一定的价值目标;另一方面表现为价值尺度和准则。

价值观不明确，就很难知道什么是最重要的，就无法做到合理地分配时间。时间管理的重点在于分配时间，你永远没有时间做每件事，但永远有时间做对你来说最重要的事。

（二）设立明确的目标

做正确的事比正确地做事更重要，明确设定自己的目标，使之成为人生追求的指针及奋斗方向。明列优先等级，并将它们一一列举，写在纸上（写在纸上的目标具有能量）。它们应分为终极目标与阶段目标。明确的目标应该具备：

目标的清晰性。可产生行为导向，比如，目标"我要成为一名优秀的员工"不是一个具体的目标，但目标"我要获得今年的企业最佳员工奖"就是一个具体的目标了。

目标的可衡量性。这是指目标必须用指标量化表达，比如上面"我要获得今年的企业最佳员工奖"目标，它就对应着许多量化的指标，如出勤、业务量等。

目标的可行性。这里可行性有两层意思：一是目标应该在能力范围内；二是目标应该有一定难度。一般人在这点上往往只注意前者，其实后者也相当重要。如果目标经常达不到，的确会让人沮丧，但是太容易达到的目标会让人失去激情。

目标的相关性。这里的"相关性"是指与现实生活、日常工作相关，而不是简单的"白日梦"。

目标的及时性。这是指目标必须确定完成的日期，在这一点上，不但要确定最终目标的完成时间，还要设立多个小时间段上的"时间里程碑"，以便进行工作进度的监控。

（三）改变态度

美国心理学者威廉·詹姆士（William James）的研究发现两种对待时间的态度，一种是"这件工作必须完成，但它实在讨厌，所以我能拖便尽量拖"，另一种是"这不是件令人愉快的工作，但它必须完成，所以我得马上动手，好让自己能早些摆脱它"。当你有了动机，迅速踏出第一步是很重要的。不要想立即推翻自己的整个习惯，只需强迫自己现在就去做你拖延的某件事，每天从你的列表中选出最不想做的事情先做。

（四）遵循 20∶80 定律

20∶80 定律又称二八定律，帕累托法则，由 20 世纪初意大利统计学家、经济学家维尔弗雷多·帕累托（Vilfredo Pareto）提出的，其核心内容是生活中 80％的结果几乎源于 20％的活动。比如，总是那些 20％的客户给你带来了 80％的业绩，可能创造了 80％的利润；全世界 80％的财富是被 20％的人掌握着。

用你 80％的时间来做 20％最重要的事情。生活中肯定会有一些突发和迫不及待要解决的问题，如果你发现自己天天都在处理这些事情，那表示你的时间管理并不理想。成功者花最多时间做最重要的事而不是最紧急的事，然而一般人都是做紧急但不重要的事。秘书人员时间的有限性与面临的大量工作始终是一对矛盾，这就要求秘书人员能够把自己所控制的时间全部用到关键的地方。

（五）减少工作流程

崔西定律指出："任何工作的困难度与其执行步骤的数目平方成正比。例如完成一项工作有 3 个执行步骤，则此工作的困难度是 9，而完成另一项工作有 5 个步骤，由此工作的困难度是 25，所以必须要简化工作流程。"[①]

无论面对几个部门的工作流量，要求员工做到"能省就省"，并分析编制工作流程"网络图"，每去掉一个多余的环节，就少了一个工作延误的可能，就意味着大量时间被节省了。流程优化的精简原则是所有成功企业的共同特质，工作愈简化，愈容易完成，出问题的几率就愈小。时间管理是企业提高员工整体素质的最有效法宝。

（六）黄金时段效率

将重要工作安排在黄金时段全力处理。清楚地了解自己的生理时间，在工作效率最佳时段，全心全意处理当天最重要工作。合适的时间做适合的事情，当你的心情不是很好的时候，可以做一些比较机械和简单的工作，当你觉得工作状态很好的时候就集中精力解决难题。

二、秘书时间管理的方法

（一）时间"四象限"法

美国著名管理学家斯蒂芬·科维（Stephen R. Covey）提出了一个时间管理的理论，把工作按照重要和紧急两方面的不同程度进行划分，基本上可以分为四个"象限"：既紧急又重要（如处理危机、完成有期限压力的工作、客户投诉、即将到期的任务等）、重要但不紧急（如建立人际关系、新的发展机会、人员培训、制订防范措施和长期工作规划、有效的休闲等）、紧急但不重要（如电话铃声、不速之客、行政检查、主管部门会议、信件等）、既不紧急也不重要（如客套的闲谈、无聊的信件、个人的爱好等）。该时间管理方法如图 4-1 所示：

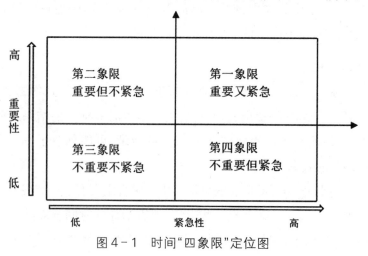

图 4-1　时间"四象限"定位图

---

①　陈世平：《崔西定律》，《科学大众（中学版）》2009 年第 11 期，第 33 页。

第四象限的"收缩"(选择马上就做,但应在尽可能短的时间内完成)和第三象限的"舍弃"是众所周知的时间管理方式,但在第一象限与第二象限的处理上,人们却往往不那么明智,很多人更关注于第一象限的事件,这将会使人长期处于高压力的工作状态下,经常忙于收拾残局和处理危机,很容易使人精疲力竭,长此以往,既不利于个人也不利于工作。新秘书工作初期,比较关注第一象限的事件,天天加班,而且工作质量也不尽如人意,感觉很糟糕,此时应该转换关注的方向,关注第二象限(又称为第二象限工作法)。这一转变发现整个感觉都改变了,这主要是因为第一象限与第二象限的事本来就是互通的,第二象限的扩大会使第一象限的事件减少,而且处理时由于时间比较充足,效果都会比较好,即应有重点地把主要的精力和时间集中地放在处理那些重要但不紧急的工作上,这样可以做到未雨绸缪,防患于未然。在人们的日常工作中,很多时候往往有机会去很好地计划和完成一件事,但常常没有及时去做,随着时间的推移,造成工作质量的下降。一个好的方法是建立预约,这样,自己的时间才不会被别人占据,从而有效地开展工作。

区别重要与不重要的事情可以从以下几方面考虑:

(1)影响群体利益的事情为重要的事情;

(2)上级关注的事情为重要的事情;

(3)对组织和个人而言,价值重大(包括金额和性质两方面)的事情为重要的事情;

(4)会影响绩效考核的事情为重要的事情。

(二)计划管理

1. 计划

秘书要作好日计划、周计划、月计划、季度计划、年度计划。每年年末做出下一年度工作规划,每季季末做出下季工作规划,每月月末做出下月工作计划,每周周末做出下周工作计划。周末,把下周要完成的每件事列出来。每周要有一次深度思考,回忆总结本周时间安排的优缺点,下次做得完善些,这是避免重复错误的好方法。每天晚上把第二天要做的事情列出来并做不同等级的排序。

2. 整理待办单

待办单是将每日要做的工作事先列出一份清单,排出优先次序,确认完成时间,以突出工作重点,要避免遗忘和半途而废,尽可能做到今日事今日毕。待办单的使用应注意:每天在固定时间制定待办单(一上班就做),只制定一张待办单,完成一项工作划掉一项;待办单要为应对紧急情况留出时间;最关键的是每天坚持。

3. 学会列清单

不要轻信自己可以用脑子把每件事情都记住,列一张总清单,把要做的每一件事情都写下来。这样做,首先,能让你随时都明确自己手头上的任务;其次,当你看到长长的列表时,会产生紧迫感。在工作任务清单上使用彩色的水笔做出标记,用红色表示重要的事情,用黄色表示紧急的事情,绿色则表示需要完成的事情。慢慢地,你会发现经常"忙不完的"的情况通常是用绿色标记的那些事情。然后,把绿色事项逐层升级到黄色、红色阶段,这对提高工作效率很有帮助。

在列好清单的基础上进行目标切割:将年度目标切割成季度目标,将季度目标切割成月目标,并在每月初重新再列一遍;遇到突发事件而更改目标的情形时,要及时调整过来。

4. 做好时间日志

把每天工作和生活的时间详细地记录下来,如晨起(包括洗漱、换衣、早餐等)花了多少时间,搭车花了多少时间,出去拜访客户花了多少时间……你会清晰地发现浪费了哪些时间。这和记账是一个道理,当你找到浪费时间的根源,你才有办法改变。

(三)考虑不确定性

在时间管理的过程中,还需应付意外的不确定性事件,因为计划没有变化快,需为意外事件留时间。有三个预防此类事件发生的方法:第一是为每件计划都留有多余的预备时间。第二是努力使自己即使在饱受干扰的情况下也要提前完成预定的工作。第三是另准备一套应变计划。

区分常规工作和非常规工作。哪些是每天都有、每周都有或定期的工作,哪些是无法预料的、突然出现的工作。如邮件的分类、拆封、分发,办公用品的发放等要定期做,领导忽然让你找文件,要放下手头工作马上做。

(四)汇报直奔主题

秘书无论是向领导汇报还是写计划、总结,都需要在最短的时间用最清楚、最简短的语言陈述主要内容,方便领导掌握,这与麦肯锡30秒电梯理论不谋而合。

麦肯锡30秒电梯理论:麦肯锡公司曾经得到过一次沉痛的教训,该公司为一家重要的大客户作咨询,咨询结束的时候,麦肯锡的项目负责人在电梯里遇见了对方的董事长,该董事长问:"你能不能说一下现在的结果呢?"由于该项目负责人没有准备,无法在电梯从30层到1层运行的30秒内把结果说清楚。最终,麦肯锡失去了这一重要客户。从此,麦肯锡要求公司员工凡事要在最短的时间内把结果表述清楚,凡事要直奔主题、直奔结果。麦肯锡认为,一般情况下人们最多记得住一二三,记不住四五六,所以凡事要归纳在三条以内。这就是如今在商界流行甚广的"30秒钟电梯理论"或称"电梯演讲"。

(五)一气呵成和间作套种

假如你在思考,那么这一段时间只作思考;最好把电话累积到某一时间一次把它打完。当你重复做一件事情时,你会熟能生巧,效率一定会提高,自信心也跟着增强。同类事情一次完成,一气呵成可以提高效率。

间作套种是农业上常用的一种科学种田的方法,连续几季都种相同的作物,土壤的肥力就会下降很多,因为同一种作物吸收的是相同的养分,长此以往,地力就会枯竭。人的脑力和体力也是如此,如果长时间持续同一项工作内容,就会产生疲劳,使活动能力下降,如果这个时候改变工作内容,就会产生新的兴奋点,而原来的兴奋点则得到抑制,这样人的脑力和体力就可以得到有效的调剂和放松。在工作中，必然会遇到很多难题，全力寻求解决之道时，却苦无头绪，如身心放松交由潜意识运转，问题常会迎刃而解。故有轻松心情，将频生新创意以助问题的解决。

秘书使用集中办理与分段进行相结合的方法。一气呵成的工作，如写文章等；分段进行的，如查资料、会务筹办等。

（六）安排"不被干扰"时间

有关专业统计数据指出：人们一般每 8 分钟会受到 1 次打扰，每小时大约 7 次，每天大约 50—60 次，平均每次打扰大约是 5 分钟，每天共计约 4 小时，也就是约 50% 的工作时间（按每日工作 8 小时计），其中 80%（约 3 小时）的打扰是没有意义或者极少有价值的，同时，人被打扰后重拾起原来的思路平均需要 3 分钟，总共每天大约是 2.5 小时。根据以上的统计数据发现，每天因打扰而产生的时间损失约为 5.5 小时，按 8 小时工作制算，这占了工作时间的 68.7%。

"打扰是第一时间大盗"，为了解决这个问题，可以使用韵律原则，它包括两个方面的内容：一是保持自己的韵律，具体的方法包括对于无意义的打扰电话要学会礼貌地挂断，无关紧要之应酬要勇于拒绝，要多用干扰性不强的沟通方式（如 E-mail），要适当地与领导主动沟通减少来自领导的打扰等；二是要与别人的韵律相协调，具体的方法包括不要唐突地拜访对方，了解对方的行为习惯等。

（七）十五分钟工作术

如果以"十五分钟"为单位，一天工作时间就会变成 30 多个时间单位。秘书可以依照工作的重要性，灵活分配适当的时间单位，即使偶尔想偷个懒，也不会浪费太多时间，这个道理就像渔网捕鱼一样，以"小时"为单位，时间缝隙大，容易浪费、流失；以"十五分钟"为单位，时间缝隙小，可避免零碎时间在不经意或偷懒中流失。

合理使用零碎时间，如抽十五分钟跟同事迅速沟通工作，早上抽十五分钟调整工作计划以适应领导的工作变化，或者整理办公室，向重要客户写一封感谢信，浏览一下行业的最新动向等。善用十五分钟工作术，是一种"加分型"时间利用法，能在同样的时间做比别人更多的事情。

（八）善于授权

列出目前工作中所有觉得可以授权的事情，把它们写下来，找适当的人来授权。充分运用自己的长处，同时取他人之长，补己之短。如果秘书有帮手，宜将耗费时间、收益不大之事转手他人代劳，切实做好追踪工作即可。

此外，少逛社交网站，杜绝电子邮件干扰，科学清晰的文件分类，提早上班，延后下班等都是秘书工作时间管理的有效方法。

三、秘书时间管理的工具

(一) 时间管理工具的演变

秘书时间管理的工具有一个演变的过程,主要经历了以下四个阶段:

第一代时间管理工具基本是备忘录型。一方面顺其自然,另一方面也会追踪时间的安排。备忘录管理的特色就是写纸条,可以随身携带,忘了就把它拿出来翻一下,完成的事情可以在备忘录上划掉,否则就要增列到明天的备忘录上。这种时间管理工具的优点是:重要事情变化时的应变力很强,是顺应事实的;没有压力,或者压力比较小;便于追踪那些待办事项。缺点是没有严谨的组织架构,比较随意,所以往往会漏掉一些事情,忽略了整体性的组织规划,感觉好像在应付工作。

第二代时间管理工具是记事簿。强调的是事先的规划与准备,制定时间表,记录应该做的事情,表明应该完成的期限。这种管理工具的优点是追踪约会以及应该做的事情,通过制定的目标和规划,完成的事情达成率比较高。缺点是容易产生凡事都要安排的习惯,找不到思考的空间。

第三代时间管理工具是规划表、计划表。主旨是根据对任务的理解排列优先顺序,将每天活动写在纸上或者输入计算机,详细地列出各式各样的规划表或者组织表。优点是比较强调价值观,以价值为依据,是一种以价值为导向的生活、工作的方式。它能够发挥长期、中期或者短期目标的效果,也能透过每天的规划,安排优先的顺序,提高生产力;它的效率比较高,可以做到井然有序。但它忽略了自然法则,缺乏远见;因为它是以价值为导向,有价值的未必是生命中最重要的,未必符合自然法则。

第四代时间管理工具强调一种思想,即一切以自然法则为中心的罗盘理论。这种管理工具超越传统上追求更快、更好、更具有效率的观念,它不是换一个时钟,而是提供一个罗盘,因为人走的多快是一回事,方向对才是最重要的。这种管理工具强调的是每一天的行动,每一个时段的行动,都要接近未来的目标,所以,它强调的是一种方向,是分工合作或者分阶段工作的授权管理。

表4-1 时间管理工具比较表

顺　序	工　具	优　点	缺　点
第一代时间管理工具	备忘录	应变力强,没有压力	随意,忽略整体规划
第二代时间管理工具	记事簿	追踪约会事件,达成率较高	产生安排习惯
第三代时间管理工具	规划表、计划表	以价值为导向提高生产力	忽略了自然法则,缺乏远见
第四代时间管理工具	自然法则、罗盘理论	方向对、效率高	选择压力大

（二）计算机在线时间管理工具

秘书除了善用日记、工作计划表、工作备忘录、电子日志和日历、行程表等时间管理工具外，还可以采用计算机在线时间管理工具。

1. Rescuetime

Rescuetime 是一个基于 web 的时间管理工具，不用录入数据，不用费劲就可以收集你的事务数据，准确地判断你花费的时间，迅速而及时地进行数据分析。例如，你在 Word 输入和排版上用了多少时间，你在浏览网页或沟通上用了多少时间，通过每日或每周对你完成目标的情况作出总结。使用这个工具，你的时间管理是否到位就能一目了然。

2. Propel'r

Propel'r 是一款基于互联网的时间管理工具，这款工具不仅可以提高个人的工作效率，还可以让秘书与领导、秘书与办公室主任协作完成文件起草、修改、审核工作等。Propel'r 可以减少思考安排时间，因为它已经帮你完成了，你只需去做就可以了。Propel'r 提供了一种通过协同工作而从大规模项目运作中解脱出来的办法。

3. Intervals

Intervals 为你提供一个能让你集中在你的项目上，跟踪你的工作时间，管理你的任务的个性化空间。它的功能很强大，具有跟踪时间、项目管理、文档或文件的存储等。

4. Backpack

Backpack 是一个简单的网络服务，Backpack 具有日历和提醒功能，可把想做的事情做成一个清单发送到电子邮件或通知到你的手机上，时间可以自己来定。秘书也可以把领导的工作安排发给他。

5. Scheduler-lenovo

Scheduler 是联想试验室出品的在线时间管理工具。Scheduler 可以帮助用户建立日程并进行跟踪，而且可以通过 E-mail 及 MSN 的方式提醒用户即将到来的日程。Scheduler 还提供了完整的计划制定、跟踪和回顾机制，帮助秘书制定计划并分解长期的目标，将之转化成日程。

第三节　领导日程安排

领导的事情多而杂，秘书的重要职责就是采取各种形式把这些多而杂的事情和问题安排好，每天、每月，甚至每季度、每年都应该有计划安排表，还应该有工作日志、台历、备忘录、计算机台式日志等办公辅助工具帮助进行时间管理，这样才能把工作安排得有条不紊。

一、时间表的编制

一项调查资料显示,大部分成功的公司主管每天工作 12 小时左右,有人甚至达 15 小时之多,他们还觉得时间不够用,故秘书妥善安排领导时间,显得非常重要。

(一) 时间表的分类

时间表大体可以分为五类:

(1) 年计划表

(2) 月计划表

(3) 季度计划表

(4) 周计划表

(5) 日程表

(6) 单项重要工作事项预订表

(二) 编制时间表注意事项

1. 进行预约

书面或口头预约,确认领导是否接受。请示领导时要细心,不要只报告聚会或会见的开始时间而不考虑占用时间。

2. 顺序的先后与时间的分配

收集并列出一个阶段所有的工作、活动或任务,按照时间"四象限"法把上述内容分为重要紧急、重要但不紧急、不重要但紧急、不重要不紧急四种情况。按照时间顺序将任务排列清晰,先做什么后做什么、花多少时间和精力一目了然。

3. 时间上留有余地

最好在每项工作规定的时间后,加上 10—15 分钟甚至半小时的机动时间,不要"争分夺秒",要有休息和思考的时间,提高工作效率。

4. 内外兼顾

领导上班最初一段时间,下班前一段时间,出差、休假回来,应给他们留出专门的时间了解公司生产经营状况。时间充裕时可安排领导与外单位的商谈。

5. 提高效率

领导要到几家公司拜访,是先到 A 公司还是 B 公司? 是由 A 公司到 C 公司还是由 B 公司到 C 公司? 秘书为他找出最佳行车路线,减少路上耽误的时间。

6. 事先同意

在安排领导日程时,不论是一般工作还是重要工作,都要事先征得领导本人同意。发现活动有时间冲突时,主动与领导协商,及时调整。

7. 适当保密

领导的工作日程表一般都是制成一览表的形式,因为它简单明了。日程表送给领导本人一份,给秘书科科长或办公室主任一份,给有关科室和司机复印几份。不过,业务科室和司机的日程表内容不能太详细,可以采用特殊符号代表具体内容,因为日程表送得越多,泄密领导行程的可能性就越大。

对于上医院、会面等领导的个人事情,要在不干涉领导隐私的范围内,粗略地了解即可。领导的私人预约要记录在秘书个人的笔记本上,不要写进分发给其他部门的日程表内。

完成了预约工作后,秘书就开始绘制表格,用简明扼要的文字将信息填入表格。先用铅笔填写,便于修改,确定后再用钢笔书写或打印。几种日程表的制定要灵活掌握,对于领导的工作安排,既不要重复,也不要遗漏。几种表出来以后,要随时注意它们之间的衔接,最好经常把它们集中起来,相互对照。

注意:尽管电子系统在计划大的项目、提示生日和假日之类的事情上很有用,但纸质日历如台历在现场记录方面更胜一筹,比如说标上一符号提醒明天上午回电话,或做一个备忘录用来记住两天后请某人吃饭等等。台历在纳税准备、旅游、特殊约会时需要查阅,起到资料保存的作用。旧日历至少要保留一年,如果领导有特别的要求,保留的时间可能会更长一些。

(三)年度计划表

年度计划表是本单位在新的一年中重要活动的时间安排一览表,属于长期的时间安排。年度计划表一般是在上一年年底前制定。这个表内容宜粗不宜细,只要把年度内一些固定的重大活动,如董事会、全国经销商大会等记在这个表内就行。

2018 年工作计划表(年度计划表)　表 4-2

1 月 15 日到 18 日公司股东大会	2 月 3 日到 7 日公司董事会	3 月 3 日到 6 日全国经销商大会
4 月 ……	5 月 ……	6 月 4 日到 12 日到德国、法国考察
7 月 6 日到 8 日公司董事会	8 月 ……	9 月 ……
10 月 ……	11 月 ……	12 月 ……

(四)月计划表

月计划表,主要是根据年度预定计划表及本月工作进行安排,上面注明领导出差、开会等重大事项;每个月连续制定,一般当月的日程表在上个月的月底之前完成。

表 4-3 2018 年 6 月计划表

日期	星期	工作内容	日期	星期	工作内容
1	五		16	六	
2	六		17	日	
3	日		18	一	主持召开销售会议
4	一	上午 10 点乘飞机到北京,下午 5 点乘汉莎航空赴德国	19	二	听取产品推广的初步方案
5	二	到达德国	20	三	上午总经理办公会
6	三	在德国考察	21	四	到北京拜访客户
7	四	在德国考察	22	五	到北京拜访客户
8	五	在德国考察	23	六	
9	六	在法国考察	24	日	
10	日	在法国考察	25	一	
11	一	晚上 10 点到达香港	26	二	
12	二	下午 1 点回到本市	27	三	上午总经理办公会
13	三	上午总经理办公会	28	四	
14	四		29	五	
15	五		30	六	

（五）周计划表

将领导一周之内的主要活动,如开会、外出拜访客户、听取汇报等记在这个表内,这是领导一周之内具体工作安排的依据,一般是在上一周的星期五完成。表做完之后,要送给领导审阅,请领导确认。

周计划表编制的具体步骤:

（1）于本周的前几天,将工作预定表分给每位高级管理人员,请他们将自己下周内的预定事项写清楚。

（2）周末,要将每位高级管理人员的预定表收集上来加以整理。如果有的高管无暇填表,直接以口头的方式询问,得到回答,帮他填表。

（3）仔细阅读每位高管的预定表,并与月计划、备忘录等进行核查,若有冲突,询问后调整。

（4）将预定表编制成下周计划表,复印成副本,送每位高管人员。

（5）将重要的工作安排在一天中最佳时间。计划表须归纳为一页,便于查阅。

计划表设日期、时间、地点、预定事项、备注等几项内容。周计划表用后归档。

2018 年 6 月第 4 周计划表　表 4－4

日期	星期	时　间	工　作　内　容	地　点	备　注
18	一	9:00—11:30	主持召开销售会议	大会议室	
		14:00—17:00	与李副总讨论下半年的工作安排	小会议室	
19	二	10:00—12:00	听取产品推广的初步方案	大会议室	
20	三	9:00—10:30	总经理办公会	小会议室	
21	四	10:20	到北京	机场	
		14:00—16:30	拜访客户张总,双方会谈	广东会馆	
22	五	15:00—17:00	在北京拜访客户陈总,晚上宴请	洪福宾馆	
23	六				
24	日				

（六）日程表

又称工作日志,是领导一天的工作计划,其时间安排一般要精确到时、分。这种日程表要尽可能详细具体。

1. 领导工作日志

工作日志填写的内容:

(1) 领导在单位内部参加的会议、活动等;

(2) 领导到外单位参加的会议、活动、约会等,注意具体细节、与对方的联系方式等;

(3) 领导个人的安排,如去医院看病等,秘书应保证这段时间不安排其他事情;

(4) 领导私人信息,如重要亲人朋友的生日等。

2. 秘书工作日志

内容包括:

(1) 领导工作日志的内容要写入秘书工作日志,便于秘书辅助;

(2) 领导临时交办的工作;

(3) 秘书自己的日常工作。

工作日志与工作备忘录的区别:都是备忘,侧重点不一样。工作日志记录得更详细,提示的是每天做什么事、怎么做。工作备忘录揭示的是谁交代、什么事。

二、约会的时间管理

每天秘书上班的第一件事,是将当日的工作安排表和本周的安排表做一份摘要,放在主管的桌上,以便主管能够核对,并提醒他当日的行程。

表 4-5 秘书工作日志与主管工作日志比较 ....

秘书工作日志				主管工作日志		
2018 年 5 月				2018 年 5 月		
15 日星期二				15 日星期二		
时　间	日志内容	地　点		时　间	日志内容	地　点
9:30	经理主管会议	小会议室	←会议→	9:30	经理主管会议	小会议室
10:00	欢迎新员工暨新员工培训仪式	员工培训中心 B16 房间				
11:30	在员工培训会上发言	地点同上	←发言→	11:30	给参加培训的员工讲话	员工培训中心 B16 房间
12:30	燕莎俱乐部午宴	皇家酒店	←午宴事宜→	12:30	燕莎俱乐部午宴	皇家酒店
14:00	兑换支票以获取零用现金	银行				
14:30	与嘉信公司陈先生约会	办公室	←约会→	14:30	与嘉信公司陈先生约会	办公室
16:30	审查员工鉴定录像	员工培训房间 102 室		16:30	审查员工鉴定录像	员工培训房间 102 室

（一）秘书提醒领导

秘书替领导安排约会时,拒绝接受对方指定的时间是一种不礼貌的行为,因为是你请求对方指定时间的。正确的做法是先说明领导拜访目的,再请对方从领导合适的时间段里选择一个时间,这样双方在时间上不会冲突,而且让对方掌握决定权。秘书在提醒领导约会之前,对于客户方的时间安排,应该在临行前最后确认一次。第一次前往某地,应该准备好路线图和考虑停车位置;如果是重要主管前往,应该通知对方及时接待。

如果领导约好中午与客户见面,秘书就要在上午以询问的口吻提醒领导说,"今天您要出去吗?"如果这一天有会,秘书就要提醒一下"今天您要开会吧?"当然,秘书也可以写成便笺"今天下午四点与天地公司王总在天伦王朝饭店见面"放到"待阅文件夹"中。即使领导没有忘记,但被提醒一下也可以加深印象。又比如,领导昨晚从成都出差回来,出差期间的接待都是成都客户安排的,所以,出差回来后给对方打个电话表示感谢是一般的礼节,也许领导出差回来后各部门来汇报的人很多,一忙可能就把给成都打电话的事忘了,这时,秘书有必要提醒领导:"张总,我替您给成都的王总打个电话吧,一是告诉他您昨晚已平安回到北京,二是感谢他们的热情接待。"

作为助手,适时提醒领导是秘书分内的工作。秘书应掌握近期要回避的人物,每日安排固定时间与领导核对日期。秘书要尽量使自己的"提醒"合乎场合,有时显得自然一些,有时显得"唐突"一些,久而久之,成为领导名副其实的助手。

(二) 访客和会议时间的控制

任何人在工作投入时都会不由自主地沉浸在工作中而忘记时间,秘书的责任是帮助领导控制时间和提醒时间。

访客和会议经常会超时,秘书可以想办法给予提醒的。

1. 在会议室门口挂上牌子,提醒其他访客不要进入,会议不被中断或不被干扰就不会浪费时间。

2. 在会议议程表上应该写明每个议题预定的时间,主席必须控制会议的进程。秘书可以利用中间倒茶水的时间或用传纸条的方式,提醒主席会议结束时间。

3. 设置时间闹钟提醒主管时间到了。例如,整点报时就是一个好主意,秘书可以把办公室里面的时钟设定为整点报时。

4. 在访客进门时的寒暄过程中,可以给访客或者主管明确的时间提示,例如,下一个访客将要来临的时间,或者是这个访客大概可以占用多少时间。

5. 如果约见时间已到,客人迟迟没有离开的意思,而领导还有另一个约见等着,秘书这时候要帮助领导解围,但要不失礼貌,不让对方觉得尴尬。如可以借端茶送水的时机提醒领导,"张总,四点您有一个会议",或者催领导有一个长途电话要回……

6. 做好决策建议,减轻主管负担。秘书信息搜集与整理决策者需要的信息时,筛选事项,多方位多角度思考并且适时地提出建议,减少主管反复思考的时间,适时做出决断。

【思考题】

1. 以自己为例,谈谈时间管理存在的问题。

2. 简述领导日程安排的意义及注意事项。

3. 秘书时间管理的原则和方法有哪些?

4. 周计划表编制的步骤有哪些?

5. 访客和会议时间如何控制?

【案例分析】

1. 周末的秘书

小兰大学毕业后,到一家公司担任秘书工作。一次,公司王经理要到外地出差,小兰为他预定了机票,是星期六上午11点的飞机。星期五下午,小兰拿到了机票,把它交给了王经理。王经理嘱咐小兰说:"我晚上有个应酬,看看是几点开始几点结束?怕明天早上起晚了误事。"小兰查阅了工作日志后告诉了经理。

周六上午,当王经理睁开眼睛时,已经是 9:30 了,他昨晚陪客人喝酒后睡过了头。当王经理匆忙赶到机场时,发现找不到那份重要资料了,他这才想起昨天把资料放在办公室的抽屉里了。他赶快给小兰打电话,想让她把资料送过来,没想到小兰的手机关机了。王经理只好匆匆地赶回办公室,等他取了资料再回到机场,已经错过了登机的时间,他只好改签下午的航班。而且,这一变故还得自己通知接待方,免得对方到机场空跑一趟。王经理出差回来后,问小兰那天干什么去了,小兰说因为是周末,所以头天晚上出去玩得比较晚,也忘了开手机。

【问题讨论】若时间能倒流,秘书应该怎么做比较合适?结合秘书时间管理的内容讨论。

2. 不便安排约会的时间

吴霞是东方机械公司总经理的秘书,在给领导安排日程时,很大一部分精力是在安排领导的各种约会。为了避免给领导造成不便,必须把约会安排在合适的时间。下面有 5 个选项:

(1)领导临近下班和下班之后不安排约会;

(2)领导出差回来上班的第一天不安排约会;

(3)吴霞自己忙的时候不安排约会;

(4)领导马上要出差不安排约会;

(5)临近午餐和刚刚用完餐之后不安排约会。

【问题讨论】请从上面 5 个选项中挑选出 1 个你认为不合适的选项,并说明理由。

【实践训练】

1. 手忙脚乱的秘书

周一上班,秘书小周需要完成以下工作。她迅速地开展工作,弄得手忙脚乱,临近下班时仍有部分工作没有完成。

(1)给某客户打电话,与对方联系领导下周四将与他约会的事宜;

(2)复印下午部门经理会议所要讨论的报告,每人 1 份(共 8 人,每份 10 页),完成会议日程表的编制;

(3)向人力资源部门写报告,申请今年的休假日;

(4)复印一份将给某客户的答复信以备存,原件邮寄给对方;

（5）拆封、分类、传递今天收到的邮件；

（6）布置下午要使用的会议室，准备茶水和咖啡等；

（7）为领导预定周末去天津的机票；

（8）将财务部新发的办公经费报销规定复印一份备存，原件放置文件传阅夹中给部门同事传阅；

（9）在做以上事情的同时，她还接待了三位访客，接了若干个电话。

实训要求：假如你是小周，你将怎样利用时间高效地完成这些工作？根据这一内容，完成一份秘书工作日志。

2. 调整日程表

老总这几天日程安排得满满的，今天上午 10 点与天津的客户谈判，今天下午 3 点到市环保局向汪局长介绍公司节能新产品；明天上午 9 点半在长城饭店与美国 QEC 公司的代表谈合作，明天下午 2 点公司开例会……上午 11 点钟，美国 QEC 公司老总的秘书安娜来电话，说由于特殊原因，他们必须于明天中午乘飞机回国，所以，希望能将谈判时间改在今天下午，否则，会谈将无限期推迟。

实训要求：按照上述情况演练调整领导的日程表。

【扩展阅读】

1.［美］艾尔·凯西著：《凯西定律》，海南出版社 2001 年版。

2.［英］诺斯古德·帕金森著：《帕金森定律》，甘肃文化出版社 2004 年版。

3.［美］吉姆·兰德尔著：《时间管理》，上海交通大学出版社 2012 年版。

4. 谈青主编：《办公室事务管理》，高等教育出版社 2015 年版。

5.［美］劳拉·范德卡姆著：《时间管理手账》，中信出版社 2016 年版。

6. 徐宪江著：《哈佛时间管理课》，中国法制出版社 2017 年版。

7. 杨剑宇：《我的金字塔论——论秘书的职责层次和职业含金量》，《秘书》2016 年第 6 期。

8. 杨剑宇：《谈秘书学专业的核心竞争力》，《秘书》2016 年第 11 期。

9. 刘军，沈建通：《区县领导的时间管理》，《领导科学》2018 年第 36 期。

10. 姜妍：《现代企业的时间管理研究》，《中国管理信息化》2019 年第 1 期。

第五章

出差管理

第五章
出差管理

■ 本章概述

　　面对开放和快速发展的社会,任何组织都得建立广泛的社会联系和人际交往圈。因为工作的需要,领导要经常出差,有国内的,也有国外的;有商务性质的,也有社交性质的;有长期出差,也有短期出差。不管哪种情况,秘书都要为领导的出行做好相关的准备工作。

　　出差管理是指秘书为领导出差提供相关辅助工作,是秘书日常事务的一项经常性工作。秘书要了解出差的准备工作,掌握出行手续办理的流程以及与相关部门沟通的方法,能够为领导出差提供具体帮助;掌握出差计划、日程表的编制方法,提高出差的效率;学习秘书随同出差的随行事务管理,做领导的得力助手。

■ 学习目标

　　1. 了解出差的准备工作。

　　2. 掌握出差手续办理的流程以及与相关部门沟通的方法。掌握出差计划、日程表的编制方法。

　　3. 学习秘书随上司出差时随行事务管理内容和要点。

■ 重点难点

　　1. 掌握出差计划、日程表的编制方法。

　　2. 掌握出差手续办理的流程以及与相关部门沟通的方法,能够办理出差公务。

　　3. 灵活处理秘书随上司出差时随行事务管理工作。

【案例导入】

　　　　吴秘书平时工作还算认真负责,领导对她的评价也不错。有一次,领导到国外出差大约十天,吴秘书觉得这段时间她可以"放羊"了,自由自在没人管了……谁知领导突然提前回来,在办公室里看不见她,下午临近下班才看见她身着休闲装散漫踱回来。领导很不高兴,联想她这几天是否每天都在逛街购物、游泳散步……从此,领导对吴秘书的态度就变了。

　　　　领导出差期间吴秘书应该怎么做才是合适的?

第一节　国　内　出　差

　　出差也叫公务旅行,在企业又称为商务旅行。在工作中,为了洽谈业务、参观访问、出席会议、签订合同、实地考查等目的而到异地办理公事,即是出差。秘书为领导出差提供相关的辅助工作,就是出差管理。

辅助领导出差是秘书的一项重要工作,为领导出差做准备是秘书的日常事务工作。当秘书得知近期领导有出差的打算后,要了解详细的情况。那么,一位称职的秘书应该为领导的出差做哪些准备工作呢?

一、了解基本情况

(一) 出差的原因

领导是参加行业会议,还是与某公司洽谈业务,或者是其他的公务活动?由于目的不同,需要准备的资料不一样,这也影响对出行服装的选择。

(二) 出差的地点

可能是几个城市,也可能是一座城市的几个地方,地点了解得越详细越好,方便秘书预定车、船、机票。准备当地地图,了解天气情况,建议领导带合适的衣物和雨具。还可以网上查询当地风俗并向领导介绍,以免无意之中冒犯别人。

(三) 出差的时间

启程时间,路途所用时间,抵达、返程时间,各项活动时间,这些都要反映在计划和日程表上,秘书需要详细了解。如果领导近期身体欠佳,秘书在安排行程时要多留一些休息时间,行程不要安排得太紧。时间还是秘书预定车、船、机票和安排接送的依据。

(四) 出差人员安排

明确双方参与会谈的主要人员,公务出差的主要接待人员,外出活动的主要陪同人员等。公务活动的安排讲究对等接待,接待规格、接待人员身份相当。另外,双方人员因宗教、民族等原因对食物住宿等有特殊要求的,应该事先了解清楚。

二、准备工作

(一) 选择

根据领导的要求、工作的需要以及出差目的地的交通状况,选择合适的交通工具。一般来说,短程、路况好的地方首选汽车;其次选择火车,安全舒适,价格便宜;路程远的、道路崎岖的地方一般选择飞机,方便、快捷,只是费用稍高。乘船旅行速度慢,在公务活动中不太受欢迎。

选择车、船、飞机票的舱位等级,还要根据出差标准和领导级别而定。无论选择上述何种方式出行,秘书只能查询并向领导建议,最后由领导决定。

(二) 预订

1. 通过电话或网络订票。秘书自己或派人取票,或请对方派人送票。拿到票后仔细核对姓名、日期、航班(车次)、座位、到达地点等。可以在网上提前选定机票座位号。

2. **预订房间**。了解领导住宿宾馆的档次,了解本组织相应的财务制度,满足业务的需要,如是否有无线网络、咖啡厅、会议厅等。征询领导的喜好,选择清洁、交通便捷、离洽谈地点不太远的宾馆为领导住宿地点。可以通过电话联系与我方有合作关系的对方组织帮忙联系住宿,也可以通过网络或旅行社预定。无论哪种方式,以节约成本、时间为好。

(三) 预支

有些组织为出差人员提供预支差旅费,等出差回来后报销。秘书得到领导的旅行信息完成上述工作后,就可以填表申请预支差旅费。支付差旅费采用现金、旅行支票、信用卡等方式。到经济发达的大城市,可以少带现金,用信用卡、个人支票更安全方便,信用卡可以把个人支票兑换成现金。差旅费一定要准备充足,要明确哪些费用由接待方出,哪些需要己方付,这样才好计划带多少钱,以什么形式带。

(四) 资料和行装

对于需要携带的资料和用品,可以按类列出让领导过目,并检查是否有遗漏。

1. **工作资料**

把领导出差期间需要的资料或文件准备好,如相关的信函、备忘录及其他资料——谈判提纲、合同、报价资料、工程图表、公司新产品介绍等,以及为商务洽谈收集的相关资料,如对方公司的背景资料、领导层人事资料等。用文件袋把这些资料分门别类装好,每一个文件袋都要标明里面的内容。

如需准备赠品应妥善包装、并附上领导名片。还有相关的礼仪资料,如演讲稿、感谢信、商业名片等。

如果领导曾经与对方洽谈业务者见过面,秘书要把以前的记录档案找出,交给领导。

2. **旅行资料**

把领导出差时需要的旅行用品列出清单。打点行李时按照清单检查,这样就不会落下东西。

出差用品一览表:地址,电话号码,传真号码等;日历卡,世界各地时间表;旅行指南和地图册,旅行路线,目的地风土人情资料等;日程表,约会安排表和计划表;手机、电脑、软盘、微型录音机等。

如果领导经常出差,秘书应该收集一些交通图、时间表和飞行时刻表,还有介绍旅馆方面的小册子,并随时与旅行社联系,建立资料库并经常更新信息以充实旅行资料。

3. **个人用品**

信笺、信封(公司的)、邮票和文具用品如钢笔、铅笔、回形针等。

现金、私人与商业支票簿、私人与商业信用卡。

相关档案,护照、签证、图章和印泥盒等。

急救药盒,领导如有宿疾,应提醒携带备用药品。

4. 行李问题

领导也许想知道乘坐飞机可以免费带多重和多大的行李,秘书通过航空公司的旅行计划手册或旅行社代办人员了解这些信息。有时候,领导短途旅行时仅随身携带一只小提箱和一只公事包,或者一只从旁边打开有两格的公文包,可以把衣服放在下格,这样,下飞机可直接赴约,不必先去旅馆存放行李。

另外,要为每件行李准备识别标签,注意每件行李里面还要放一套(出于安全考虑,有时不能把领导的姓名和地址写在贴在外面的标签上),办公室要经常准备一些这样的标签。

5. 办理旅行保险

经常旅行的人应当办理旅行保险以获得财产毁坏、损失的赔偿,如意外伤害保险等。秘书应帮助领导咨询和办理旅行保险。

(五) 制定计划和日程表

出差计划和日程安排表互为补充。出差计划表不是出访者一方就能制定的,实际操作过程一般是双方先商议出访的时间、会谈的主要内容、考察的重点事项等事宜,然后由接待一方拟定计划表,发给出访一方,看是否还需要增减。经过出访方的认可,计划表才正式定下来。出访方秘书可据此制定己方的日程表,并添加一些更具体的内容,如领导出差所用资料、每日着装、每日活动安排等。复印一份日程安排表让领导带回家,供家属帮忙整理行装时参考。复印几份出差计划表,领导、秘书各留一份,一份存档,如果办公室其他人想要并有权利要,再额外准备一份。

出差计划表的内容包括日期、时间、地点、交通工具、具体事项、备注等六项。

日期:某月、某日、星期。

时间:出差出发、返回时间,中途转机(车)时间,出差过程中各项活动或工作时间,出差期间就餐、休息时间。

地点:出差目的地(包括中转的地点),既可详写也可略写。

交通工具:出发、返回的交通工具,商务活动使用的交通工具。

具体事项:商务活动的内容,如访问、洽谈、会议、宴请、娱乐活动等;私人事务活动。

备注:记载提醒领导注意的事项,上述项目没有提到又必须交代清楚的,如中转站(机场)的名称,休息时间,飞机起飞时间等;某国为旅客提供的特殊服务;见面就餐时需要携带的有关文件契约,应该遵守对方民族习惯的注意事项等。

表5-2只列了一天的活动,如果是多日活动,可以把每天日程表各列一页,按先后顺序装订起来。

出差计划表 表5-1

日 期	时 间	交通工具	地点	事 项	备 注
6月4日 (星期一)	9:00— 9:40	红旗小汽车	上海	到虹桥机场,李丽秘书送机。	广州常青藤公司电话: 020-32626998 张力电话 1379797887
	11:30— 13:30	上海航空 FM9301	飞机上	从上海飞往广州。	
	14:00— 14:40	常青藤公司车上	路上	从广州新白云国际机场到白天鹅宾馆,张力接机。	
	15:50— 16:00	同上	路上	从白天鹅宾馆到常青藤公司。	
	16:00— 21:00		常青藤公司	与常青藤公司市场部经理会谈并共进晚餐,所需资料在01号文件袋内。	
	21:00— 21:10	常青藤公司车上	路上	回白天鹅宾馆。	
6月5日 (星期二)	8:00— 8:45		常青藤公司	礼节性拜访常青藤公司总经理,礼物在02号文件袋内。	广州白天鹅宾馆电话: 020-83229898
	9:00— 9:40	常青藤公司车上	路上	去广州新白云国际机场,张力送机。	
	11:00— 13:30	中国南方航空公司CZ3537	飞机上	回上海。	
	13:45— 14:45	红旗小汽车	路上	李丽接机,从虹桥国际机场送回家。	

出差日程安排表 表5-2

日 期	时 间	地 点	具体事项	服装要求
5月5日	7:30—8:00	海滨宾馆第一餐厅	早餐	随意
	9:00—11:30	海滨宾馆四层第三会议室	会议开幕式、演讲(演讲稿在公文包第一层)	西服套装、皮鞋、白色衬衣、深色领带
	11:40—12:40	海滨宾馆第一餐厅	午餐	随意

续　表

日　期	时　　间	地　　点	具 体 事 项	服 装 要 求
5月5日	14:30—16:30	海滨宾馆四层第三会议室	分组交流（名片盒在公文包第二层、公司宣传资料在大旅行箱里）	衬衫或翻领 T 恤、便装裤
	16:30—18:00		自由活动，游泳、网球、保龄球等	随意
	18:00—19:30	海滨宾馆第二餐厅	晚宴	西服套装、皮鞋、白色衬衣、酒红色领带
	20:00—22:00		舞会	同上

（六）办理出差手续

秘书要了解本组织办理出差的手续流程，如：填写出差审批表——本部门领导审批——上级部门领导审批——财务预支旅差费——出差——总结、粘贴票据、预约财务报账——领导签字——报销。

第二节　国 外 出 差

随着我国在国际上政治、经济地位的提高，国际联系越来越紧密，领导因公出差到国外也成为常态，秘书要熟悉出国公务旅行的各种事务，以适应工作的需要。

出国出差除了解基本情况，做与国内出差一样的准备工作以外，还要进行如下准备工作。

一、出国手续

（一）办理护照

护照是各主权国家发给本国公民出入境和在国外的身份证件。凡出国人员均需持有护照，以便有关当局检验时出示。任何国家都不允许没有护照的人进入其国境。各国对护照的检验也较严格，防止持有过期、失效，甚至伪造护照的人进入该国国境。

我国的护照分为外交护照、公务护照和普通护照。外交护照主要发给具有一定职级的人员和具有外交官身份的驻外人员。公务护照和因公普通护照主要发给因公出国工作、访问学习的人员。普通护照又分为因公普通护照和因私普通护照。因私普通护照发给我国侨民、留学生和因办理私人事情的出国人员。

因公出国人员的护照,由外交部或由外交部授权的机关办理。因私出国人员的护照,由公安部授权的有关机关办理。

拿到护照后,应核查姓名、出生年月、地点是否填写正确,并在签字格上签名。出国前要凭护照去办理所去国家和中途经停国家的签证,凭护照购买国际航班机票和车船票,在国外还要凭护照住旅馆、办理居留手续等,所以,护照必须妥善保管,不能污损,不得涂改,严防丢失。护照的有效期,一般为五年,期满后要办理延长手续。

发照机关在颁发护照时同时颁发出境登记卡。持照人第一次出境时,需核对持照人所获得的签证是否与出境登记卡上载明的前往国家一致。如不一致,则不能出境,需向发照机关申请更换出境登记卡。

办理护照最好能提前一些,有时会因为某些材料不合格而花费更多的准备时间,另外,还要预留充裕的签证时间。

(二) 办理签证

签证是一国官方机构对本国或外国公民出入国境或在本国停留、居住的许可证明。签证一般都签注在护照上,也签注在代替护照的其他旅行证件上,有的还颁发另纸签证。

办理签证要由出国人员亲自持护照、对方公司邀请信和其他申请签证的材料,到所去国驻我国大使馆或领事馆申办;或是委托可靠的签证代办机构(如中国旅行总社签证代办处)代办,也可以委托发出邀请的公司在其所在国的有关部门办理。

签证的等级分为外交、公务和普通签证。入出国境的签证分为入境、入出境、出入境、过境签证。另外尚有居留签证。

各国的签证内容大体相同,都规定有效期和居留期限等。如途经一国的过境签证,有效期为一个月,过境逗留时间限三天。也就是说在有效期间的任何日子里均可入出该国国境,但只能逗留三天。

公务旅行要办理所去国家的入境或入出境签证和中途经停国家的过境签证。有些国家规定,凡停留不超过 24 小时或一定期限的,可以免办过境签证;来往于订有互免签证协议的国家之间可不办签证。

护照是持有者的国籍和身份证明,签证则是主权国家准许外国公民或者本国公民出入境或者经过国境的许可证明。签证一般来说须与护照同时使用,方有效力。

(三) 办理《国际预防接种证书》

因为该证书封面通常为黄色俗称黄皮书。黄皮书是世界卫生组织为了保障入出国境人员的人身健康,防止危害严重的传染病通过入出国境人员、交通工具、货物和行李等传染和扩散而要求提供的一项预防接种证明。其作用是通过卫生检疫措施而避免传染。黄皮书主要记载预防霍乱和黄热病的接种,接种卡介苗及预防小儿麻痹、百白破、麻疹、流脑、乙脑、疟疾等的记录。如果入出国境者没有携带黄皮书,国境卫生检疫人员则有权拒绝其入出境,甚至采取强制检疫措施。出国公务旅行的人员需要到其所在地的卫生检疫部门进行卫生检疫和预防接种,并领取黄皮书。

中国的黄皮书统一由中华人民共和国卫生部印制。申请人需要办理的黄皮书,一律由各省、自治区、直辖市的卫生检疫局签发。

黄皮书的使用,主要是在进入前往国国境口岸时,接受其口岸检疫人员的查验。此外,在国外旅行期间患病住院,医生也要查验黄皮书。所以,申请人要妥善保管黄皮书,最好和护照放在一起使用。

黄皮书的任何修改、涂擦或其任何部分有撕掉而失去完整性,都会被视为无效。如发现有问题,可向检疫机关提出更换。

根据不同时期、不同地区和疫情的分布情况,各国对预防接种的要求也有所不同。有时某一地区发现霍乱,凡出入该地区的人必须注射防霍乱疫苗。所以,出国人员办理接种手续前应作必要的了解。

(四) 订购机票

出国前应根据实际情况选择方便、经济、合理的路线。各国航空公司给长途旅客 24 小时内转机提供食宿的方便,在选择换乘飞机的时间、地点时,要考虑这一因素。

购买机票,可通过旅行社代办,也可直接到国内各航空公司和售票代办点购买。购买机票的同时,要确认机座。拿到机票后,要认真核对机票填写的内容,如核对姓名的拼音是否与护照上的一致,检查机票填写的飞机班次、日期、途经城市、到达城市是否正确,座位是否确认(即"OK")。只有机座得到"OK",才可搭乘飞机。

如旅行人持联程(或往返)机票,即使购票时全程机座均已办妥(OK),因某些航空公司对联运衔接的时限规定不同,如果搭乘续程(或回程)飞机的间隔时间超过其规定的时限,须在续程(或回程)地点提早办妥机座"再证实"(reconfirm)手续,否则就等于自动放弃已确认的机座,承运部门可以合法地将机座让予其他旅客。这一点往往被人们忽视。因此,要特别注意了解有关机场及航空公司的规定,以免给旅行带来不便。经常乘坐同一航空公司的飞机,还会得到某些优惠。

出国出差还需要考虑时差的问题,与领导讨论几个旅行方案,最后选定最佳方案。

二、出入境手续

各个国家(地区)对出入境旅客均实行严格的检查手续,检查这些手续的部门一般设在口岸和旅客出入境地点,如机场、车站、码头等。出入境手续包括:

(一) 边防检查

我国边防检查由出入境边防检查站负责,该机关归公安部出入境管理局领导,其他国家这项检查很多由国家移民局(外侨警察局)负责。边防检查就是查验旅客的护照、签证,验毕加盖出入境验讫章放行。边防检查工作的主要任务是控制一些国家禁止出入境的人员通行和打击偷渡行为。

目前,我国简化出入境手续,新措施遵循国际惯例,免填出入境登记卡,提高通关效率。持护照人初次出国(境)后回国,如果再次出境,不论其与前次出境间隔时间长或短,也不论其出境事由是否改变或是否变更前往国家或地区,只要凭有效护照和前往国家或地区的有效签证或其他准予入境的许可,即可出境,无须再次办理其他出境申请手续,也不需要再领、填写出境登记卡。

(二) 海关检查

海关检查人员一般仅询问有否需申报的物品,但有的国家要出入境者填写携带物品申报单。海关有权检查出入境者所携的行李物品,但不是对所有物品都一一检查,对持外交护照者可以免验。

各国对出入境物品管理规定不一,烟、酒、香水等物品常常按限额放行,文物、武器、当地货币、毒品、动植物等为违禁品,非经允许,不得出入国境。有些国家还要求填写外币申报单,出境时还要核查。

边防检查重点查人,海关检查重点是查物品出入境是否合法。

(三) 安全检查

近年来,由于飞机安全事故不断发生,各国对登机的旅客采取严格安全检查措施。主要是禁止携带武器、凶器、爆炸物、剧毒物等。检查方式有过安全门、用磁性探测器近身检查,检查随身携带的手提包等物品,人工检查即搜身、脱鞋检查等。我国也实行国际通用的安全检查方法。

安检往往根据当前的局势、国际的状况以及其他方面的综合因素而定,所以有时较严,有时较松。

(四) 检疫

交验黄皮书。很多国家对来往某些国家、地区的旅客免验黄皮书。但对发生疫情地区检查则特别严格,对未进行必要接种的旅客,则会采取隔离、强制接种等措施。

三、其他方面

(一) 乘飞机

乘飞机应尽量轻装。根据规定,手提物品不得超过 5 公斤,免费托运 20 公斤行李。旅客提早抵达机场后,应先办理乘机手续,避免航空公司因超售机票拒载。将机票交所乘航空公司机场验票口查验,同时将随身托运的行李过磅,并将重量填到机票上。航空公司撕下由其承运段的一联后,将机票与行李卡、登机卡一并交还乘客。乘客凭登机卡上飞机,凭行李卡到目的地机场领取行李。直接托运的行李，在中途换乘飞机时应关照行李是否转到换乘的班机上。

飞机起飞前关闭手机或调至飞行模式，起飞和降落时，不准吸烟、拍照，不得使用厕所，要系好安全带，放直座椅。有时航空小姐会发给乘客糖果等，在飞机升降过程中咀嚼，以免由于气压变化引起耳膜疼痛。在飞机上不要大声喧哗，以免影响他人休息。在飞机上的坐卧姿势也应注意，一要雅观，二要不影响他人坐卧。

办完入境手续即可凭行李卡认领托运的行李。旅客可用手推车将行李推出机场，也可请行李搬运员协助，但要付小费。

（二）住旅馆

在旅馆住宿，如果行李员为您提行李，或把房间弄得太乱请服务员收拾，都要付小费。把小费放在桌上即可，如果您不想给小费，则不要把零钱随意乱放。

住宿的房间被认为是私人空间，外国人不习惯在此接待客人，尤其是异性客人，接待的地方最好是大厅或咖啡厅。

进出房间应随手关门，不要穿睡衣、拖鞋、背心或裤衩到走廊或旅馆公共场所游逛。在房间里不论看电视或者说话，声音要轻，不要影响别人。休息时将房门锁好，可挂上"请勿打扰"的牌子。如有人敲门，先问清楚来客身份。如到别的房间找人则应轻敲房门，不可高声喊叫，待主人允许后方可进入。

旅客用淋浴洗澡，不要弄得"水漫金山"。欧洲有些老旅馆防漏设施不太完善，若水漫房间造成损失，客人是要赔偿的。不要损坏房间里的一切设备，特别提醒吸烟者注意，不要烧坏地毯、家具等。

旅馆的设备问清楚其功能和使用方法再操作。有些旅馆设有室内或室外的游艺室、游泳池、网球场等，这些设施一般均收费。个人物品要收拾好，保管好。不要把零星物品、笔记本等放在枕头下边，以免被服务员打扫房间时误认为是不要的东西而清理掉。

（三）旅行支票

经常出国的人，一般持有万事达卡或美国运通卡和旅行支票。旅行支票经常带有不同的面值，如美国就有10美元、100美元、5 000美元等。秘书为领导在开有账户的银行或其他银行购买旅行支票时，需要填写一张申请表，然后，领导要当着银行代表的面在支票上签字。

信用证。在美国，如果差旅费超过1 000美元，到国外旅行的人一般从银行购买信用证。信用证可以作为到大银行去的介绍信，可以在世界各地银行提取现款，直到信用证上的面额提完。

此外，在涉外友好交往中，有时要赠送一些纪念品。譬如，应邀赴私人家宴，应为女主人带些土特产、小艺术品、纪念品、水果以及花束等。应邀参加婚礼，可赠送花束以及艺术品、实用物品等。探视病人，可根据具体情况送些对病人有益或为病人喜爱的食品、花束。相处时间较长的朋友，离别前往往会赠送小纪念品。出席官方或民间组织的酒会、招待会、较大的宴会等，则可不必送礼，必要时只是送花篮、花束等。

选择纪念品还应考虑受礼人的爱好和具体场合。有的物品在这个国家很受欢迎，到另外一个国家则可能并不稀罕，因此，要根据不同国家、地区的习惯与个人的喜好做些必要的选择。

需要注意的是，国家行政机关公务人员在对外公务活动中赠送和接受礼品，应遵守《国务院关于对外公务活动中赠送和接受礼品的规定》（国务院第 133 号令）。

第三节　领导出差期间秘书的工作

一、秘书留守事务

领导出差期间，秘书是领导在组织里的耳目和嘴巴，负责倾听意见，发现问题，汇报工作，转达指示。

领导出差期间，秘书应按照既定行程表和领导的确定行踪，设法提前通知当地的有关部门及人员进行迎送，以确保领导出差过程始终井然有序，点到点无缝连接，不让领导为此操心。

如果领导并无特别授权，秘书只需按照常规行事。领导出差期间，秘书只是少了直接的上下级接触，多了随机应变的主动。但是领导已有事先提醒或格外关注的事情，秘书要严格按领导指示办。

领导出差期间，秘书可以迅速调整工作和精神状态，以适应外界的变化，从容不迫地做好自己的工作。具体做法是：

1. 日常事务自己处理，每天应在事先约定时间与领导联络。

2. 重要事务记录在案，待领导回来后由领导处理。

3. 重要且紧急的事务或无人能代理的紧急事件直接向领导请示，由领导定夺，秘书执行，以免误了商机。领导出差期间，秘书可以每天传真一份内容包括公司日常工作报告、来访客人名称、来电单位、来访来电内容及公司工作进度的资料至旅馆，让领导能随时掌控公司状况。秘书不能根据自己的判断随便作出决定。

4. 未经领导许可，秘书不能在文件上盖章签字。

5. 如果是替领导处理个人私事，应与领导的家人商量，还要替领导严格保密。不要随便将领导的出差地点告诉外人。

6. 领导回来前将最紧急的文件和邮件放在"待阅文件夹"的最上面。

二、秘书随行事务

有些工作无法交给另外一座城市或国外临时办公室的助手处理，在这种情况下，秘书最好与领导一起出差，秘书是领导的"流动办公室"。

（一）出差安排

秘书随行期间要听从领导的安排。有些情况下，秘书是紧跟服务，可以和领导乘一样的车、住同样的旅馆；在另外情况下，秘书不一定所有的地方都跟去，或在某些地方呆的时间要短些，这时，秘书要按照领导的意图排出行程和日程活动安排，标明出发时间、到达时间和地点等。每天的日程安排应留出充足的空余时间以便领导或秘书或其他人员参加各种应酬及处理私人事务。

（二）工作安排

出发前，秘书将自己外出时的工作交代他人代为处理，并把出差前手头未完事宜记录在备忘录上，以便回来后继续办理。安排好家庭事务。在出差时，要随时保持与组织本部的联系，了解领导外出时组织内部发生的重大事情，随时向领导汇报。注意对领导健康的关照、安全的保卫。随行秘书对工作应更主动、更投入。

大型宾馆都有计算机和其他设备供出差者使用。此外，若公司在当地有分支机构，秘书工作时可以使用那里的办公设备，也可以自己携带手提电脑、微型录音机等开展工作。

（三）行为举止

出差的目的是为了工作，秘书每天都有可能忙于为领导做收集信息、调整计划、会议记录、整理旅行档案、准备和处理信件等工作。另外，秘书也代表着组织形象，因此，必须在穿着打扮、行为举止方面多加注意，尊重当地的风俗习惯并讲究礼仪礼节。要准备好个人的替换衣物、正式场合的服装及用品。

（四）出差时的安全防范

安全防范是旅行过程的一项重要内容，也是确保旅行人心情愉快的重要条件。近几年，外交部新设立的涉外安全司正式运作，涉外安全司重点关注中国公民在国外的安全保护问题。

如果领导单独出行，秘书要根据出行目的地做好安全提示工作。如果秘书随行，要承担起安全防范工作。

秘书具体要提醒领导注意：

1. 交通安全

许多国家，像英国、马来西亚、新西兰、澳大利亚、南非、新加坡等，机动车辆均靠左行驶，这与中国的习惯刚好相反。行人穿越马路时，来车方向的先后也与中国相反，如果不特别注意交通规则,在这些国家就容易发生被车撞倒的悲剧,要特别小心。

2. 寄存物品

贵重物品一定要寄存。绝大多数中国游客住店时,不习惯将贵重物品或大量现金寄存在酒店保险箱内,而习惯随身携带或放在旅馆住处。国外旅馆大都规定,贵重物品如果在房间里丢失,旅馆概不赔偿。

3. 随身携带有效证件

外出时,随身携带有效证件以备检查,或遇到特殊情况及时联系。

到语言不通的国家旅行,一到旅馆,先在总台拿一张旅馆卡片,卡片上通常有旅馆地址、电话等信息,迷路时给司机看,他能顺利送你回住处。

4. 少带现金

携带大量现金容易丢失,为避免过多的损失,应少带现金,多用信用卡。目前,中国银行在伦敦、纽约等大城市都设有分行,英国汇丰银行、美国花旗银行等在中国国内也有多家分行,旅行者可向这些银行咨询,跨国间转账只需少量手续费。

需要特别强调的是,在国外单独上街,身上带的钱不能多,但也不能一分钱不带,带上20美元"保命钱"是必须的。

5. 不要单独出行

随时与组织或随行人员保持联系,初来乍到,不要随便一人外出,尤其是晚上,最好让接待单位派人陪同,一路上能方便不少。出门之前检查每人的通讯设备,注意保持联络,还要记住当地的求助电话。

6. 带些必备药品

一旦身体不适,身边的小药就能救大急。有些国家对所带药品有严格限制,事先需要特别了解。如新西兰政府对入境旅客携带药品的种类和数量有严格规定,并要求向海关申报,否则可能被没收或罚款,严重者将会被判入狱。另外,一些感冒药中含"安非他明"(Amphetamine),此物质可用于制造毒品,为新西兰警方稽查重点。

7. 注意饮食卫生

最好在酒店进餐,虽然价格稍高,但是安全;外面的小吃店不太卫生,容易导致腹泻。

8. 购买保险

据了解,目前在欧美发达国家,90%的市民在出境前都会购买一份境外医疗保险,以备不时之需。但在国内,中国公民出境时却对此意识淡薄。现在,随着中国公民在国外发生医疗、安全和突发事件的不断增加,越来越多的游客也开始留意,在出境前为自身购买一份更全面的出境医疗保险。

购买保险首选"中国公民出境医疗保险",一张保单把医疗、财产、意外全覆盖。其次,还可以购买旅游救助保险,旅行者在任何地方遭遇险情,都可拨打电话获得无偿救助,之所以建议投保境外救援,是希望被保险人在人生地不熟的国外可以第一时间由专业救援机构提供救助。最后,可以考虑旅客意外伤害保险,这类保险主要为旅行者在乘坐交通工具出行时提供风险防范服务。

第四节　领导出差回来秘书的工作

一、准备事务

(一) 资料

预先计算领导归来时间,将出差期间组织所有工作概况整理成册,放在领导桌上,方便领导归来能马上了解情况。

(二) 接站

领导归来之前,安排迎接人员接站并通知家属。

二、跟进事务

(一) 汇报

在合适时机向领导汇报出差期间公司概况及重大事件,应向领导明确转述重要事件的处理方向,并请领导尽快处理。如果要领导下机之后马上了解的情况,应择要简单汇报,其他事情不宜多讲,先让领导休息为宜。

(二) 整理资料

将领导携带回来的数据、文件、样品整理归类,请示领导意见后,再分门别类地建档或交予相关部门研究。

(三) 财务报销

帮助领导核算出差费用,并向财务部门报销。

(四) 致信感谢

邮寄寄送致谢函,向出差期间接待或协助领导的人员和单位表达谢意,建立与外界良好的人际关系。

(五) 了解反馈意见

找机会向领导了解对此次出差计划和安排的意见,为下一次的安排提供参考。

差旅费报销单　表5-3

部门　　　　　　　　　　　　　　　填报日期　　　　　　　年　　月　　日

姓名			职务/职称			人数			
有无借款	有		无		借款金额				
出差事由						出差日期	自　　年　　月　　日		
							至　　年　　月　　日　共　　天		

出差日期		出差路线		交　通　费					住宿费	补贴费			其他费用	
月	日	起	迄	飞机	火车	轮船	长途	市内		天数	伙食补贴	无卧补贴	项目	金额
													机场费	
													保险费	
													行李费	
													会务费	
													其　他	
小计														

总计金额（大写）	万　仟　佰　拾　元　角　分	预支＿＿＿＿核销＿＿＿＿退补＿＿＿＿

主管　　　　　　　部门　　　　　　　审核　　　　　　　收款人

三、发挥旅行社的作用

在国外，不论是大型企业还是政府部门，都会将出差旅行列为集团采购的范畴。他们把自己的旅行需求同时提交给几家专门提供出差旅行管理的旅行社，由旅行社提供全方位的解决方案。例如：德国政府每年都通过招标，选择两家旅行社负责政府部门的出差旅行安排；澳大利亚政府也是每年一次招标，中标的旅行社负责政府全年的出差旅行活动。

在我国，过去为防止公款旅游，出差不能凭旅行社的发票报销。但从2004年3月1日起正式实施的《上海市旅游条例》第二章第二十一条有如下规定："国家机关、企业、事业单位和社会团体经审批获准的公务活动，可以委托旅行社安排交通、住宿、餐饮、会务等事项。"从此，各大旅行社均把出差旅行纳入旅行社服务范围。

《国务院关于加快发展旅游业的意见》（国发〔2009〕41号）文件明确"允许旅行社参与政府采购和服务外包"。旅行社参与政府采购和服务外包，即国家机关、企事业单位和社会团体经批准的公务活动，可以委托旅行社安排交通、住宿、餐饮、会务等事项。各地也陆续在相关政府文件中予以支持和落实，这从政策和措施上打破了旅行社不能承接公务活动业务的禁区。多地也明确受委托旅行社出具的发票可以作为公务活动的报销凭证，并严格落实财务管理有关规定，不得安排与公务无关的活动。但是，2017 年 8 月 19 日，财政部等部门对外印发的《中央和国家机关基层党组织党建活动经费管理办法》明确提出：开展党建活动，要充分发挥党员的主体作用，必须自行组织，不得将活动组织委托给旅行社等其他单位。

一些正规的、规模较大的旅行社都设有专门的出差旅行业务组，可以提供如代订饭店客房、代办交通票据、代办旅游保险和交通集散地的接送服务等，还可以为国际性的会议提供丰富而周到的服务。旅行社可以从航空公司、酒店，以及其他许多供应商那里得到更多优惠，以降低出差成本。旅行社通常可为公司或者政府部门节省 15％—30％ 的出差开支。这些只是正常的服务外包行为，不能想当然的认为凡和旅行社挂钩就等同于公款旅游。出差和公款旅游不一样。

如果领导选择旅行社安排出差，秘书的工作是：

（一）选择合法旅行社

选择合法旅行社是旅行成功的重要前提之一，合法旅行社拥有提供合格旅游产品的基本条件，同时，这些旅行社在成立之初都向旅游行政管理部门交纳了数量不等的（10 万元至160 万元人民币）质量保证金。

判断一家旅行社是否合法，要看它是否拥有"一证一照"。"一证"是指旅游行政管理部门颁发的"旅行社业务经营许可证"，表明该旅行社已得到旅游行政管理部门的业务经营许可，注册并缴纳了规定数额的质量保证金，一旦发生旅游质量问题，旅游者的合理权益就会得到保障。"一照"是指由工商行政管理部门颁发的"营业执照"。

（二）区分旅行社的类别

旅行社按照经营业务范围分为国内旅行社和国际旅行社。国内旅行社只能经营国内旅游业务，应向旅游管理部门缴纳 60 万元人民币保证金；特许经营的国际旅行社经营范围包括入境旅游业务、出境旅游业务和国内旅游业务，应向旅游行政管理部门缴纳 160 万元人民币的质量保证金，保证有足够的资本应对各种意外事件。

（三）商定旅行价格

"食、住、行、游、购、娱"是旅行的六大要素，也是决定旅行价格的主要因素。尽管选择的旅行目的地相同，但是接待服务标准不同，旅行服务项目不同，其旅行价格也不一样。

旅行社常用的"豪华"、"标准"及"经济"等概念，指的是旅行接待服务等级。选择什么等级的旅行服务，要根据经济条件和消费计划确定。

旅行社可以根据旅行者的需求，设计旅行线路和接待服务标准。与旅行社商议价格时，要做性价比，注意构成旅行线路的实质，而不要只看价格的高低。

(四) 订立合同

作为旅行者,要明确在订立合同时和履行合同过程中享有哪些主要权利与承担哪些主要义务。

1. 在订立合同前,旅行者有权要求与之签订合同的人员出示有效证件,同时旅行者也有义务向对方提供能证明本人身份的有效证件。

2. 合同的订立是在自愿、平等、公平、诚实信用、合法、守德的原则上。

3. 在订立合同时,旅行者享有对欲选择的旅行线路的价格构成及旅行社所提供的服务信息等方面内容的知悉权。

4. 合同订立后,没有合法理由,不得单方面擅自终止合同,否则须承担由此产生的后果及经济损失。

5. 当合同订立后旅行者享有旅行社在合同中承诺的各项服务的权利。同时,旅行者也有义务给旅行社以必要的合作,以使合同所约定的各项条款得以变为现实,这也是保证旅行质量的必要前提。

6. 在合同履行过程中,旅行社应尽全力使其提供的服务达到合同中约定的标准。

7. 核查旅行社是否办理了旅游保险。

【思考题】

1. 国内出差需要事先了解哪些情况?
2. 秘书需要为领导出差做哪些准备工作?
3. 出差计划内容包括哪些?
4. 简述秘书在领导出差期间和出差返程后应做的工作。
5. 简述秘书随行出差事务。

【案例分析】

常总是安徽省太湖县花园乡的一名农民企业家,他到上海招商引资,寻求合作,共同开发农产品深加工项目。谈判基本达成合作意向,常总非常高兴,觉得不虚此行。他把一张黄梅戏光盘赠送给合作方,又请对方在上海老饭庄大吃一顿,饭菜讲究,花了近万元。但合作方说:"把钱交给大吃大喝的人不放心。"合作因此泡汤了。

【问题讨论】常总在何处表错情会错意?

【实践训练】

1. 2018 年 8 月 1 日至 2 日,上海光华集团总裁要到苏州和常州出差,他携公司秘书张明一道前往。他们的主要任务是:

　　（1）1日上午参加苏州光华集团会议。

　　（2）下午到常州常发置业集团讲话。

　　（3）1日晚上返回上海，在总部给员工讲话。

　　（4）2日在上海面试新员工，并给新入职员工开座谈会；参加易成新天地项目例会；晚上会见上海媒体朋友。

　　要求：秘书张明拟一份领导两天的出差计划表，并明确秘书随同出差的工作。

　　2. 通过各种途径收集有关荷兰的气候、地理、交通、民俗风情、礼仪禁忌等方面的资料，供领导出差前参考。

【知识链接】

　　1. 国际秘书节

　　"国际秘书节"（International Secretary Day）是由国际专业秘书协会（Professional Secretaries International，简称 PSI，现已改为 International Association of Administrative Professionals，简称 IAAP，又翻译成"行政管理专业人才的国际协会"）在 1952 年设定，目的是肯定秘书工作在职场上的贡献，并鼓励年轻朋友投入此专业发展。享受这一节日的包括行政秘书、接待人员和助理。

　　这一节日源于 20 世纪 50 年代的美国。为肯定秘书的贡献，1952 年，经两位资深秘书提议，美国宣布设立秘书周和秘书日。1955 年，正式将秘书周定在每年 4 月份最后一个完整的星期，而 4 月的最后一周星期三就是"秘书日"。多年后，许多国家都引进了这个节日，这一天，所有的秘书都有假期，还会收到领导表达感激之情的鲜花和贺卡。

　　秘书节设立的宗旨是为了表达对秘书的敬意，借节日向秘书们道声辛苦。秘书节庆祝的方式是多种多样的，没有一个法定的规定。例如，有的老板邀请秘书为座上客，让从来都是席间应酬的秘书成为餐桌上的主角。此外，表彰也是个不错的选择，在节日里评选出最佳秘书。例如，新加坡每两年选一次"最专业秘书"，表彰最具专业精神、工作效率高和有杰出表现的秘书，而评选中老板的票数很重要。还有些常见的如举办各种形式的聚会或者联谊会来庆祝节日。

　　这一天不但是秘书获得殊荣与奖励的时候，也是秘书们可以畅快发泄对老板不满的一天，其间的一些趣闻也颇具戏剧性。1992 年，"美国平等就业妇女联盟"为了庆祝全国秘书节，根据上百名秘书的陈述，评选出当年度的"最坏老板奖"得主。获得 1992 年度"恶老板"头等奖的是一家食品供销中心的负责人，这个公司的秘书小姐除了担任会计工作外，还得充当活闹钟，每天早晨到办公室隔壁的公寓里把老板夫妇从床上叫醒。秘书小姐觉得这份工作和老板夫妇的德性使她难以忍受。"恶老板奖"第三名的得主是一名司法系统女秘书的顶头上司,他要求女秘书帮他包扎臭烘烘的脚趾头,检查嘴巴里的溃疡伤口,在女秘书办公室内修剪八字胡,把胡子渣倒在女秘书的垃圾桶内,并不准女秘书在办公室吃带有腥味的食品。

随着国际化的潮流,秘书节也渐渐走近中国秘书们的视野和生活中。在国内,秘书节的庆祝活动最初只悄然流行在外企中,近些年,随着民间力量及组织的致力推广及商业行为的推波助澜,秘书节在中国也越来越成为一种时尚,越来越多的本土企业开始为秘书们过节。

在秘书节这一天,国内企业的秘书们也有不少收到来自老板和同事们的祝福和礼物。汉口的一家公司为秘书们过"秘书节"是他们企业的一大传统,每到这一天,秘书们都会聚集在一起参加由公司老总举办的"慰问会",秘书们无一例外地会收到同事们的慰问信以及体贴下属的老板送上的贺卡、相框等小礼物,一份关怀与尊重令秘书们感激与开心。①

2.《中华人民共和国旅游法》,本法自 2013 年 10 月 1 日起施行。

3.《国务院关于印发"十三五"旅游业发展规划的通知》(国发〔2016〕70 号)。

4. 2017 年 9 月 4 日,财政部等三部门对外发布"关于印发《中央和国家机关基层党组织党建活动经费管理办法》的通知"(财行〔2017〕324 号)

5. 上海市人大常委会于 2014 年 12 月 25 日颁发修订的《上海市旅游条例》,自 2015 年 3 月 1 日起施行。

【扩展阅读】

1. 张金涛主编:《秘书实训指导》,中国建材工业出版社 2006 年版。

2. 蔡超主编:《现代秘书实训》,首都经济贸易大学出版社 2007 年版。

3. 谢世洋编著:《秘书实务与实训》,清华大学出版社 2010 年版。

4. 徐静主编:《秘书实训(第三版)》,高等教育出版社 2014 年版。

5. 宋湘绮,刘伟编著:《项目化——秘书综合实训(第二版)》,电子工业出版社 2014 年版。

6. 张丽珂主编:《商务秘书实务(第三版)》,中国人民大学出版社 2014 年版。

7. 刘森主编:《商务秘书实务与训练教程(第二版)》,西南财经大学出版社 2014 年版。

8. 葛红岩主编:《新编秘书实训(第二版)》,高等教育出版社 2015 年版。

9. 张小慰主编:《秘书岗位综合实训》,重庆大学出版社 2015 年版。

10. 钟筑主编:《商务秘书实务(第三版)》,重庆大学出版社 2016 年版。

---

① 国际秘书节:引自百度百科网站,内容有改动。

第六章

办公自动化

第六章
办公自动化

本章概述

　　我们所处的时代,信息技术的发展正深刻地影响着政治、经济、军事、文化等社会生活的各个领域。秘书,这个古老的职业也因之发生了根本的变化,跑跑腿、动动嘴、抄抄写写的办公方式已经演变为以信息工作为核心的办公方式。借助以计算机终端为核心的信息搜集、处理、传递、管理设备,与计算机连接使用的信息展现设备、信息媒介设备、信息输出形态转换设备,以及现代通信设备、文档印制设备等,实现了办公自动化,办公效率大大提高。

学习目标

　　1. 了解信息的概念、信息与办公和办公自动化的关系、办公自动化系统的组成。

　　2. 掌握一些常用办公软件的使用技巧。

　　3. 了解常用办公设备使用注意事项。

重点难点

　　1. 办公自动化系统与现代办公设备。

　　2. 应用常用办公软件熟练处理工作事务。

　　3. 办公设备使用、管理和维护注意事项。

第一节　信息时代与办公自动化

【案例导入】

　　　　早上到办公室后,校长办公室陈秘书到传真机前拿起了一份昨天下班后外单位发过来的传真件,这是一份会议邀请函,他把邀请函交给主任;然后,他打开电脑进入邮箱查看邮件,有几份新邮件是各学院反馈的报送材料电子版,他把这些下载到电脑,存储在"2018年各单位工作总结"文件夹;接着,陈秘书打电话给尚未提交总结材料的几个单位的办公室催交材料;接下来,他打开手机,查看主任发来的短信,开始上网搜集主任布置查找的资料……

　　　　这是陈秘书日常工作的一部分。

一、信息与信息时代

（一）信息的概念和特征

信息，是一个在当今社会出现频率极高的词语。作为普通词语，指音信、消息；作为科学技术词语，是指适合于通信、存储或处理的形式来表示的知识或消息（全国科学技术名词审定委员会审定公布的定义）。也就是说在现代科学中，信息指事物发出的消息、指令、数据、符号等所包含的内容。信息具有可识别性、可存储性、可传输性、可处理性和时效性。

（二）信息时代对秘书办公的要求

随着科学技术尤其是信息技术的发展，信息量、信息传播的速度、信息处理的速度以及应用信息的程度等都以几何级数的方式增长，使得信息对整个社会的影响愈来愈提高到一种绝对重要的地位，人类社会业已进入信息时代。

不仅企业对信息的认识和利用越来越深刻、深入，政府对信息在国家治理、社会管理中的重要作用也愈加重视。党和国家高度重视信息工作，习近平总书记指出"信息无处不在、无所不及、无人不用"（2019年1月25日上午中共中央政治局第十二次集体学习）。信息在政府和社会组织实施管理的过程中发挥着越来越重要的作用，进一步加强和改进信息工作成为共识和当务之急。因此，现代秘书只有把信息工作当作自己的主要工作，才能在辅助决策和决策执行过程中成为领导的得力参谋、助手。

可见，秘书的信息工作是时代的要求。现代秘书已无法避免接触大量的信息，在日常工作中的人际交流（如面谈、电话、QQ和微信等即时通信）、印刷品阅读、互联网网页浏览当中，面对着大量的信息；"三办"（办事、办文、办会）以及接打电话、处理信函、安排活动、接待来宾、陪同访问等事务性工作本身也是重要的信息来源。在信息社会，完全称职的秘书除了做好事务工作外，还应当充分利用信息为领导的管理工作和决策提供依据。因此，秘书必须经常采集、管理和加工各种信息，信息工作已经成为了秘书工作不可或缺的重要内容。

二、办公自动化

（一）办公的概念

"办公"一词，其字面意思就是"办理公家事务"。在农业时代"公"其实就是官府，故人们所理解的"办公"多指官府的行政行为。在西方工业革命时期，办公指企业管理层的工作。现在，随着信息时代的到来，信息成为社会生产的主要要素，大多数人要处理信息，而不是生产产品，"办公"的内涵和外延因此再次得到扩张，它已经成为信息时代的一种主要生产方式。从信息社会的角度看，"办公"是一种组织行为，它是人们接受、处理和传递信息的过程。它有两个主要特征，一个是处理"信息"，这使它与其他类型的工作相区别；另一个则体现在"公"，它是一种组织的行为方式，与个人生活相区别（组织也有负责员工生活福利的部门及其工作，那也是"办公"）。

（二）办公自动化的概念

科技发展突飞猛进，新技术、新设备不断涌现，带来了办公方式的革命性变化，诞生了一门综合电子、通信、文秘和行政等多学科和技术的新兴学科，这就是办公自动化。

早在20世纪40年代，美国的部分企业开始使用机器设备来处理办公业务，当时美国人把这种手段称为办公自动化（office Automation，简称OA），其含义包括事务处理与管理。随着微型计算机的发展与普及、现代通迅手段的进步，办公自动化成为一项综合性的应用技术，涉及技术科学和管理科学。技术科学包括计算机技术、通信技术、人-机工程等；管理科学是指科学组织和优化各办公环节，使之发挥更高的办公效率。

何为办公自动化，至今国内外尚无统一的定义。有人定义用文字处理机进行办公中的文字编排就是办公自动化；有人定义无纸办公就是办公自动化。在我国被广为引用的定义是1985年全国第一次办公自动化规划讨论会提出的：利用先进的科学技术，使人们的一部分办公业务活动物化于人以外的各种现代化的办公设备中，并由办公人员与这些设备构成服务于某种目的的"人-机"信息处理系统。

我们认为，办公自动化是以计算机技术、现代通信技术为手段，以信息流转为核心，通过各种现代化办公设备，快速高效地完成办公业务的现代办公形式。

随着科技日新月异的发展，越来越多的电子设备可用于办公，如继手提电脑（包括平板电脑）之后，手机现也已成为一种重要的办公设备。

但无论现代办公设备如何发展，如何繁杂，我们都可以根据其工作性质分为三大类：

1. 以计算机终端为核心的信息搜集、处理和管理设备，包括主机、鼠标、键盘和显示屏等常用计算机（包括终端机、服务器）设备（还可以配备手写板以及话筒作手写录入和语音录入）以及与计算机连接使用的信息搜（采）集设备扫描仪、数码视音频采集设备（数码相机、数码摄像机、数码录音笔、手机）等，信息展现设备如投影仪、视频展示台、电子白板等，信息媒介设备如电脑硬盘、移动硬盘、U盘、光盘刻录机（外置式刻录机和刻录光驱）等，信息输出形态转换设备打印机（包括针式、喷墨、激光）等；

2. 电话、电报、传真、电传等通信设备；

3. 文档印制设备如誊印机、静电复印机、数码速印机等。

（三）办公自动化系统

办公自动化系统（Office Automation System，简称OA系统），自20世纪50年代末60年代初出现到现在，发展极其快速，不同国家不同社会组织所应用的办公自动化系统可谓林林总总，但都离不开在互联网环境下，以计算机为中心的信息采集、加工、传递、保存4个基本环节，体现文字及数据处理、公文管理、事务管理、通信联络、信息发布等功能。

如国务院国家事务管理局办公自动化系统，具有以下主要功能：[1]

---

[1]　北京锐步管理软件公司：《国务院国家事务管理局办公自动化系统》，《办公自动化》2000年第5期。

收文管理：完成单位外来公文的登记、批阅、办理、归档、查询等全部过程处理。

发文管理：完成单位内部和对外公文的起草、审批、签发、发布、存档、查询的全部管理。

档案管理：包括案卷管理、文档管理和借阅管理三个主要部分，其中案卷管理主要是对部门内部文件档案进行管理；文档管理则是对提交归档的文件资料进行组卷、移卷、拆卷、封卷等管理，并提供全文检索的功能；借阅管理则实现用户的网上目录查询、借阅、网上阅览处理，实现网络图书馆。

信息采编：完成对单位各类信息的投稿、编辑、审批和发布等管理工作。

审批管理：完成内部各种申请、报告、文稿等信息的网络起草、审批和自动传递的过程。

个人档案：完成对个人的各类电子文档的录入、分类和共享管理。

领导日程：由日程安排管理员负责录入各级领导的日程安排，以便各位领导每天可以方便地了解到自己及其他领导的日程安排。

电子公告：完成单位内部各种文件、纪要、通知、公告、报表等信息的发布和信息反馈。

待办工作：集中处理个人所有的待办工作，并自动与各个模块建立链接。

电子邮件：内外部电子邮件的起草、发送、回信、转发、回执和跟踪。

名片夹：个人地址本、个人通讯录的录入、修改和查询。

(四) 档案管理电子化

档案管理是秘书部门的一项重要工作，随着办公自动化的普及，档案管理的现代化问题也日渐显得重要和迫切。档案管理电子化就是档案管理现代化的具体体现。

所谓档案管理电子化，是指以计算机和电子技术、信息技术为手段，以档案管理学理论为指导，开展档案的收集、整理、保管、开发和利用的现代化档案管理过程。

档案管理电子化包含三个层面的内容：

1. **档案材料的计算机化、网络化管理。**这又包括两方面，一方面是将原来手工操作的档案材料卷宗信息录入计算机，通过网络，可以在任何一台经授权的终端电脑查阅档案目录和档案材料存放位置，方便查找利用；另一方面是在档案内容电子化的基础上，通过档案管理系统的网络功能，授权用户可以在线浏览、查询档案详细内容，或通过借阅子系统在线借阅档案。

2. **档案材料实物的电子化转换。**档案材料实物种类很多，除了纸质的文件、图纸、奖状等，还有照片、磁带、录像带、光盘等声像档案材料以及牌匾、奖杯等其他物品，电子化转换就是用扫描、照相等手段实现数据转换，将实物转化为计算机管理的信息。

3. **公务文书（含公文）电子材料的归档管理。**办公自动化的结果使需要归档的文件产生了两大门类：电子文件和纸质文件。目前，电子文件的法律和行政效力尚未得到系统全面的确认，纸质档案还应继续进行规范化管理。电子文件因其管理和内容再利用的方便性十分突出，将成为档案利用的主要对象，其电子化管理也应参照传统档案材料的移交、归档手续和过程,充分利用网络操作的安全机制在线完成。

第二节　常用办公软件的应用

【案例导入】

　　经理交代秘书小王给他设计一份打开是一张 A4 纸大小的三折(双面共 6 个页面)活页公司简介,要求图文并茂,版面灵活,且每个页面要有页码,以便翻阅。

　　请问,用 Word 如何完成这个任务?

　　由一系列电子元件构成的计算机需要相应的软件(程序)才能运行,才能供人们工作、学习和娱乐,首先是负责支撑应用程序运行环境以及用户操作环境的系统软件,其次就是各种应用软件。电子计算机要用于办公,就必须在计算机系统中安装相应的办公软件。

一、计算机操作系统软件

　　操作系统(Operating System,简称 OS),是电子计算机系统中负责支撑应用程序运行环境以及用户操作环境的系统软件,同时也是计算机系统的核心与基石。它的职责常包括对硬件的直接监管、对各种计算资源(如内存、处理器时间等)的管理、以及提供诸如作业管理之类的面向应用程序的服务等等。

　　在计算机操作系统软件中,普遍使用的是美国微软公司(Microsoft)的统称 Windows 的产品,微软的操作系统几乎就是计算机的一部分。

　　对于办公而言,计算机操作系统软件不仅是计算机软硬件资源的管理者和“服务员”,更是秘书的信息中心和助手。

　　比如说,用计算机处理工作,其结果(用户文件)是存储在计算机里的,但我们往往会发现一些人因未在计算机里为各种文档分类存放而苦恼,或者为查找一个曾经用过的文档而焦头烂额。其实,如果善于利用操作系统作为电脑终端信息中心的作用,操作系统就是你管理计算机里的信息的得力助手。

　　操作系统具有强大的搜索功能,任何文件不管其存放在哪里,只要大约记得下述其中任何一个条件都可以很快搜索出来:格式(后缀名)、大小、作者、关键词、创立时间或修改时间等。当然,用组合条件来搜索,速度更快。

　　现在使用较多的 Win7、Win10 系统以及尚有部分电脑使用的 WindowXP 等系统,搜索的应用略有不同,在此只作简略介绍:点击屏幕左下角“开始”——找到“搜索”——输入搜索条件——点击“搜索”——查看搜索结果(可以查看文件所在位置)——找到需要的文件。或者点击“我的电脑”,弹开窗口后,在顶端的地址栏右边“搜索”那里输入搜索条件进行搜索。

提示:如果想查找所有某种格式(后缀名)的文件,可用通配符＊(代表所有)加后缀名方式,格式为:＊.后缀名,如查找 Word 文档,则为"＊.doc";如需查找关于教育改革的 Word 文档,可在此基础上,组合关键词"教育改革"进行搜索。

利用操作系统的搜索功能,整理文件也非常方便。如,要将同一格式的文件集中在一起,就按后缀名来搜索,将搜索出来的所有文件全部剪切到一个文件夹下;如需按年度归类文档,则按时间搜索……当然,也可以如上述,用组合条件搜索整理文档。

二、办公业务软件

应用于办公事务的计算机软件林林总总,不可胜数,但微软的 Office 和我国金山公司的 WPS Office 办公套件基本可以应付所有办公事务。

限于篇幅,这些办公软件的基本操作可参阅相应的计算机基础教育书籍或在使用过程中查阅该软件的"帮助"。本章只重点介绍一些用常用办公软件处理办公事务的技巧。

(一) 秘书的助手:Outlook 的应用

秘书要安排领导的日程,经常要提醒领导会议、约会、飞机(乘机)时间,自己除要起草文件材料,还有一大堆繁杂的事务……秘书更需要一个"秘书"(助手)! 其实,秘书的助手就在其身边,它就是 Microsoft office 套装软件的组件之一 Office Outlook。

Outlook 的功能很多,从某种意义上说,Outlook 也是一个信息中心,可以用它来管理你的所有电子邮箱、收发电子邮件、管理联系人信息、记日记、安排日程、分配任务;可以随时提醒你做某件事的时间到了。

Outlook2007 的"秘书功能"简介:

1. 管理邮箱和邮件

Outlook 首先是一个邮箱和邮件管理工具,其作用在于:利用 POP3(Post Office Protocol 3,即邮局协议 3)从邮件服务器上把邮件存储到本地主机(即自己的计算机)上,利用 SMTP(Simple Mail Transfer Protocol,即简单邮件传输协议)发送邮件。

现在电邮服务商大多都提供 POP3 和 SMTP 服务器地址(参见表 6 - 1),只要在 Outlook 中设置好账户,我们便可以轻松完成邮件的接收和发送。

 表 6 - 1 国内常用电子邮箱服务器地址 ....

邮 箱 名		POP3(收信)服务器地址	SMTP(发信)服务器地址
网 易	163	pop3.163.com	smtp.163.com
	126	pop3.126.com	smtp.126.com
	netease	pop.netease.com	smtp.netease.com
	yeah	pop.yeah.net	smtp.yeah.net

续 表

邮 箱 名	POP3（收信）服务器地址	SMTP（发信）服务器地址
Sina	pop3. sina. com. cn	smtp. sina. com. cn
新浪任你邮	pop3. vip. sina. com	smtp. vip. sina. com
Yahoo 中国	pop. mail. yahoo. com. cn	smtp. mail. yahoo. com
Gmail	pop. gmail. com	smtp. gmail. com
中华网	pop. china. com	smtp. china. com
搜狐	pop. sohu. com	smtp. sohu. com
163 电子邮局	163. net	smtp. 163. net
263 电子邮局	263. net	smtp. 263. net
QQ 邮箱	pop. qq. com	smtp. qq. com
Hotmail	pop3. live. com	smtp. live. com
163. net 收费邮箱	popx. 163vip. net	smtp. 163vip. net

2. 管理时间和事务

Outlook 2007 提供了"日历"和"任务"两个模块供用户安排事务、管理时间,在日历和任务里安排的事项都可以设置声音提醒,这样,秘书只要把时间和任务输入日历或任务里,设定提醒时间,Outlook 就会自动提醒(弹出窗口和发出声音),埋头伏案工作的秘书就不会错过。待办事项还可以在 Outlook 里通过电子邮件发送给有关人员以协同工作。

3. 管理信息

使用 Outlook 2007 即时搜索功能进行关键词、日期或其他灵活条件搜索,可以查找包括任务、便笺、文件、日记、联系人、邮件等在内的任何类型的 Outlook 项目。

4. 管理联系人

Outlook 的"联系人"模块可以记录联系人的姓名、单位、职务、电邮、网址、电话、通信地址等详细信息,可以自动生成联系人名片,可以插入联系人照片,可以给联系人发送邮件,或通过邮件给联系人发送会议要求、分配任务,拨号上网用户或电脑装有付费电话软件的用户甚至可以在 Outlook 上给联系人打电话(电脑需配备带耳机的麦克风)。Outlook 还可以自动从接收到的电邮中提取联系人信息添加到通讯簿,大大减少添加联系人的工作量。

(二)巧用文档和数据处理软件

Word 和 Excel 是办公最常用的软件,前者用于处理文档,后者用于管理和处理数据。Microsoft office 套装软件可以配合使用,共同完成办公事务。

1. Word 和 Excel 结合批量制作证书等

秘书在工作中经常要批量制作和印发具有相同格式的证书、工作证、名片、聘书、奖状、信函等。使用 Word 的域功能和邮件合并功能，就可以直接从 Excel 文件里导入数据到 Word，完成证书、工作证等的制作和自动连续打印，既提高效率又可以避免录入出错。

【案例】

工作目标：将图 6-1 Excel 数据表的有关项目的内容导出到图 6-2 的相应位置，自动连续打印学位证书。

学号	姓名	性别	专业	学习形式	出生年	出生月	出生日	身份证号码	毕业证书编号	申请授予学位学校名称	学位证书编号
106003	方	男	大气科学	函授	1984	5	5	8405055033		理学	10566420
01006	杨	男	大气科学	函授	1986	11	5	8611050616		理学	10566420
06006	黄	男	大气科学	函授	1985	6	12	8506120310		理学	10566420
06022	潘	男	大气科学	函授	1983	11	19	8311192612		理学	10566420
06007	李	女	大气科学	函授	1983	12	23	8312230627		理学	10566420
06004	宫	女	大气科学	函授	1983	11	30	8311300111		理学	10566420
01014	郭	女	大气科学	函授	1986	12	4	8612041965		理学	10566420
06030	钟	女	大气科学	函授	1972	9	29	7209291027		理学	10566420
201010	罗	女	法学	函授	1986	2	14	8602142948		法学	10566420
201001	黎	女	法学	函授	1985	8	5	8508051169		法学	10566420
201014	姚	男	法学	函授	1985	11	30	851130345X		法学	10566420
200004	李	女	法学	函授	1977	6	9	7706093427		法学	10566420
207005	吴	女	法学	函授	1984	10	16	8410160023		法学	10566420
07056	曾	女	法学	函授	1983	10	14	8310143341		法学	10566420
220008	肖	女	法学	函授	1983	2	7	8302078660		法学	10566420
220001	郭	男	法学	函授	1981	5	20	8105202829		法学	10566420
201012	全	男	法学	函授	1984	9	2	8409020615		法学	10566420
201016	程	女	法学	函授	1985	1	12	8501121523		法学	10566420
201012	陈	女	工商管理	函授	1984	2	5	8402050723		管理学	10566420
206011	谢	男	海洋科学	函授	1984	6	29	8406290888		理学	10566420
701001	张	男	航海技术	函授	1981	1	28	8101285112		工学	10566420
701005	张	男	航海技术	函授	1984	10	25	8410252413		工学	10566420
301017	陈	女	会计学	函授	1980	4		18	8004182923	管理学	10566420
301012	方	男	会计学	函授	1984	3	18	8403185035		管理学	10566420
319001	黄	女	会计学	函授	1981	12	14	8112140023		管理学	10566420
306005	林	男	机械设计制造及自动化	函授	1973	2	9	7302098815		工学	10566420
301005	彭	男	计算机科学与技术	函授	1983	1	13	8301130070		理学	10566420
303008	杨	男	计算机科学与技术	函授	1979	1	10	7901106553		理学	10566420
101011	李	女	经济学	函授	1976	2	6	7602061123		经济学	10566420
101001	林	女	经济学	函授	1984	12	30	8412300641		经济学	10566420
101013	陈	男	经济学	函授	1983	12	1	8312013097		经济学	10566420
03002	陈	男	通信工程	函授	1983	12	31	8112316916		工学	10566420
01006	麦	女	政治学与行政学	函授	1982	2	26	8202260021		法学	10566420
01017	彭	女	政治学与行政学	函授	1981	6	20	8106200222		法学	10566420

图 6-1　Excel 数据表

工作步骤：

（1）打印模版设计：按证书内芯的纸张大小设置好打印模版的纸张，插入需从 Excel 引入数据的各个文本框和录入证书内芯未印上的校名等固定内容。

（2）导入数据：点击 Word 中的"打开数据源"按钮，使用 Word 的域功能，逐个文本框插入域，点击 Word 上的"查看合并数据"按钮，数据表中的全部记录导入到打印文档。

（3）自动连续打印：点击"合并到新文档"按钮——选取全部记录，插入"手动分页符（K）"进行分页，即可实现自动连续打印。

制作完成（已贴照片和盖章）可以颁发的证书如下图（图 6-3）：

2. 用 Word 宏功能快速设置文面格式

我们知道，秘书常用的各种文书（尤其是公文）都有规范的文面格式（包括字体、字号、字距、行距等），如果鼠标一点或者键盘一按就能使一篇文稿按规范格式排好，即可大大节省排

图6-2 学位证书内芯

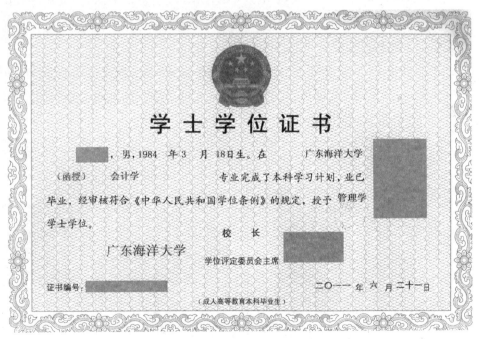

图6-3 制作完成可以颁发的学位证书

版时间。

任意打开一个 Word 文档后,录制一个新宏,录制前先设置好快捷键(如 Ctrl + Z,直接按这两键填入)。

开始录制后,对打开的 Word 文档,按平常那样进行页面设置,页面设置完点击工具条上的"停止(结束)"按钮,宏录制完成。以后需对任何一篇 Word 文档像录制宏时一样进行页面设置,只要打开这篇文档,再按一下"Ctrl + Z"(即原设定的快捷键),页面格式设置一键完成。

3. 为折页文件设置自动页码

秘书在日常办公中,有时需要用 Word 编印一些需要折叠的文件(比如服务指南、说明书、手册之类,A4 纸横排三折呈长方形的情况较多),在"页面设置"中使用"分栏"功能很容易排出三栏(或更多)的版面。但用"插入/页码"的方法插入页码,三栏就只能有一个页码,因为我们所规定的三页(三栏)对于 Word 而言其实是一页。那么,如何为每个页面(即每一栏)插入自动页码呢? 方法如下:

点击"插入/页码"——双击激活页码编辑区域——删除原来页码——将光标置于每一栏的下方分别按下"Ctrl + F9"组合键两次插入域特征字符"{{ }}"——从左到右分别填入{ = {Page} * 3 − 2}、{ = {Page} * 3 − 1}、{ = {Page} * 3}(* 号后的数字为栏数,第一页就是栏数减去一个结果等于 1 的数,第二页是栏数减去一个结果等于 2 的数,以此类推)——分别点击鼠标左键选中域——按鼠标右键点击"更新域",就显示页码了——调整各页码的位置。

提示:插入域特征字符"{{ }}"只能用按"Ctrl + F9"组合键的方式,不能用 Word 里"插入——符号"或直接输入键盘上的符号的方式,也不能用拷贝方式。

4. 在 Word 中随意旋转图片

我们知道,在 PowerPoint 中插入的图片是可以任意旋转的,当点击选中图片时,图片四周的控制句柄是空心的小圆圈,而且在上方正中,还有一个绿色的圆圈控制句柄。把鼠标放在绿圈上就可以任意旋转图片(图 6 - 4)。

图 6 - 4   PowerPoint 中插入的图片可以任意旋转

要让 Word 也有这个功能,以适应编排版面灵活的彩页资料的需要,可以按下面的步骤来操作:在工具栏上点击右键,然后在弹出的快捷菜单中选择"自定义",打开"自定义"对话框,点击其中的"命令"选项卡。在"类别"列表中选择"绘图",然后在右侧的"命令"列表中选择"分解图片"。用鼠标将此命令拖到"控件工具箱"（"视图/工具栏"勾选"控件工具箱"可调出)的适当位置放好（在默认的情况下，控件工具箱中没有这个命令按钮)。在控件工具箱添加"分解图片"的命令按钮后，只要选中图片，再点击这个命令按钮，就可以任意旋转图片了。

5. 让 Word 文档每个章节拥有各自的页眉页脚

编辑篇幅较长、章节较多的 Word 文档（如教材)，如果为每一个章节分别编写页眉或页脚，如"秘书实务 第六章 秘书办公自动化"，这样既方便读者随手翻阅查找，也可以时时突出本书的书名及各章节名。方法如下：

（1）将光标置于使用不同页眉页脚的章节之间。

（2）单击"插入"菜单中的"分隔符"命令。此时 Word 将弹出"分隔符"对话框。

（3）在"分节符"选项组中选择"连续"。

（4）重复步骤（1）—（3)，使各个不同的章节之间都有分节符。

（5）插好分节符后，就可以为不同的章节指定不同的页眉页脚了（从第二个章节开始，点击页眉页脚位置，弹出工具栏后，先点击"链接到前一个"按钮，取消"与上一节相同"，再编辑本章节页眉或页脚)。

提示：点击页眉页脚工具栏中的"页面设置/版式/页眉和页脚"，勾选"奇偶页不同"，可以分单数页和双数页分别显示书名和章节名。

6. 用 Excel 批量编制长数字号码

Excel 常规型或数值型数字最长为 15 位，15 位后的数字全为 0，用拖曳方式产生序列号，即使是文本格式数字也不能超过 15 位，需编制大量的位数超过 15 的证书编号之类的长数字号码怎么办呢？

可以使用 Excel"将多个文本字符串合并成一个"的函数 CONCATENTAE 实现批量编制长数字编号的目的。方法如下：

（1）分段编号

将需编制的编号分两段输入（每段小于 15 位)，拟编编号的前段（一般是单位代码、年号之类固定内容）用复制按需要产生所有编号（全部相同)；拟编编号的后段（含序列号）用拖曳方法产生所有编号。

（2）合并两段字符串为一个

插入"CONCATENTAE"函数，得到第一个完整的证书编号后用拖曳方法得到所有完整证书编号。

（3）复制所有完整编号到新列

选中所有完整编号，复制——在新一列（位置视需要任定）起始单元格点击鼠标右键/"选择性粘贴"/"数值"（剔除格式，只保留数值)。

（4）删除分段编号的两列及合并字符串的列，保留新列。

(三) 借助 OCR 减轻录入工作量

用扫描仪和 OCR 文字识别软件来帮助录入文字材料可以大大提高文字录入效率,用 OCR 还可以充分利用网上那些不但不能另存、复制甚至不能查看源文件的网页、图片甚至是 flash 动画的文档以及各种格式的电子书。

操作步骤:用截图软件截图(腾讯 QQ 也有截图功能,启动 QQ 后,目标在屏幕最前面时,按"Ctrl + Alt + A"组合键,即可按住鼠标左键拖拉选定截图范围;电脑键盘的"Print Screen"键可以全屏截图,截取的图片放在剪贴板中不能存为单独图片文件,可粘贴到 PowerPoint 中再存为图片文件)——用图片浏览处理软件如 ACDSee 转换图片格式为 TIF——用 OCR 文字识别软件打开图片予以识别。如果识别率低,可以用图片处理软件修改图片增加对比度后再识别。

(四) 打印技巧

现在有些打印复印传真一体机具备自动双面打印、复印功能,使用非常方便,但还有很多打印机(尤其是喷墨打印机)没有这种功能,需人工翻面才能实现双面打印。打印多页双面文档,如果从前往后打,那无论先打奇数页还是先打偶数页,出纸都是小号先大号后,需要整理才能打第二面。那么,有没有无需整理的方法呢? 方法是有的:先打印偶数页且逆页序打印(大号先打小号后打),再顺页序打印奇数页。这样,打印完毕,就是按顺序小号在上、大号在下叠好的全部文稿了。

操作关键是:打印偶数页时,在"打印选项"中勾上"逆页序打印";打印奇数页时在"打印选项"中取消"逆页序打印"。

提示:如果需要打印多套文稿而该文稿又以奇数页结束,则只能一套一套地打印,因为打印偶数页时,最后那张以奇数页结束的不出纸,打印奇数页时,第一套的最后一页(奇数页)便打到第二套的第二页背面了,自然后面的也就随之全乱了。

(五) 光盘刻录

用不可再写光盘存储文件资料,是保证原始文件不被修改的好方法。装有刻录光驱的电脑可以像传统的文件存盘那样非常方便地刻录文件资料到光盘。使用刻录软件(如 Nero),还可以复制光盘资料到空白光盘(软件自动编辑光盘映像 iso 文件后刻录),如电脑装有两个光驱且其中至少有一个是刻录光驱,则可以直接复制光盘。

第三节　办公设备的使用和管理

【案例导入】

　　一体化打印机这几天打印效果不太好了,字迹淡了很多,有时还浓淡不一,出来的纸张有的也不太平整了,进纸的地方有点异响。要下班了,秘书小李给维修公司打了电话,约好明早检查打印机,并把当天用剩的打印纸放进了干燥箱,关了空调,关好窗户,拉下总电闸,才锁门离开。

办公自动化时代,办公现代化水平的高低及设备使用人员的操作能力决定着办公效率的高低,同时,设备能否正常运行也影响着办公效率。所以,对办公设备的管理维护和使用,是秘书工作者的一项常规而重要的工作。

本章无法对每种办公设备的使用和维护作系统详细的讲解,只能结合办公业务的重要操作和常见问题,重点介绍一些办公设备使用、维护和管理应注意的问题。

一、办公设备的使用

(一) 环境要求

现代办公设备诸如打印机、复印机等都是精密设备,对使用环境要求严格。一些办公人员对设备出现故障习以为常,殊不知很多故障是环境引起的。对办公设备使用环境要求的认识是保证设备正常运行的需要。

1. 办公环境应干爽洁净

潮湿和灰尘都会直接影响打印机、复印机等设备,也会因影响纸张而间接影响打印机、复印机,打印机、复印机走纸系统的器件(如搓纸轮、传动齿轮、输出传动轮等)故障和环境因素有很大关系。

2. 办公环境应通风散热

办公设备都是电子机械,发热量大,散热不良不仅会降低设备的工作效能,严重的会造成设备故障,长此以往甚至会减短设备的使用寿命。因此,通风散热是办公设备使用应注意的重要问题。

3. 设备放置场所应讲究

放置设备的承台要稳重、平坦、水平,避免阳光直射,使用场所需防磁、防振、防尘和防潮。

4. 纸张保管使用应注意

纸张是日常办公最常用的消耗品,各种纸的质量和用途是不一样的,应按设备需要选择符合规格的纸张并妥善保管,避免纸张折痕、毛边、受潮。

(二) 几种常用办公设备的使用和维护

1. 打印机

打印机的品牌型号众多,种类也有针式、喷墨和激光之分,本书只就打印机使用的常见问题和使用广泛的激光打印机的使用维护作简要说明。

(1)卡纸的原因及清除

卡纸的主要原因是使用的纸张不符合规范或纸张质量较差、潮湿、起皱、卷边等,如果频繁出现卡纸,则应清洁打印机内部。卡纸时取纸应当顺着打印机的出纸方向,不能破坏相关机件,不能用力过猛。所以,使用打印机要严格按规定选用纸张,定期清洁打印机内部,一旦出现卡纸,要采用正确的方法排除。

（2）打印机不工作的处理

工作中常会碰到,给了打印命令,但打印机没有反应。解决的方法是,检查打印机电源开关是否已打开或打印电缆是否连接好;点击状态栏打印机图标,打开打印机窗口,点击"打印机",看"暂停打印"和"脱机使用打印机"是否被勾上了,如是,点击取消。如果还不能解决,则查看电脑是否安装了多台打印机,如是,从文档的"文件"菜单,点击"打印",在弹出的对话窗口中选择相符的打印机;如还不行,查看是否缺粉、缺墨。

（3）激光打印机的维护

激光打印机的光电系统比较复杂,机械系统比较精微,可请专业人员定期进行维护保养。但发现搓纸效果不好（即搓不进纸张）时,使用人员可检查所用纸张是否纸粉或砂粉太多,尽量避免使用质量不好的纸。如果搓纸效果长期不佳,则应请专业人员更换搓纸轮等部件。

2. 静电复印机

复印机是聚集了光学、机械、电路等高科技的精密产品,正确的操作和定期的保养是确保复印机正常运行的关键。

复印机使用注意事项:

（1）选择通风换气条件较好的地方安装复印机,保证操控方便和散热容易,还要注意防尘、防震、防阳光直射。

（2）应使用稳定的交流电电源,电源插座电压、电流规格应大于设备定额,如果当地电压不稳定,最好配备稳压电源。

（3）开启复印机前先打开电源开关或插上插头,再开启机器电源开关;关机程序与此相反,先关闭机器再关（拔）电源。开机后要等复印机预热结束才能复印。

（4）要保持复印机玻璃稿台清洁、无划痕、不能有涂改液、手指印、粉尘之类的斑点。如有斑点,使用软质的玻璃清洁物清洁玻璃。

（5）在复印机工作过程中要盖好盖板,防止强光对眼睛的刺激。

（6）如果出现以下情况,应立即关掉电源,并请专业人员检查维修:机器里发出异响;机器外壳过热;机器部分被损伤;机器被雨淋或机器内部进水。

静电复印机的日常保养,一般清洁工作（盖板、稿台玻璃）秘书工作人员可以完成,光电机械保养则最好定期请专门技术人员来做。

3. 扫描仪

扫描仪是一种光机电一体化产品,用于从计算机外部获取图片和文字,并转换为电脑可以编辑、储存的数位格式,作为一种办公设备,扫描仪可以将文件材料的纸质实物转变为电子数据来保存,通过文字识别软件还可以对原来的纸质文件作编辑加工。因此,扫描仪的应用越来越广泛。

扫描仪分滚筒式、平板式和笔式几种,办公常用的是平板式。

扫描仪日常保养和维护要注意以下几点:

(1)不要随意插拔数据传输线以及电源线与扫描仪的接头,否则会损坏扫描仪或计算机的接口,或造成电源连接处接触不良。

(2)注意防尘,应该经常给扫描仪进行清洁,清洁完后,用防尘罩把扫描仪遮盖起来。

(3)扫描仪的上盖(塑料遮板)比较薄,长期受压会导致变形,影响使用,所以切忌在上面覆压物品。

(4)不设电源开关的扫描仪,只要插上电源,扫描仪的灯管就会亮着,因此,长久不用时应拔开电源适配器(插头)。

4. 投影仪

投影仪作为办公设备,是会议、培训、讲解介绍等常用的工具,不少单位部门不仅装备有多媒体会议室,还配有便携式投影仪。投影仪的品牌型号也很多,本书仅就其常规用法作介绍。

(1)安装

固定用的投影仪一般由专业技术人员安装,在使用过程中无需再动,所以,本书不介绍吊架安装等固定安装的方法,只介绍便携式投影仪的桌面正面投影的安装注意事项。

投影仪安置的水平方向位于银幕中线位置,垂直方向尽可能与银幕平行(一般难以做到完全平行,可以垫高投影仪,尽量减小投影仪仰角,实在不行了才通过画面梯形调整纠正,下叙)。

(2)画面调整

画面调整包括梯形失真调整、显示(频率同步)范围调整(从水平方向和垂直方向进行调整)、水波纹调整、亮度和对比度调整以及图像位置调整。

(3)线路连接

用 VGA 信号线(一般随机配送)连接电脑(包括台式电脑和笔记本电脑)的视频输出接口和投影仪的 VGA 输入接口(VGA 线必须拧紧,否则可能出现投影图像偏色的问题,如果拧紧后问题仍未解决,则可更换连接线尝试);用信号控制线连接计算机的 COM 口和投影仪的主控制端口(信号控制线是用来使用遥控器操作计算机的,可视需要与否决定是否连接)。

使用笔记本电脑作为信号源需注意输出模式设置,笔记本电脑一般提供三种输出模式:仅液晶屏幕输出、仅 VGA 端口输出和液晶屏幕与 VGA 端口同时输出,默认状态是仅液晶屏输出,因此,在连接投影机时,需要更改为液晶屏幕与 VGA 端口同时输出,以便投影和电脑操作。

(4)电源使用

投影仪属于功率较高的电器,因此,有必要检查插座的最高承受电压和电流(移动插座,还应检查插孔簧片是否牢固、线径是否偏小,普通花线连接的插座极有可能无法承受投影仪的长时间工作带来的负荷)。此外,还应注意:结束投影断开视频输入后,不要马上断开投影仪的电源,应等投影仪的散热风扇停止工作后(散热风扇运行的声音人耳可听到)再断开,否则高温会影响投影仪的使用寿命。

（5）分辨率和刷新率设置

当投影仪出现输入信号超出其显示分辨率范围时,投影仪无法识别和显示图像,应当适当降低电脑显卡的分辨率和刷新率。

二、办公设备管理

（一）办公设备的购置

秘书部门及秘书人员对办公自动化设备的管理从购置开始。一般由设备使用部门(共用大型设备)或设备使用者提出申请(申请内容包括设备类型、品牌、型号、数量等),经有关领导批准,有关部门审核后交由采购部门采购。

（二）办公设备资料的保管

购进的办公设备需作详细登记,登记内容包括品种、规格、型号、生产厂家、购买日期、合格证、保修卡、使用说明书等,设备所有资料应由指定部门统一保管,以便今后维修查阅。

（三）办公设备的领用

领用办公设备,应由使用部门责任人(部门共用设备,如复印机、一体化油印机等大型设备)或使用者亲自办理领用手续,从此对该设备负全责。使用人员调离或解除劳动合同需办理设备移交手续。员工之间不得擅自调换计算机及配件,严禁私自拆装计算机硬件及设备,严禁私自更改计算机硬件配置。

（四）办公设备的运行

设备使用人应熟练掌握机器的性能、特点,严格按操作规程操作;设备出现故障,应立即停用,待检修正常后再运行;办公设备发生故障、损坏或丢失时,须由直接责任人及时报修、报失,损坏和丢失应查清原因并问责;严重损坏或无法满足工作要求的办公设备应按规定办理报废手续。

（五）办公设备的安全保护

下班离开办公室前,应关闭计算机及其他电器设备、断开电源(特殊要求不能断电的设备如服务器除外),以免因线路老化、老鼠撕咬等引起火灾,应关好窗户、锁好房门,以防失窃;多人共用的办公室,应明确由最后离开者关闭总电源和关锁窗门,或实行轮流制度。

（六）办公设备的正确使用

所有办公设备只能用于工作且保证工作正常开展。

1. 计算机及相关外接设备：严禁搬移或挪动运行中的计算机；不得随意安装、修改计算机软件，尤其是计算机系统配置和外接设备驱动程序；不得安装游戏、炒股等与工作无关的软件，不得播放与工作无关的 CD、VCD、DVD 碟片或其他影音媒体文件，不得浏览与工作无关的网页；严禁私自将计算机交由外来人员使用；重要文件应及时备份以免因突发故障造成文件的丢失，秘密文件或内部资料需加密码管理；应经全面杀毒才能使用移动存储设备以免造成计算机病毒感染，U 盘、移动硬盘、录音笔、扫描笔、便携式投影仪等设备持拿要握紧、端稳以防摔跌，严格按操作规程使用。

2. 通信设备：严禁在办公场所使用电话（包括办公电话和私人通信设备）进行娱乐、炒股、闲聊、收听信息等一切与本职工作无关的活动，办公室电话长途功能一般应使用密码管理，严禁私自使用传真机收发个人函件。

3. 印刷设备：使用复印机、一体化油印机复印、印刷文件资料应予登记，可用电子文件形式发送的内部文件一般不予印制，确需印制的应严格控制印数，不得擅自印制保密文件，常规资料除非特殊需要均用双面印制。

【思考题】

1. 什么是信息？什么是信息时代？
2. 信息时代给秘书提出哪些新要求？
3. 什么是办公自动化？常见的办公自动化设备有哪些？
4. 表6-2是一份学生情况简表，请完成以下练习：

学生情况简表 表6-2

学　号	学生证号	姓　名	性别	专　　业	学制（年）	学习形式	身份证号码
185320116003	201800001	郑向东	男	大气科学	3	函授	420704199705055033
185320181006	201800002	陈　川	男	大气科学	3	函授	532502198611050616
185320086004	201800003	陈维奇	男	大气科学	3	函授	230407199611300111
185320091014	201800004	李　杏	女	大气科学	3	函授	372924199812041965
185340171004	201800005	林丽燕	女	政治学与行政学	3	函授	511002198710260626
175320051021	201700001	黄　鹂	女	大气科学	3	函授	440825199010130029
175330801031	201700002	向东方	男	会计学	3	函授	440803199206172912
175311011021	201700003	谢春晖	男	计算机科学与技术	3	函授	440803199007283919

| | | | | | | | 续　表 |
学　号	学生证号	姓　名	性别	专　业	学制（年）	学习形式	身份证号码
175311111003	201700004	邓河柳	男	计算机科学与技术	3	函授	511002199406120310
165311009014	201600001	黄春晓	男	计算机科学与技术	3	函授	440802199704271913

（1）将此表制成 Excel 数据表。

（2）在制成的 Excel 数据表中插入一名为"户口所在地"的列，上网查阅了解身份证号码的格式，从学生身份证中提取其所属行政区划代码到"户口所在地"列，最后将行政区划代码替换为汉字标记的各学生户口所在地名称（需查阅各地行政区划代码）；添加出生年、月、日三列，数据从身份证号码中提取；添加"入学年份"列，数据从学号提取（18 开头的为 2018 年，以此类推）；发证时间，年以入学年份为准，月日统一为 3 月 1 日。

注：数据提取的方法请查阅 Excel 函数的应用相关资料。

（3）以按（2）要求完成的 Excel 数据表为数据源，按图 6-5 样式设计一个批量制作打印学生证的模板（证书内芯左右两块规格均为 5.8 * 8.5 cm）。

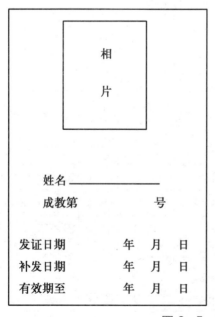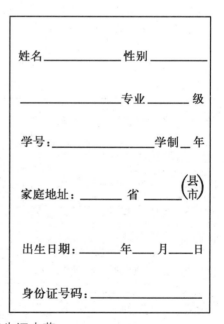

图 6-5　学生证内芯

（4）在（3）的基础上，用 Word 的邮件合并功能，实现可以连续打印所有学生证，也可以任意打印其中某个学生证的功能。

【扩展阅读】

1. 中国科学技术协会主管、中国仪器仪表学会主办国家级办公自动化类科普半月刊：《办公自动化》（2014—2019 年）

2. 王永平著：《办公自动化教程》，人民邮电出版社 2009 年版。

3. 靳广斌著：《办公自动化基础教程与实训》，北京大学出版社 2006 年版。

4. 甘肃省人事厅组编：《最新信息技术与办公自动化应用教程》，陕西人民出版社 2008 年版。

中篇
秘书传统业务

第七章

文书档案工作

第七章
文书档案工作

本章概述

文书档案工作是秘书传统业务,在"办文"、"办会"、"办事"三足鼎立的秘书实务中举足轻重,甚至出现以"文秘"概称职业门类的现象。秘书"办文"实务,内容复杂,工作繁多,有一系列的程序与规范。秘书应该熟悉文书和公务文书的概念、通用公文种类及其功能、熟练掌握发文处理与收文处理程序、公文的立卷归档以及档案的整理与保管、办公自动化与电子文件管理,具备良好的"办文"能力。

学习目标

1. 了解公务文书及其主要类型。
2. 掌握文书处理的基本原则。
3. 熟悉收文和发文处理程序。
4. 掌握文书分类立卷归档方法。

重点难点

1. 文书处理的基本原则和要求。
2. 公文处理程序。
3. 归档文件整理的方法。
4. 电子文件管理要求。

第一节　文书档案工作概述

【案例导入】

星期二上午,局办公室资深秘书夏添显得有点忙乱。简单抹抹办公桌,8:15就去综合收发室取文件信件,文件交局办公室主任处理,领导们的信件她负责分检,这是每天必做的功课。9:00等文印机要室送来那份重要决定,她得抓紧时间分送到下属11个部门,明天上午之前各部门传达时要用的,送完怎么也得到10:00了。最郁闷的是,年副局长要的今年一季度的那份文件,夏添好不容易找出来了,却发现缺了附件,怎么会缺了呢?下午就要送去的,上午无论如何要找出来。11:30过了,夏添才弄清楚,附件是单独装订的,年轻的和秘书将附件留在自己手里未归卷,说还要用,在自己手里用起来方便。哎,夏添接过附件不由自主地慨叹一声,很快就后悔了,她担心被主任听到了,小和要挨训。

　　文书档案工作俗称文档工作,包括文书处理和档案管理两个方面,是秘书实务的重要工作内容。

　　一般说来,文书档案工作整体上可以看作与文字工作相关的一个工作流程。秘书是从事办公室程序性工作、协助上司处理政务及日常事务并为决策及实施提供服务的人员,秘书工作离不开文字记录、文书拟写与处理,事先的计划和安排,工作中的推动与督查,工作完成或进行到某一阶段后的总结与验收,都会涉及到文字工作。可以说文字工作贯穿着秘书工作的始终。在实际工作和人际交往活动中,为记录情况、传达信息、明确意图、记载活动等而形成的一切文字材料,都是文书。这些文字材料的形成过程、方式及其使用、运行等,属于文书工作范畴;对办理完毕且有存查价值的文书,及时整理,立卷归档,移交档案部门保存,俗称文档管理,基本属于档案管理工作范畴。当然,在信息记录和储存手段越来越先进的今天,文书档案工作针对的已经不仅限于文字材料,也包括图片、声像资料和电子文件。

一、公务文书及其主要类型

　　文书就其形成和使用范围,可分为公务文书和私人文书两大类。

　　公务文书是指党政机关、企事业单位、人民团体以及一切依法成立的组织在公务活动中形成和使用的文字材料。既包括机关单位、组织团体发出和收到的文字材料,也包括内部使用的以及其他书面的或附注文字说明的材料。私人文书是指个人、家庭或家族为处理自身事物形成和使用的文字材料。本章讨论的文书处理,是指前者。

　　公务文书简称公文,即广义的公文。狭义的公文,是法定的作者在公务活动中形成并使用的具有法定效力和规范格式的文书,即常说的正式文件或法定公文。狭义的公文有通用公文、专用公文之分。通用公文是指普遍适用于各类法定机关单位、组织团体及其领导人处理公务的公文,据《党政机关公文处理工作条例》①(2012 年 7 月 1 日起施行)共有十五个主要文种:决议、决定、命令(令)、公报、公告、通告、意见、通知、通报、报告、请示、批复、议案、函、纪要。专用公文是指特定工作部门或业务范围内因特殊需要而专门使用的公文,如军事公文、外交公文、司法公文、监察公文等,都属专用公文,这类公文适用范围是特定的,不像通用公文那样普遍适用于各类机关单位。通用公文的适用范围涵盖了专用公文的适用范围,而专用公文却必须"特需专用"。如军队各机关单位也都要使用到通用公文,而军事公文却不能在一般的行政机关或者企事业单位里使用。

　　公务文书,包括法定公文(正式文件)和非法定公文。前者有通用公文和专用公文

---

① 中共中央办公厅、国务院办公厅《关于印发〈党政机关公文处理工作条例〉的通知》(中办发〔2012〕14 号),2012 年 7 月 1 日起施行。

之分，后者包括事务性文书（如计划、总结、调查报告、会议记录、大事记等）、礼仪性文书（如开闭幕词、贺信贺电、祝词、欢迎词、答谢词、唁电、悼词等）、规约性文书（如章程、公约、规定、办法、细则、守则、规程等）、新闻性文书（如简报、信息、快讯、通讯等）以及专属性文书（如经贸、司法、科技、外事领域专用的行业和专业特征鲜明的各类非法定性文书）等主要类型。

如图 7-1 所示：

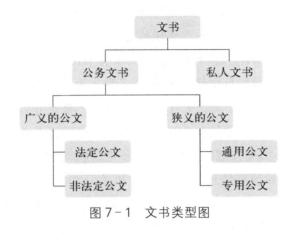

图 7-1 文书类型图

二、文书处理及其基本原则

文书处理也称文件处理、文书工作，是机关单位、团体组织在处理公务活动中，围绕着文书的撰制、传递、使用、整理、归档所进行的一系列衔接有序的工作，也就是通常所说的"办理文书"（惯称"办文"），具体由秘书部门负责。文书工作是规范性、系统性、程序性很强的工作，文书的制发、办理与管理等一系列环节，都有相应的工作程序和规范。秘书人员文书处理工作的核心内容是公文处理，主要包括：公文的收发、承办和催办；会议记录及会议文件整理；来函来电处理；文件材料的整理、归档与保管；其他公务文书工作。

文书处理的基本原则和要求，根据《党政机关公文处理工作条例》第五条规定："公文处理工作应当坚持实事求是、准确规范、精简高效、安全保密的原则。"

坚持实事求是，一切从实际出发，尊重客观事实，探求事物的内部联系以及事物的发展规律，认识事物本质，是文书处理的基本原则。公务文书的制发使用，是为处理事务、解决问题、协调工作、沟通信息、加强管理或以资凭证和记载，是"为用而作"，举凡文体、格式、语言表述、行文规则、印刷装订、运行传递等都应该准确规范，各机关单位不能各行其是。公务文书虽然是管理工作不可缺少的工具，是行政工作的必要辅助，也要注意行文的必要性，注重实效，避免"文山"现象，可发可不发的一律不发，可长可短的一律简短。文书处理要注意通过精简发文、规范管理、跟踪催办等提高工作效率，并注意安全保密。文书处理的基本要求通常简单概括为"及时、准确、安全、统一"。

及时,是文书处理的时限要求。文书工作及时与否,直接关系到管理工作效率,不及时难求高效。秘书实务的文书处理环节,无论是发文的撰拟、审定、签发、制作、印发,还是收文的登记、拟办、批办、承办和催办,亦或是办毕文书的立卷、归档和移交,都必须及时,不积压、不拖延、不误时,尽量缩短文书运转周期,提高管理工作效率。还可以通过"报刊行文"、"网上行文"等加快信息传递,采用现代化办公手段提高办文速度。

准确,是文书工作的质量要求。包括文书内容要准确,合理合法,合情(符合实际情况)合意(符合制文意图);语言表达准确规范,清楚明白,无歧义;文种选用准确,格式规范,标注附注准确;处理过程各环节、程序、准确规范等。

安全,既要求文书物质安全和内容保密,也要求文书保存保管安全。文件运行、办理过程中要保证文件自身安全,保护好文件载体,避免各种人为或自然因素损坏文书(如防火、防潮、防虫、防失、防盗)。更要注意保证文书内容的安全,严格遵守《保密法》的有关规定。健全文书处理各环节的管理制度,消除和防范不安全因素,做到不失密不泄密。现代化办公条件下,计算机和网络环境中,要注意防范文书内容不被窃取、篡改或损毁。

统一,是文书工作的领导和管理要求。《党政机关公文处理工作条例》(2012)第二十九条规定,"党政机关公文由文秘部门或者专人统一管理。设立党委(党组)的县级以上单位应当建立机要保密室和机要阅文室,并按照有关保密规定配备工作人员和必要的安全保密设施设备"。中共中央办公厅、国务院办公厅统一指导、管理和规范党政机关公文处理工作,各类机关单位、部门的公文处理工作由文秘部门(如党委和行政办公室)统一负责,文书工作的程序和要求必须规范、统一。公文处理工作和公文格式规范,参照2012版《党政机关公文处理工作条例》和国家标准《党政机关公文格式》(GB/T 9704—2012)执行。

三、文书分类立卷与档案管理

秘书机构或秘书部门要对办理中及办毕的文件及各种信息资料分类存放,妥善保管,这既是为了方便文件的查阅和使用,也是文书立卷归档的前期准备工作。

具有保存价值的文书,秘书及相关部门要暂时保管。通常办理中的文书是"暂存"类,办毕且有保存价值的文书标为"归卷"类。不同的机关单位应根据工作实际,建立健全适应自身需要的文书分类存放体系。实际工作中,常按时间、主题词、地区、文件名称、数字或字母等顺序进行分类。对归卷的文书进行整理,使之立案成卷,移交档案室集中保存,即归档。实际工作中常按作者特征、时间特征、问题特征、文种特征立卷,详见第三节"档案管理"。有了立卷归档,文书处理工作和档案管理工作就衔接协调起来了。

需要说明的是,秘书实务中的档案工作,指的是机关单位、组织团体内部档案室的档案管理工作,而不是档案馆等专门机构的档案工作。

第二节　公文处理

【案例导入】

　　局办和秘书一上班就去各部门送发局办文件。有3个部门的办公室人员不在，主任和秘书都不在，只有2个非办公室人员在等待办事。送发的2个文件都是非紧要件，和秘书不想白跑一趟，也不想再跑一趟，就将文件都放到主任的办公桌上，用订书机压住，然后在发文登记簿上这3个部门文件签收人一栏打了勾。

　　和秘书一身轻快的回到局办公室，将登记簿归位。局办主任顺手拿起登记簿翻了翻，看到3栏打勾，问了问情况。和秘书挨了好一顿训导。和秘书做错了什么？

　　这里使用的公文概念，指通用公文，即各级各类机关单位、团体组织普遍适用的正式公文。这是秘书文字工作、"办文"实务的核心内容。公文处理是围绕公文的撰制、传递、使用、整理、归档所进行的一系列衔接有序的工作。本书涉及"公文写作"的内容从略，参见系列教材的《秘书写作》一书。

一、发文处理程序

　　机关撰制并发出的一切文件，统称发文。发文处理的一般过程或程序包括四个环节：形成阶段——印制阶段——传递阶段——归档阶段，各阶段主要工作内容和要求依次有：

（一）公文形成阶段

1. 拟稿

　　拟稿即草拟文稿，是秘书接受机关（领导）发文意图之后，收集相关信息资料、了解情况、构思并撰拟文稿的过程。拟稿一般遵循"谁主办，谁拟稿"的原则，使用统一格式的拟稿纸。拟稿应符合国家的法律法规及其他相关规定，一切从实际出发，分析问题实事求是，所提措施办法切实可行，完整、准确传达机关（领导）行文意图；文种选用准确，格式规范；主题突出，观点鲜明、统一，内容简洁、文字精炼、表述准确、结构严谨。涉及其他地区或者部门职权范围内的事项，起草单位必须征求相关地区或者部门意见（俗称"会商"），力求达成一致。机关或部门负责人应当主持、指导重要公文的起草工作。

2. 审核

　　也称核稿，是机关秘书部门或负责拟稿的业务部门负责人对所拟文稿的审核过程，俗称"把关"。重要公文的核稿应由领导亲自参与，一般公文由办公室主任负责。核稿是为了保证公文质量，要把好三关，即政策关、文字关、格式关。

　　把好政策关，主要审核文稿是否符合国家的法律法规、方针政策及上级机关的指示精神,是否完整、准确体现了机关制文意图,事实和观点是否准确一致,行文是否超越了本机关、部门的职权范围,行文是否确有必要等。

把好文字关,主要审核结构是否完整、严谨,文字表述是否精炼准确,是否有悖于"准确简明、平实庄重"的公文事务语体特征,主题是否鲜明,人名、地名、时间、数字、引文是否准确等。也要审核文字和标点是否正确。

把好格式关,主要审核行文关系、文种选用是否正确,结构要素是否完备,格式尤其是公文的各种标注是否规范,印发传达范围是否准确,附件与附件说明是否一致等。

文稿审核是发文的重要环节,通常有初审、复审、三审这三个环节。

3. 签发

签发是审核工作的延续,也可以理解为对将发文稿进行终决审定的决定性程序。机关、单位的领导人或被授予专门权限的部门负责人对三审过的文稿进行最后的审查,批注正式定稿,在发文稿纸相应栏目签署发出意见并签注姓名、日期,叫签发,签发后的文稿才是终定稿,并可据此印制文件正本。要注意的是,涉及多个部门或单位的,应严格执行会签制度,每一会签单位的负责人均签注同意发出并签注姓名和日期,才完成签发。《党政机关公文处理工作条例》规定"签发人签发公文,应当签署意见、姓名和完整日期;圈阅或者签名的,视为同意"。

(二) 公文印制阶段

4. 复核

这是发文过程中的二次审核,也叫注发,指对签发过的文稿进行核实并批注缮印要求,是将签发意见具体化、技术化的一个工作环节,通常由秘书部门负责人完成。《党政机关公文处理工作条例》(2012)规定,"已经发文机关负责人签批的公文,印发前应当对公文的审批手续、内容、文种、格式等进行复核;需作实质性修改的,应当报原签批人复审"。

5. 缮印

缮印即对签发并复核过的文稿进行誊抄、印刷,制作供正式发出的公文的过程。缮印出的文件有正本、副本、存本,正本供正式外发,副本是根据正本另行复制的文本,用来代替正本供传阅、参考、备查,存本是正本的留查样本,发文机关留存,存本不用印。涉密公文应当在符合保密要求的场所印制。

6. 校对

缮印出的首份应根据签发、复核过的最终定稿进行校对,发现问题及时改正,确保各方面都准确无误后,才完成所需份数的印制。一般秘书机构都有专门的文印室即文书制作部门,校对可由秘书人员和文书制作部门(人员)共同完成。

7. 用印

在有必要用印的公文正本上加盖发文机关印章或领导人印章。用印应注意,以谁的名义制发用谁的印,联合行文加印格式参照《党政机关公文格式》(GB/T 9704—2012)相应要求执行。用印份数应与签发复核批注的份数一致,多余的份数不用印。印章端正盖在成文日期上方,上不压正文,下压日期。印制公文应避免末页无正文,必要时可通过调整行距、字距的方式处理,务必使印章与正文同处一页,不可采用括注"此页无正文"的方式处理。

(三)公文传递阶段

8. 登记

《党政机关公文处理工作条例》规定"对复核后的公文,应当确定发文字号、分送范围和印制份数并详细记载"。实际工作中,登记工作是分两步完成的,在公文传递阶段、公文核发之前还需补记相关内容,因此"登记"也可以看作是公文传递阶段的工作。原则上,发文登记簿的收文单位应区分主送机关和抄送机关。发文登记簿常用格式和内容如表7-1:

发文登记簿 表7-1

发文日期	发文字号	密级	文件标题	收文单位	共印份数	发出份数	存档份数	拟稿单位	签发人	附件	备注

9. 分装

秘书人员将制作完毕并已完成登记的公文进行装订、拣配和封装的工作。公文应左侧装订,保证不掉页。分装应注意,按领导签发意见和复核要求拣配公文,装订、装好封套并按要求填写好封套,如地址、邮编、受文机关名称等;要回执的公文,应事先在封套的背面贴上回执单。

10. 核发

核查并发出分装好的公文,要注意清查文件份数、有无附件及附件数量、是否用了印、封套与文件内的受文对象是否一致(也称"四查")。对于有密级的公文,要一一检查封套标记、戳记是否标明。检查封装质量,一切都准确无误才发出。公文发送途径一般是邮寄、机要传递、直接送达三种。邮寄公文应寄挂号信或EMS即特快专递,重要公文通过机要渠道传递,单位内部一般性公文直接送达各下属机构、部门的文书部门(或办公室)。

总之,公文传递应做到完整准确(无错漏缺失)、迅速及时(不拖延)、安全保密、手续完备。

(四)立卷归档阶段

完成核发工作,发文程序基本完成,进入发文的文档管理程序,开始档案管理工作。发文办理过程中领导签发(会签)定稿的文稿原件、发文正本、重要公文的历次修改稿,秘书部门要妥善保管,并立卷归档。

公文形成 → 公文印制 → 公文传递 立卷归档
(拟稿→审核→签发) → (复核→缮印→校对→用印) → (登记→分装→核发) ↗

图7-2 发文流程图

二、收文处理程序

凡是外机关单位、部门发送到本机关单位或部门的文书,统称收文。对收文进行处置、管理,即收文处理。收文处理的一般过程或程序包括收受、办理、促办、办结四个阶段。各阶段主要工作内容和要求依次有:

(一) 收受阶段

1. 签收

对来文的接收、清点、核对并签字确认的过程,这是收文处理工作的开端。签收应注意认真清点数量,核对文件封套标注的收文单位或姓名,如是误投应立即退回。核对无误后,在送件人的送文登记簿或发文通知单上签注姓名和日期。一般单位都由秘书机构下设的机要室或专(兼)职文书人员负责这项工作;有些单位由综合收发室一并代收邮件和文件,注意,签收后要立即将收到的文件转交秘书部门。

2. 拆封

签收公文后要拆除公文封闭封套,称拆封或启封,这项工作由有权拆封的秘书(文书)人员完成。封套有机关领导姓名的,或注明秘书机构负责人或机关领导同志"亲启"、"亲收"的,其他秘书人员一般不得拆封。拆封要注意,不损坏封内的文件、信件,并保存原封套完好;注意密级文件的保密要求。

3. 登记

对拆封的文件,要有简要的情况记录,即进行登记。这是收文处理的重要环节和制度。登记的形式主要有册簿式、卡单式两种,即常用"收文登记簿"(册)、"收文登记卡"(单)登记。区别在于,册簿式是将所有来文(收文)按一定的分类标准登记在一起(册簿),能反映出整体的来文情况;卡单式是一文一卡(单),便于突出单一公文(来文)信息及处理情况。卡(单)也分卡片和联单两种形式,后者通常是一单两联(复写),由综合收发室代收文件的单位常用联单式登记,一联存收发室,一联随文件移交秘书部门,以便核查。

收文登记,一般要求急件随到随登、平件当日到当日登。登记顺序号应不留空号、不出重号;字迹工整,不随意使用简称;对无标题的收文,应代拟出简明、准确的标题,以标明公文内容,便于处理。常见收文登记簿内容、样式如表7-2:

表7-2 收文登记簿

序号	收文日期	来文单位	发文字号	文件标题	附件	密级	份数	承办情况	备注

4. 初审

《党政机关公文处理工作条例》(2012)规定:"对收到的公文应当进行初审。初审的重点:是否应当由本机关办理,是否符合行文规则,文种、格式是否符合要求,涉及其他地区或者部门职权范围内的事项是否已经协商、会签,是否符合公文起草的其他要求。经初审不符合规定的公文,应当及时退回来文单位并说明理由。"

(二) 办理阶段

5. 拟办

根据来文情况,拿出初步处理意见,签注在文件处理单上,叫拟办,一般由秘书部门负责人(办公厅、室主任)或经授权的有经验的秘书人员负责。拟办的目的,是为领导审核、决策提供建设性意见或可供选择的方案,这是秘书工作"辅助决策"在办文中的体现。要很好地完成拟办工作,需要认真阅读来文,对来文内容和主旨有准确把握;清楚来文的密级要求和办理时限;明了来文涉及的工作或问题关联的部门,并确定主办部门(职权范围);清楚主管领导,谁主管谁批示。拟办意见应简明具体、主次分明、切实可行,以减少领导的文件处理时间,加快公文运转,提高效率。

6. 批办

领导对拟办后的公文批示执行、办理的原则和具体要求,并签署姓名和批示日期,叫批办。批办是领导工作,严格来说不是秘书实务。但并不是所有来文都需要领导一一批示,领导批示的只是"拟办"后送交领导批办的文件。这就要求秘书人员有较好的"办文"能力,把握送批的尺度:该送批的一定要及时送批,以免延误或越权;秘书能处理的,有把握直接签署办理意见和要求的,不需要送批,不耽误浪费领导时间。

7. 承办

《党政机关公文处理工作条例》(2012)"收文办理程序"中的"承办",指的其实就是对收文的办理。比如,阅知性公文应当根据公文内容、要求和工作需要确定范围后分送;批办性公文应按批示办理(需要秘书人员办的)或者送转有关部门办理(也称交办);不属于秘书或秘书部门承办的事物,要做好催办工作。实际工作中,收文承办,通常是"承接办理"的意思,即秘书及有关工作人员按领导批办意见,具体处置(承办)公文内容中要求办理的事项。

(三) 促办阶段

8. 传阅

传阅即秘书人员将需要领导阅知的文件,根据实际情况送呈、组织传阅,让公文有效传递的过程。需要组织传阅的公文,通常是独份或份数有限的、需多部门或多人阅知处理的。《党政机关公文处理工作条例》(2012)规定,"根据领导批示和工作需要将公文及时送传阅对象阅知或者批示。办理公文传阅应当随时掌握公文去向,不得漏传、误传、延误"。

有效组织传阅,有讲究有技巧。原则上,传阅的对象应分清主次和先后,机关的主要领导人、主管部门领导应优先阅读;文书工作人员要尽可能了解有关领导人和各部门的工作活动规律与时间安排,合理安排和调整传阅顺序,提高传阅速度和效率;机要文件组织到阅文室阅文,有效利用阅文室,减少往返传递时间和手续;有一份以上需传阅的文件同时呈送时,应区分轻重缓急程度摆放到领导办公桌上,以避免延误或耽搁;传阅也是领导之间的沟通和交流,切勿自作聪明将需传阅的文件复印多份或通过网络同时分送各位领导,失去文件传阅的价值和意义。

传阅文件应附上文件传阅登记单,每一个传阅对象阅文后均应签注姓名和阅文时间,以防出现遗漏和责任不清的情况。一次传阅多份,并未一次阅毕退回,则需在传阅登记单备注栏签字确认。

9. 催办

对文件承办工作的检查和督促过程,叫催办。催办是为了及时了解掌握公文的办理进展情况,督促承办部门按期办结,以免延误。紧急公文或者重要公文应当由专人负责催办。

(四) 办结阶段

10. 注办

秘书部门经办人员在公文处理单的"办理结果"(或"承办情况")栏或者版头空白处签注公文承办情况和结果,以备忘待查,叫注办。注办信息或内容因文而异,如需安排落实的,应注明何时由何人主办、办理结果;需传达的,要注明传达日期、传达范围;需传阅的,要注明传阅人及阅文日期。需答复的公文,办理结果应当及时答复来文单位,并根据需要告知相关单位,这时,注办也就是"办复"。需要答复的公文,从"办复"环节开始进入发文处理程序。

11. 清理

完成注办,收文办理程序差不多已经完成,后续工作已经进入文档管理工作程序。办理完毕的公文,视实际情况,按文书处理工作要求或暂存、或清退、或销毁,这就是"办文"的清理工作。实际上这和"立卷归档"都是文书暂时保存阶段的档案管理工作。

12. 立卷归档

清理工作中确定的有保存价值的公文,要整理归卷,然后定期向档案部门移交,即立卷归档。

收受阶段	→	办理阶段	→	催办阶段	→	办结阶段
(签收→拆封→登记→初审)		(拟办→批办→承办)		(传阅→催办)		(注办→清理→立卷归档)

图 7-3　收文流程图

第三节　档 案 管 理

【案例导入】

　　和秘书下午下班前处理办公室废品,看到主任和三位秘书卡位的办公桌都很乱，似有不少废纸，他急着下班也顾不得甄别清理，全丢进了"待处理废品"的废纸袋中。

　　清理过后办公室清爽了很多。和秘书心想，明天主任肯定该表扬谁清理好了办公室的。

　　没想到第二天一上班，和秘书就挨了批评。

　　秘书实务中的档案管理工作，指的是机关档案管理工作（档案室），不是指专业性专门性的档案馆工作。根据《机关档案工作条例》[①]的规定，机关档案部门的基本任务是：对本机关文书部门或业务部门文件材料的归档工作，进行指导和监督；负责管理本机关的全部档案，积极提供利用，为机关各项工作服务，并为党和国家积累档案史料；中央和地方专业主管机关的档案部门应根据本专业的管理体制，负责对本系统和直属单位的档案工作进行指导、监督与检查。

　　机关档案部门必须贯彻执行党和国家的保密、保卫制度，确保档案和档案机密的安全。

一、归档文件的范围

　　《中华人民共和国档案法》第十条规定："对国家规定的应当立卷归档的材料，必须按照规定，定期向本单位档案机构或者档案工作人员移交，集中管理，任何个人不得据为己有。"机关文书部门、机关档案室负责收集、整理、保管档案材料，并指导和督促业务部门将工作中形成的文书材料立卷归档。根据国家档案局《机关文件材料归档范围和文书档案保管期限规定》[②]，机关文件材料归档范围是：

　　1. 反映本机关主要职能活动和基本历史面貌的，对本机关工作、国家建设和历史研究具有利用价值的文件材料；

　　2. 机关工作活动中形成的在维护国家、集体和公民权益等方面具有凭证价值的文件材料；

　　3. 本机关需要贯彻执行的上级机关、同级机关的文件材料；下级机关报送的重要文件材料；

　　4. 其他对本机关工作具有查考价值的文件材料。

　　机关文件材料不归档范围是：

　　1. 上级机关的文件材料中，普发性不需本机关办理的文件材料，任免、奖惩非本机关工作人员的文件材料，供工作参考的抄件等；

　　2. 本机关文件材料中的重份文件，无查考利用价值的事务性、临时性文件，一般性文件的历次修改稿、各次校对稿；无特殊保存价值的信封，不需办理的一般性人民来信、电话记

---

① 　中共中央办公厅、国务院办公厅 1983 年 4 月 28 日发布施行。

② 　2006 年 9 月 19 日国家档案局局务会议审议通过，国家档案局 2006 年 12 月 18 日 8 号令发布施行。

录,机关内部互相抄送的文件材料,本机关负责人兼任外单位职务形成的与本机关无关的文件材料,有关工作参考的文件材料;

3. 同级机关的文件材料中,不需贯彻执行的文件材料,不需办理的抄送文件材料;

4. 下级机关的文件材料中,供参阅的简报、情况反映,抄报或越级抄报的文件材料。

二、归档文件整理的方法

归档文件整理,就主要工作内容来说,就是以前常说的"文书的立卷与归档",或者说是其精简版。对已办理完毕且有保存价值的文件,按其形成过程中的相互联系和规律进行整理,分门别类形成一个或几个案卷,即文书立卷。整理完成的案卷移交机关档案室统一保管,即归档。需立卷归档的文件,现称"归档文件"。相应的,文书立卷与归档也被规范为"归档文件整理"。国家档案局发布的行业标准《归档文件整理规则》(DA/T 22—2015),以"简化整理、深化检索"为宗旨,规定了归档文件整理的原则和方法,推行以"件"为单位分类、装订、排列、编号、编目、装盒,是对原有文书立卷方法的一次重大改革。国家档案局2006年还发布了《机关文件材料归档范围和文书档案保管期限规定》。此后两种归档文件整理方法并行,即传统的案卷级整理方法和改革后的文件级整理方法。

(一)案卷级整理方法

传统的案卷级整理,是将归档文件进行整理,使之立案成卷,即立卷。主要工作内容和步骤大致是立目、归卷、组卷、定卷。

1. 立目

根据以往机关单位的活动和文件形成的一般规律,对一年内可能形成的归档文件,编制立卷类目。立目可以参考本单位平时的文书保管存放分类以及立卷的常见分类,注意保管存放、立目、立卷的衔接和统一,能为文档工作带来很多便利。实际工作中,常采用作者特征、问题特征、文种特征和时间特征立卷,编制立卷类目也可以参考这种方法分类立目。一个机关内的文件应根据其内容和载体的不同,编制统一的分类方案,分类方案编制好后,一般不要随意变动,以保持其一致性和连续性。

2. 归卷

编制好立卷类目后,秘书人员平时应注意收集需归档文件,随时按类目归入相应类别案卷。

3. 组卷

年终在平时归卷的基础上,将一年来的归档文件按照立卷类目适当进行调整、拆并,组成归档文件案卷。组卷时要注意,有重份的要剔除,只保留一份。严格审查卷内文件的内在联系和系统性,剔除不相关的文件。还要核查卷内文件的保管期限是否符合规定。实际工作中,组卷较多采用年度(时间特征)、机构(作者特征)的立卷类目复合组卷。

如某企业按"年度-机构"类目复合组卷,可能的情形如图7-4所示。

	办公室
	人事部
2017 年	生产部
	销售部
	……

图 7-4　复合组卷

如上采用复合类目组卷,一级类目是"年度",二级类目是"机构"。卷内文档可能还涉及到三级类目"问题"(事由)或"名称"(文种),即要注意关涉同一事项、同一名称的文件要集中。联合行文的文件,按主办机构归类。

4. 定卷

归档文件正式组成案卷以后,要完成排序、编页码、编制卷内文件目录、拟制案卷名称、填写案卷封套等工作,并装订案卷,这个过程叫编目定卷,简称定卷。卷内文件目录及案卷封套样式参见文件级整理方法的相关内容。

(二) 文件级整理方法

《归档文件整理规则》中说,归档文件整理,就是将归档文件以件为单位进行分类、排列、编号、编目、装盒,使之有序化的过程。这种方法,即常说的文件级整理方法。归档文件整理的单位是件,一般情况下每份文件为一件,文件正本与定稿为一件,正文与附件为一件,原件与复印件为一件,来文与复文为一件(如请示与批复、报告与批示等),转发与被转发件为一件,报表、名册、图册等一册(本)为一件。

1. 整理原则

归档文件整理,应遵循文件的形成规律,保持文件之间的有机联系,区分不同价值,便于保管和利用。同时强调"事由原则",即同一事由的相关文件应当结合时间、重要程度等排列在一起。

2. 分类方法

归档文件可以按照年度——机构(问题)——保管期限或者保管期限——年度——机构(问题)等形成中的客观规律进行分类。详见下文"档案的整理与保管"。

3. 排列

按分类方案进行排列,在最低一级类目内按"事由"结合时间、重要程度等排列。会议文件、统计报表等成套文件可集中排列。

4. 编号

归档文件应按分类方案和排列顺序逐件编号。通常采用在文件首页上端空白处加盖归档章的办法处理,归档章设置全宗号(档案馆给进档单位编制的代号)、年度、保管期限、件号等必备项目,并可视情况设置"机构(问题)"等选择项。归档章样式如图 7-5 所示。

全宗号	年　度	室编件号
＊机构（问题）	保管期限	馆编件号

图7-5　归档章样式

5. 编目

归档文件应逐件编入目录，目录信息通常包括件号、责任者、文号、题名、日期、页数等。如图7-6所示。

编号	责任者	文号	题　　名	日期	页数	备注

图7-6　编目信息

6. 装盒

将归档文件按室编件号顺序装入档案盒，并填写档案盒封面及盒脊相应表格项目。档案盒及盒脊表格样式见《归档文件整理规则》。

（三）文件归档

归档文件整理完成后，要定期向机关档案室或档案馆移交，由档案室或档案馆集中统一保管。归档时间一般是第二年的上半年。归档时应同时移交归档文件目录一式三份，其主要项目包括顺序号、案卷名称（或全宗号）、起止日期、保管期限、页数、备注等。交接双方按此目录检查、清点案卷，确认无误后双方签注姓名和移交日期，归档文件整理、立卷部门留一份归档文件目录存查，另两份由档案部门保存。

三、档案的整理与保管

（一）档案的整理

机关档案室的档案整理工作，一般是在原有案卷的基础上进行的，本着保持原有档案文件的系统性及内在联系、便于保管与利用的原则，对档案进行分类组合和系统排列。系统、机关内部下属单位协助和分担各自文书档案资料的收集、整理、初步归档工作的，机关档案室应负责对文书归档及档案整理工作进行管理、指导。档案整理工作的主要内容是档案的分类、档案的编目、填写档号等。

1. 档案的分类

档案分类常用的是《归档文件整理规则》中的年度分类法、保管期限分类法、机构（问题）分类法三种。

年度分类法，是按形成和处理文件的年度进行分类，同年度的归入相同年份卷宗。

保管期限分类法，是按文件不同的保管期限进行分类。据《机关文件材料归档范围和文书档案保管期限规定》，机关文书档案的保管期限分为永久和定期两种，定期一般分为10年、

30 年两类。

机构(问题)分类法,是按立档单位归档文件形成或承办的组织机构、或文件关涉的问题与事项进行分类。立档单位内部的不同机构或部门,履行的职责、承担的工作任务不同,工作中形成或承办的归档文件内容有别,机构分类法能完整、客观反映立档单位活动情况和归档文件的内在联系,且不易形成档案交叉现象,便于档案的检索利用。按归档文件形成或关涉的问题与事项进行分类,通常是归档文件下位分类立目的原则,即前述"事由原则"。

这三种分类法,实际工作中不是单独使用的,常是结合使用,采用复式分类法。即《归档文件整理规则》中提出的,可以采用年度——机构(问题)——保管期限或保管期限——年度——机构(问题)等方法进行归档文件分类。比如,"年度"为一级类目,"机构"(如组织、宣传、人事、劳资等)为二级类目,"保管期限"为三级类目,二级三级类目下均应考虑下位类目,强调"事由原则"。

机关文书部门的文件处理过程中,"立卷归档"采用"年度——机构"复合组卷较多见,如"组卷"中的图示。因内部组织机构常有改革和变动,实际工作中采用"年度——问题"复合组卷也很常见,这样"组卷"一级类目还是 2016 或 2017,二级类目可能就是"人事劳资"、"产品质量"、"售后服务"、"品牌推广"等类目名称,如图 7-7。

	人事劳资
	产品质量
2017 年	售后服务
	品牌推广
	安全生产
	……

图 7-7 组卷类目

档案室接收文书部门移交的案卷以后,分类整理工作主要集中在区分保管期限分类、排列方面。

2. 档案的编目

完成归档文件的分类排列以后,要用阿拉伯数字及时编定卷号即归档文件的顺序号(流水号形式,一件一号,不能重复),固定其案卷顺序、位置,然后编制案卷目录。这项工作即档案的编目。

案卷目录主要包括封面(盒)、说明、卷(盒)内文件目录。

封面项目主要是:全宗号(档案馆分配给立档进档单位的代号,一个机关档案室的全部档案是一个全宗号)、案卷目录号(立档单位编定)、案卷目录名称(档案类别)、编制单位(即立档、进档单位)、起止日期(卷内文件所属年度及起止日期)、形成档案(即定卷)的时间等。

说明:对案卷目录的简要说明,比如进档单位档案分类方法、立卷方式、存在的问题等。

卷(盒)内档案文件目录：卷内归档文件应逐件编入目录,目录的主要项目有案卷号(卷内文件顺序号、件号)、责任者(文件的发文机关和署名者)、发文字号、题名(案卷名称即文件标题)、文件的形成时间(8位阿拉伯数字标注,如20170709)、页数(每一件)、备注(需说明的情况)等。卷(盒)内档案文件目录是案卷目录的核心,要逐项认真填写,常见样式如图7-8。

顺序号	责任者	发文字号	文件题名	形成时间	页　数	备　注

图7-8　卷内文件目录

3. 填写档号

档号由全宗号、案卷目录号、案卷号(件号)组成的。档案馆会给每个立档机关编制一个代号,这个号码即全宗号。一个机关档案室的案卷目录往往有多册,要逐一编号,一册一号,这个号码即案卷目录号。每一份归档文件在其归档目录中都有一个顺序号,这个是件号或者案卷号。填写档号,即在案卷封皮、档案盒封面填写清楚这三个号码。注意,档号不能有空号和重号。

(二) 档案的鉴定与保管

就文书档案工作流程而言,文书部门完成初步的立卷归档后,要向机关档案室移交,机关档案室保存期满的档案要向档案馆移交。一般来说,永久保存和长期保存的档案,在地市以下机关档案室保存的期限是10年,即保存期超10年的档案届期都要移交档案馆。定期为10年的档案期满要鉴定销毁。机关档案室要根据案卷内容、作者、事项(问题)性质和程度、真实度、文种等对档案进行判断、鉴定,确定档案的保存价值和保管期限。《档案法》和《机关文件材料归档范围和文书档案保管期限规定》是判断档案价值、确定保管期限和处理方式的重要依据,后者还详列了不同保管期限的文件材料类别。

《机关档案工作条例》规定,"机关应定期对已超过保管期限的档案进行鉴定。鉴定档案必须在机关办公厅(室)主任的主持下,由档案部门和有关业务部门组成鉴定小组共同进行。鉴定工作结束后,应提出工作报告,对确无保存价值的档案进行登记造册,经机关领导人批准后销毁"。"机关销毁档案,应指定两人负责监销,防止档案遗失和泄密。监销人要在销毁清册上签字。"要注意,档案销毁后,应在案卷目录的备注栏注明"已销毁"并注明销毁日期。

第四节　电子文件处理

【案例导入】

　　　和秘书的办公电脑里存有上半年局办发文的电子文档,还有7份局办会议的影音文件。按规定文件签发就应该转交档案,几个秘书都觉得太麻烦,就逐渐形成了以半年为期转交存档的惯例。本周五,局档案馆检查档案管理工作,和秘书周四一上班就赶紧将要转交存档的文件打包,转交负责归档的小陈。可是,小陈解压后发现,有2份影音文件打不开了。两个人忙了很久,最后发现是因为和秘书的电脑中病毒了,文件格式损坏。好在提前了一天转交发现问题,及时抢救过来,否则,经常挨批评的和秘书又摊上大事了。

随着电子信息技术的飞速发展,秘书实务的电子自动化程度越来越高,电子文件处理与管理成了秘书工作、档案工作的一个重要内容。可以毫不夸张地说,办公自动化(Office Automation)改变了秘书实务的很多内容,也对秘书素质和技能提出了更高要求。办公自动化从最初的以大规模采用传真、扫描、复印、计算机录入等办公设备和办公方式为标志的初级阶段,发展到以网络和计算机运用为标志、文书处理和档案管理系统无缝对接的现阶段,对单位办公方式的改变和效率的提高起到了积极的促进作用。文件信息处理与网络时代高技术、多技术手段的日益紧密的结合,也改变了文书档案工作的传统格局,带来了文书档案工作的革命性变化。

一、电子文件及其信息类型

(一) 电子文件及归档电子文件

这两个术语的定义,我们依据的是中华人民共和国国家标准《电子文件归档与管理规范》(GB/T 18894—2016)。

1. 电子文件（electronic records）

"是指在数字设备及环境中生成,以数码形式存储于磁带、磁盘、光盘等载体,依赖计算机等数字设备阅读、处理,并可在通信网络上传送的文件。"很显然,这是一个泛概念,指向由电子计算机等数字设备生成和处理的一切文件。所以,电子文件通常又叫"数字文件"。"数字信息"是电子文件的技术属性,而"文件"是电子文件的功能属性。从逻辑上说,电子文件是"数字信息"和"文件"两个概念的交集,它是具有文件功能的数字信息,又是以数字信息为技术特征的文件。

中共中央办公厅、国务院办公厅的《电子文件管理暂行办法》(中办　国办　厅字〔2009〕39号)中,将其形成和使用限定在"公务"中:"电子文件,是指机关、团体、企事业单位和其他组织在处理公务过程中,通过计算机等电子设备形成、办理、传输和存储的文字、图表、图像、音频、视频等不同形式的信息记录。"

此外,实际工作中也有电子公文的说法。电子公文是电子文件的一种,指各单位通过统一配置的电子公文处理系统形成的具有规范格式的公文的电子数据。

电子文件由三要素构成:内容、背景信息、结构。

内容。指文件中所包含的表达作者意图的信息。

背景信息。指描述生成电子文件的职能活动、电子文件的作用、办理过程、结果、上下文关系以及对其产生影响的历史环境等信息。即能够证明文件形成环境、形成过程、存在状态以及和文件之间相互关系的信息。

结构。指文件内容信息的组织表达方式,如文字的段落安排,电子文件所使用的代码、格式,以及载体等方面的信息。

"元数据(metadata)"是电子文件处理的一个常用术语,指描述电子文件数据属性的数据,包括文件的格式、编排结构、硬件和软件环境、文件处理软件、字处理和图形工具软件、字符集等数据。

2. 归档电子文件（archival electronic records）

"指具有参考和利用价值并作为档案保存的电子文件"。《电子文件管理暂行办法》没有给出"归档电子文件"概念,但第十五条规定,"电子文件形成单位应当根据国家有关规定明确电子文件归档范围和保管期限,并对具有保存价值的电子文件及时进行归档,由本单位档案部门负责管理"。简单地说,需归档的电子文件,即为归档电子文件。

（二）电子文件的种类

通常按其信息存在形式(或数据类型),将电子文件分为八类:

1. 文本文件(Text,代码为 T)。使用文字处理软件生成的,由字、词、数字或符号表达的文件。

2. 数据文件(Database,代码为 D)。用计算机软硬件系统进行信息处理等过程中形成的各种管理数据、参数等,包括含有数据的电子表格或数据库电子文件。

3. 图形文件(Graphic,代码为 G)。采用计算机辅助设计或绘图获得的静态图形文件,包括根据一定算法绘制的几何图形和用图标表示的图形等。

4. 图像文件(Image,代码为 I)。使用数字设备或相关软件采集或制作的画面等。

5. 影像文件(Video,代码为 V)。使用视频捕获设备或动画软件生成的各种动态画面。

6. 声音文件(Audio,代码为 A)。使用音频设备录入或用编曲软件生成的文件。

7. 程序文件(Program,代码为 P)。为处理各种事务用计算机语言编写的程序。

8. 超媒体链结文件(Hypermedia,代码为 O)。指用计算机超媒体链结技术制作的包含信息链接功能的文件。

电子文件的数据类型是多样化的,因电子文件形成过程中获取和存储信息的方式、技术手段、工具、文件形成系统等多种多样,电子文件格式也具有多样化特点。《电子文件归档与管理规范》还规定了通用的文件格式:文字型电子文件以 XML、RTF、TXT 为通用格式;扫描型电子文件以 JPEG、TIFF 为通用格式;视频和多媒体电子文件以 MPEG、AVI 为通用格式;音频电子文件以 WAV、MP3 为通用格式。专用软件产生的电子文件原则上应转换成通用型电子文件。

二、电子文件管理要求与规范

（一）电子文件的管理原则与要求

《电子文件管理暂行办法》中提出，电子文件管理应遵循以下原则：

1. **统一管理。** 对电子文件管理工作实行统筹规划，统一管理制度，对具有保存价值的电子文件实行集中管理。

2. **全程管理。** 对电子文件形成、办理、传输、保存、利用、销毁等实行全过程管理，确保电子文件始终处于受控状态。

3. **规范标准。** 制定统一标准和规范，对电子文件实行规范化管理。

4. **便于利用。** 发挥电子文件高效、便捷的优势，对有价值的电子文件提供分层次、分类别共享应用。

5. **安全保密。** 按照国家有关法律法规和规范标准的要求，采取有效技术手段和管理措施，确保电子文件信息安全。

（二）电子文件管理规范

电子文件管理应遵循的标准与规范，主要包括：

1. 《电子文件归档与管理规范》（中华人民共和国国家标准 GB/T 18894—2016）。

2. 《电子公文归档管理暂行办法》（2003.7.28 国家档案局第 6 号令发布施行）。

3. 《电子文件管理暂行办法》（中共中央办公厅、国务院办公厅制定，2010 年 7 月 28 日起施行）。

4. 《CAD 电子文件光盘存储、归档与档案管理要求》（中华人民共和国国家标准 GB/T 17678—1999）。

5. 中华人民共和国标准（行业标准）。

（1）《档案著录规则》（DA/T 18—1999）

（2）《归档文件整理规则》（DA/T 22—2015）

（3）《公务电子邮件归档与管理规则》（DA/T 32—2005）

（4）《电子文件归档光盘技术要求和应用规范》（DA/T 38—2008 ）

（5）《文书类电子文件元数据方案》（DA/T 46—2009）

（6）《版式电子文件长期保存格式需求》（DA/T 47—2009）

（7）《基于 XML 的电子文件封装规范》（DA/T 48—2009）

三、电子文件的整理与归档

电子文件处理是在专业软件或专业、专门的文件处理系统平台完成的，需要配置必要的办公设备如联网的计算机、具备网络打印功能的打印机、复印机、扫描仪等，秘书人员应能熟练操作这些设备,了解相应的网络、传输和安全保密知识,熟练使用相应的办公软件和文件处理系统。电子文件处理、管理执行国家已有规范与标准,单位秘书部门应根据本单位实际情况,就电子文件处理制定相应的制作排版、电子用印、网络传输、信息加密、访问控制、权限管理、流程控制和备份等技术规范,建立规范的收文、发文、交换和文档一体化等管理制度。

理论上,电子文件处理系统,基本上能实现发文、收文、归档环节的衔接,实现文档一体化管理。因为电子文件的安全性还无法得到完全保证,相关人员电子文件处理能力和电脑、网络水平还难以完全达到要求,电子文件的有效利用也有诸多局限,实际工作中基本上还是实行纸质文件和电子文件的双轨制,即电子版和纸质版两种版本文件同步随业务流程运转。虽然"无纸化"办公是趋势,但较长时期内可能还是双轨制并行的。

(一) 电子文件的收集

依据国家有关规定,在电子文件传输、交换时,应当遵循相关要求,对传输、交换过程予以记录。电子文件形成单位应当对电子文件形成的过程稿及其相关信息的留存和安全保密等作出明确规定。一般来说,记录重要文件的主要修改过程和办理情况,有查考价值的电子文件及其电子版本的定稿均应保存,并与双轨制中相应的纸质文件建立标识关系。"无纸化"办公系统生成的重要电子文件应制成硬拷贝或缩微品,以避免系统发生意外出现文件丢失或非正常改动的情况。具有永久保存价值的文本或图形形式的电子文件,如没有纸质等拷贝件,则必须制成纸质文件或缩微品等。归档时,应同时保存文件的电子版本、纸质版本或缩微品。

电子文件应当采用符合国家标准的文件存储格式,确保能够长期有效读取。收集的每份电子文件均应在《电子文件登记表》登记,归档电子文件在《归档电子文件登记表》逐一登记,登记表格式见《电子文件归档与电子档案管理规范》(GB/T 18894—2016)附录。

(二) 电子文件的鉴定

电子文件的鉴定工作,主要是对电子文件的真实性、完整性和有效性的鉴定,对归档范围的确定,对归档电子文件密级和保管期限的确认。

电子文件归档前应由文件形成单位按照规定的项目对电子文件的真实性、完整性和有效性进行检验,并由负责人签署审核意见,检验和审核结果填入《归档电子文件移交、接收检验登记表》,登记表格式见《电子文件归档与电子档案管理规范》附录。如果文件形成单位采用了某些技术方法保证电子文件的真实性、完整性和有效性,则应把其技术方法和相关软件一同移交给接收单位。

电子文件的归档范围参照国家关于纸质文件材料归档的有关规定执行,并应包括相应的背景信息和元数据。电子文件的收集范围应当以国家发布的纸质文件归档与不归档范围为依据,结合各单位对电子文件信息的现实需要,确定本单位的电子文件收集范围。具体来说，纸质文件应归档的，其相应的电子文件也应归档；纸质档案不属于国家归档范围的，应根据单位需要确定是否列入收集范围。

电子文件保管期限和密级的划分工作，参照国家关于纸质文件材料密级和保管期限的有关规定执行。电子文件背景信息等的保管期限应当与内容信息的保管期限一致。应在电子文件的机读目录上逐件标注保管期限的标识。

同时，应对归档电子文件的基本技术条件进行检测，检测各电子文件所依赖的硬件环境的有效性、软件环境的有效性及其信息记录格式、有无病毒感染等。

(三) 电子文件的归档

归档电子文件的整理按《归档文件整理规则》(DA/T 22—2015)规定的要求进行。

电子文件的著录应参照《档案著录规则》(DA/T 18—1999)进行著录，著录结果应同时制成机读目录和纸质目录。

归档电子文件以件为单位进行整理。

跟纸质文件整理的分类一致，同一全宗内的电子文件按照年度—保管期限—机构(问题)或保管期限—年度—机构(问题)等分类方案进行分类。按电子文件类别代码相对集中组织存储载体。

电子文件的归档，按照鉴定标识进行。电子文件的归档可分两步进行，对实时进行的归档先做逻辑归档，然后定期完成物理归档。归档时，应充分考虑电子文件的技术环境、相关软件、版本、数据类型、格式、被操作数据、检测数据等技术因素。

逻辑归档，是文书部门将电子文件的管理权从网络上转移至档案部门，在归档工作中，存储格式和位置暂时保持不变。通常，具有稳定可靠的网络环境、有严密安全管理措施以及对内容重要的电子文件制作了纸质版本的部门，可以直接向档案室实施逻辑归档。

物理归档，是把带有归档标识的电子文件集中，拷贝至耐久性好的载体上。凡在网络中予以逻辑归档的电子文件，均应定期完成物理归档。物理归档要求一式三套，一套封存保管，一套供查阅使用，一套异地保存。对于加密电子文件，则应在解密后再制作拷贝。国家标准推荐采用的物理归档载体，按优先顺序依次为：只读光盘、一次写光盘、磁带、可擦写光盘、硬磁盘等。不允许用软磁盘作为归档电子文件长期保存的载体。特殊格式的电子文件，应在存储载体中同时存有相应的查看软件。

存储电子文件的载体或装具上应贴有标签，标签上应注明载体序号、全宗号、类别号、密级、保管期限、存入日期等，归档后的电子文件的载体应设置成禁止写入操作的状态。

对归档电子文件，一般要求同时以存储载体为单位制作纸质的《归档电子文件登记表》首页(项目及格式见《电子文件归档与电子档案管理规范》附录)，以件为单位著录形成纸质《归档电子文件登记表》续页(项目及格式见《电子文件归档与电子档案管理规范》附录)。

（四）归档电子文件的保管

单位档案部门均应配备专用的电子文件柜,有条件的单位应建造标准的电子文件库房,集中存放保管归档电子文件。各单位档案部门应采取措施,确保归档电子文件安全保管。档案馆归档电子文件的保管除应符合纸质档案的要求外,还应符合下列条件:

1. 归档载体应作防写处理。避免擦、划、触摸记录涂层。

2. 单片载体应装盒,竖立存放,且避免挤压。

3. 存放时应远离强磁场、强热源,并与有害气体隔离。

4. 环境温度选定范围:17℃～20℃;相对湿度选定范围:35%～45%。

归档电子文件在形成单位的保管,也应参照上述条件。

归档电子文件的形成单位和档案保管部门每年均应对电子文件的读取、处理设备的更新情况进行一次检查登记。设备环境更新时应确认库存载体与新设备的兼容性;如不兼容,应进行归档电子文件的载体转换工作,转换后原载体保留时间不少于 3 年。

对磁性载体每满 2 年、光盘每满 4 年进行一次抽样机读检验,抽样率不低于 10%,如发现问题应及时采取恢复措施。对磁性载体上的归档电子文件,应每 4 年转存一次。原载体同时保留时间不少于 4 年。

档案保管部门应定期将检验结果填入《归档电子文件管理登记表》,登记表格式及项目见《电子文件归档与电子档案管理规范》附录。

随着系统设备更新或系统扩充,电子文件运行的软硬件环境、存储载体等发生变化时,应及时对归档电子文件进行迁移操作,并填写《归档电子文件迁移登记表》,登记表格式及项目见《电子文件归档与电子档案管理规范》附录。

各单位应建立健全电子文件查阅利用制度,按照国家有关保密规定,采用专门的技术和措施,确保归档电子文件的安全有效使用。未经审批同意,任何单位或者个人不允许复制电子文件。利用时应使用拷贝件,归档电子文件的封存载体不得提供利用。

实现办公自动化的单位,可以通过计算机网络进行网上利用。具有保密要求的归档电子文件上网时应符合国家或部门有关保密的规定,要有稳妥的安全保密措施,保证利用者遵守保密规定,在权限规定范围之内安全使用。

【思考题】

1. 公文处理的基本原则和要求是什么?

2. 公文形成阶段的主要工作内容与要求是什么?

3. 收文处理中的"承办"主要有哪些内容?

4. 文书立卷的分类方法有哪些?

5. 电子文件管理的原则与要求是什么?

【案例分析】

1. 本章第一节案例"夏添的忙乱"中,和秘书的问题显而易见,不合文书归卷的要求。秘书人员平时应注意收集需归档文件,办毕的文件应及时分类、完整归卷,随时按类目归入相应类别案卷,不能留存在个人手中。

2. 夏添的文书档案工作有问题吗?

（1）夏添查找已归卷、但尚未立卷归档的文件,有疑问应先问该文件的承办人。虽然年副局长是找夏添要文件,但从和秘书留存备用看,和秘书是承办人。从案例看,应该是夏添一直自己闷声找寻,大费周折最后才问到和秘书,自添忙乱。

（2）夏添通常是早上8:15左右去单位综合收发室取文件信件,时间安排欠妥当。因为正常情况下,这时候当天的文件信件并未送到收发室,也就是说,星期二的文件信件,夏添总是星期三才能拿到。这会造成延误。

（3）由单位综合收发室代收文件信件的,秘书部门人员通常应在10:00—10:30间到收发室取件。这个时间,来件应该已经送达收发室,秘书取回后需及时分送转送的,也还来得及处理。以这个星期二而论,夏添完全可以先询问、查找那份缺失的附件,分发完那份重要决定以后,再去收发室取件。

3. 如果夏添从收发室取了重要文件,她接下来的工作是什么?

首先,逐一核对收发室的收文登记,逐一清点份数、附件及其份数,签署姓名和签收时间,完成转交工作。第二步,在秘书部门即办公室的收文登记簿逐一登记序号、来文时间、来文单位、文号、密级、文件名称（来文标题）、页数、附件名称及份数、办理方式,签署姓名和签收时间。第三步,附上文件处理单（随文件运转）,交办公室主任签署拟办意见,如交由什么部门办理、呈送哪位领导批办或转发什么范围,再根据拟办意见跟进下一步工作。该复印转发则复印转发,传阅件则组织传阅,需催办则按要求办理,要求答复的则应将办理结果"办复"来文机关。办毕按要求归卷保存。

【实践训练】

1. 根据文书处理工作的规范与要求,自己绘制发文处理程序、收文处理程序流程图。

2. 根据《机关文件材料归档范围和文书档案保管期限规定》,自己动手制作一份归档文件类型与保管期限关联的清单。

【知识链接】

1. 党政机关公文处理工作规范与要求一体化、标准化

　　我国党政机关公文处理，很长时间都是分别执行两个规范，直到上一版还分别是《中国共产党机关公文处理条例》（中办发〔1996〕14 号）和《国家行政机关公文处理办法》（国发〔2000〕23 号），格式标准执行《国家行政机关公文格式》（GB/T 9704—1999），三者总有些不一致。2012 年 7 月 1 日起施行中共中央办公厅、国务院办公厅共同制定的《党政机关公文处理工作条例》（中办发〔2012〕14 号通知印发），该条例规定公文格式标准执行《党政机关公文格式》GB/T 9704—2012（2012 年 7 月 1 日起实施），迈出了公文处理工作规范化、标准化的最重要一步。

　　2. 本章内容的学习，推荐参考"国家精品课程资源网"相关课程资源：

　　（1）《文书学》，国家级精品课程（2007），黑龙江大学，课程负责人：倪丽娟。

　　（2）《电子文件管理》，国家级精品课程（2006），武汉大学，课程负责人：刘家真。

　　（3）《电子政务基础》，国家级精品课程（2010），湘潭大学，课程负责人：何振。

【扩展阅读】

　　陈祖芬主编：《秘书文档管理》，北京师范大学出版社 2016 年版。

　　刘萌主编：《文书与档案管理（第三版）》，首都经济贸易出版社 2016 年版。

　　胡艳，王芹，徐继铭编著：《文书档案管理基础》，世界图书出版公司 2018 年版。

　　王英玮，陈智为，刘越男编著：《档案管理学（第四版）》，中国人民大学出版社 2015 年版。

　　杨戎，黄存勋主编：《文书处理和档案管理》，华东师范大学出版社 2013 年版。

　　向阳，吴广平主编：《档案工作实务（第二版）》，北京大学出版社 2013 年版。

　　唐明瑶，刘益芝主编：《档案管理（修订版）》，科学出版社 2016 年版。

　　楼淑君，钟小安主编：《档案管理实务（第二版）》，重庆大学出版社 2018 年版。

　　汪溢，赵莹主编：《文书与档案管理》，北京大学出版社 2010 年版。

第八章

会议组织与服务

第八章
会议组织与服务

本章概述

现代社会,领导人常常以召开会议的形式来解决生存和发展中的问题;无论是检查督办、沟通协调,还是调查研究,都离不开会议。因此,会议是社会组织和领导管理活动的重要手段和方法。会议的筹备、服务和管理即会务工作,简称"办会"。"办会"是秘书、秘书机构的一项经常性、综合性的工作。

"办会"工作非常繁杂,秘书需要熟悉有关会务工作的基本知识,了解会议的类型及其对应的秘书工作重点,掌握会议预案的编写和会议筹备的内容,掌握会中服务与管理的要点,熟悉会后工作内容和服务技巧,学会制作、发放和管理会议文书工作,达到提高会议效率、协助领导控制会议成本的目的。会务工作完备与否,直接影响会议的质量和效果。

学习目标

1. 了解会议的含义,会海的危害,信访的内容及要求。

2. 掌握会议策划的编写和会议筹备的内容。

3. 掌握会中服务与管理的内容,达到提高会议效率的目的。

重点难点

1. 重点是掌握会前、会中服务与管理的内容,达到提高会议效率的目的。

2. 难点是会议策划的编写和准备内容。

【案例导入】

小李是兴发五金公司营销总监的秘书。这天上午,领导开完例会回来对小李说,下月初的市场营销会议由他主持,让小李做好会议准备。小李随后列出需要做的准备工作的清单。请你按时间顺序重新排列下面工作。思考:哪些会务工作需要与领导商定,哪些可以按照常规秘书自己定夺?

(1)确定会议场所。

(2)列出会议日程表。

(3)草拟会议通知。

(4)确定会议议题。

(5)准备会议资料。

(6)确定会议人数。

（7）确定会议时间。

第一节　会务工作概述

一、会议与会务工作

（一）会议的含义

会议是有组织有领导地商议事情或传达信息的集会。会，即三人以上的聚合、见面。议，即讨论，以口头交流为主要方式。一些无领导、无组织、无目的的聚合议论、闲聊，不能称为会议。

会议有广义和狭义之分。广义的会议，指的是人类社会生活中互相交往必不可少的一种社会活动形式，如家庭会议、沙龙会议等。狭义的会议，即党政领导机关、社会团体和企业事业单位召开的，用于互通情况、交流经验、讨论或研究问题、形成决策的一种工作方式。本章所讲的会议应作狭义的理解，既有议事职能，也有庆典、交际的功用。

（二）会务工作的含义

会务工作，即为会议的顺利召开而提供的策划、实施、服务、宣传等工作的统称。会议通常由秘书、秘书部门负责人或者秘书部门筹备，也可以成立会议秘书机构即会议秘书处筹备。

会议从筹备到善后有一系列会务工作。会务工作是秘书和秘书机构日常综合性、服务性的业务工作。从内容上看，既有大量的文案工作，也有琐碎的行政事务性工作；从时间上看，会务工作包括会前策划与筹备，会中服务与管理，会后处理和服务三个阶段。重要会议还包括安全保卫工作、值班工作、保密工作等。

二、会议的作用

（一）交流信息　资源共享

通过会议，向员工传达来自上级或相关部门的资讯，通报一些新决策，利用开会汇集信息，达到资源共享的目的。用会议的方式交流信息，具有受众面广、直接、灵活、高效的特点。

（二）发扬民主　集思广益

开会很少是一对一的沟通，绝大多数都是群体沟通。随着科技的迅猛发展，现代人的沟通方式越来越多，如通过电子邮件、QQ、微信等形式进行沟通。但是，会议这种群体沟通方式是任何其他沟通方式都无法替代的，因为这种方式最直接、最直观，也最符合人类最初的沟通习惯。

会议是一种多边交流,是一条集思广益的渠道,会议使不同想法的人汇聚一堂,思想相互碰撞,从而产生"金点子"。许多高水准的创意就是开会期间不同观念相互碰撞的产物。

基层组织中,碰到无法解决的问题时常常开会,向群众征集意见。

(三)统一认识 协调行动

在工作当中,有些问题牵涉到的部门和人员比较多,需要通过开会把问题细分,责任落实,最后达成协议解决问题。在问题解决的过程中,领导的存在价值得以体现。

(四)传达决策 推动工作

会议是实施领导和指挥的重要手段之一,组织的领导者通过会议传达决策意图、布置落实任务,统一思想,协调各方关系,弘扬先进,鞭挞后进,联络感情、激励士气,从而推动工作,实现目标。

三、会议的类型

会议可以按照人数、内容和手段等进行分类,每一种分类都从一个侧面反映了会议的特点,每一种分类都与秘书的会务工作相关。分类标准不同,会议的名称、作用、内容、会务工作重点就不一样。

会议的类型 表 8-1

分类标准	类 型	会 议 特 点	会 务 工 作
会议规模	小型会议	少则 3—5 人,多则几十人,一般不超过 100 人。	会议议程、日程、程序三合一,议程安排灵活。
	中型会议	100—1 000 人之间。	议题明确,程序明确。
	大型会议	1 000 人至数千人以上。	时间较短,程序性强。注意会场秩序,特别是代表的入场和离场。
	特大型会议	人数在万人以上。	会议安排程式化。注意会场秩序,特别是入场和离场。
会议内容	工作会议	研究日常工作,布置任务,总结工作中出现的问题;定人、定时召开。	会前注意收集议题,供会议主持人选择定夺;会后形成的文件要及时下达执行。
	专题会议	一次会议只研究某项专门议题。议题单一,专业性强。	与会者应与专题会议有关并提前做好资料准备,以便会上达成共识,解决问题;会议形成的简报、纪要等文件,根据需要及时上传下达。

续　表

分类标准	类　型	会　议　特　点	会　务　工　作
会议内容	总结部署会议	总结前一阶段工作的成果和不足，布置下阶段工作任务。	会前为领导收集前一阶段的工作成果。会后落实下阶段工作任务。
	纪念会议	为纪念某位历史人物或者一些重大活动。与一般代表大会的开幕式相似。	会而不议，具有务虚性。注意抓好典型发言，做好安保工作。议程安排程式化。
	代表会议	指普通大会、政治性的代表大会或各种社团组织召开的大会，一般定期举行，程序严密（如资格审查、议案的议决、选举等都有严格规定）。	保证到会人数，扩大会议效果。会务工作量大且细，秘书机构无法全部承担，需要其他部门协助完成。有整套的会务工作规定。
	学术会议	就某一科学领域进行的正式的学术性的研讨会议，尤指参与者既为听众，又做演讲的会议。	会议文稿涉及的专业术语要严密、规范；协助领导拟好讲话稿，不说外行话；会后编辑论文出版或组织论文评选。
	座谈会议	开会形式比较轻松、活泼、自然，讨论话题比较广泛，交流感情是主要目的。	会前物质准备、会场布置，会中活跃气氛。
会议时间	定期会议	也叫例会，无特殊情况在预定时间必须召开。	参看工作会议。
	不定期会议	根据需要随时召开。	注意会议目的，提前准备相应资料，会后形成的文件要及时下达执行。
会议范围	单位会议	特定组织内部召开的会议。	把问题引向深入，防止跑题。
	联席会议	不同的单位、团体为了解决彼此有关的问题而联合举行的会议，或共同协商完成某项工作任务，明确分工。因涉及各方利益，矛盾较多，故易出现争执，协调困难。	会前通知有关单位的全权代表参加，会上表态才具有法定效力。在会中因为某个问题出现激烈争论时，秘书要善于协调，缓和矛盾。相关协议书反复协商确定，会后备案。
	区域性会议	针对某一区域问题展开深入讨论。	注意控制时间，把问题引向深入。
	全国性会议	与会者来自全国各地。	了解与会人员的工作、生活背景，做好迎送工作。

续　表

分类标准	类　型	会　议　特　点	会　务　工　作
会议范围	国际性会议	与会者来自世界各地,带来不同的观点。	了解与会人员的工作、生活背景,避免文化差异造成的误会。做好迎送工作。
会议方式	传统型会议	与会人员面对面交流,沟通信息。	常规的会前、会中、会后工作,根据会议内容确定会务工作重点。
	电视电话、网络视频会议	运用现代的通讯设备,与会人员不一定聚在一起。	检查线路畅通与否,及时掌握最新动态。讲话稿多用简短句式,便于收听收看。相关材料最好会前发放。
会议的保密程度	公开会议	允许公众旁听,记者可以自由采访并公开发表介绍文章。	做好防止意外事件发生的预案。
	内部会议	内容属于组织内部事项,不宜公开。	提供初选人员名单,供领导定夺。注意保密。
	保密会议	涉及国家秘密或商业秘密,采取严格保密措施。	形成的会议记录或其他文件注意保密。

第二节　会前策划与筹备

高质量的会前筹备工作,奠定了会议成功的基础。据统计,充分的会前筹备占会议成效的 70%,因此,筹备工作必须仔细、认真、负责。会前策划与筹备工作主要包括编制会议预案和落实会议预案两大部分。

一、编制会议预案

会议预案是指为了使会议达到预期的目标,进行构思、设计,拟定出合理可行的方案的过程。编制会议预案须明确与会者、会议时间、会议地点、会议形式、会议目的以及具体的会务工作。会议预案草拟后,交由会议策划委员会进行论证,论证后请领导审批,再根据领导的意见作修改,修改后形成正式的会议预案,这是一个辅助决策和决策的过程。

根据流程图(图 8-1),秘书部门进行会议筹备工作。

会议主题与议题　⇨　会议的议题
　　⇩　　　　　　　　会议的名称

会议代表组成　⇨　秘书根据领导意图提出初步人选,最后领导定夺。
　　⇩

会议日期和时间　⇨　秘书根据领导意图提出初步时间,领导选定。
　　⇩

会议地点　⇨　选定会址,布置会场及主席台,配备相应的会议设备。
　　⇩

会议文件的编制　⇨　会议议程表、日程表、领导发言稿、起草会议报告、决议草案等。
和发放
　　⇩

会议证件　⇨　出席证、列席证、座签、会议路线指示牌、会场周边设施图等。
　　⇩

会议经费预算　⇨　显性成本加隐性成本。
　　⇩

会议生活安排　⇨　住宿和餐饮安排,参观访问活动,确定医疗安保人员、交通工具等。
　　⇩

紧急情况预案　⇨　会前对突发情况的考虑。
　　⇩

会议的筹备机构　⇨　人员分组及分工。

图 8-1　编制会议预案工作流程图

(一) 会议的议题和名称

1. 会议议题

会议议题是会议需共同商议的事情、解决的问题。会议议题通常由领导提出,领导定夺。秘书应注意收集有关领导提出的议题,反映下级要求解决的议题,并按轻重缓急的程度进行逐条排列,交领导或大会主席团审批。每次会议的议题应尽可能地集中,不宜过多或分散,特别不宜把不相干的问题放在一起讨论,否则会分散与会者的注意力。如股东大会主要讨论股票分红等事宜,不应该讨论丰富职工业余文化生活的问题,因为许多股东不是职工,职工业余文化生活问题属于企业内部管理问题。

2. 会议名称

会议名称包括会议内容、性质、参加对象、主办单位、会议时间、规模等,但是一般不需要将上述内容全部显现。会议名称最重要的部分是会议的主题和内容,用高度精炼的语言概括,使人一目了然。如"孔子文化研讨会"只显示了内容、性质;"野马摩托 2017 年上半年营销工作会议",显示了会议的单位、时间、内容;"深圳鸿发科技股份有限公司第十七届(2018 年度)股东大会"显示了单位、时间、届次、范围、性质。会议正式文件、会议记录等都要用会议的全称,简报和宣传报道可以用习惯性简称。

(二) 会议形式

会议形式是以达到最佳会议效果而采用的会议类型。会议形式须服从会议内容的需要,同时考虑在不影响会议效果的前提下,减少会议开支。如布置工作可以采用电视电话、网络视频会议,研究新情况,解决新问题,应采用传统专题会议。

（三）与会人员

1. 主持人

主持人指会议主办方、召集人、组织人等。会议主持不同于会议主席，会议主席资历较老；会议主持资历较浅，有利于与会者畅所欲言，同时，可以训练其领导会议的能力。秘书有时担任会议主持。

2. 出席人员

出席人员包括正式成员和受邀请的列席人员。根据会议的形式和内容，确定参加会议的人员名单，人员选择坚持必要性、重要性和合法性原则。

秘书列出与会人员名单后，有时需要附上这些人员的基本情况一览表（包括职务、年龄等）送领导审核，领导也许会作一些增减。

3. 辅助人员

即安排会议进程的组织者和其他服务人员，秘书、秘书部门参与其中。他们的职责是负责会务工作，包括会议的文字工作和会前、会中、会后的事务性工作。这些人员不是会议的参与者和决策者，但却是会议效率和质量的保证者。

（四）拟定会议议程和日程

秘书一旦接受筹备会议的任务，就要着手准备制定会议日程安排表。做计划时注意区别会议的议程、日程和程序。

会议议程比较概略，是指对会议已确定的议题，或要解决和处理的问题的先后次序的安排。议程的确定，关系到会议的目的、任务和方法，一般要经过大会（或主席团会议）讨论通过，但秘书部门可以事先拟订，提出建议。

围绕会议议程逐日安排所要做的事情就是日程。

程序就是会议活动（各种仪式、讲话、发言等）的先后顺序。隆重的大会对程序的要求很高、很严格。

大中型会议议程、日程、程序三者分开，小型会议则将三者合在一起，统称议程。如日常办公会议，开会的时间是一个上午，只需将会议的中心议题写在会议的通知中，这既是会议的议程，也是会议的日程、程序。

流寓文化学术研讨会日程表 表8-2
制作时间：2018年4月10日

日　期	时　间	内　容	地　点
4月20日	全天	报到	海滨宾馆五号楼大厅
	12:00	午餐	宴海楼大厅
	18:30	晚餐	宴海楼大厅

续　表

日　期	时　间	内　容	地　点
	7:30—8:20	自助早餐	云海楼大堂吧
	8:30—9:40	开幕式	畔海楼蓝月厅
	9:40—10:00	与会专家合影	观海楼前
	10:00—10:10	会间休息	
	10:10—12:00	分组讨论（第一组）	畔海楼畔月厅
		分组讨论（第二组）	畔海楼银月厅
		分组讨论（第三组）	五号楼会议室
4月21日	12:10	自助午餐	畔海楼西餐厅
	14:20前	午休	
	14:30—15:30	主题发言	
	15:30—15:40	会间休息	畔海楼蓝月厅
	15:40—16:40	小组汇报	
	16:40—17:20	闭幕式	
	18:30	晚宴	宴海楼海宴厅
	7:30—8:20	自助早餐	云海楼大堂吧
	8:30	乘车到海大、湖光岩参观	
	12:00	午餐	校第三食堂三楼餐厅
4月22日	13:30	乘车往雷州市,参观雷祖祠、西湖公园等	雷州市
	18:00	晚宴	雷州市
	20:00	乘车回海滨宾馆	
23日	7:30—8:20	自助早餐（早餐后与会专家离开）	云海楼大堂吧

（五）会议经费预算

会议作为一种工作手段,也和其他行为方式一样有它的成本。根据会议规模和日程安排,编制会议经费预算。

会议成本由两部分组成,一部分是会议显性成本,另一部分是隐性成本。会议显性成本可以称为会议花费,这些花费包括与会者到达会场的旅行费用、会议期间的住宿、交通等费用、会场的租金、茶水费、设备租金、相关文件资料的制作费用等等。这些花费都比较直观、清晰,也容易预估和统计。

会议的隐性成本,它由与会者的会议准备时间、到达会场的旅行时间以及会议工作人员(包括会议秘书)的时间、会期和与会者的人数等几个相关因素组成。我们可以把时间等成本转化为金钱成本。金钱成本由与会者人数、与会者的平均工资、以及由于与会者参加会议离开原来的工作岗位造成的生产、管理、市场反应的滞后等产生的损失构成。这部分成本比较隐蔽,很多时候容易被忽略,但它耗费的金钱成本又实实在在地摆在眼前。

会议成本计算公式:

$$会议成本 = X + 2 \times J \times N \times T$$

X:显性成本的总合(包括会场租借费,文件材料费,与会者的交通费、食宿费、活动费以及服务人员的工资等)。

$2 \times J \times N \times T$ 是隐性成本。

J:代表与会人员每小时平均工资的 3 倍(含义是一个生产者的劳动价值至少是他工资的 3 倍)。乘以 2 是因为开会使经常性的工作中断而造成损失,参加会议前要做准备,会后思考回忆也占用时间。

N:表示与会者人数。

T:代表开会时间,一般以小时计算。

例如:10 个人的业务会议,开会时间 2 小时,清茶自备,在公司会议室开,假设该公司职工每小时平均工资是 40 元,看起来显性成本为 0,没花什么钱,隐性成本却是:$2 \times 3 \times 40 \times 10 \times 2 = 4\,800$ 元。

这些还只是直接成本,如果再将会议无效或错误决策造成损失的间接成本计入其中,会议成本就更高了。由此可见,召开会议是要付成本的,万万不可等闲视之。通过缩短开会时间、减少不必要的参会人员,避免铺张浪费,从而减少会议成本。

(六) 紧急情况预案

会前对可能遇到的各种突发情况全面考虑,设计多套解决方案以应对,把损失控制到最小。但是,即使考虑再充分,也可能会碰到意外事件,遇到危机风险,具体解决方法参看第十七章"危机管理"。

二、落实会议议案

(一) 人员分工

有些会议的规模相对较大,持续时间也较长,因此会有相当繁杂的会前筹备事项,会务组人员分工就显得特别重要,这也是落实会议议案的重要一步。人员分工由会务工作负责人(通常是办公室主任)安排。由于它是具体事务的安排,故不一定经领导审查批准。一般可设秘书组、接待组、后勤保障组、宣传报道组、安全保卫组等,各组确定人员,明确分工,层层负责,并定期碰头交流工作进展。按照表格把任务落实到人,会务工作负责人按照表格逐项检查,对已办事项在备注栏注明"已办",对未完成事项查明原因,并督促责任人落实。这样,繁杂工作就可以井然有序进行,防止挂一漏万。

表 8 - 3　千里马摩托 2017 年下半年营销工作会议人员分工表

序号	工作内容	完成时间	负责部门	责任人	备注
1	代理商邀请函(回执)寄发完成	7 月 20 日	秘书组	溪流	
2	2017 年下半年 D - 23 推广策划方案制作幻灯片	7 月 24 日前	策划布置组	热力	
3	上半年营销工作总结及下半年营销工作规划幻灯片	7 月 24 日前	秘书组	宁静	
4	2017 年 D - 23 摩托上市营销方案制作幻灯片	7 月 24 日前	秘书组	文斌	
5	会议议程最后确定并打印	7 月 25 日前	秘书组	溪流	
6	资料打印装袋完成	7 月 26 日前	秘书组	溪流	
7	物资采购到位	7 月 26 日	秘书组	溪流	
8	酒店联系落实	7 月 15 日	秘书组	溪流	
9	展板设计制作完成	7 月 26 日	策划布置组	何顺	
10	表演队伍落实	7 月 20 日前	策划布置组	何顺	
11	礼品制作到位	7 月 26 日前	策划布置组	何顺	
12	酒店外围布置	7 月 26 日晚	策划布置组	何顺	
13	会议室布置(包括 D - 23 摩托车形象店样板的布置)	7 月 27 日全天	策划布置组	何顺	
14	晚会会场布置	7 月 28 日下午	策划布置组	何顺	
15	晚会节目彩排	7 月 28 日下午	策划布置组	何顺	
16	接站牌和车牌制作完成	7 月 26 日前	策划布置组	何顺	
17	会议用车的检查、准备	7 月 26 日前	秘书组	赵刚	
18	代理商接站(到站时间编排、车辆安排、接机人员安排)	7 月 27 日全天	秘书组	溪流	
19	代理商返程机票预订	7 月 29 日全天	秘书组	溪流	
……	……	……	……	……	

（二）制发会议通知

确定参会人员名单之后,就要起草会议通知(或请柬),会议通知的后面最好附上回执。在会议通知上,要注明开会的地点、时间和会务联系人的电话号码,以便参会者在出现飞机、火车误点等特殊情况下及时联系。会议通知至少应提前两周发出,让参会者有把会议回执寄回来的时间。现在用电子邮件发送会议通知和接收回执更加方便。会议回执方便统计参会人数,为会议筹备工作提供许多便利。

会议通知一般包括以下内容:

（1）会议名称。

（2）开会的议题或会议的主题。

（3）开会的起止日期和时间。

（4）开会地点,最好附上乘车路线图。

（5）筹备会议的负责人姓名和联络方式。

（6）是否出席会议的答复期限。

下发会议通知后,要确认参会者是否收到通知。对于那些特别重要的参会者,一定要用电话确认。

（三）布置会场

1. 会场选择

若人数太多,需要租借会场时,应注意以下几点:

（1）选择大小适合的会场。会场的大小根据会议的规模而定,一般来说,其容量应与参加会议的人数大体相当,不宜过大,也不宜过小。因为过大的会场显得空荡,进而影响会议的气氛;过小的场所则显得过分拥挤,给与会者造成不舒适的感觉。

（2）选择远近适当的会场。首先,要考虑与会者是否便于前往,交通是否便利。其次,要考虑会议主办单位离会址不宜过远,否则会给会务工作造成不便。再次,如果是需要住宿的会议,还要考虑会场与住宿地点的距离,一般两者之间的距离越近越方便。最后,还要考虑会场有无足够的停车位。

（3）选择环境适宜的会场。为了使与会人员能够专心开会,保证会议的质量,会场周边环境也很重要。一般来讲,应当选择比较清静、不受周边环境干扰的会场。嘈杂喧嚣的闹市区肯定不是召开会议的理想场所。一些重要的会议,一方面需要安静的环境,另一方面也要避免由于离单位太近而受到不必要的人事干扰,遇到这类情况可以考虑舍近求远。另外,确认会场周围是否有配套的餐饮设施等。

（4）选择设备齐全适用的会场。会场内设备主要包括召开会议必需的设备,如照明设备、音响设备、空调设备、桌椅、卫生设施及安全设备(如消防设备)等。在选择会场时,首先应察看这些设备是否齐备,性能是否良好。其次,根据会议的具体要求需要添加一些特殊设备时,应考虑会场内原有设备是否配套。例如,在用电量大的情况下,是否会超出用电负荷。

如果召开的是展示会,还要考虑在场内能否设置展台等。

(5) 选择租金可以承受的会场。确认会场的租金是否在预算之内。租借会场的协议一旦签订,秘书就要经常与会场管理者保持联系,并确认在开会当日是否可以使用。

2. 会场布置

会场的布置是指会务人员对会场内的座位的布局摆放、主席台的设置、座次的安排等。会场内座位的布置摆放应当根据会议的规模、主题,选择适合的形式。

(1)"而"字形或礼堂型

这是较大型的会场,其形式或形状基本固定,布局场面开阔,即所谓长方形扩大排列形式。这种形式比较正规,有一个绝对的中心,即主席台和会议的主持者或发言人,因此容易形成严肃的会议氛围,适合大型报告会、总结表彰大会、代表大会等。

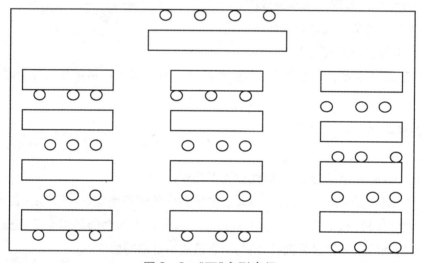

图8-2 "而"字形会场

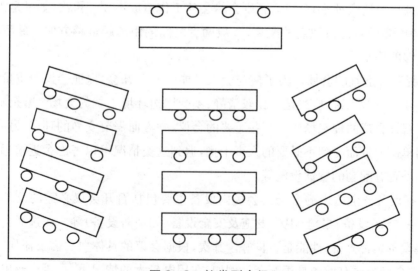

图8-3 礼堂型会场

（2）圆桌形或椭圆形

这种摆放方式的优点是让所有的参会者能彼此看到对方的脸，面对面，大家能在自由的氛围中交流沟通；与会者坐得比较紧凑，容易消除拘束感，形成轻松温暖的氛围。它适合于讨论形式的会议，参加这种会议的人数最好不要超过 20 人。

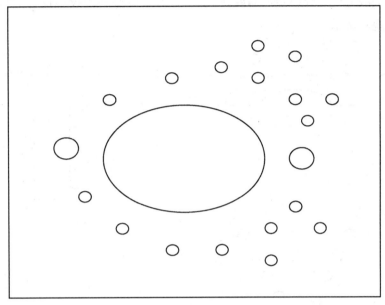

图 8-4　圆桌形会场

（3）"回"字形

如果参加会议的人数较多，可以将桌子拼成"回"字形，桌子摆成方形中空，不留缺口。椅子摆在桌子外围，中间"空心处"应适当放置些花木，花木以绿色观赏性植物为宜，其高度以不妨碍就坐人视线为标准。"回"字形常用于学术研讨会。

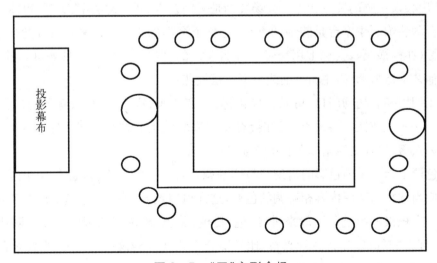

图 8-5　"回"字形会场

（4）弦月式

房间内放置一些圆形或椭圆形桌子，椅子只放在桌子的一面，以便所有观众都面向屋子的前方。弦月式适用于少数人开会，利于彼此间交流。布置比较正式。

（5）"T"字形和"V"字形

这种会场一般适用于介绍新产品或新技术，有关人员要利用投影仪等进行讲解说明，让与会人员共同观看演示。

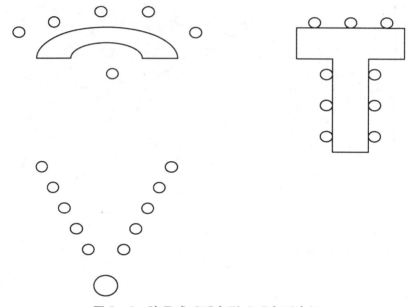

图 8-6　弦月式、"T"字形、"V"字形会场

3. 会场的装饰

会场的装饰是指根据会议的内容，为烘托渲染会场气氛而选择适当的背景色调，或摆放、悬挂突出会议主题的装点物等。会场装饰是一门艺术，要注意实用、美观、得体。

主席台的装饰。主席台是装饰的重点，是整个会场的中心。一般应在主席台上方悬挂红色的会标（亦称横幅），会标上用美术字标名会议的名称。主席台背景处可悬挂会徽或红旗以及其他艺术造型物等，主席台前或台下可摆放花卉。

在会场四周和会场的门口，可悬挂横幅标语、宣传画、广告、彩色气球等，还可摆放鲜花等装饰物。一些礼节性的会见，还可在会客室四周墙壁上悬挂几幅名人字画及有特色的工艺品等作为点缀，这样更能增添典雅的气氛。

会场色调是指会场内色彩的搭配与整体基调，包括主席台、天幕、台布、场内桌椅及其装饰物等。应当选择与会议内容相协调的色调，这样可以给与会者的感官形成一定的刺激，在其心理上产生积极的影响。一般来讲，红色、粉色、黄色、橙色等色调比较亮丽明快，可以表现出热烈、辉煌的气氛，让人感到兴奋，比较适合于庆典性会议；天蓝、绿、米黄等色调庄重、典雅，比较适合于严肃的工作会议。

4. 会场座次排列技巧

会场座次排列是对与会人员在会场内座位次序的安排。设有主席台的会议,其座次排列既包括主席台就坐人员座次排列,也包括场内其他人员的座次排列。会场座次的排列应当合理,符合惯例。

(1)主席台人员座次排列。由于主席台就坐的人员多是领导和贵宾,因此,主席台人员座次的排列一般应按照台上就坐者职务的高低排列,以职务最高者居中,然后依先左后右向两边顺序排开。主持人的座次也应当根据其职务进行排列,不必排在主席台第一排的最侧边。如果是报告会、联席会,一般采取报告人和主办单位负责人或联席的各单位负责人相间排列的方法。重大会议主席台的座次排列名单一般由秘书部门负责人亲自安排,并送有关领导审定。有的会议,领导人对座次问题有专门关照,则应按领导的意见办。

(2)会场内其他人员座次的排列。并非所有的会议都需要对会场内其他人员的座次进行排列,但如果是中型以上较严肃的工作会议、报告会议或代表会议,一般要对座次进行适当排列。根据会议要求,有不同的座次排列方法。

横排法。横排法是指按照参加会议人员的名单以其姓氏笔画为序,从左至右横向依次排列座次的方法。选择这种方法时,应注意先排出会议的正式代表或成员,后排列席代表或成员。

竖排法。竖排法是按照各代表团或各单位成员的既定次序或姓氏笔画从前至后纵向依次排列座次的方法。选择这种方法也应注意将正式代表、职务高者排在前,列席成员、职务低者排在后。

左右排列法。左右排列法是按照参加会议人员姓氏笔画或单位名称笔画为序,以会场主席台中心为基点,向左右两边交错扩展排列座次的方法。选择这种方法时应注意人数,例如一个代表团或一个单位成员的人数若为单数,排在第一位的成员应居中;若是双数,那么排在第一、二位的两位成员应居中,以保持两边人数的均衡。

(四) 会前检查

1. 会议资料和会议用具

如果有大会发言,一定要把发言稿事先打印好。领导的发言稿,由领导或秘书起草。经验丰富的秘书会把重点或容易引起质疑的地方标示于发言稿上,然后再提交领导。

准备会议资料时,不能有多少代表就打印多少份,一定要有富余,因为有时可能出现代表丢了资料要第二份的情况,也有可能会议又临时增加几个列席代表。资料多了固然有些浪费,但少了恐怕麻烦更多。

不同的会议需要不同的用具,秘书要根据会议的具体内容准备,千万不能出现会议因用具不全或用具出现故障而被迫中断的现象。即使是同一个会议,同样的人员出席,由于会场的变更,所需的用具也不相同。秘书最好将准备会议用具的工作与会议的日程安排表结合起来,这样,在排好会议日程表的同时,会议所需用具的清单也列出来了。

一般的会议都要准备以下用具：投影仪、麦克风、粉笔、签到表、黑板刷、文件袋、指示棒、废纸篓、桌、椅、笔记本、铅笔等。对于上述会议用具，要根据会议的进程事先进行检查，不要出现临时抱佛脚的现象。

2. 设备检查

开会之前，秘书一定要亲自检查会场，看会场管理人员的态度及会场的布置和设备情况，对一些关键的地方要做详细的记录。特别是在开会的前一天，一定要实地落实会场的准备情况。

会议设备一般比较贵重，最好派专人负责操作与维护。不论会议设备是由谁提供的，会务人员一定要在会前对所有设备进行检查，对灯光和投影仪等进行预演。

会务人员在筹备会议的时候，最容易出现两种情况：一是掉以轻心。如"上次开会就是在这里开的，没什么问题，这次大概也不会出什么问题……"在开会之前，根本没有想到要去检查一下会议设备。而一旦出问题，所有的领导都在场，后果会非常严重。另一种态度是将就凑合："时间来不及了，干脆就用上次会议的代表证好了……"出问题就是会务人员的失职。当然，有些偶然的事故不是会务人员能预料到的。但是，会务人员作为会议的筹备者，至少在主观上不能采取掉以轻心和将就凑合的态度。

（五）落实后勤服务

凡是连续召开几天、并且有外地同志参加的会议，就要热情做好会议生活的安排工作。如根据出席会议的人数，提前预定宾馆客房，编定住宿分配方案，人员一到立即安置。安排会议餐饮，在口味上尽量照顾到大多数人的要求。落实会议用车，了解参会者抵达的具体时间。印制有关会议的证件及票据，如代表证、列席证、礼品卷等。会议期间的安保、出行、饮食要有专人负责，并事先做好安排。

第三节　会中服务与管理

一、接站

小型会议、内部会议的报到工作比较简单，只需在会议召开前进行签到。但是大、中型跨地区的会议，报到工作实际上是一项重要的接待工作，内容与要求也相对复杂一些。

会务人员应在与会者报到前了解其所乘的飞机、车、船的班次。如无法了解，应在规定的报到日期内安排好车辆和接站人员，最好在车站、机场设一接待站，制作一块醒目的牌子或横幅，写明"×××会议接待处"等字样。待与会人员到来，尽快将客人送往会场或会议驻地。

二、报到

当与会人员来到会场或会址报到时，会务人员应热情、礼貌地接待，应该做好如下工作：

（1）对与会者的到来表示欢迎。

（2）报到登记要写清楚姓名、性别。

（3）应将事先准备好的会议文件和用品，包括会议须知等材料以及住宿房间号、餐券等发给与会者。如果签到时人数较少，可以发放文件袋；如果人数较多，发放文件袋会造成拥堵，可以送到代表住处。

（4）尽快引导客人到其住宿的房间，稍作简单介绍后提醒客人稍事休息，以解除旅途的疲劳，并叮嘱会议的第一项议程的时间、地点。

有一次，一位会议代表腾超在会议签到时，发现自己被安排在男同志宿舍，心里很不高兴。事后了解是因为会议回执单没有要求填写性别，大会秘书在分配房间时想当然地把她归入男性。这场小风波让报到厅热闹了好一阵。

在组织签到的同时，会务人员要做好入场引导工作，方便参会人员入场，同时缩短入场时间。若会议在宾馆或饭店内的会议室举行，会务人员在大门口处放一块进入会场的示意板，"××会议在×层×号房召开"，同时，安排几名工作人员到门口迎接参加会议的代表，把他们领到会场，这样，更能显示会议主人的热情和周到。还要落实主席台领导、发言人、上台领奖人是否到齐。此时，会场内可播放轻音乐，营造轻松愉快的会场氛围。

目前，常用的签到方式有簿式签到及卡片式签到两种。

簿式签到

簿式签到是指与会人员到会时，在签到簿上签上自己的姓名、单位、职务等内容，以示到会。簿式签到方式简便易行，但容易在会场门口形成拥挤现象，因此，比较适合于小型会议。

卡片式签到

卡片式签到又可以分为两种：一种是将预先印制好的卡片（相当于入场券）提前发给与会者，入场时，交出一张即可；另一种是磁卡签到，即与会者进入会场时，手持事先领取的磁卡，送进电子签到机里，签到机即时将其姓名、号码等内容输入电脑，与会者入场完毕，签到情况便立即在电脑屏幕上显示出来。卡片式签到方式适用于较大型会议。

此外，有些会议不一定签到，仅凭会议通知、出席证、列席证或入场券便可进入会场。有的小型内部会议，与会者都是秘书熟悉的人员，也可由秘书在事先准备的名单上采取来一位划一位的方式。

会议签到的目的是统计到会人数，同时也能够有效地保证会议的安全。做好签到工作有利于今后证实与会情况和联系工作。

三、提前检验设备

在会议代表进入会场前,会务人员应提前 1 小时到达会场,反复检查会场准备情况,特别注意以下问题:

1. 检查空调设备,必要时做好开机准备,一般要在会议前 0.5—1 小时开机预热或预冷。
2. 检查灯光、音响设备。
3. 擦干净黑板,并准备好粉笔、指示棒、黑板擦等。
4. 按照一定顺序摆放好姓名牌,注意文字大小适当,容易辨认。
5. 在每人座位前摆放纸笔及饮用水。

设备使用、发放会议用品应专人专职。

四、会中服务

会务人员应在正式开会前 5 分钟请与会人员入座,之后请领导和其他主宾入场。开会的时候,如果会务人员没有被安排做会议记录等具体工作,就应坐在会议室的最后一排或在会场外等待吩咐。内容机密的会议,如果领导不交代,会务人员就不要过问会议的相关内容。

会议期间,会务人员的任务就是为保证会议的顺利进行做辅助工作。具体工作如接传电话、给代表送饮料、做会议记录等。

(一) 接传电话

开会的时候,一般的电话秘书帮助记录下来,在会议中间休息的时候,把电话记录交给当事人。只有内容紧急的才立即通知当事人。如果会场比较大,人数超过 100 人,就到会场中把当事人请出来接电话。如果是人数不多的小型会议,一般用口头小声传达。如果开会时还有其他单位的人在场,给领导传话,使用便条比较合适,简明扼要地把事情写在上面,把便条递过去。

(二) 送饮料

开会的时候给代表送饮料,要事先了解他们的爱好和习惯,因人而异,随时提供主席台与参会者饮用的茶水、饮料等。在召开人事等特别重要会议的时候,一般是事先将饮料摆在参会者的桌子上,不轻易进去打搅会议。如果是会议中途进去送饮料的话,一定要掌握好时机。

(三) 会议记录

如果秘书被安排做会议记录,就要做好各项准备工作,如足够的笔、笔记本和记录用纸等;必要时还得准备好录音笔,用来补充手工记录。为了使会议记录完整准确,最好在会前收集与会议相关的背景材料,这样,在需要核对相关数据和事实时,不会措手不及。

记录应真实准确,重要的会议常设二位记录员,一位详记一位略记。对会议记录而言,音录、像录通常只是手段,最大限度地再现会议情境,最终还是要将录下的内容还原成文字。记录整理一般不宜隔夜,整理后应请发言人审查签字。

1. 会议记录的内容

会议概况。记录要准确写明会议名称(全称)、开会时间、地点、会议主持人、出席会议应到和实到人数,以及缺席、迟到或早退人数及其姓名、职务,记录者姓名等。如果是群众性大会,只要记参加的总人数以及出席会议较重要的领导成员。有些会议还要写清楚会议的起止时间。

会议内容。记录会议发言,重点应放在记录讨论的观点、决议、决定。即使要求详细记录,也不是有言必录,对于一些与会议主题无关的发言可以不记。

会议其他情况。把有关会议动态如笑声、掌声、插话声等记录下来。

记录要忠于事实,不能夹杂记录者个人感情,更不允许随意、有意增删发言内容,应发扬秉笔直书的史家风骨。会议记录一般不宜公开发表,如需发表,应经发言者审阅同意。

会议记录示例如下:

售 后 例 会

主持人:售后部经理封凌

与会者:王丽丽,陈奇伟,胡莉莉,朱安娜,林汉森……

记录人:翁丽娜

时间:2018 年 4 月 3 日　上午 9:30 开始

封凌:在第一季度我们的销售量是华南区的第一名,分数是 78.1 分,大家要继续努力,不能松懈。因为这次获得第一名,我们在一、二、三月份都会有奖金。关于蓝马 6 系召回信息,我稍后会发邮件告知同事面向客户时应统一应答。

朱安娜:评良分的客户我们需要尽力争取,因为良分客占大部分。现场回访的表格应尽量全部收回,希望各位保管好。

王丽丽:已统计过一个月大概会有两百多位客户生日,因发信息怕被屏蔽,不如寄送生日卡。

陈奇伟:在做活动时可推出精品打折卡,当新车交付、市场活动时,可有针对性地进行打折。

林汉森:若有员工出外培训,回来需给同事传授所学知识。星期六下午有个车主讲座,我们可再增加演示环节;并告知客户需定期更换机油。

……

结束时间:2018 年 4 月 3 日 10:30 分结束

2. 会议记录与会议纪要的区别

性质不同。会议记录是会议讨论发言过程的实录,属事务文书;会议纪要是记载、传达会议的主要精神和一些议定事项,是法定公文。

功能不同。会议记录一般不公开,无须传达或传阅,只作资料存档;会议纪要通常要在一定范围内传达或传阅,要求贯彻执行。

形式不同。会议记录有固定的记录格式,没有发挥的余地;会议纪要则只需依据会议的精神,表达方式灵活多样。

完成时间不同。会议记录与会议同步,会议结束就完成;会议纪要应在会议结束后择要,概括,成文。

(四)防止意外事件发生

会务人员在会议进行时,始终关注会场情况,确保参会人员人身、财物安全,并随时对意外事件发生保持快速反应状态。

五、会议信息及文字工作

(一)收集会议信息

本着准确、及时、全面、合适的原则,广泛收集会议报告、小组会上的讨论发言、与会者的提案、提议等信息,供领导参考或与会者交流。

(二)编写会议简报

小型会议会期短,无需编发简报。大中型会议时间较长,常需编发简报或快报。简报目的是会议信息交流和指导。简报要选好题目,内容新颖,避免形式主义。注意报道准确真实,不带倾向性。可以多向持不同观点的与会代表约稿,切忌报喜不报忧或报忧不报喜,片面反映会议情况。写作上要求快、短,同时注意校、印、发、送等环节的保密要求。

(三)做好对外宣传

会务秘书有时还要做好对外宣传报道的工作,但是要注意掌握信息的保密度,做到内外有别。有时还要组织召开记者招待会。

(四)小结、闭幕词

在会议即将结束时,秘书就要根据会议决议、会议记录着手写作会议闭幕词、会议小结等。

六、会议期间后勤工作

与会者食宿问题是会议召开期间会场外服务工作中最重要的内容,必须重视。虽然在会议召开前,食宿工作都已准备就绪,但与会人员到会后,仍然会对食宿问题提出一些具体的要求和意见。会务人员应当虚心听取意见,尽可能满足与会者的要求,做到主动热情服务。例如，有的与会者由于种种原因提出调整房间的要求，会务人员应尽量给以调换，实在做不到的，也应耐心给予解释，并表示歉意。又如，有些与会者可能对饮食口味提意见，也应尽量改进。

会议期间的娱乐活动一般包括：观看电影、举办舞会、组织参观旅游等。会议期间适当组织这类活动，可以使与会人员在紧张的会议之余得到休息和放松，为参会者互相熟悉交流提供机会。

会议安全问题也应该特别重视。有些会议安排吃住不在一处，有些会议地点远离市区，人烟稀少，代表们晚上出入很不方便，这些都增大会议安全保卫的难度。

七、主持会议工作

秘书担任会议主持时要注意：

1. 根据议程提出每个项目，然后进行讨论，征求有关与会者的意见。

2. 给每一位代表阐述意见的机会。

3. 控制讨论过程，如果发生与论题无关或讨论到不必要的细节时，应及时引导回到议题本身。

4. 如果讨论变得复杂，出现不同观点时，秘书可以根据自己的理解将各种观点加以概括。

5. 在每个项目讨论结束后加以概括，以便决策或达成共识。

6. 坚持预定的时间，不要拖延。

7. 在会议结束时，对已取得的结果进行概括。如确有必要进一步讨论，可以推迟到下一次会议。

8. 确定下次会议的议题和时间。

会议时间不应太长，最好不超过 1 小时。2 小时以上的会议，时间越长，效率越低。一般会议取得高效的时间在上午 8:00—10:30 ，下午 3:00—5:00。

第四节　会后处理与服务

会议日程的主要内容进行完毕之后，标志着会议基本结束，但是会务工作还要继续进行，会务工作由会间服务转入会议的善后事务即结束事宜。会议要有始有终，结束阶段工作马虎不得。

一、会议善后工作

安排与会代表的离会工作。会务组或秘书部门为与会代表安排返程车票、船票、飞机票的预定事宜,编制与会人员离会时间表,安排送行车辆,派车派人将外地与会者送到机场、车站、港口。如有必要,还应安排有关领导为与会人员送行。这个时候最忌讳的是会务组只顾安排送行领导的车辆,而不顾其他代表乘车。

清理会场。会务人员要将与会代表寄存的物品交回给他们,如果发现有遗忘的物品,应及时通知本人,尽快物归原主。同时,将借用的设备及时归还借用单位,办理好归还手续,以避免因丢失或归还不及时而带来的麻烦。

收拾整理临时放置在会议室的茶杯、桌椅和其他用品,使会议室恢复原貌。最后了解各种财务手续,协助办理会务费用结算。

二、会后文书工作

(一)会议新闻报道

有些会议需要在会前、会中进行新闻报道,大部分会议都需要会后报道。会前新闻报道主要是宣传会议的意义、目的,扩大社会影响,提高与会代表的参会热情,调动会务工作的积极性,为会议的召开营造舆论声势。会中新闻报道突出宣传会议进程的时效性,关注会议热点,着重介绍会议的焦点人物,突出先进事迹的报道以及介绍会议前期的成功经验。会后新闻报道应着重宣传会议决议内容和会议精神的贯彻落实,把会议决定的新思路、新措施、新经验推广到基层。

(二)会议纪要

会议纪要是会议宗旨、基本精神和议定事项的概要纪实,不能随意增减和更改内容,任何与会议精神无关的材料都不得写进会议纪要中;会议纪要必须概其要,精其髓,以极为简洁精练的文字高度概括会议的内容和结论;会议纪要既反映与会者的一致意见,又兼顾个别同志有价值的看法。

(三)会议文书整理

即办理会议文书的收集、清退、立卷、归档的工作。收集文书包括会前准备并分发的文书,会议期间产生的文书和会后产生的文书。有些小型保密会议,会议结束,代表留下文件离开,秘书要清点文件份数并清退。会议结束后对会议文件进行立卷归档。归档后应交由有关人员保管,不要保留在个人手中。

三、会务工作总结

(一)会议总结

会议结束后,要及时总结经验教训,特别是要找出会议中出现的失误并分析原因,避免重蹈覆辙。会议总结内容包括会议名称、时间、地点、规模、与会代表人数、主要议题、参加会议的领导人、会议的主持人、领导报告或讲话的要点、对会议的基本评价和贯彻会议的决议情况及今后的工作任务布置等。

(二) 会议效果评估

会议主办方、承办方通常会对会议效果进行评估。评估是收集与特定目标相关的信息活动,会议效果评估就是了解会议进展情况,与会者的收获等。通过评估让会议主办方、承办方发现会议的实施与策划之间的关系。会议结束尽快对会议效果进行评估。

会议评估可以从以下几方面进行:

1. 会前影响会议效果的因素

如会议通知的时间是否恰当,内容是否周详,会议的目标是否明确,议题是否恰当,地点是否合适,与会者是否有充分的准备,等等。

2. 会中影响会议效果的因素

如讨论是否离题,与会者是否能畅所欲言,决策是否偏颇等。

3. 会后影响会议效果的因素

如决议落实是否到位,是否有会议记录,与会者对会议是否满意,对会议生活、安全方面是否认可,等等。

常见的会议评估方法有:问卷调查法、面谈法、电话调查法、现场观察法、会务人员述职报告等。

(三) 写感谢信

会议结束后,会议主办方的秘书要以本公司以及参加会议全体代表的名义向会场租赁单位写感谢信。感谢信不要太长,意思到了就行,时间越早越好。

会务工作可以用五个表格来概括:即会议预案表、会议议程表、会务工作程序表、会议日程表、会务工作人员分工表。

当前的世界是一个时时处处都有会议的世界。高效的会议能帮助我们迅速解决实践中遇到的问题,而低效率的会议往往会造成时间、精力、钱财的损失。改革会议制度势在必行,实行责任制(如费用包干)或者利用办公自动化设备开会(如电话会议,网上会议)是未来会议的主流。

【思考题】

1. 会议成本控制虽然是领导的责任,但是负责会议筹备的是秘书,为了加强会议成本控制,秘书应做好哪些工作?

2. 列出会前、会中、会后各阶段会务工作的要点。

3. 如何制作、发放和管理会议不同阶段的文书材料?

4. 会议期间后勤工作包括哪些方面?

5. 谈谈会议低效的原因及其危害。

【案例分析】

主要领导漏车了

某年夏天，某学会召开年会。会议最后一天安排参观纪念馆，具体组织参观的是承办单位的两名年轻秘书。一大早，承办单位派出两辆大车载着约七十名代表向目的地出发。到了纪念馆，两名秘书分别在车上宣布具体参观时间和注意事项，再三叮嘱大家按时返回车上以便开车返回，同时强调两辆车与会代表可以任意乘坐。1 小时后，代表们参观完纪念馆陆续回到车上，两辆车准时离开。又过了半小时，会议承办方领导接到电话，说某位副会长在纪念馆漏车了……原来，副会长年近七旬，腿脚不太灵便，比集合时间晚到 4 分钟，眼睁睁地看着两辆车离开，只好自己打的追赶……

【问题讨论】年轻的秘书在哪个环节出了问题，把主要领导落下了？如果你是带队秘书，如何防止类似事件发生？

【实践训练】

1. 会议承办

东方大学要承办 2019 年全国高教学会年会，校领导指示校长办公室秘书张钰："这次会议关系到我校的声誉，一定要办好、办出特色。学校准备投入 10 万元经费支持这个会议，时间 3 天，地点以我市为主。开会的环境要好，会务工作要做到位，让代表们也看看东方市的变化。你负责具体筹划这件事，先拟一个会议预案给我看看。"下面以会议租借场地为例，完成一份会议预案供会议筹备小组讨论。

实训要求：

（1）本项目可选择在模拟会议室或教室等场所进行。

（2）按照实际情况，演练做好召开中型会议的准备。

（3）每个小组完成一份会议预案供小组交流讨论。

（4）实训应分组进行。其中 1 人扮演校领导，1 人扮演秘书张钰，其他人针对小组交换的会议预案进行讨论。其他组的成员进行监督和评价。

（5）修改会议预案。

（6）实训总结。分学生自我总结和老师评价两部分。

2. 会议退场

3 000 人的"五一"节劳动表彰大会和 100 人的环保产品研讨会，在安排代表退场环节如何处理？

实训要求：

（1）学生分组讨论提出方案，对比方案，最后评出最佳方案。

（2）若上述会议时间均为3小时，与会人员每小时平均工资为40元，那么会议的隐性成本各为多少？

【知识链接】

1. "文如山，会如海，领导干部忙剪彩"的情形在许多地方都可以看到。一遇到开会，就有领导口若悬河，而与会人员则听得云山雾罩。甚至有人想方设法"置之度外"，于是出现"替身"开会现象……曾经，有人用一幅对联表达了对"会议浪费时间"的不满：上联"今天会明天会天天开会"，下联"你也讲我也讲领导都讲"，横批"谁来落实"。除了参会者讨厌"开长会、常开会"，主持者、台上人员也厌倦。这就提出一些关于会议的思考：什么人热衷开会？什么人不喜欢开会？无聊会议源自哪里？

最近，人力资源专家针对社会上无聊会议多，会议效果差，会议"议而不决，决而不行，行而不果"的现象做了些调查，得出了一些惊人的结论："不爱工作的人热衷于开会，干实事的人不喜欢开会，无聊会议源自公司政治。"研究结果还表明：有八成的被访者认为，他们公司至少一半的会议是没有意义的，纯粹是在浪费工作时间。调查同时还显示，那些干实事的人不喜欢参加会议，他们更愿意少说多做。那些工作无成就的人则对会议热情有加，多开会对他们来说是一种打发时间的方法，还可以和人碰碰头，编织关系网，他们甚至把开会看作是休息的机会。另一个产生无聊会议的原因是公司政治，在大多数情况下，即使上级对下级的工作很关注，也很难客观、合理而准确地衡量员工的工作成绩。这样，员工平时留给领导的印象就显得异常重要，在会上积极发表自己的见解，也不失为"实干"之外的另一条成功之路。

其实，整顿会风会纪已是老生常谈，各地对此可谓"八仙过海"，整顿手段各显神通：有设"迟到席"的，有"会议打瞌睡丢官"的，有录像"以此为证"的。近日获悉，武汉市委、市府办公厅将下发改进会风的文件，要求全市性会议领导讲话不超过8 000字，一般性会议不超过5 000字；汇报发言，原则上不超过10分钟；需要多媒体配合进行汇报的，原则上不超过15分钟；其他与会人员发言一般不超过5分钟等。（2011年4月7日《武汉晚报》）这无疑是一次有预期效果的会议改革。从"字数"和"时间"上控制会议，可谓用心良苦。但会议改革，要"量变"引起"质变"。有必要深入剖析"会海"形成的根源，找到会议改革的最佳办法。

（资料来源：《会议改革，要"量变"引起"质变"》，2011年4月8日，千龙网，编者改写。）

2. 中共中央办公厅、国务院办公厅印发《关于严禁党政机关到风景名胜区开会的通知》

（厅字〔2014〕50 号）

（内容略）

中华人民共和国中央人民政府网

【扩展阅读】

1. 蒂姆·欣德尔著：《会议管理》，上海科学技术出版社 2000 年版。

2. ［美］摩司魏克，尼尔森著，高维泓译：《会议管理：如何创造高效率会议》，广西师范大学出版社 2001 版。

3. 苏伟伦著：《高效会议》，南方日报出版社 2003 年版。

4. ［英］帕特里克·邓恩著，冯学东，林祝君，张岩岩译：《董事会会议管理》，机械工业出版社 2006 年版。

5. 王首程编著：《会议管理》，高等教育出版社 2008 年版。

6. 哈佛商学院出版公司编，王春颖译：《会议管理》，商务印书馆 2009 年版。

7. 龙新辉，徐梅主编：《商务活动策划与组织》，高等教育出版社 2012 年版。

8. ［英］邓肯·皮博迪著：《打造高效会议》，清华大学出版社 2014 年版。

9. 胡伟，成海涛，王凌主编：《会议管理（第三版）》，东北财经大学出版社有限责任公司 2018 年版。

第九章

沟通与协调工作

第九章
沟通与协调工作

■本章概述

沟通与协调是秘书工作的重要组成部分。沟通是协调的前提和基础,沟通有语言沟通和非语言沟通两种形式:语言沟通最直接有效,是沟通的主要形式;非语言沟通是辅助形式。沟通按照不同的分类依据可以分出不同的种类。

秘书协调工作的内容:从协调对象的角度看,主要有领导成员之间关系的协调、上下级关系的协调、单位内各部门之间关系的协调、本单位与外单位之间关系的协调;从工作项目的角度看,主要有计划协调、政策协调、事务协调。

沟通需遵循沟通的原则。沟通的方法、协调的技巧需要根据不同情况灵活运用。

■学习目标

1. 了解沟通的形式和种类。
2. 了解秘书协调的内容。
3. 掌握沟通的原则、方法和协调的技巧。

■重点难点

1. 如何做好秘书协调工作。
2. 秘书沟通的方法。
3. 秘书协调的技巧。

【案例导入】

阳光公司的陈副总经理因为一项业务工作,与李总经理又争吵起来了。后来,陈副总经理与葛秘书外出乘车时,埋怨李总经理主观武断,不尊重他的意见,导致决策失误,给公司经营造成损失。总经理是一位有能力、有魄力、办事雷厉风行的人,但不太注意工作方法,工作中得罪了不少人,职员们对他这方面也颇有意见。副总经理考虑问题周到,群众关系好,也关心别人,但决断能力差了些。从心底讲,葛秘书感情上更倾向副总经理。今天,副总经理谈起他与总经理的分歧,分明是想得到秘书的支持和同情。

思考问题:这时,葛秘书应该怎么办?①

---

① 孙荣等编:《秘书工作案例》,复旦大学出版社 2005 年版,第 146—147 页。

第一节　沟通协调概述

一、沟通与协调的含义

沟通的原意是指两处水域之间有阻隔,互不相通,在其间挖掘一条沟渠,使之流通。[①] 现代意义上的沟通,泛指政治、外交、文化和一切思想意识领域内的情况互通、意见交流。从行政管理学和秘书学角度看,沟通主要指在公务活动中所进行的政务和业务信息的传递和交流,是行政管理工作和秘书工作不可缺少的手段之一。

"协调"是一个并列结构的合成词,"协"指协商、协同、协力、协作,"调"指调节、调和、调停、调解等。它有两层含义,《现代汉语词典》解释为:配合得适当;使配合得适当。显然,它既可以作形容词,也可以作动词。作形容词理解时,协调是指一种配合默契、和谐统一的状态。作动词理解时,则指通过协商、调解,使之达到和谐统一。这里所说的协调,采用的是动词的含义,即通过协商、调解,消除隔阂和矛盾,达到政令统一、目标明确、步调一致的和谐状态。

协调是管理的一大职能,是实现组织目标的重要手段,而沟通则是协调的前提和基础,协调要在沟通的基础上进行,并通过沟通来实施。

二、沟通的形式和种类

(一) 沟通的形式

沟通有语言沟通和非语言沟通两种形式。其中,语言沟通是最直接有效的,是沟通的主要形式,非语言沟通是辅助形式。语言沟通又可分为口头沟通和书面沟通两种形式,非语言沟通又可分为目光交流、表情反应、姿态与举止等形式。

沟通还可以按照层次分为:

1. 信息沟通

信息沟通是初步的沟通,是全部沟通的基础部分。在现代社会,任何个人和组织为了生存与发展,都必须与外界沟通。沟通的第一步就是信息沟通,即把自己的情况告诉外界,同时又把外界的情况了解清楚。信息沟通的作用是彼此了解情况,进而消除隔阂和误会,相互理解。

2. 认识沟通

比信息沟通更进一步的是认识沟通。信息沟通是初步的,也是客观的,往往不涉及彼此

[①]　陆瑜芳编:《秘书学概论》,复旦大学出版社 2001 年版,第 223 页。

的利害关系,容易被接受。认识沟通则是主观的,它表达各自的观点、意愿、看法和要求,涉及到各自的利益,不容易被接受。认识沟通不能强迫对方接受,只能以适当的方式使对方自愿接受。

3. 感情沟通

感情沟通是更高层次的沟通。沟通有人与人之间的沟通,也有组织与组织之间的沟通,组织之间的沟通,从根本上说也是人与人之间的沟通。人是有感情的动物,真诚、有效的信息沟通和认识沟通必然导致感情沟通。感情沟通是在彼此了解、理解的基础上建立的一种信任、友谊的联系。感情沟通应当经常进行,它能增强组织内部的凝聚力和组织之间的信任感,会增进理解、尊重,促成团结和合作。

(二)沟通的种类

分类依据不同,可以分出不同的种类:

1. 根据信息传递方向划分

(1)单向沟通,即向一个特定对象所作的单线定向沟通。这种沟通只要求对方接受、了解,而不要求回复,它只是单方向的传递某种信息或表达某种意向。例如,向上级呈送无须批复的书面报告、礼仪性地发送贺电、贺信、感谢信等。

(2)双向沟通,即要求对方反馈、回复,以求相互了解,进一步磋商的沟通。这种沟通的特点是信息传递有来有往,不仅要表达己方的意见,还希望对方能认可、支持或合作。例如法定公文中的请示与批复、询问函与答复函,工作、外交上的互访,网上聊天等。

(3)多向沟通,即同时向两个以上的对象所作的呈辐射状的沟通。既包括多对象的单向沟通,也包括多对象的双向沟通。这种沟通是为了达到多方面的理解、支持和合作的目的。例如,下行的普发性文件,如指示、通知、通报等,公开发布的公告、通告,报刊发表的文章,广播、电视、广告等。

2. 根据组织关系划分

(1)横向沟通,又称平行沟通,即平级或无隶属关系的机关单位、团体组织及人员之间的意见、情况交流。这种沟通,双方都是以平等的态度相互交流的,沟通的目的是为了增进彼此的联系,促进合作,减少误解和摩擦。

(2)纵向沟通,即上下级之间的沟通,它是实施组织管理的重要手段。根据信息流向的不同,又可细分为下行沟通与上行沟通两类。下行沟通即上级对下级实施的信息传递,它可以让下级机关和所属人员知晓组织的工作目标、任务和领导意图,明确自己的职责和工作要求。如法定公文中的命令、指示、决定、决议、通知、通报等文种都是用来传达党和国家的方针政策、上级指示,指导、安排下级工作的下行沟通载体。上行沟通即下级对上级的信息传递,它可以使下级机关和员工表达自己的意见、建议和诉求,使上级领导了解下情,促成科学决策。如法定公文中的报告和请示就是下情上达,反映下级工作情况和请求的上行沟通载体。除书面沟通形式外,纵向沟通还可以采用广播、电视、电话、会议、谈话等多种形式进行。

在纵向沟通中,秘书常常起到枢纽和中介的作用。

三、秘书协调的作用和内容

(一)秘书协调的作用

从上述协调的含义中不难看出,协调的基本作用就是沟通信息,消除误会,融洽关系,使各组织单位、有关人员能以分工协作的形式,协同一致形成合力,完成共同的使命。协调,原本是领导的一项主要职能,但由于领导工作的繁复性和领导个人时间、精力的有限性,决定了领导不可能亲自参与许多具体事务的协调,这就必然要依靠秘书及秘书部门。秘书是领导的助手,是辅助领导开展工作的,所以,秘书代表领导参与协调工作是理所应当的。秘书部门是一个综合性部门,了解全面的情况,故常常经领导授权去协调解决各种问题,缓解矛盾,消除误解,融洽关系,使大家心往一处想,劲往一处使,保证工作顺利进行。

(二)秘书协调的内容

1. 从协调对象的角度看

(1)领导之间关系的协调

秘书参与协调领导之间的关系,是由秘书特殊的工作性质和地位决定的。秘书在领导身边工作,有时处于几位领导之间,领导之间由于分管工作范围不同,性格、工作方式各异,或缺乏宽厚、容忍的修养,也会时有隔阂,产生矛盾,严重的甚至会拉帮结派。秘书一般采取不介入的态度,但如果事态严重,影响工作,秘书则应出自公心,尽自己能力予以随机性协调。

秘书协调领导之间的关系,其基本要求是为领导相互沟通情况,交换意见创造条件,避免互不通气形成隔阂和矛盾。秘书要善于在领导之间进行沟通,主要应注意以下三个方面:① 主要领导的意见、决定、签发的文件,需要其他领导知道的要及时告知;② 重要会议的决定、讨论意见,要将其内容及时传达给因公、因病而未出席的领导;③ 涉及几位领导分工管理的工作,因观点不同,有时会顶住不办,秘书要主动综合各方观点,求同存异,沟通思想,使工作能顺利开展。

协调领导之间的关系,秘书要掌握传话的艺术,只传有利于团结的话,多做"说合"工作,不传不利于团结的话,更不能添油加醋,挑拨离间,加剧不团结。只有这样,才能使领导集团内部团结一致,同心协力。

(2)上下级之间关系的协调

上下级关系是指在一定的组织形式中,根据人们职务与地位的高低构成的一种领导与被领导的关系。上下级关系的协调,也是秘书部门的一项重要任务。

上下级关系不够协调、融洽,其原因往往是由于彼此所处的地位、看问题的角度不同。从领导者来说,可能是滥用职权,超越了下级的接受范围,引起下级不服,或对下级不够爱护、关怀和尊重;从下级来说,可能是对领导者不够尊重和支持,过多地考虑眼前利益和个人利益,尤其是牵扯到诸如工资、奖金、职称等切身利益时,与领导的隔阂、矛盾、冲突就特别明显。另外,体制改革中的机构调整、人事安排、责权利的划分问题等,也会引起种种纠纷,造成上下级之间的矛盾冲突。所以,协调上下级关系,关键是要促使双方换位思考,理解对方,明确自己的角色职责,做好本职工作。

（3）单位内各部门之间关系的协调

一个单位就像一部机器,它是由单位领导、职能部门和综合性的秘书部门组成的。其单位整体功能的实现,一方面要靠领导和各职能部门做好各自负责的业务工作,另一方面,更重要的是要靠各职能部门之间的相互协调配合和整个单位的有序运转。而这个协调配合、有序运转的工作只能由单位领导和综合性的秘书部门来完成。领导一般只是宏观指挥、大体控制,所以,具体工作还是秘书部门的事。

有时,一项工作布置下来,需要多个部门共同参与,协作完成,也往往需要秘书部门牵头安排部署。秘书部门怎么才能牵好这个头? 首先,要认真分析工作涉及到的部门,根据各部门的职责分工,落实具体任务,并初步提出完成的时间期限。其次,工作开展后,要经常了解各部门工作的进展情况,并向领导汇报,经领导同意后提出新的要求。工作进行过程中,要与各职能部门进行经常性的信息沟通,沟通是使职能部门相互协作的粘合剂,秘书部门要在各职能部门之间架起沟通的桥梁,促使职能部门相互协调,做好工作。

（4）本单位与外单位之间关系的协调

指不存在隶属关系的本单位与其他单位之间的关系。对这种关系的协调,也称横向协调、对外协调,它属于公共关系的范畴。

任何一个单位总要和外单位发生各种联系,特别是在改革开放深入发展的今天,各单位的横向联系日益加强,对外协调就显得更加重要。因本单位与外单位没有隶属关系,没有组织上的制约,对外协调只能在平等互利、互通有无、相互依存、共同发展的基础上进行。在对外协调活动中,既要维护本单位的利益,也要考虑外单位的利益,利益要均衡,分配要合理,对外单位的利益要尽可能予以照顾。对外协调要注意社会效应,要树立本单位的良好形象。对与本单位关系密切的"关系单位"更要加强联系,主动搞好关系,这样才能互相合作,互相支持。

2. 从工作项目的角度看

（1）计划协调

计划协调是指行政工作计划的订立和实施过程中的协调。计划协调是其他工作协调的基础和先导。秘书部门制定工作计划时应通览全局,既要考虑计划与局部性工作以及本单位的长远规划是否一致,还要考虑与国家的方针政策是否一致。要考虑各项工作的轻重缓急,把人力、财力、物力用到最重要、最急需的地方。对下级机关以及各职能部门的工作计划要审阅、检查、统筹、协调,要从全局出发,协调其中的各种关系。秘书部门要会同有关职能部门对业务部门拟订的计划进行统筹协调,并及时送交领导审批。在执行计划中,秘书部门还要及时掌握情况,及时协调解决计划执行过程中出现的新问题,以便计划顺利执行。

（2）政策协调

政策协调就是在制定、贯彻政策的过程中所进行的协调。政策制定是国家和组织管理中涉及面最广、各种关系最为复杂的一项工作。不仅要协调具体政策与基本政策的关系，还要协调现行政策与原来政策的关系。而政策的执行，不仅要协调政策条文与实际情况的关系，还要协调制定机构与执行机构的关系等。通过协调，保持政策的一致性，避免政策的横向矛盾和前后政策的割裂等。总之，政策的制定和执行就是一个不断协调以求一致的行动过程。

制定和执行政策中协调的具体工作，大都是由秘书及秘书部门完成的。如调查了解情况、研究掌握政策、协调组织机构关系、草拟审核文件等。只有这些协调工作做好了，才能保证领导决策的正确性和执行政策的顺畅性。

（3）事务协调

事务协调指日常具体工作中琐细事务的协调。主要有办文、办会、办事的协调。具体讲就是文件制发处理的协调、会务工作的协调、值班工作的协调、信息工作的协调、车辆调度的协调、办公经费与用品的协调等。

事务协调繁复而琐细，需要秘书的细心和耐心，要积累经验，统筹安排，计划有序，忙而不乱。以会议协调为例，在提出会议计划后，秘书部门要按照精简会议、提高效率的原则，协调会议议题，对哪个会可开、哪个会可不开、哪几个会可以合并开等等，拿出具体意见；如果会议需要邀请领导或部门负责人，秘书部门还需要根据领导分工、工作安排等实际情况，对领导的工作日程做出协调安排。这样统筹兼顾、合理部署，就可以避免会议重叠或人员交叉现象，提高工作效率。此外，会议室的调度安排、会议设备的使用管理、会议接待服务等也是会议协调应该考虑的内容。

第二节　沟通的原则和方法

一、沟通的原则

（一）准确性原则

在沟通过程中，信息发送方要运用最恰当的语言和方式将信息准确无误地传达给对方。在实际工作中，由于受双方地位、文化层次、年龄、性格等差异的影响，接收方对发送方的信息未必能准确理解，这就需要发送方具有较强的语言和文字表达能力，力求用对方容易理解的语言和方式表述，这样才能克服沟通障碍。

（二）及时性原则

及时沟通是指沟通的双方要在尽可能短的时间内进行沟通，并使信息发生效用。遵循这个原则,可以使己方容易得到他人的理解和支持,同时,也便于了解他人的思想态度,使沟通的效果最大化。在实际工作中,沟通常因信息传递不及时而使效果大打折扣。因此,在信息传递过程中要尽量减少中间环节,争取用最快的速度传递信息;接收者接收到信息后也要及时反馈。双方都要及时利用信息,避免信息过期失效。

(三) 逐级性原则

在纵向沟通时,一般要尽量遵循逐级性原则,越级沟通效果常常会适得其反。例如,在实际工作中,某些领导可能会忽视这点,他越过下级主管人员直接向一线员工发号施令,这样会架空下级主管,引起许多不良后果。又如,有些下级单位或工作人员自恃台子硬、有背景,常常越过顶头上司直接向更高一级的领导请示汇报,这样,也会加重与直接领导的紧张关系,不利于工作的开展。越级沟通,只有在迫不得已的情况下(如发生重大灾情、疫情或战争等),情况紧急,才可实施。

(四) 主动性原则

沟通,需要积极主动,不能消极被动。秘书在工作中要利用一切机会,积极主动地与领导和同事交流,在适当的时候说出自己的观点和想法,不要等到出了问题才与人沟通。

二、沟通的方法

沟通的方法可以分两个层面,一是适用于所有人的,即一般意义的沟通方法;二是只适用于特定、具体对象的,即针对具体对象的沟通方法。

(一) 一般意义的沟通方法

沟通有语言沟通和非语言沟通两种形式,语言沟通是最直接有效的,因此,沟通应该以语言沟通为主,以非语言沟通为辅。语言沟通又分为口头沟通和书面沟通。

1. 语言沟通

(1) 口头沟通

口头沟通包括当面沟通和电话沟通两种形式。电话沟通其他章节有详细阐述,此不赘述。

人们常说见面三分情。面对面地沟通,不仅显得亲切,而且非常灵活。如果双方有不同意见,可以及时协商,可以在吸收对方意见的基础上完善自己的想法,从而达到最佳沟通效果。因此,秘书对于那些重要或敏感的事情应尽量采用这种沟通方式。

当面沟通要注意两个方面,一是"听",二是"说"。

其一,"听"的技巧。与人交往,融洽关系,不仅要会说,还要学会听。听,也是谈话艺术的重要组成部分。"听"的作用是多方面的,通过"听",我们不仅可以从对方处获得许多有用的信息,了解他的情况和意图,而且还可以满足对方倾诉的需求。聆听本身也是尊重他人的一种表现。那么,怎么听才能更有效?

一要认真耐心。在别人说话时，我们应该认真耐心地听他把话讲完。有些人在别人讲话时，一听到与自己意见不一致的观点或自己不感兴趣的话题，或者产生了强烈的共鸣，就禁不住插话或做出其他举动，致使说话人思路中断、意犹未尽，这是很不礼貌的表现。当别人讲得兴高采烈时，一般不宜插话，如果必须插话，也应该先举手示意并致歉后再插话。插话结束时还应该说一句"请您继续讲"。

二要专注有礼。听别人说话时，要神情专注，精力集中，最好看着对方的眼睛，不能东张西望或干其他事情。当别人与你谈话时，你不能表现出心不在焉的样子，否则对方会对你产生反感，因为他觉得你不信任或不尊重他。相反，对方说话时，如果你一直看着他的眼睛，表现出注意聆听的样子，他会与你产生一种亲近感，愿意与你沟通。

三要呼应理解。当对方说到关键的地方或者快要说完时，听者应当点点头或者小声附和，表示在专注听他说话。如果对方说话时，你面无表情，或者显得非常紧张，一动不动，对方就不清楚你究竟是不是听懂了他的意思。所以，当对方说话时，你应该有所表示，让对方明白你已经听懂了。

四要适当提问。提问也是一种呼应，表示你对谈话内容很感兴趣。但提问不能太多、太过随意，不能打断别人的讲话。遇到冷场，可以通过提问活跃气氛。有时一个话题谈得差不多了，没有更多新的内容可谈时，也可以通过提问适时转移话题。

秘书在聆听领导谈话时，没有听懂的地方也需要通过提问弄清楚。但是，有些秘书由于害怕领导责备，对自己没听懂的地方不敢再问。当然，秘书在听领导说话时，精神应该高度集中，对领导的指示确实没有听明白或者觉得不清楚时，例如安排工作日程，对于时间和地点，如果有不清楚的地方，哪怕会惹领导不高兴，也要问明白。

其二，"说"的技巧。人们常把秘书戏称为"联络官"，事实也的确如此。秘书的一项基本任务就是与各方联络，上下左右之间，大多是靠秘书沟通情况的，不仅要及时，而且要准确。秘书工作对秘书"说话"能力要求很高。

秘书说话要注意以下几点：

一是语言要准确无误。秘书在与人交谈时，语言要准确，否则不利于彼此的沟通。语言准确的含义，首先是发音准确，清晰，音量适中；其次是遣词造句要准确，要选择表情达意最恰当的词句；再次是内容要简明，说话要抓住要点，言简意赅，少讲废话；最后要少用方言，在公关场合交谈，应使用普通话，不能用方言俚语，除不利于沟通外，也是不尊重对方的表现。

二是语言要通俗易懂。秘书要与各方面的人打交道，不止本单位也有外单位的，秘书说话时在语言上要有所区别，有些简称和省略语在本单位里约定俗成，大家都懂，但如果对外单位的人说，对方可能会莫名其妙。所以，说话要看对象，要用对方能听懂的语言说话。

三是语速要适中，语气要谦和。讲话的速度不能太快也不能太慢，太快太慢都会影响表达效果。说话太快，别人来不及反应，且容易让人误解你想吵架；说话太慢，容易使人厌倦。另外，与人谈话时，口气一定要谦和，要平等待人，亲切自然，不要端架子、摆派头、以上压下、以大欺小、官气十足、盛气凌人、随便教训指责别人。

四是必要时可以书面材料作补充。例如，筹备重要会议、撰写年终总结报告这类重要工作，由于事情重大，关系复杂，涉及面广，秘书向领导口头汇报时，不能一下子说清楚；即使秘书说清楚了，领导对开会人数、会议程序等细节问题也不一定记得住，遇到这种情况，最好在口头汇报之外再辅以书面材料作补充。

（2）书面沟通

书面沟通就是文字沟通，除了手写信函、打印的材料外，还包括手机短信、电子信函、QQ、微信和微博等现代沟通方式。书面沟通的优点是简明扼要，可以反复阅读和长久保存。使用书面沟通，要求主要有两点：一是文字要简明、准确，二是表达要得体，语气要恰当。

书面沟通主要适用于以下几种情况：

① 需要沟通的人比较多而且分散，不适合当面沟通；

② 对方需要一定的时间来考虑你提出的问题；

③ 对方需要将你提出的问题当作书面记录加以保存，以便将来查询或作凭证；

④ 对方需要按照规定的程序完成你交待的工作，他们需要有书面的说明，这样可以按部就班，随时查阅。

但是，书面沟通有两方面不足：一是对方不想看，收到了和没收到一样，如果你问他意见如何，他可以说没有收到或者还没有看，从而推卸责任；二是对自己不利的文件，他看完了却装作还没看。因此，秘书在进行书面沟通时应注意以下几点：

① 主题鲜明，引人注目；

② 语言通俗易懂，在措辞上应避免让对方产生抵触情绪；

③ 书面材料送出后，用电话询问对方是否看到，有什么困难或意见，使对方没有推脱的借口。

秘书与领导沟通时，采用何种沟通方式，除了看具体情况外，还要看领导喜欢哪种方式，不能以自己的喜好来决定。如果领导喜欢当面沟通，那就应尽量当面沟通；如果领导习惯于看材料，不喜欢当面重复啰嗦，那就应该以书面沟通为主。

2. 非语言沟通

相对于语言沟通而言，非语言沟通是指通过目光、表情、声音（音色、音调、音量）、手势、体态、物体的使用和摆放、空间距离等方式进行沟通。

非语言沟通的作用主要有两点：一是辅助语言。一般情况下，非语言沟通可以作为语言沟通的辅助手段，使语言表达得更准确、生动。二是替代语言。有时候，某人即使没有说话，也可以从其非语言符号比如面部表情上看出他的意思，这时候，非语言符号就起到了替代语言符号表达的作用。

职业秘书在工作中，要同各种各样的人打交道，要格外注意非语言沟通在传达信息和交流思想感情方面的作用。秘书要特别注意培养自己非语言沟通的能力，配合语言沟通，使沟

通更顺畅、更有效。为此,秘书在工作中要注意以下三点:

(1)说话时要注意语气、语调、语速的配合。秘书在沟通过程中,根据不同的沟通对象、不同的场景应采用对应的语气,并注意语速和语调。在沟通中,有些人喜欢用命令口气压制对方,这往往会使对方产生抵触情绪,适得其反。在沟通过程中,切忌语气强硬,语调过高,语速过快,而应多用协商的口吻,诚恳、委婉地表达自己的意见,这样更能达到沟通的目的。

(2)善于运用目光语。"眼睛是心灵的窗口",眼睛的奥秘在于它能如实地反映人的喜、怒、哀、乐情感变化和思维活动,反映一个人的内心世界。目光语是运用眼神来传递信息、表达情感的一种表情语言。在与人沟通时,眼神要根据内容的需要而变化,不能随心所欲。眼神的运用要主动、自然。别人与你谈话的时候,你的眼睛要注视他,不能旁顾其他,无论对方地位比你高或低,都要正视对方。眼神要随着谈话内容予以回应,表现自己交谈的真诚。善于运用目光语,可以使沟通更加顺利。

(3)经常保持微笑。微笑,是一种世界通用语,它可以向对方传达友好、愉悦、欢迎、欣赏、请求、歉意等正面情感信息,它能大大缩短人们的心理距离,使沟通的双方彼此获得好感与信任,促进沟通的顺利进行。微笑应该是秘书经常使用的表情语言,秘书要经常保持微笑。在职业活动中,当秘书到办公室联系公务、坐在谈判桌前或者接待来宾时,如果能首先给对方一个微笑,那么,对方就会感受到友好与期待,同时,也会报以微笑,"愿意合作"的愿望就会从这无声的微笑中自然而然地流露出来。

(二)针对具体对象的沟通方法

秘书在工作中需要经常沟通的人群无非三大类:领导、同事、群众或客户。

1. 与领导沟通的方法

秘书是在领导身边辅助领导决策,帮助领导办文、办会、办事的工作人员。秘书的工作性质决定了其必须与领导处好关系,要处好关系就要掌握与领导沟通的方法。

(1)摆正位置,当好助手。秘书是领导的助手,需要随时向领导汇报、请示、反映情况,与领导进行有效的沟通是秘书工作的重要部分。与领导沟通时,秘书首先要摆正自己的位置,无论何时何地,秘书都是领导的辅助者与服务者,对于份内的工作和领导安排的任务,应尽职尽责、认真完成,职权范围外的事务不能擅作主张,要及时向领导请示、汇报。

(2)了解领导,适时沟通。领导每天需要面对和解决的问题很多,为了提高沟通质量,秘书要提前把沟通的目的以及表达的方式考虑清楚,对领导的工作日程也要有清晰的了解,还要对领导的心情做个大致的揣摩。这样,既能节省时间,也能使沟通更为有效。倘若在领导日程安排很满、心情又很糟糕的时候与之沟通,往往会事倍功半,不但不能达到沟通目的,反而会让领导对秘书产生反感。

(3)抓住重点,及时反馈。秘书每天都要处理大量的信函、接听许多电话,由此储存了大量的信息,这要求秘书要学会筛选信息,将重要的信息及时反馈给领导。作为秘书,在向领导汇报工作或反馈信息时,要分清主次,扼要切题,切忌眉毛胡子一把抓,对着一大摞材料照本宣科。

（4）建言献策，适当赞美。工作上如有改进的地方，秘书应多向领导建言献策，在提建议时，态度要诚恳，尽量用征询与探讨的口吻。对领导提出的各种问题，要认真回答，不可吞吞吐吐，敷衍了事。作为一名秘书，在辅助领导决策时，应多做引导工作，提供资料，提出好的建议。当发现领导决策或意见有误时，要从维护整体利益出发，采用恰当的"进谏"方式及时提出忠告和建议。另外，与领导沟通时应不忘适当赞美，但赞美领导不能言过其实，否则，领导会认为你在拍马屁，效果会适得其反。

2. 与同事沟通的方法

在单位里，秘书除了要面对领导，更多的时候要面对科室的同事。同事间建立良好的沟通，妥善处理同事之间的关系，不仅使工作氛围愉快和谐，还有利于工作的顺利开展。为此，秘书与同事相处要把握以下几点：

（1）尊重他人，随和待人。每个人都渴望得到别人的尊重，尊重他人等于尊重自己。在与同事的接触中，秘书一定要尊重对方，随和待人，不在同事背后说三道四，编排是非。对每一位同事都平等相待，不因对某人有意见或看不惯就不屑与其说话，这样不利于团结。有时候，简单的一声问候就能营造和谐的氛围，使工作得以顺利开展。

（2）讲究诚信，对人宽容。诚信是人与人之间沟通的基础。秘书与同事相处时，要树立"诚信第一"的观念，答应别人的事情要做到"言必信，行必果"。即使由于某种原因没有做到，也要诚恳地向对方说明情况，取得对方的谅解。与同事发生矛盾时，要宽容忍让，自己错了就要道歉。工作中以大局为重，多补台，少拆台。对待分歧，应求大同存小异。听到一些背后议论自己的言论，也用不着去刨根问底，要以一颗平常心对待，有则改之，无则加勉。如果在工作中与同事发生一些磕磕绊绊，要学会主动与对方和解。总之，宽容是一种美德，它让你的人际关系更加和谐。

（3）关心他人，团结合作。要想与同事有良好的沟通，就要善于在"情"字上下功夫，无论是工作或生活上，要学会与同事沟通感情。工作中，同事遇到难题向你请教时，要耐心解答；同事在生活中遇到了难处时，要在精神上或者物质上及时给予帮助，使他感受到温暖；某些工作需要与同事配合进行时，要学会主动承担责任，不要斤斤计较。这样，同事会认为你是一个很好的合作伙伴，愿意与你共事。

3. 与群众或客户沟通的方法

秘书经常接触来访的群众或办事的客户，秘书与他们沟通时要注意以下两点：

（1）注重礼仪，热情礼貌。办公室代表一个单位的形象，秘书一定要注意自身形象，包括穿着打扮、说话的语气和用词等。无论来访者是何种身份，秘书都要笑脸相迎，给来访者留下美好的第一印象。要主动询问来访者来访目的，尽可能给他们提供相关的服务。

（2）耐心倾听，积极协调。在办公室，常常会遇到一些带有负面情绪的来访者，这时，秘书首先要做一个忠实的听众，允许他们把心里话说出来，从中找出问题的症结所在；可以办理的事情,要与有关部门积极协商,及时给予解决;因种种原因不能办理或无法解决的,除了稳定来访者的情绪外,还要动之以情,晓之以理,耐心地向他们解释清楚,尽可能让他们满意。

第三节 协调的技巧

秘书协调虽然有领导的授权,但不能简单依靠行政命令强制进行,而要灵活地运用各种协调的方法、技巧,采用疏导的方式,才能获得各方认同,取得好的效果。具体的协调技巧主要包括以下 6 个方面:

一、把握协调场合

协调场合很重要。场合即空间环境,空间环境对人的心理及行为有很大影响,既有正面影响也有负面影响。环境适合就会产生正面影响,协调效果就好;环境不适合就会产生负面影响,协调效果就差。秘书做协调工作,要善于把握协调场合,要充分利用和发挥场合促进协调的积极作用。比如会商,可以轮流在各单位进行,以示公正,每一方做东道主时,自然会表现出待客的礼仪和尊重。讨论可以在会议室进行,显得正式、隆重,但也会使人感到拘束;如果换一个场合,例如在餐厅或文娱场所,就会有亲切、轻松之感。

把握协调场合,需要掌握"明"协调和"暗"协调两种不同方式。对大家普遍关心并适合公开处理的问题,应采用"明"协调的处理方式,即利用各种会议和其他公开场合进行协商对话,把问题摆到桌面上,当面协商解决。例如,对涉及多个部门的具体问题,采用现场办公的协调方式比较好,这样可以把问题摆在明处,消除误会,明确责任,集思广益,迅速解决问题。对那些矛盾比较尖锐,人际关系复杂,不宜公开处理的问题,就应采取"暗"协调的方式,小范围暗中调解,靠秘书穿针引线,传递信息,疏通关系,化解矛盾,待时机成熟再转入"明"协调。

二、掌握协调时机

在协调工作中,时机把握好,事半功倍;时机把握不好,则寸步难行。因此,协调要注意捕捉时机。例如,当领导正在思考某个重要问题或某项重要工作时,如果秘书提出符合领导意图的协调意见,就容易被领导接受。又如,当协调对象精神愉快、心情平静,或者工作间歇时,容易接受别人的意见和建议,这时进行协调,效果会比较好。捕捉时机要善于"借东风"和"顺水推舟"。比如,一个重要问题需要协调解决而遇到难题时,这时正好开了个会,领导有了明确的指示;或上级下发了文件,有了明确的规定;或某位领导作了批示,有了明确的要求等,这些有利于促进问题解决的时机,都不要轻易错过。还要及时协调,不让公司问题积少成多、积小变大、积重难返。

这些都需要秘书敏锐地捕捉信息,善于观察、发现和思考,抓住有利时机进行协调。

三、运用协调方法

协调除了把握场合、掌握时机外,还要运用好各种协调方法。运用协调方法,要因时制宜、因地制宜、因事制宜、因人制宜,灵活掌握。下面介绍几种常用的协调方法:

1. **宣传教育法**。根据有关政策、方针、法律、法规进行协调,向协调对象作宣讲,以期提高双方的认识并改变态度,达到在大方向、大原则下的协调。

2. **中介法**。如果双方矛盾太深,直接沟通有困难,可以寻找与双方都能沟通的第三方,请其出面进行协调。

3. **求同存异法**。秘书在协调中听取、了解双方的意见、要求时,应尽可能发现或寻找双方的共同点或近似点,并以此作为突破口,促使双方达成初步协议。其他不同意见可以各自保留,不必强求马上解决所有分歧,留待以后时机、条件成熟时再逐步协商解决。在这里,双方的共同点、近似点很重要,它往往是打开僵局的关键。有了共同点或近似点就有了共同语言,有了讨论的基础,有了合作的可能。

4. **冷处理法**。当协调双方矛盾较深,当事人又感情用事,情绪激动、言辞激烈时,秘书切忌顶撞,应避其锋芒,不急于求成,可让双方终止会谈,待各自冷静一段时间后,再行协调。冷处理期间,秘书可以从其他方面多做些积极、促进的工作,以求扭转局势,向好的方面转化。

5. **避虚就实法**。协调中,当双方为了一些名义、提法或礼节等非实质性的问题而争论不休时,秘书应该引导、劝说双方避虚就实、增强理性、注意务实,以实际利益、根本利益、长远利益为重,把注意力转移到解决实质性问题上来。

6. **先易后难法**。当协调对象之间矛盾错综复杂时,秘书不要企求马上或完全解决问题,应分析矛盾的主次、轻重、缓急,分析各种有利与不利的条件,可以采取先易后难的解决办法。先解决好一两个容易解决的问题,增强信心,然后再逐步解决其他问题。俗话说"万事开头难",良好的开端是成功的一半,头一脚走好了,以后的路就会顺利得多。

7. **交谊活动法**。在协调过程中,秘书可以提议或组织双方开展一些交谊活动,如到双方单位参观,或聚餐、郊游、观看文艺演出等。这些活动便于彼此多接触、多了解,有利于培养感情、建立信任、增进友谊、促进合作,使协调顺利进行。

四、注意协调的语言艺术

语言是人们相互之间交流思想、表达感情最基本的工具,沟通和协调离不开语言。在沟通协调中,语言艺术是秘书应变能力的外在表现。会说话的人一句话可以办成一件事,不会说话的人一句话也可以把事办砸。秘书语言艺术的高低,直接关系到协调成功与否。故在协调工作中,秘书要特别注意使用语言的艺术。

1. 多用礼貌语

礼貌语是尊重他人的具体表现,善用礼貌语可以树立良好的形象,拉近与人交往的距离。协调活动中要多使用礼貌语,通常要做到"四有四避",即有分寸、有礼节、有教养、有学识;避隐私、避浅薄、避粗鄙、避忌讳。

2. 多用赞美语

与人交谈时,对对方的成绩、品质、行为、态度等予以肯定、称赞,让对方的自尊心得到满足,为交谈创造良好氛围。赞美语还可以用在批评他人行为之前,软化批评程度。切忌肉麻地吹捧和不符合事实的阿谀奉承。

3. 多用鼓励语

与人交谈时,秘书不能直接干脆地否定对方的讲话,如"不对"、"你错了"、"这绝对不行"等,这类话容易刺激对方的感情,伤害其自尊心,使对方产生抵触情绪,对后面的解释、说明听不进去。如果改用肯定、鼓励他说话的合理部分,如"你说的话有一定道理"、"你说的一些事是事实"等,然后再委婉地指出他说话中的缺失,对方比较容易接受。

4. 使用幽默语

幽默的语言能使交谈富于情趣,增添欢声笑语,活跃气氛,化解尴尬场面,融洽双方关系。因此,秘书在谈话中要善于运用幽默语,适当地讲点小笑话,但要做到贴切自然,内容健康。避免油滑、庸俗和低级趣味,把握分寸,适可而止。

五、协调活动中的换位思考

在实际工作中,由于人们各自所处的位置不同,看问题的角度不一样,可能产生很大的分歧。这种因为立场、视角不同而产生的分歧,都有一定的道理和局限性,不能简单地判断谁对谁错。在这种情况下,秘书和协调双方都不能简单地只是坚持和强调自己的看法、意见,要理解对方,大家平静下来,尝试换位思考,以对方的处境、视角来考虑和解释共同的问题,以期求大同存小异。这样才能消弭分歧,达成一致。

秘书在代表领导做协调工作时,要积极引导下级部门在工作目标、思想观念上达成共识,把本部门利益、工作目标与全局利益、全局的工作目标结合起来,各部门互相协调和适应,摒弃本位观念和自私狭隘心理,鼓励员工为全局工作做出贡献。同时,身处协调岗位的秘书,也应该设身处地地为下级部门考虑,作适当的利益平衡,照顾到下级部门的实际困难,才能稳定大局。

六、协调的情绪控制

协调工作中,难免会遇到一些难办之事和脾气暴躁之人,遇到这种事、这种人,切记不要轻易上火、发怒,要控制好自己的情绪,保持冷静。因为愤怒、发脾气不但于事无补,而且容易把事办砸。秘书要有宽阔的胸襟,有克制情绪的能力,能忍辱负重。如果领导心胸狭窄,嫉贤妒能,秘书不要以牙还牙,应尽力帮助他克服缺点;如果领导的才能不如自己,不要瞧不起他;如果领导偏听偏信,应该经常请示汇报,让他了解情况。秘书应该大度、心胸开阔,以自己的人格魅力感染他人。遇到误解、委屈时,不要急于辩解、争吵,让时间和工作证明自己。

【思考题】

1. 什么是沟通协调工作?

2. 沟通有哪些原则和方法?

3. 秘书协调工作主要包括哪些内容?

4. 运用秘书协调的技巧应注意哪些方面?

5. 你在日常生活、工作中都遇到或看到过哪些需要协调的现象? 你认为应该怎样协调?

【案例分析】

1. 夹缝中的葛秘书

本章开头案例中的葛秘书处于一种尴尬境地,面对前述情况他应该怎么办? 他可以有5种选择:① 投其所好,表示对副总经理的支持、同情,并对总经理的缺陷颇有微词;② 维护第一把手的权威,据理力争,摆出总经理为公司发展作出的种种努力,取得的显著成效;③ 直言敢陈,指出副总经理把领导之间的分歧公开给下级员工的做法,不利于班子的团结,也使下级无所适从;④ 保持沉默,对副总经理的话不表态,或转移话题;⑤ 耐心解释,说好话不说闲话,以弥合领导间的裂痕。

在对待领导之间的意见分歧,秘书经常处境尴尬,左右为难。如果处理不当,不仅不利于领导的团结,还会导致秘书角色行为失范,甚至还会危及自己的生存。所以,秘书应该把握原则,正确处理好这类事情。

处理领导之间的矛盾,秘书应以有利于领导之间的团结为目标,保持中立和不介入的原则,采用沟通、折中、回避等方法妥善解决。因此,在这个案例中,第④和第⑤种选择是比较好的方法,其他三种选择都不太好。第①种选择中,秘书违背了处理领导之间矛盾的原则,不仅介入了领导之间的矛盾,而且还推波助澜,加深领导之间的隔阂,所以最不可取。第②和第③种选择中,秘书的精神虽然可嘉,但却违背了中立的原则,在领导人中支持一方,反对另一方,今后在工作中可能会失去另一方的信任。第④种选择中,秘书采取了不介入的做法,沉默实际上就是一种婉转的表态,表示不支持谈话者。聪明的领导人会觉察到自己的失言、失位并自我反省。这是一种比较机智的办法。此外,秘书还巧妙地转移话题,正面避开领导的谈话内容。第⑤种选择也是一种不错的方法,但需要秘书有比较好的语言沟通能力,操作起来有一定难度。①

2. 工作繁忙,分身乏术

秘书小李进入公司将近半年,工作辛苦她不怕,可是最近却因为人际关系不协调而想

---

① 孙荣等编:《秘书工作案例》,复旦大学出版社 2005 年版,第 146—147 页。

辞职。原来每周五晚上,公司会为在这一周过生日的员工开生日晚会,晚会的布置和主持都由小李负责,所以,周末下班后小李都会很忙。最近,公司新来了一位副总,这位副总不仅年轻,高学历,而且还是董事长的亲戚,分管公司办公室及后勤工作。这位副总喜欢在每天下午临近下班时召开办公室会议,总结一天的工作。可是每到周五下午,办公室主任叫小李准备生日晚会,公司副总又让她开会,她即使不吃晚饭也不能同时完成上述工作,小李感到分身乏术,很紧张、沮丧。如果你是小李,你如何解决目前的困境?

分析:首先,小李要换位思考,理解副总每天下午临下班开总结会是出于工作的需要,公司周末开员工生日晚会是企业文化的需要。小李周末工作忙不完是件好事,说明她有事做、有能力、被需要。其次,小李要主动把目前的困难处境告诉办公室主任,求得他的支持,建议减少自己周末下午的其他工作,或派助手协助自己更好地完成工作。或者小李把周末的其他工作提前完成,把生日晚会的常规工作提前准备,以便争取时间。①

【实践训练】

1. 一位外地客商要到某地某公司商谈投资合作事宜,该公司上下非常重视,早早地做了各种安排。公司经理腾出专门的时间,在会客室专候,并准备了烟茶水果,还派自己的秘书提前在公司门口等候。等客商进入公司大门,迎候在门厅的公司秘书马上上前和客商握手,可能是知道事情的重要性,秘书反倒有些紧张,竟然对客商说:“我们经理在那边(指会客室),他叫你过去。”客商一听,当即非常生气:他叫我去? 我又不是他的下属,凭什么叫我? 你们现在就是这样对待合作者的? 以后还了得? 合作应当是关系平等的。于是这位客商回答说:“贵公司如有合作诚意,叫你们经理到我住的宾馆去谈吧。”说完拂袖而去。

公司秘书为何会把事情办砸? 如果你是公司秘书你会怎么说?

要求:可以3—4人一组,分别扮演客商、秘书、经理等,设计接待场景,凸显说话艺术、说话技巧。其他同学作评判。

2. 某公司正处在成长期,业务不断拓展,市场部提出急需增加人手,于是,公司决定招聘一批市场营销人员。人力资源部按照一般职位说明书的描述进行招聘准备工作,开展了一系列的招聘活动。在面试前,人力资源部提出让市场部的管理人员参加面试,可市场部的人实在太忙了,即使是管理人员也难得在公司露面,电话联系上他们,回答是:“我们哪里顾得上这些事啊,面试是人力资源部的事,叫我们干什么呀!”结果市场部没有派人参加招聘面试。后来,招聘来的人员上岗一段时间后,市场部管理人员开始抱怨:“人力资源

---

① 朱欣文:《通用秘书实务与案例分析》,广西民族出版社2011年版,第318页。

部招聘来的人不好用,不适合做市场营销,安排的任务指标完不成。"听到抱怨,人力资源部的人也觉得很委屈:"究竟要什么样的人?从你们那里听不到一点意见,面试也不参加。想要什么样的人,你们自己最清楚,招聘过程不参与、不配合,人来了,又抱怨我们。"

问题到底出在哪里?如何处理人力资源部和业务部门的关系,使招聘更有效?

要求:　假设你是公司总经理秘书,总经理派你协调处理此事,你会怎么做?请你思考后写一份协调方案。

【知识链接】

企业内部沟通经验的启示

一、企业内部沟通的例子

改革开放 30 多年,无论跨国公司还是本土企业都经历了市场从稚嫩到日渐成熟的过程。市场竞争从开始的价格战演变到现在的品牌战、人才战,企业对员工的认知也从开始的"两条腿的人"转化到了企业核心竞争力的基础,应运而生的是企业内部沟通职能的逐渐完善和强化。

目前的趋势是资深公关人入主大企业内部沟通部门,这说明企业内部沟通领域近几年得到快速发展。大多数大型跨国企业都成立了从 HR 或 PR 部门中独立出来的企业内部沟通部门。下面介绍几个公司内部沟通的经验:

通用汽车——在通用汽车的企业内部沟通理念中,内部沟通讲究信息的直接到达,最原始的就是最好的。通用汽车总部的内部沟通渠道有 News Now 邮件系统,月度沟通策略工作会及普通员工与总裁面对面沟通会议等最直接而简单有效的沟通渠道。

微软——著名的美国微软公司在激烈的市场竞争中,在日新月异的计算机技术领域能够迅速崛起,独占软件产业的鳌头,他们在管理中坚持有效沟通是关键的成功经验。如建立起以工作为乐的价值观和以奋力拼搏、勇攀高峰的精神为核心的企业文化,领导者带头身体力行,使这种企业文化通过上行下效成为对企业员工的无声的鞭策和激励;通过建立电子邮件系统、办公室、停车场的无等级安排等,实行民主化和柔性沟通管理,使员工之间、上下级之间可以实现随时随地的交流与沟通,充分营造一种宽松、使员工心情舒畅的工作氛围。正是这种和谐的氛围,最终铸就了微软强大的品牌效应。

二、企业内部沟通的障碍

与以上企业相比,有些企业在内部沟通机制的建立上略显滞后。原因有以下几点:

1. 沟通的委婉性。反映在企业内部就是领导对某些事情发表意见时,往往是蜻蜓点水式的,能否把事情做到位,完全靠下属超凡的领悟与会意能力。

2. 在上级面前常常进行沟通表演。企业成员在领导面前会努力塑造自己的良好形象,和其他成员进行良好沟通,告诉领导者自己已经尽力,责任不在自己。或者当有问题发生时,告诉上级自己会努力解决,但是实际却搁置问题不去解决。

3. 沟通等待。当有一项比较艰巨的任务需要完成时,企业成员往往等待他人去完成,而不是积极进行沟通,大家一起解决。或者是不同部门之间不能达成一致意见,任务就被搁置下来。

4. 上下级之间的不信任使得下级往往报喜不报忧,从而使信息传递失真。

5. 企业壮大往往离不开一个很有能力的创始人,他们对于资源、机会的把握是企业在创业期获得快速发展的根本保证,这也往往奠定了他们在企业中的崇高地位。在企业进入稳定发展期后,某些领导人专权,各级员工很少有发表言论、参与决策的机会。

三、加强企业内部沟通的方法

1. 企业要有通畅的沟通,必须为员工营造一个民主、进取、合作的沟通环境。遇到沟通障碍时,不管是个人与个人之间还是部门与部门之间,都要换位思考,善于聆听各方面的看法和意见。

2. 加强企业文化的建设,用文化的力量提高成员的凝聚力。增强员工对企业的归属感和责任感。并且明确不同岗位的不同职责。当问题出现的时候,员工能以积极的心态去解决问题,而不是等待他人来解决,或者是推脱责任。

3. 企业要充分重视积极聆听在沟通中的作用。管理者的积极聆听会让员工感觉到自己受到了尊重和得到了认可,会增强员工的主人翁精神,使员工感觉到自己和企业的命运是联系在一起的,从而更有动力全身心地投入到工作中。

4. 企业还应注重沟通反馈机制的建立。没有反馈的沟通不是一个完整的沟通。单向的传递容易导致信息失真,从而使沟通的效果大大降低。反馈机制的建立需要信息发送者和信息接受者的共同努力。信息发送者在发送信息的同时,应该采取积极的措施鼓励接受者提供反馈信息,并注意观察接受者在接到信息后的反应和行动,这些都有可能隐藏着重要的反馈信息。而信息接受者必须把握他们在信息反馈中的主体地位,排除一些心理干扰和可能的权力威慑,客观准确的做出信息反馈。总之,在企业中应该设法使自上而下的沟通和自下而上的沟通达到平衡,建立完善的双向交流机制,使企业真正实现卓有成效的沟通。[①]

【扩展阅读】

1. 徐寒主编:《职业秘书沟通协调方法与技巧》,广州出版社2004年版。

2. 赵颖主编:《秘书沟通协调与谈判技巧(第二版)》,中国人民大学出版社2014年版。

---

① 李梦媛:《外国企业内部沟通经验对中国企业的启示》,《商情》2011年第17期,第104页。

3. 朱欣文编著：《通用秘书实务与案例分析（第二版）》，广西民族出版社2011年版。

4. 邱宗国：《秘书工作中矛盾冲突的协调技巧及要点解析》，《秘书之友》2016年第12期。

5. 李默颖，潘建华：《办公室秘书沟通协调工作技巧及要点解析》，《企业改革与管理》2016年第16期。

6. 曹艺鸣：《浅析秘书沟通协调工作技巧与方法》，《太原大学学报》2011年第3期。

7. 陈春梅：《秘书协调工作的沟通技巧》，《办公室业务》2011年第7期。

8. 强月霞，唐邈芳主编：《秘书沟通实务》，高等教育出版社2015年版。

第十章
信访工作和客户服务

第十章
信访工作和客户服务

本章概述

信访工作是秘书机构的职责之一,是秘书机构直接为领导服务、为群众服务的一项重要任务。秘书在客户服务工作中承担着相当重要的角色,面对的是任何需要接受服务和可能接受服务的客户,为领导做好辅助工作。本章着重论述信访工作和客户服务工作的有关工作原则和方法,提高秘书对信访工作的认识和服务的自觉性,努力为上访群众、为客户提供优质的服务。

学习目标

1. 了解信访工作的要求和程序。
2. 掌握客户服务的方式和程序。

重点难点

1. 信访工作的职责和原则。
2. 了解客户的需求做好客户服务工作。

第一节　信访工作概述

【案例导入】

市政府信访办秘书小王今天早晨收到了一封署名"正义老人"的来信,反映某公司的噪音问题。信中谈到,该公司在朝阳区的分厂经常在夜间作业,机器噪音很大,小区里许多人都有同样的意见。自己因为年岁已大,经常整夜睡不着觉。前几天,老人找到厂区,一位负责人接待说:"夜间作业是我们这些年一贯的做法,大家都已习惯。再说,如果取消夜班,将给厂里带来巨大的损失。希望居民们能够谅解。"老人认为,企业生存不能只顾自己的利益,现在厂区周围新建了许多居民楼,也该考虑百姓的利益,兼顾他们的需求。

协调解决好人民内部矛盾,更多地实现百姓的利益诉求,有利于社会的和谐、稳定,有利于提高政府的公信力。信访工作人员要树立以人为本的执政理念,真正把百姓的问题、百姓的需要放在首位。

一、信访与信访工作

信访是人们对特定含义"来信来访"的简称，是一种约定俗成的说法。2005年国务院《信访条例》的解释是："信访是指公民、法人或者其他组织采用书信、电子邮件、传真、电话、走访等形式，向各级人民政府、县级以上人民政府工作部门反映情况，提出建议、意见或者投诉请求，依法由有关行政机关处理的活动。"

"信访工作"一词是新中国成立之后才产生，并逐渐演变而成的一个专用名词。它的含义就是指有关组织或部门针对人民群众通过来信与来访等形式提出的问题、反映的情况，进行分析研究，调查核实，依照法律、法规，做出恰当处理的一系列活动。信访工作是党和政府的一项重要工作，是构建社会主义和谐社会的基础性工作，是党和政府联系群众的重要纽带，是民主监督的重要保证，是安定团结的重要措施，是反馈信息的重要渠道。

二、信访工作的要素

信访工作由信访人、信访受理者、信访事项、信访工作方式、信访工作效果五个要素组成：

1. 信访人，是指通过各种信访形式向有关行政机关或社会组织反映情况，提出意见、建议和要求的公民、法人和其他组织。信访人是信访活动的发起者，是信访工作的对象。

2. 信访受理者，是指在其职权范围内受理信访人提出的信访事项的行政机关或有关社会组织，如党政军领导机关、企事业单位、新闻舆论机构等。信访受理者是信访工作的主体，也是决定信访工作成败的关键因素。

3. 信访事项，是指信访人通过信访渠道反映的各种问题和表达的各项意愿的统称。信访事项是信访工作的焦点，所有的信访工作都要围绕受理和办理的信访事项进行。

4. 信访工作方式，是指信访受理者依照一定的原则程序，处理信访问题时所采取的各种形式和方法。对不同的信访问题，应采取不同的处理方式。

5. 信访工作效果，是指信访受理者受理和办理信访事项的效果和结果。信访人对信访结果是否满意是评价信访工作的主要指标。

三、信访工作的职责

《信访条例》规定：县级以上人民政府信访工作机构是本级人民政府负责信访工作的行政机构，履行下列职责：

1. 受理、交办、转送信访人提出的信访事项；

2. 承办上级和本级人民政府交由处理的信访事项；

3. 协调处理重要信访事项；

4. 督促检查信访事项的处理；

5. 研究、分析信访情况，开展调查研究，及时向本级人民政府提出完善政策和改进工作的建议；

6. 对本级人民政府其他工作部门和下级人民政府信访工作机构的信访工作进行指导。

四、信访工作的原则

《信访条例》规定："信访工作应当在各级人民政府领导下,坚持属地管理、分级负责,谁主管、谁负责,依法、及时、就地解决问题与疏导教育相结合的原则。"同时,要求县级以上人民政府工作部门及乡、镇人民政府按照有利工作、方便信访人的原则,确定负责信访工作的机构或者人员,具体负责信访工作。

第二节　信访工作程序

《信访条例》规定：对信访事项有权处理的行政机关办理信访事项,应当听取信访人陈述事实和理由;必要时可以要求信访人、有关组织和人员说明情况;需要进一步核实有关情况的,可以向其他组织和人员调查。对重大、复杂、疑难的信访事项,可以举行听证。听证应当公开举行,通过质询、辩论、评议、合议等方式,查明事实,分清责任。

一、处理来信的要求和工作程序

处理来信的基本要求是：及时拆封,详细阅读,认真登记,准确交办,妥善处理。

处理来信的基本工作程序是：拆封,阅读,登记,处理,催办,回告,审结,复信,归档。

（一）拆封

当日来信,当日拆封,将信纸、信封及附件一并装订,信纸在前、信封在后,并在信的右上角加盖收信印章,做到及时、完整。文秘人员拆封前,应先检查一下来信是否属于自己的受理范围,是否有"亲启"字样,以免拆错,并注意保持信封和邮票等完好;拆封后,把来信先粗略浏览一遍,以便对要信、急信及时处理,并注意将来信中夹有的各种证件、票证、现金等核查登记。

（二）阅读

文秘人员要认真细致准确地领会信意,根据来信反映的问题,提出拟办意见。阅信时,要注意把握信中的主要问题,弄清问题的性质,并注意对信访问题的真伪性、信访要求的合理性作出判断,慎重考虑处理办法。属于本机关法定职权范围的信访事项,应当受理,不得推诿、敷衍、拖延;对不属于本机关职权范围的信访事项,应当告知信访人向有关职权机关提出。注意不要在来信上勾画、添改。

（三）登记

在来信登记卡或来信登记簿上按照项目要求填写来信的基本情况。为便于统计、查找和催办，项目内容要认真登记，包括信访者的基本情况（包括姓名、单位、职业、住址等）、来信的主要内容（包括请求、事实、理由）等有关情况，并注明处理意见。信访内容摘要注意交代清楚人物、时间、地点和主要内容，做到言简意明，准确无误，条理分明。来信登记格式可参考表 10 - 1。

表 10 - 1 来信登记簿

收到日期： 年 月 日　　　　　　　　　　　　　　　　　　　　　　　字号：

姓名		单位		
住址			何处转来	
内容摘要			附件	
经办运转记录		处理结果	复信情况	备注

（四）处理

《信访条例》第二十二条规定，"有关行政机关收到信访事项后，能够当场答复是否受理的，应当当场书面答复；不能当场答复的，应当自收到信访事项之日起 15 日内书面告知信访人。但是，信访人的姓名（名称）、住址不清的除外"。根据来信的内容，可采用要件呈送领导阅批、直接查处，或转有关部门处理等方法，分别加以办理。

1. 呈阅。对反映政策性、普遍性、倾向性问题的重要来信上访材料，应及时呈报有关领导阅批。文秘人员向领导报信，一方面可以使领导者掌握信访渠道的重要情况，另一方面也可以使一些重要的信访问题得到及时处理。呈送之前，信访部门应认真分析判断，提出拟办意见，还可以援引有关政策条文，供领导者参考。呈送形式，一般有原信呈送和摘要呈送两种方法。呈阅签或称"要信（访）请示"、"要信（访）呈批表"、"要信（访）摘报"、"信访简报"，或采用专题报告等形式，连同原信和上访材料一同呈送。信访呈批摘报格式可参考表 10 - 2。

2. 交办。凡上级组织或领导人阅批的重要信访文书，信访部门都可以将领导批示的复印件转交有关主管部门调查核实和处理，并限期汇报对信访事件的处理结果。一般的信访批示件在 1 日内交办到位，紧急和重要的信访批示要当即交办。如果领导批示要求限时办结的，交办时要特别说明办理时限。信访处理格式可参考表 10 - 3。

信访人姓名	×××	信访人单位及职务	××市宏声电子厂	
信访人住址	广源路218#		信访日期	2018 年 11 月 6 日
信访事由	老屋拆迁补偿未到位			
信访内容摘要：宏声电子厂职工×××所有的位于飞凤路436#老屋由于道路扩建被拆迁，于 2017 年 3 月被拆除，按文件规定以 2 236 元/平方米支付上访人 231 654 元人民币，截止日期为 2017 年 12 月 30 日。至 2018 年 11 月 6 日，××区拆迁办尚欠 120 000 元人民币。				
附件	《关于追讨拖欠拆迁补偿金的申诉材料》			
拟办意见：经核查情况属实，建议按×政发【2014】26 号文件规定执行。				
领导批示：区拆迁办公室应严格按规定尽快安排资金补偿到位。 　　　　　　　　　　　　　　　　　　　　　　　　　　　　　××× 　　　　　　　　　　　　　　　　　　　　　　　　　　　　2018 年 11 月 8 日				
××市××区人民政府信访办公室（章）			2018 年 11 月 8 日	

收到日期：　　年　月　日　　　　　　　　　　　　　　　　　　字号：

姓名			单位		
住址				何处转来	
内容摘要				附件	
批示与拟办		处理结果		归卷日期	案卷编号

　　3. **转办**。一般的信访，按照"属地管理、分级负责，谁主管、谁负责"的原则，就信件来源（行政归属地）及其反映内容，准确、及时地将信访材料转交有关地区、部门或单位处理，并责成有关责任人在规定期限内答复信访者。转办时要填写转办单，不宜转原信的要隐去姓名摘转。对涉及两个以上单位、部门的信访案件，牵头单位应组织协调有关单位和部门联合办案。《信访条例》第二十四条规定，"涉及两个或者两个以上行政机关的信访事项，由所涉及的行政机关协商受理；受理有争议的，由其共同的上一级行政机关决定受理机关"。信访转（交）办格式可参考表 10-4。

　　《信访条例》第二十六条规定，"……行政机关对重大、紧急信访事项和信访信息不得隐瞒、谎报、缓报，或者授意他人隐瞒、谎报、缓报"。根据《信访条例》规定需要注意的几种情况：对依照法定职责属于本级人民政府或者其工作部门处理决定的信访事项，应当转送有权处理的行政机关；情况重大、紧急的，应当及时提出建议，报请本级人民政府决定；行政机关及其工作人员不得将信访人的检举、揭发材料及有关情况透露或者转给被检举、揭发的人员或者单位；行政机关工作人员与信访事项或者信访人有直接利害关系的，应当回避；办理工作中注意不得向外透露信访工作的秘密。

表 10 - 4　信访事项转（交）办单

信访分类：普信　要信　市长信箱　　　　　　　　　　　　　　　　登记编号：

信件来源		规定办结日期	
信访人	等　　　人	地址及电话	
信访内容摘要： 登记人：			
转（交）办意见： 拟办人：			
领导阅批： 阅批人：			
备注：			

（五）催办

对本地区、本系统的信访工作和交办到各地、各部门处理的信访文书，应及时或定期进行督促和检查，对检查的时间、方式、要求、方法作出规定，并要求按期结案、上报。催办是提高办事效率的重要环节。一般情况下，定期 10 天、半个月催办一次；重大的疑难信访件可适当延长催办时间。对逾期不报告者，均应催办。久拖不决的重要问题，还可采用查办的方法解决。不能一转了事，不闻不问。催办方式：一是发函催办；二是电话催办；三是会议催办。信访催办格式可参考表 10 - 5。

表 10 - 5　信访催办单

收到日期：　　年　月　日　　　　　　　　　　　　　　　　　　　　字号：

姓名		单位			
住址		何处转来			
内容 摘要		附件			
批示与 拟办		归卷 日期		案卷 编号	
备注					

（六）回告

各承办单位对于领导人批办后直接办理的信访事项应在 60 日内办理完毕，并视情况将办理结果答复信访人；情况复杂的，经本行政机关负责人批准，可以适当延长办理期限，但延长期限不得超过 30 日，并告知信访人延期理由。法律、行政法规另有规定的，从其规定。回告格式参考表 10-6。

交（转）办回告函 表 10-6

字第　　号

```
　　　　　　：
　　　你处×××年×月×日交办的×××来信（访）××件有关的问题，经调查，现作如下
处理：
　　　1. ⋯⋯⋯⋯⋯⋯⋯
　　　2. ⋯⋯⋯⋯⋯⋯⋯
　　　3. ⋯⋯⋯⋯⋯⋯⋯
　　　4. ⋯⋯⋯⋯⋯⋯⋯
　　此复。
　　附：《×××关于×××的处理决定》×件
                                            ××部门（盖章）
                                            ××××年×月×日
```

（七）审结

对承办单位上报信访问题处理结果的回告材料，原交办单位要认真审查，及时结案，写出上报结案材料，签署结案意见。结案标准是：事实清楚，证据确凿，结论正确，处理符合政策，手续完备。上报的结论和处理意见，必须有当事人签署的意见。结案报告的形式和行政公文类似，一般分三个层次：一是概述案件，二是叙述案件，三是处理决定及落实情况。

（八）复信

对信访的处理结果，应视情况，给信访人书面复信或口头答复。复信要及时，做到件件有着落，事事有回音。原则上由承办部门负责办理。复信时要注意：严格掌握政策界限，讲究礼貌和方法，内外有别，保守机密，格式规范。还要签署日期，加盖公章，留存底稿。若口头答复，应记录存档，以备查考。一般来说，复信的形式有告知性、交代性、询问性、劝阻性、解答性、鼓励性、感谢性等。复信格式可参考表 10-7。

（九）归档

各级信访部门在信访工作中形成的，属于立卷归档范围的文件、材料（包括来信来访登记卡片和簿册、接访记录、案件处理调查报告、处理结果记载、统计报表等）、人民来信，均应

表 10-7 简便复信笺 ....

信复字【　】第　号

_____：

　　来信收悉,信中关于_____问题:

一、已转请××××单位处理。

二、已转至××××参考。

三、正在处理之中,请耐心等待。

此复。

××××信访办公室

××××年×月×日

按性质分类整理,按来信人立户,按时间顺序排列编号,分年组卷,统一保管,以利检索使用。信访工作人员要遵守保密纪律,内外有别,不宜公开的材料、内容,不能随意泄露、扩散;严格控制信访文书的传阅范围,不得丢失、藏匿或擅自销毁信访文书。

二、接待来访的要求和工作程序

接待来访的基本要求是:热情接待,认真听记,准确解答,恰当处理,耐心教育,维护信访秩序。

受理人民来访的基本程序是:接待,登记,接谈,处理,立案和回访。

(一) 接待

负责信访工作的秘书人员对上门来访的人民群众,无论是初访还是重访,都要态度热情,以礼相待。

(二) 登记

与来访者初步接谈前,应先让其认真填写《来访登记卡》,内容主要包括:姓名、性别、年龄、职业、住址(或工作单位)、来访次数以及反映的主要问题(包括请求、事实、理由)等。如果来访人的文化水平有限,接访人员要帮助其填写。然后按照"属地管理、分级负责,谁主管、谁负责"的原则,及时介绍到有关部门去接谈处理。对不属于本单位受理的,应当面告知来访者,并说明不予受理的理由,引导其向有关部门提出诉求。群众来访登记格式可参考表 10-8。

(三) 接谈

接谈是接待来访的关键。负责信访工作的接访人员在接谈过程中,要集中注意力,头脑清醒,反应灵敏,态度谦和,遵循"一听、二问、三记、四分析"的原则,耐心倾听,细心询问,如实记录,认真分析。

来访人姓名		性别		年龄		职务	
现工作单位或家庭住址					信访人数		
是否越级		初访或重访		联系电话			
来访问题摘要：							
处理建议							
领导批示							
处理结果							
接访人			接访时间			年　月　日	

（四）处理

处理来访和处理来信一样，对于群众反映的问题，都要认真查办，恰当处理。

1. **直接解答**。对来访者提出的问题比较简单的，能够当场答复是否受理的，应当当场答复；不能当场答复的，经研究后自收到来访事项之日起 15 日内书面告知信访人。

2. **电话联系**。对来访者反映的问题应由其所在地领导机关和单位处理的，应通过电话与有关部门联系，请他们妥善处理。

3. **出具便函**。根据来访人反映的问题和要求，按照"属地管理、分级负责，谁主管、谁负责"的原则出具便函，转请有关部门接谈处理。

4. **立案交办**。对来访者反映的问题比较重要、典型的，应按一定程序立案，发函交有关地方和部门办理。

5. **直接查办**。对来访者反映的问题比较重大的，按审批程序立案直接进行调查，经办人写出调查处理报告，报有关领导审批后转请有关单位处理。

在处理过程中要注意：对情绪激动的来访者，要做好冷静的疏通工作，避免不良后果的发生；对集体上访的群众，应做好说服动员工作。对个别无理取闹、扰乱社会治安和机关办公秩序而屡教不改的，经报请领导同意后，交由公安、民政部门收容、遣送。

（五）回访

回访，即拜访来访者。回访的过程，就是调查研究，解决问题，了结案件的过程。它与复信工作一样重要。回访的重点，一般应放在问题已恰当处理而本人思想不通的人身上，以便有针对性地做好疏通引导工作。

三、特殊信访事项的处理

（一）联名信或集体上访

联名信,是指由 5 人或 5 人以上共同签署姓名反映同一问题的来信。它一般是反映署名人共同关心或与他们切身利益密切相关的问题。来信人一般都要求急迫、言辞激烈,渴望尽快给予答复和解决。对此,秘书部门要高度重视对联名信的处理,及时核实联名信所反映的情况,针对问题,提出拟办意见,呈送领导者阅批,或转请有关部门处理。只要处理及时,工作细致,做好解释和说服工作,是可以把问题解决在萌芽状态之中的;但如果处理不及时或不恰当,有可能会引起由信转访、集体上访的后果;若再处理不好,激化矛盾,就可能会影响到社会的稳定。对联名信或集体上访反映的问题,查结后,要召开全部信访人员(或代表)会议,公布调查结果。

（二）匿名信

匿名信,是指不署名或不署真名的群众来信,其内容以揭发、检举为多。匿名信形成的原因比较复杂,有的是怕打击报复,也有的是担心掌握的情况不准确,还有的就是故意诬告、陷害他人。匿名信是一种客观存在,信访部门处理匿名信应同署名信一样认真对待,积极受理,认真研究,科学分类,妥善处理。要使匿名信办有结果,查有实据。有信息参考价值的,反映给领导及有关单位;确属报复诬告的,应依法追究写信人的责任。对匿名信反映的问题,查结后可视情况在适当范围公布调查结果。

（三）危急来信来访

危急来信来访是指在来信来访中流露危险情况和反映紧急情况的来信来访。大致有如下几种情况:一是来信来访人缺乏克服困难的勇气,对依靠组织解决问题丧失信心,思想消沉,或受意外刺激等原因而产生轻生念头;二是法制观念不强,想以个人力量寻机报复,欲铤而走险;三是来信来访反映问题重大,时间性很强,如不及时处理会产生严重后果。

对危急情况的来信来访,必须引起高度重视,讲究工作的方式与方法,增强紧迫感。要及时向上级请示,如果领导不在,或来不及向领导报告,办信人有权先做处理。要立即用电话、电报将紧急情况通知有关地区和单位,采取有效措施,稳定信访人的思想情绪,妥善处理有关问题;必要时,还要与公安部门联系,请他们协助做好防范工作,防止事态扩大。处理完毕后,要写出书面情况详细报告。

第三节　企业客户服务

【案例导入】

张小姐是某中型美容院总经理的秘书。一日上班时,顾客陈小姐向她投诉,反映为其安排的美容师李某专业技术手法差,若不为其调换美容师,她将不再来店消费。张秘书热情接待,很客气地请陈小姐坐下,然后耐心地倾听陈小姐的抱怨,对其不满深表同情。慢慢地,陈小姐也被张秘书的诚恳打动了,态度渐渐变得友善。之后,张秘书答应为其更换美容师,随后还根据美容院的规定,让美容师为其做了一次免费护理,而且还要求原来的美容师李某在以后的工作中,每当遇到这位顾客时,都要主动与之热情地打招呼……至此,迅速、有效地解决了这一投诉,留住了老顾客。

面对客户的投诉,秘书要多学习一些客户服务的方法,掌握客户的心理,了解他们的需要,才能在服务中赢得客户的好感,获得回报,赢得友谊。

一、客户服务的基本要素

(一) 客户

1. 客户的含义

客户是指任何接受产品或服务和可能接受产品或服务的个人与群体。在英语中,客户(Customer)一词来源于风俗习惯(Custom)这个词,故对待每个客户都需要充分考虑他们的习惯。企业的客户指的是企业提供服务的所有对象,包括股东、董事、员工、合作者、顾客、社区居民、政府官员、供应商等。

2. 客户类别

对于客户服务人员来说,识别客户有助于业务的开展。因此,应按照不同的标准对客户进行分类。

(1) 根据客户来源划分

外部客户。根据接受企业产品或服务的不同行为,可将其分为个体客户和单位客户。

内部客户。即指企业各业务部门及其员工,包括本地及远程部门的同事。

合作伙伴。包括政府部门、供应商、合作商等。

善待每一位客户是客户服务的最基本要求,无论是业务交易量较大的客户,还是交易量较小的客户,无论是内部客户、外部客户还是合作伙伴都同样的重要,都不能轻视、怠慢。

(2) 根据客户目的划分

忠诚的客户。这类客户是对你公司情有独钟,并不因为某次服务不佳就会离你而去的客户。这是企业依靠多年来的优质服务培养出来的。他们既是企业效益的主要来源,又是企业产品和服务的免费宣传员。

目的明确的客户。这类客户知道自己需要什么,他们往往是为了购买某种特定的商品而直奔主题,一旦看中就会立即购买,毫不犹豫。对于这种客户只要做好服务,尽量地适应他,使他满意,就会带来很好的效果。大多数情况下,他们还会成为回头客。

偶然路过的客户。有许多的客户都是临时路过,没有明确的购买目的,可能买也可能不买商品,一旦碰上感兴趣的商品也会产生购买意向。对于这类客户最重要的是及时而又热情地回答他们提出的问题,使他们对商品的性能有较为全面的了解,同时对你的服务产生好感,这就有可能使偶然路过的客户成为顾客。

他人陪伴的客户。这类客户有的是有着明确的购买目的,但最后的主意定不下来,需要找一个伙伴帮助其参谋;有的只是结伴而行,漫步浏览。对于这类客户,要耐心、周到、细致地为其提供服务,介绍各种商品,帮助他们选择,促成交易。即使他们没有购买任何商品,也会对你的优质服务留下深刻的印象。

寻求信息的客户。有些客户是为了专门了解购买信息而来的。这类客户有着较强的购买欲望,交易的可能性很大。他们属于非常有价值的客户。你应向他们详细介绍公司、产品以及他们想要了解的一切情况,满足他们对商品信息的需要,并想办法与其成为朋友,使其对你产生信赖感,为今后的交易奠定基础。

如何使潜在的客户转化为实际的客户是企业需要研究的问题。

(二) 服务

1. 服务及客户服务的含义

服务是指用以交易并满足他人需要、本身无形、不发生所有权转移的活动。客户服务是指在合适的时间和地点,以合适的方式和价格,为合适的客户提供合适的产品和服务,满足客户合适的需求,使企业和客户的价值都得到提升的活动过程。

2. 客户服务的特征

企业的客户服务工作贯穿于产品或服务售前、售中和售后的全过程,包括企业向客户提供与产品或服务相关的技术、信息等方面的各项专业化活动。服务具有以下特征:

(1) 利他性。服务是满足他人需要的活动,而不是满足自己需要,只有满足他人需要的活动才可能是服务。

(2) 交易性。服务是用以交易的活动。在市场经济条件下,满足他人需要的服务只有通过交易才能提供,离开交易,就不存在真正意义上的服务。

(3) 无形性。服务活动的本质是一种无形的或抽象的商品买卖。尽管像餐饮、零售、金融、保险等行业存在着有形的实体服务,但这些实体性的服务并不是它们的本质,其本质是抽象而又无形的。

(4) 互动性。客户服务是企业与客户互动的过程。面对客户的合理要求,企业要做到"有求必应",或在客户提出要求前就服务到位,则是高质量服务的表现。

(5) 综合性。客户服务质量主要表现在服务设备、环境、服务人员等,还包括卫生、安全、方便程度以及服务态度、能力、方式等。

(6) 不发生所有权的变化。服务是一种人的活动,它能被他人所享受,而不能被占用。所以,服务活动本身不发生所有权的转移。

3. 客户服务的类型

按照服务的性质可将服务划分以下四类：

（1）流通服务。它由零售和批发组成的商流服务、仓储和运输组成的物流服务、交通和住宿组成的客流服务、邮政和电讯组成的信息流程服务构成。

（2）生产生活服务。它可分为生产服务，包括银行、证券、技术服务、咨询、广告、会计事务等；生活服务，包括旅游、餐饮、美容、美发、娱乐、照相等；生产和生活兼顾的服务，包括房地产、租赁保险、维修、职业中介、律师事务等。

（3）精神和素质服务。它是为满足人们精神需要和身体素质需要的服务，包括满足人们精神享受和精神素质需要的服务，如教育、文艺、科学、新闻、出版、宗教信仰等；满足人们身体素质需要的服务，如体育运动、医疗卫生、环境保护等。当今社会，随着经济发展和人民生活水平的提高，应加强精神和素质服务，满足人们的需求。

（4）公共服务。它是指政府机构提供的服务，具有非营利性和公益性。

4. 寻找合适的客户

企业不可能将所有的人、所有的企业都变成客户，也不是所有客户的忠诚度都要提高，要仔细分析客户需求及其购买模式与消费偏好，来判断本企业的合适客户。在识别、挑选客户前务必对客户进行充分的了解和分析，且要看自己和市场竞争状况等条件而定，不可好高骛远，盲目求大，把所有的消费者都看作自己的潜在目标客户。

（1）吸引合适的客户。需要企业给予特别关注的，是那些能给企业带来利润或最大启发的客户。通过沟通和服务，企业与客户建立起一种有价值的长久关系，最后达成长期合作交流，互利互惠。

（2）剔除不合适的客户。如有以下情况发生，你应该终止与客户的关系：当客户不尊重或看轻你的工作时，当客户对企业提出难以实现的要求时，当客户故意进行刁难时，当客户粗鲁的态度可能危及员工人身安全时。如果对待每个客户都考虑到他们的习惯，就等于对他们说："让我来解决你的问题。"剔除不合适的客户，正是为了对合适的客户负责任。当然，在你剔除那些不合适的客户时，一定要妥善处理，不失职业道德。

（3）通过价格筛选合适的客户。客户始终都很关心价格，企业可以通过价格来筛选合适的客户。企业应该对自己的产品和服务准确地定价，让合适的客户得到实惠，让不合适的客户有一定的距离感。

（4）为合适的客户提供超值服务。向客户提供超值服务，使他们感到惊喜。要重点为大量消费的客户、老客户、回头客提供增值服务，以此为企业带来更多的经济效益。

5. 客户服务新理念

全心全意，尽力尽责完成服务。

建立良好的客户关系，树立优质口碑。

树立全员营销，全员客服之理念。

努力完善客户服务项目。

服务要面向所有类型的客户。

提供主动、全过程的客户服务。

简化服务流程,提高办事效率。

硬件服务和软件服务相结合。

(三) 了解客户的需求

1. 客户对服务的期望与感知

了解客户对服务的期望是了解客户的前提。它是指客户心目中服务应达到和可达到的水平及客户对服务的感觉、认知和评价。了解客户的服务期望对于了解客服是否有效是至关重要的。因为客户对服务的质量、服务的满意程度是客户把服务的实际感受与自己的期望进行比较的结果。

2. 关注客户需求

为了更好地服务客户,必须了解客户,了解客户内心的想法和客户的特殊需求。只有真正了解了客户的需求以后,才能更好地为客户提供合适的产品或有效的服务,发展更加稳固的客户关系。

这些需求主要有几个方面:贴心负责的服务,共同参与的决策,真诚合作的伙伴,个性化的服务。

不同的客户有着不同的需求,满足客户的需求是企业义不容辞的责任。当客户需要的时候,企业要提供迅速、便捷、有效的服务,包括他们需要的产品知识,细致、周到、礼貌的服务,物美价廉的商品,以及超值的个性化服务。

(四) 秘书在客户服务中的工作

1. 建立重要客户信息档案并保持联络

没有客户就没有市场。必须树立"一切围绕客户,一切满足客户"、"客户就是上帝"、"以客户为本"的经营理念和服务理念,与客户共存共荣、互利互惠,着力建立长期、稳定、平等、和谐的关系。一般说来,秘书很少与客户直接发生关系,其主要是围绕总经理或公司其他领导为与重要客户联系提供必要的服务,或者受公司领导的委派代表公司与客户进行沟通联系。

(1) 建立重要客户的信息档案。将重要客户及其领导者的基本信息收集齐全,存储起来。要经常与之沟通联系,了解新的情况和动态,掌握其新的需求并及时提供给领导,供领导参考。同时,秘书可以利用这些信息做好对客户的感情联络工作:如在客户举行重大活动时、在客户办理个人的重要事务时、在重要的节日来临之际、在客户企业主要领导发生变动时,秘书要提示己方领导前去或发函表示祝贺或慰问,并备好礼品礼金,这对增进友谊、促进合作有着重要作用。

(2) 定期召开客户座谈会或联谊会。认真听取他们对企业产品生产、销售或服务等方面的意见和建议,互相交流信息,通报情况,融洽感情。

(3)在客户遇到困难或麻烦时积极给予帮助。秘书应根据实际情况,建议领导在人力、物力和财力上给予支持,帮助对方尽快摆脱困境,解除危机,客户也会在日后认真回报。

(4)及时与客户沟通。当由于客户原因而产生纠纷、发生矛盾时,企业要采取低调处理的办法,积极与对方沟通协调,说明情况,交流思想和看法,千万不要激化矛盾,更不要轻易地放弃或反目成仇。

2. 秘书与客户良好沟通的必备条件

(1)了解产品,主要是了解产品的基本特征。产品的基本特征包括产品的规格、性能、材料、特点等。掌握这些信息是秘书接待客户工作的必要准备,以便有针对性地回答客户问题,而不是简单地回答好或者不好。但是秘书毕竟不是专业人员,如果客户问到更专业的问题,秘书还要请专业人士或者专业的客服人员来回答。

(2)了解产品的使用方法。学会产品的基本操作和使用,这样可以使秘书在接待客户时更加容易沟通。虽然秘书不是专业销售人员和维修人员,但懂得基本操作和使用无疑会增加秘书说话的分量,更容易取得客户的信任。

(3)了解产品带给客户的利益。秘书仅仅了解产品是不够的,更重要的是了解产品的性能,能够为客户带来哪些利益。因此,秘书要善于区分产品的主要特点和次要特点,把说服工作的重点放在主要特点方面。购买的数量越大,购买的商品越复杂,对服务的要求越高,客户乐于与有服务精神的秘书打交道。

3. 秘书与客户沟通的方法

(1)热情欢迎。不论新老客户到来或离去,都要以友好的态度、热情的话语、真挚的诚意来对待,使客户乘兴而来,满意而归。

(2)微笑待客。微笑待客表明了你对客户的尊重、友好、欣赏、赞同,也表明了你有一个好的心情。这会使客户感到轻松、愉快,能有同样的心情进行交易。

(3)愉快的声音。在与客户沟通时,保持抑扬顿挫的声音、快慢适度的语速和较强的感情色彩,使客户深深地被你的话语吸引,被你的观点说服,被你的诚意感动,从而乐意与你合作。

(4)积极的身体语言。在与客户交流的过程中,要注意身体语言,包括目光、面部表情、身体姿势、动作、手势等方式所发出的信号作用,并以此表达对客户的热情、友好、尊重、坦诚和欢迎,以使彼此间的沟通更加容易。

(5)得体的书面语言。在与客户的商务信函往来中,特别注意使用清晰、简洁而又准确的语言表明对客户的态度,尤其是对客户的感激之情和继续合作的想法,使客户能及时了解你的好意。

(6)了解客户习惯。在与客户交流合作中,熟知对方的习惯可以赢得客户的好感与信任,使沟通更加顺畅,增大合作的可能性。

二、客户服务程序

(一) 客户服务方式

1. 面对面的服务

与客户面对面的服务是最常用也是最传统的服务方式,大多数服务人员提供的服务都是这种面对面的服务。虽然各种电子设备的发展给人们提供了更多的选择,但这种更具有人情味的传统服务方式仍是最普遍的使用。面对面的服务对服务人员的素质提出了较高的要求,需要有一定的知识、技能和经验才能做好这项工作。它包括:

(1) 做好客户的接待工作。

(2) 做好与客户的沟通工作。

(3) 为客户提供必要的信息服务。

2. 信函服务

随着电话的普及,写信的人已大大减少,但是,商业信函的独特效果使它依然在商务活动中发挥着作用。它能够精确、简洁、清楚地表达活动的目的、思想、内容、方法,使客户很快明确你的要求,并采取相应的行动。与电话的口头交流不同,它可以作为交流的记录保存,还可以成为今后起草合作协议件的基础。

3. 快递服务

快递服务是在邮政服务的基础上发展起来的新业务。随着经济的发展,各国的邮递公司都提供了形式多样的快递服务,将信件或包裹等快速地发往本土和海外。包括:

(1) 特快专递;

(2) 邮件、包裹传递;

(3) 机要速递。

4. 电子服务

(1) 网上服务

随着电子商务的兴起,网上服务逐渐成为客户服务的一种重要手段。许多企业在互联网上建立了自己的企业网站。一个功能完善、运行良好的网站可以使客户电子化处理全部商业事务。

(2) 电邮服务

在互联网上,企业通过电子邮件的形式与客户联系,发送客户所需信息,客户迅速阅读邮件,然后回复邮件。在提供产品和服务的速度与时间上,电子邮件比传统的方式更加快捷与便利。

(二) 客户服务程序

1. 客户服务活动

客户服务活动包含在购买前、购买中、购买后的客户体验全部过程中。

(1) 购买前的客户服务。购买前的客户服务为企业与客户之间建立关系打开了一扇大门，为企业向客户提供各种产品和服务，以及促进客户购买和使用企业的产品和服务作了前期的铺垫。

（2）购买中的客户服务。购买中的客户服务则与企业提供的产品和服务紧紧地联系在一起，包括订货的过程、订单的处理、支付的方式等各种有关的细节，都要与客户的期望相吻合，满足客户的需要。

（3）购买后的客户服务。购买后的客户服务主要是圆满完成设备的安装、维护和修理，客户使用、保养的指导和培训，意外事件的自行处理和救助，各种信息的反馈和跟踪等。售后服务的根本目的就在于提高和巩固客户对企业的信任度和忠诚度，使客户能够重复购买企业的产品和服务。

2. 客户服务程序

为了更好地为客户提供服务，企业往往制定系统服务程序以提高服务质量，包括从客户订货到产品运送的各个环节，具体来说有：

（1）填写订货单。订货单是企业自行制定的记录客户具体信息的表格。虽然简单，但是订货单既是客户交款的凭证，也是送货服务的收货凭证，因此，设计订货单时，一定要注意项目周全、信息充分、内容合理。

（2）开出收据。客户在填写完订货单以后，表明双方正式形成了买卖合同关系。之后，客户持定货单去交付定金或全款，等待送货或当场提货。无论是付定金还是付货款，都要给客户开出收据。这是客户已经付款的凭证，也是收货的凭证，更是将来售后服务和退货、换货的凭证。

（3）抵押品。抵押品并不是所有交易中必需的一个环节。只有进行数额较大的交易，货款不能一次付清或需要向银行贷款时，才会出现抵押品的情况。

（4）签订售后服务协议。一般来说，简单的商品，只要凭着收据或发票就可以维修或调换；较为复杂的商品则必须签订售后服务协议。现在企业多采用包维修单的形式来代替售后服务协议，更多的企业采用"三包"服务的形式为客户提供理想、周到的售后服务。

（5）商品运送。运送商品服务是客户服务中的重要环节，它需要有专门的运送部门来管理与协调。一般来说，不是所有的商品都需要运送，只有大件商品，或数量较多自己无法带走时才需要运送。送货单要按照规定填写清楚，尤其是时间、地点、件数、收费、是否安装等问题要填写明白，以免到时发生误解。

（6）售后服务。在完成产品交付之后，企业还需要做好市场跟踪、调查、信息反馈等一系列的售后服务工作，尤其是要了解客户对商品性能与服务质量的感受，以及各种改进的意见和建议。它可作为企业改进与提高产品和服务质量的依据，同时也是企业与客户之间建立密切关系的重要纽带。

客户服务程序：填写订货单→开出收据→抵押品→签订售后服务协议→商品运送→售后服务

3. 投诉程序

企业在为客户提供产品或服务的过程中,要正确地对待和处理客户的抱怨和投诉。秘书在日常的接待中经常会遇到一些怒气冲冲的投诉者。其实,接待前来投诉的用户,并不像人们认为的那样——是个烫手的山芋。只要处理得当,不仅有利于树立本企业良好的公关形象,而且有利于企业通过投诉者更全面地了解自己的产品,从而不断地改进。因此,文秘人员要重视对投诉者的接待服务工作,工作中应注意以下四点:热情接待、耐心倾听、诚恳答复、以礼相送。

【思考题】

1. 信访工作有何重要意义和作用?

2. 简述处理来信和接待来访的基本程序。

3. 客户服务的基本类型有哪些? 客户服务程序包括哪些内容?

4. 某企业下岗职工 50 余人就养老保险等事项进行上访,他们到信访办后,全部拥进办公室,且言行激烈。你作为信访接待人员,应当如何处理?

5. 经理正在开会,有一位客户因为商品质量问题要求找经理面谈,当秘书告诉他经理正在开会后,他仍坚持要见经理,秘书应怎样处理?

【案例分析】

1. 一天,乡政府秘书小刘正在值班,突然来了一位上访者,此人姓朱,是大河村的农民。据朱某反映,其邻居横行霸道,最近在他屋门前砌起一堵围墙,影响了他家人的出入,经村干部调解,仍然无法解决,他要求乡政府出面处理。小刘听罢,义愤填膺,感觉这家邻居也太霸道了,光天化日之下竟敢挡住别人家的去路,一种见义勇为的冲动感油然而生。于是,他随口答复说:"他不讲理,你把他的围墙推倒不行? 怕什么?"朱某听秘书如此"答复",以为得到了乡政府的支持,不禁神气百倍,回去后立即组织了一帮亲友将邻居的围墙推倒。对方不服,也拉来另外一帮人马砸了朱家的门窗,最后双方大动干戈,两败俱伤。村干部在处理此事时,朱某振振有词说:"是乡政府刘秘书叫我推倒的!"此时,小刘方知自己因答复不慎而闯了祸。

【思考】上述案例中,秘书人员应吸取哪些经验教训?

2. 美国某花店经理接到一位顾客的电话,说她订购的 20 支玫瑰送到她家的时间迟了一个半小时,而且花已经不那么鲜艳了。

第二天,那位夫人接到了这样一封信:

亲爱的凯慈夫人:

感谢您告知我们那些玫瑰到达您家的时候状况很差。在此信的附件里,请查找一张偿还您购买玫瑰费用的支票。

由于我们的送货车中途发生故障耽误了时间,加之昨天不正常的高温,所以您的玫瑰未能按时、保质交货,为此,请接受我们的歉意和保证。我们保证将采取有效措施防止这类事情再次发生。

在过去的两年里,我们一直把您看作一位尊敬的顾客,并为此感到荣幸。顾客的满意乃是我们努力争取的目标。

请让我们了解怎样更好地为您服务。

您真诚的霍华德·佩雷斯

(经理签名)

【思考】

(1)遇到这种情况,你会怎样处理?

(2)案例中采用的处理方式是否恰当? 为什么?

【实践训练】

1. 以小组为单位,分头到附近的党政机关、企事业单位和各人民团体的信访部门进行访问,了解他们信访工作的情况,学习他们做信访工作的方法以及成功的经验。

2. 以小组为单位,分头到服务行业企业(客服中心)调查,了解或体验处理客户投诉事件的过程,撰写学习心得体会。

【知识链接1】

"平语"近人——习近平谈信访工作

信访的重要性,习近平这样说

各级党委、政府和领导干部要坚持把信访工作作为了解民情、集中民智、维护民利、凝聚民心的一项重要工作,千方百计为群众排忧解难。

——2017年,习近平对信访工作作出重要指示

当前群众通过信访渠道反映出来的信访突出问题,既有新动向,也有老难题,但都事关群众切身利益,事关社会和谐稳定。

——2016年,习近平就信访工作作出重要指示

加强源头预防、治理

要切实依法及时就地解决群众合理诉求,注重源头预防,夯实基层基础,加强法治建设,健全化解机制,不断增强工作的前瞻性、系统性、针对性,真正把解决信访问题的过程作为践

行党的群众路线、做好群众工作的过程。

——2017 年，习近平对信访工作作出重要指示

各地各部门要加强风险研判，加强源头治理，努力将矛盾纠纷化解在基层、化解在萌芽状态，避免小问题拖成大问题，避免一般性问题演变成信访突出问题。

——2016 年，习近平就信访工作作出重要指示

善用法律等多种手段

各地各部门要高度重视，强化责任担当，综合运用法律、政策、经济、行政等手段和教育、调解、疏导等办法，把群众合理合法的利益诉求解决好。

——2016 年，习近平就信访工作作出重要指示

要把群众合理合法的利益诉求解决好，完善对维护群众切身利益具有重大作用的制度，强化法律在化解矛盾中的权威地位，使群众由衷感到权益受到了公平对待、利益得到了有效维护。

——2014 年 1 月 7 日至 8 日，习近平在中央政法工作会议上强调

建立工作机制

把各种渠道的群众反映综合起来受理和解决，是一个好做法，既要注重提高办事效率，又要建立长效机制。

——2014 年 3 月 17 日至 18 日，习近平在河南省兰考县调研指导党的群众路线教育实践活动时指出

建设高素质信访工作队伍

各级党委要加强对信访工作的领导，关心、支持、爱护信访干部，建设一支对党忠诚可靠、恪守为民之责、善做群众工作的高素质信访工作队伍，不断开创信访工作新局面。

——2017 年，习近平对信访工作作出重要指示

（资料来源：新华网 2017 年 07 月 20 日）

【知识链接 2】

网上信访案例

编号：	hn2017103000009W	信访人：	卢××	提交时间：	2017 - 10 - 30 09:52:28
投诉内容：	文化广场每天晚上到 23 点还播放特别吵的音乐，反复播放同一首歌。本人居住在幸福家园小区，在楼上关窗户带耳塞仍然可以听到音乐，严重影响休息。希望政府相关部门可以解决噪声污染问题，谢谢。				
附件：					

续　表

转办情况：	您反映的问题已按《信访条例》相关规定转送给海南省陵水县文体局办理。 海南省陵水县信访局 2017 - 11 - 01 您反映的问题已按《信访条例》相关规定转送给海南省陵水县信访局办理。 海南省信访局 2017 - 10 - 30
受理情况：	您反映的问题已按《信访条例》相关规定由海南省陵水县文体局进行受理审查。 实体性受理告知书：(看附件) 海南省陵水县文体局 2017 - 11 - 08
答复情况：	您反映的问题，已经由海南省陵水县文体局调查核实，处理意见详见答复意见书。 海南省陵水县文体局 2017 - 11 - 08

附件：

海南省陵水县文体局

编号：201711088557

受理告知书

卢××同志：

　　您好！您于 2017 年 10 月 30 日网上投诉提出的信访事项，经审查，属于本单位法定职权范围的事项，本单位决定予以受理。根据《信访条例》的相关规定，本单位将在 60 日内作出处理意见，并出具答复意见书，请您耐心等候。

　　在您的信访事项办理期限内，请不要就同一诉求重复信访。办理完毕后，本单位将及时向您反馈办理结果。在办理期间，您可使用查询码到海南省信访事项统一查询平台(http://hainanxf. gov. cn/cxpt. jsp)查询办理进展情况。

　　特此告知。

2017 年 11 月 08 日

答复意见书(略)

（资料来源：海南省人民政府网站）

【扩展阅读】

1. 段和平：《用法治思维和法治方式推进信访工作——学习习近平总书记系列重要讲话精神心得体会》，《红河探索》2015 年第 5 期。

2. 程苏：《信访制度法治化的困境及其原因和对策》，广西大学 2018 年。

3. 孙巍：《辽宁省信访制度完善研究》，大连理工大学 2017 年。

4. 黄河：《社会冲突视角下河北 A 市基层信访问题研究》，北京理工大学 2016 年。

5. 中国商业联合会：《商品售后服务评价体系》(SB/T‐10401‐2006)，2006 年 5 月 12 日。

6. 丁伟钧：《试析市场营销过程中客户关系管理所起到的作用》，《经济研究导刊》2018 年第 9 期。

7. 刘若泉：《浅析如何利用需求层次理论进行客户服务管理》，《现代商业》2016 年第 5 期。

8. 王文青，胡文松：《构建品牌价值链之客户服务创新研究》，《佳木斯职业学院学报》2015 年第 2 期。

第十一章

商务谈判

第十一章
商务谈判

本章概述

商务谈判事关企业的生存和发展，是领导者尤其是企业领导者的一项重要工作内容。秘书是领导者的特殊参谋和助手，要辅助领导谈判成功，就要充分掌握商务谈判的有关理论和知识，了解商务谈判的一般程序，并能充分运用各种谈判技巧辅助谈判。此外，秘书还要做好商务谈判各个阶段的工作，掌握谈判计划书、意向书、协议书等一系列商务谈判文书的写作，克服商务谈判不利因素的影响，提高辅助领导谈判的成功率。

学习目标

1. 了解商务谈判的特点及性质。
2. 掌握商务谈判的一般程序。
3. 了解秘书在商务谈判各个阶段的工作。

重点难点

1. 综合运用商务谈判的各种技巧辅助谈判。
2. 秘书在商务谈判时的文书工作。

第一节　商务谈判概述

【案例导入】

　　一个橙子，两个小孩都想要，于是他们便开始讨论如何分橙子。两人吵来吵去，最终达成一致意见，各自取得半个橙子。回家后，第一个孩子把半个橙子的皮剥掉，把果肉放到果汁机上打果汁喝。另一个孩子把果肉挖掉，把橙子皮留下来磨碎了，混在面粉里烤蛋糕吃。两个孩子分别拿到了半个橙子，看似公平的决策，然而，实际上他们得到的东西却没有物尽其用。

　　请问：他们分橙子的谈判结果是最佳的方案吗？你能给出更好的建议吗？

一、商务谈判的含义

商务谈判是指企业或者经营者为了获取和保障经济利益，就交易的各种条件进行洽谈、协商,最终达成协议的过程。商务谈判是企业经营过程中的关键环节。谈判对获取商务信息、提供有效的交流渠道、协调利益、统一意志、增强和巩固企业的社会关系都起到积极的作用。商务谈判已经成为企业谋求长远经济利益的战略性工具。商务谈判具有以下特点:

(一) 谈判的目标是获得和保障利益

谈判的核心是利益,不是立场上的冲突,不能用是非标准来评判,谈判的目的是协调双方利益从而达成共识。只有满足了各方的共同利益,谈判才有可能取得成功。但实际上各方的利益往往是多元的,谈判者需要从大局出发,消除分歧,化解冲突,调整各方的预期,达成协议。

(二) 谈判各方的关系为平等、合作、互利

现代商业社会崇尚的是平等、合作的精神。各方无论势均力敌还是实力悬殊,都是平等的。谈判各方提出的交易条件、讨价还价、各方最大限度的让步,都遵循平等原则。

谈判各方的关系为合作互利。合作的收获往往高于竞争,商务谈判是双方在谋求合作的基础上,找到双方都能够接受的利益平衡点或是实现各方利益的增值。

(三) 谈判当事人

谈判的当事人包括三类: 谈判者、中间人、利益关联方。

谈判者,为个体或者一个团队,直接代表公司的利益,但也有个人利益,因此,谈判成员的选择很关键。

中间人,也叫第三方。为了突破僵局或者在谈判风险很高时,有必要引入中间人,如咨询公司、中介公司、专家、律师或者是商业圈中有声誉的人士。中间人一般具有权威性,拥有信息和专业知识,有丰富的经验,能提供专业性的服务。第三方的介入可以缓和谈判双方的情绪,能避免许多不确定的风险,比公司派出的谈判者能更客观、更理性地寻找到合理的解决方案。

利益关联方,是潜在的当事人。谈判者除了直接面对对手外,还要成功疏通对手单位那些不出现在谈判桌上的内部影响者,比如产品的使用者关心它是否便于使用,财务审核这项购买是否违反规定或者超支。每一个关联方的利益都有差异,任何一方的反对都会导致谈判的失败。因此,要考虑到关联方的利益。由于时间紧迫和信息的缺乏,很难找出所有的利益关联方,应当设法接触关键的人物或者机构,争取获得他们的同意,提高谈判的成功率。

二、商务谈判应具有的观念

(一) 成本与收益观念

商务谈判是高成本的决策途径,要具有谈判的成本与收益的意识。在采取行动前,要考虑是否有必要进行谈判。如果谈判的成本远远高于从谈判结果中获得的预期收入,就不值得谈判。比如我们知道超市的商品既然是明码标价,那么试图讨价还价的想法是不值得尝

试的。如果谈判的结果不确定，就得考虑用其他途径来解决问题。

（二）非谈判选择观念

事先准备非谈判的预案，有利于人们进一步看清谈与不谈的界限，在陷入僵局时可以急流勇退。在大量不确定的客观因素和谈判者主观能力差异的影响下，商务谈判的结局并不是唯一的，谈判失败也不是无路可走。

在谈判时，向对手宣告你的非谈判选择，有利于解决分歧，迫使对手采取让步或者妥协以结束争端，从而节省谈判成本。同时，也要考虑对手的非谈判选择。当他持有非谈判选择准备脱离谈判时，我们应明确地告诉他，谈判结果优于不谈判，促使其回到谈判桌前。

（三）互利谈判观念

"一方成功，一方失败"，结果以输赢来区分，是竞争型谈判。竞争型谈判主要用于划分固定份额，如购买一件商品，买家希望花更少的钱，而卖家希望获得更多利润。有时候，竞争型的谈判也会呈现双赢的局面，双方都有获利的可能。以分橙子故事为例，两个孩子都声称要整个橙子，这就成了一个输赢的问题，一个孩子得到，另一个孩子就失去，但实际上一个要皮，一个要汁。如果孩子们经过沟通，就会发现存在一个互利的机会，达成的双赢共识会最大化地满足他们各自的需要，一个得到橙子皮，另一个拿到整个橙子肉。

谈判双方通过彼此的通力合作各得其利，是合作型的谈判。尽管双方利益不同，但一方所得并非一定以损害对方利益为代价。与其竞争，不如寻求一个对彼此有利的最佳解决方案。通过沟通，在双方共同利益的基础上，寻找满足或者增加双方利益的途径，设计出具有创意的可供选择的方案，其效果远比对抗要强。谈判的最高境界并非战胜对手，而是与对方合作，获取更多的利润，从而实现真正的共赢。

此外，互利谈判着眼于建立长久的商务关系。谈判者要具备长远的眼光，善于用局部让步换取全局利益，放弃眼前利益换取长远利益。如果谈判者鼠目寸光，固守己方的利益寸步不让，不调整预期目标，谈判就难以持续。当然，这种调整并非一味地妥协，而是在不损害关键利益的前提下，适当地妥协换取对方的让步。

三、影响商务谈判的因素

（一）有效的沟通

沟通的失败直接导致谈判破裂。有效的沟通能取得对手的信任。我们要走出沟通失败的误区，并找到克服的方法。

首先，克服形象认识上的偏差。人们往往以貌取人，第一印象最为深刻。因此，在谈判时不要轻易从表象给对手下断语，不要被其假象迷惑，注意甄别，把握对手的真实情况。

其次，克服思维定势的干扰。思维定势会导致认识上的失误。由于人们有时过于相信经验,习惯用固定的模式思考问题。当看到谈判对手的行为举止有些漫不经心,从而断定此人轻率,这种推论的结果往往不可靠。

最后,克服对权威的崇拜。相信名人和权威的意见是人的普遍心理。在谈判时,引用权威人物、机构的看法或者请专家到现场,谈判的优势会增加。但权威是否真实可靠呢? 有可能是对手吓唬己方的一种手段。因此,克服对权威的崇拜,辨别真伪很有必要,可以从判断或者验证其结论是否权威、数据来源是否可靠来辨别。

(二)感情的运用

在商场上,人们往往优先考虑与朋友或者熟人合作做生意,因为人们倾向于与熟人交往,对陌生人持有高度的警惕。感情因素在决策中起的作用很大。优秀的谈判者是驾驭情感的专家,他善于理解对手的需要,擅长表达对他人的理解和关心,能够与对手建立友谊。并且,他还会自觉地控制情绪,在不同场合表达相应的情感。

我们要重视情感的建立和积累。在谈判桌上,双方很难建立起真正的友谊,情感的建立和积累主要靠平时的社交活动,即获取人脉。

(三)时间因素

时间因素是谈判制胜的又一重要因素。谈判需要花费大量时间,而人的精力又是有限的,谈判过程中谈判者的注意力随着时间的迁移而变化(图 11-1):

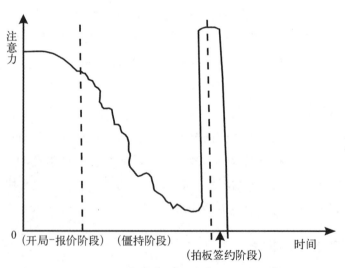

图 11-1　谈判者注意力变化示意图[①]

在谈判初期,人的信心十足,注意力集中,随着时间的流逝,注意力逐渐下降,在僵持阶段的末期,注意力降到最低。到了达成协议、拍板签约阶段,注意力会突然上升,并达到最高水平。谈判者注意力变化曲线对谈判时间的选择具有指导意义。

---

① 潘肖珏,谢承志:《商务谈判与沟通技巧》,复旦大学出版社 2002 年版,第 86 页。

一方面,尽量选择对己方有利的时间进行谈判。这既指己方精力充沛的时间,又指选择最佳的谈判时机。当一方处于劣势或者迫切希望谈判时,对另一方而言则是最佳的谈判时机。此时掌握着主动权的一方所提的要求容易被接受,被动方被迫做出重大让步。如1982 年,墨西哥发生了严重的经济危机,向美国求救。在谈判中,美国以 20 亿贷款为条件,轻而易举的改变了墨西哥政府原来的立场(不扩大对美石油出口量)。墨西哥政府为了解燃眉之急,不得不接受美国的条件。美国政府的成功在于选择了一个最佳的谈判时机。

另一方面,己方养精畜锐,避开对方精力旺盛时的锋芒,在其精力不足时再出击,往往会取得不错的效果。

(四) 谈判的环境和地点

1. 谈判环境

良好的环境使人感到舒适,精神集中;恶劣的环境使人感到压力和焦虑,寻求解脱,从而导致谈判的失误。有时可以利用这种心态促成协议的达成。

如果条件许可,尽量选择轻松和谐的商务谈判环境,如幽雅安静的环境,适宜的温度、灯光,舒适的座位等。这种环境使人心情放松,降低对抗情绪。风景优美的旅游胜地、度假村、私密性的会所也是谈判的理想场地。

2. 谈判地点

选择有利的谈判地点能提高谈判地位和增加谈判力量,因此,要尽量利用场地优势。一般来说,谈判地点无外乎三种：主场、客场、中立场所。三种地点各有利弊,应当依据实际情况选择最合适的。

（1）主场

在己方的场所谈判。人们对熟悉的环境能产生以逸待劳的心理优势,对陌生的环境则会变得无所适从,容易犯错误。在己方场地谈判有利于节省时间和精力,免去奔波之苦,便利地利用资源,如可以随时与上级联系,或者便利地寻找技术人员和资料取得帮助等。不利之处在于,需要抽时间做好繁琐的接待工作,公司的日常事务也会让人分心,使谈判受到干扰。

（2）客场

去对方的场地谈判。当需要开拓新市场,需要实地考察,或者谈判在准备不足、不利的情况下,要主动到对方的公司去谈。客场谈判的优劣与"主场"谈判相反。

（3）中立场所

当谈判到了关键时刻,或者双方陷入僵局时,在己方的主场谈判只会增加对方的怒气,到大家不熟悉的中立场所是明智、公平的选择。中立场所可以消除主场的干扰。需要注意,在中立场所和客场谈判,由于舟车劳顿,应在充分休息恢复精力后再开始谈判。

第二节　商务谈判的一般程序与技巧

【案例导入】

购买打印纸的价格谈判

公司的卓敏负责购买一批打印纸。在购买之前,她先是把公司库存的打印纸统计好,然后根据预算,把要买的打印纸的种类和数量罗列出来。原先的打印纸不是很好用,她决定换新的品牌。卓敏查阅了一些信息,知道哪几种品牌的打印纸口碑较好,并且把它们的大致价格了解清楚。

在大型文具店进行采购的时候,卓敏通过遴选并且和与文具店老板进行攀谈后,选择购买佳印牌打印纸。她先向老板介绍情况,A4 纸要购买 50 箱。老板报价 A4 纸一箱 5 包共 120 元。卓敏在脑子里快速比较,对方的报价比电商的价格高了 20 元,她要求再优惠。老板主动降价 20 元,卓敏想应该还有议价空间,随即向对方表示若价格优惠将会继续大批购买,她提出一箱 70 元。老板当场拒绝。于是,卓敏把几个品牌同类规格纸张的价格说出来,让老板薄利多销,并表明如果不同意将会到别家购买。老板惊讶于她如此熟悉行情,便提出可以在 100 元的基础上再降价,一箱 90 元,双方僵持不下。最后,卓敏建议折中一下,她再加 10 元,并作势要走,老板犹豫一下还是答应了。卓敏最终以一箱 80 元的价格购买了打印纸。

分析:人们在工作、生活中处处存在着谈判活动。卓敏在价格谈判前做了充分的准备,并采用一些讨价还价的技巧,最终使谈判成功,在实体店购买的一箱打印纸竟比在电商那便宜了 20 元,节省了 20% 的经费。因此,我们应该学会促使谈判成功的技巧和方法。

一、商务谈判的一般程序

一般正式的谈判通常经历五个阶段:准备阶段、开局、报价、僵持(讨价还价)、成交签约。

(一) 准备阶段

谈判的准备工作做得如何,对谈判过程和结果具有决定性的影响。准备工作包括收集信息并分析、组建谈判团队、制订谈判计划等。谈判前,准备越充分、越全面,在谈判中就越能掌握主动;反之,会处处受制于人。

(二) 开局

开局意味着谈判的正式开始。有效的开局,需要把握以下几点:

1. 良好的开端

（1）身穿正装展示良好的职业形象。着装正式既表示对对方的尊重，又体现对谈判的认真态度和己方的专业素养。

（2）形成良好的谈判气氛。谈判者都愿意处于一个和谐友好的气氛进行谈判。创造良好气氛的方法多种多样，适宜的地点、舒适的环境、互相的礼貌问候和介绍、各方感兴趣的话题、天气、风光、民俗等，都可以作为开场的话题。

（3）良好的开局做法。若把谈判当做讨价还价，将开局视为开价，一开始气氛就剑拔弩张，这样容易引起对抗情绪。合适的做法有以下三种：一是确认双方的首要利益，从彼此的共同点开始；二是在洞悉对方关键利益的前提下，争取足够的时间进行针对性的产品演示，或者表述我方观点；三是从倾听和陈述各方的理由和原则入手，双方交换信息，进行有效沟通。

2. 确定谈判议程

谈判专家比较重视谈判议程。因为议程的确定可以让你控制谈判的进程，可以显示或者隐藏谈判的动机，可以使谈判直接进入主题，使谈判更富有效率。

（三）报价

报价，俗称买卖中的开价和还价。开价也叫要价。还价，即回价，也称还盘。报价不单指产品的价格，还包括商品的付款方式、交货方式、数量、质量要求等一系列附带要求。

对于谈判双方来说，报出一个恰当的价格很重要。开价过高，会破坏谈判气氛，吓退对方，导致谈判破裂；开价过于保守，有利于对方获得更多利益，己方吃亏。开局时，通过对方观点的陈述、提问，注意观察其神情等方式，从而揣摩对方的真实意图及对方的底线，设法找到一个能够保障己方利益且对方可能接受的报价。此外，报价要留有余地，并坚守底线，不轻易让步，除非对方接受交换或是提出补偿性的条件。

（四）僵持

在双方报价之后，由于看问题的角度不同，各持己见，互不相让，谈判进入僵持阶段。有时僵局是人为制造（有把握打破才可以使用），目的是迫使对方让步。表面上谈判处于停滞状态，私底下却是暗潮汹涌。双方都在思考着如何调整出价，寻求解决方案或者做出让步、妥协，让谈判取得进展，获得实质性成果。这时双方比的是耐心和毅力，有时会出现当你准备让步时对方也准备让步的情况。

（五）成交签约

谈判双方经过让步、妥协后，如果取得了阶段性的谈判成果，先签订意向书。如果取得了一致的意见，双方用协议将谈判内容固定下来。双方代表正式签字，协议生效并具有法律效力，这个过程称为成交签约阶段。

谈判的最终目标不是协议的达成，而是协议内容得到圆满的贯彻执行，实现双方的利益。

二、商务谈判的技巧

谈判技巧在很大程度上决定了谈判的成功与否,有效运用谈判技巧会增加谈判的胜算。

(一) 沟通的技巧

1. 倾听

认真地倾听,听懂对方的意思、留心弦外之音,不仅能了解对方真实想法、发现其核心利益,充分获得有价值的信息,还能帮助谈判者分析说话者的言论是否带有欺骗性,避免因相信对方的一面之词而做出错误的判断。

倾听时的态度要认真。边听边做笔记是一种较好的获取对方好感的方法。做笔记不但让对方感到受尊重,并且记下要点便于思考和总结。倾听时要配合体态语言,如用点头、微笑等赞同式的姿势鼓励对方发言。

面对带有欺骗性或者错误性的陈述,要结合对方说话的逻辑以及收集的信息,综合分析对方掩盖的动机和意图。有效的应对方法不是进行针锋相对的反诘,而是保持沉默,听对手继续发言,"言多必失",他说得越多,漏洞就会越大;或者以平静的口吻要求对方提供证据和理由。

2. 提问

提问是了解对手情况和获取信息的一种有效方法。

(1)提前准备问题。临场想出来的问题往往不够全面。

(2)提问要有效。有效提问应当在一种友好的交流环境里进行,回答者在平和从容的心态下容易敞开心扉。如果提问者谈吐幽默,场面轻松、诙谐,有利于激发对方的思维,能使其更详尽地回答。无效提问是强迫对方接受的一种发问。如,"你认为你能提出一个切实可行的方案吗?"如此尖刻的发问,让对方感到窘迫,也许会激起激烈的对抗。

如何使提问有效呢? 专家分析,用"陈述 + 疑问"的模式提问比较有效。上文的无效提问可以转化成"你能提出一个切实可行的方案,不错,能说一说吗?"前半句用陈述句式肯定对方(赞许、肯定能引发人的表现欲望);后半句的疑问语气,表达了向他人征询、商量、尊重的意思。这种启发式的提问能引导对方完整地表述观点。

(3)要敢于提问。只要对谈判有利,就要有勇气提问。首先,要有勇气提对方回避的问题,因为对方的回答能够提供对己方有利的信息。其次,要有勇气继续追问对方不完整的答案,请他就问题直接回答。

(4)了解和摸清对手的提问方式。一是提问你已经知道答案的问题,这将会帮助你了解对手的诚实程度以及确认某些重要信息。二是用不同方式反复提同一个问题。如果对手回答一致,说明他对这个问题已有准备;如果前后不一致,就能找出破绽攻击对手。三是突然提问,打断对方的思路,使对方猝不及防,无意中吐露真情。四是提问要广泛。不要只提问主谈人,还可以向技术人员、秘书等随行的成员,甚至向保安、清洁工提问,他们的回答会让你知道更多信息。

（二）运用感情的技巧

1. **保持经常的联络和会面，可以起到增进感情、获取信息的作用。**如何以较少的时间赢得对手的好感和友谊呢？减少每次交往的时间，增加见面次数。这种做法既节省时间，又充分显示自身的诚意，常常几句精辟或者诙谐幽默的话比长篇大论更能给人留下深刻的印象。

2. **寻找让对方感动的感情投资点。**人们往往在一些情况下容易被感动，如家里有人住院，一个关心、慰问的电话，或者几句嘘寒问暖的话语特别能打动人心。

3. **投其所好。**要获得对手的好感，不仅要记住对方的名字，还要了解对方的爱好和兴趣。且看一个竞标的案例：竞标人小强在请对方消费娱乐遭到拒绝后，通过调查，了解到对方有打乒乓球的爱好。于是他经常去对方打球的球馆，取得对方的好感。由于与对方的交流比较充分，他精心设计出针对性强而又详细的竞标书。可想而知，最终的成功非他莫属。

4. **谈判与放松类活动交替进行。**为使谈判顺利，常常把谈判与宴会、娱乐、参观、访问等活动交替进行，以这类放松、互动的活动建立双方的友谊。

（三）争取时间的技巧

1. **利用充分准备来争取时间。**谈判前做好充分的准备，如相关资料的准备、技术人员的安排，对可能出现的问题作好估计等，无形中能为己方争取不少时间。

2. **利用借口争取时间。**在谈判的重要时刻，如果你对某些关键的问题还没有想清楚利害得失，这就需要找借口赢得宝贵的时间思考。接打电话，上洗手间，处理突发事件，调换谈判人员等皆可成为借口。

3. **利用款待争取时间。**对来访谈判人员的盛情款待，一可以搞好人际关系，二用疲劳轰炸消耗对方的时间和精力。游览、参观、宴会，把日程安排得非常紧凑，使对手筋疲力尽，没有时间研究对策。此外，东道主的主谈趁此找借口抽身出来，把交际活动委托给与谈判无关的人，从而争取更多时间。

除此之外，还有种种办法争取时间：如休会，这是不得已的办法，因为休会为双方都争取了时间；故意曲解或者以没听懂为由，让对方再次复述问题；故意让善于短话长说者发言；提供一些不太重要的文件给对手看。

（四）报价的技巧

（1）率先报价。尽量争取开价的主动权，研究表明，先开价者提供的报价能起到客观依据的作用，框定了价格的洽谈范围。比如，一套服装进价100元，卖家要价1 000元，一般能以四五百元卖出。卖家获利如此之高，就是因为他率先报价已经将价格范围锁定了。

（2）报高价。报价时尽量开出自己认为的合理高价，并设法将对方的思路锁定在你报价的区间。实践证明，成交价往往出现在卖方的高价和买方的低价中间，所以报高价能高开高走，争取更大的利益。报高价能为还价时的价格调整留下更多空间。

（3）引鱼上钩。以小利为诱饵钓大鱼。在保证己方利益的基础上，牺牲小利满足对方的需求，对方容易松口。或者给对方适当的甜头，诱之以利。对方在不触犯法律及本公司底价的前提下，容易接受我方的报价。

（4）分项报价与总体报价

分项报价。谈判内容涉及多个项目，按每项报价。把总价分解，分解成一个个小要求，容易被对方接受，积少成多，就是一大胜利。

总体报价。仅报一个总价。此法适用于价格差距较大的谈判，对方急于知道总的价格来决定其立场；或者在对方掌握的价格资料较少、时间紧迫而又有成交之心的情形下运用。

（5）挑毛病报价。这是谈判中压低对方价格惯用的手段。"鸡蛋里挑骨头"，挑的毛病越多，对方做出的让步越大。如何应对呢？一要心平气和，保持耐心；二不能轻易让步，否则对方会得寸进尺。适当时针锋相对地回敬对方，打消他继续挑毛病的念头。如买方嫌没有他要的商品颜色，卖方可以这样应对："你要的那种颜色是畅销货，价格要贵得多。"

（6）哄抬报价。这是利用了人们的从众心理，为了刺激买方的兴趣，卖方故意制造的一种竞争场面。如在买房的现场，售房者故意制造人多抢购的假象，结果所售房屋被抢购一空。哄抬报价法在商业场上十分常见，谈判时不要让竞价的场面打乱自己的节奏，了解了对方的伎俩才不会上当受骗。

（五）打破僵局的技巧

1. 让步。这是最有效的方式，但让步要得法，否则没有效果，甚至会导致己方节节退让（具体参见本节"让步的技巧"）。

2. 说服对方。一是从对方的角度重述本方的立场和要求，使对方适应你的高要求，降低对方的期望值；二是拿出一些被认可的标准说服对方，鼓励对方从共同的信念、经验和已取得的成果出发消除分歧，缓和气氛。三是保持攻势，挑剔对方的毛病，善意地提醒对方可能产生的后果，动摇对方的意志。

3. 把握方向。为细节问题发生争执是不值得的，谈判者注意理清头绪、在互惠互利的原则下把握谈判的正确方向。

4. 转换议题。双方在某一议题上僵持时，可以用转换议题和讨论细节的方法打破。有时候是，当另一个议题取得进展后，再回到原来议题时，双方的态度发生了转变，谈判气氛也随之好转。

5. 转换环境。为了缓和气氛，释放紧张的压力，可以转换环境。双方在休息室或者游览观光时，聊一些轻松的话题能增进友谊，化解对抗情绪，还能自由地交换意见，促进沟通。

6. 休会调整。在谈判气氛紧张时，提出暂停谈判的建议，稍作休息，让双方冷静思考。这时双方思考的是如何开发创意，寻找到增加双方利益的解决方案或者折中方案。同时，谈判团队需要进行自我审视：一方面要随时检查谈判计划的执行情况，若发现偏离了计划目标,及时加以修正;另一方面,检阅己方已做的工作(工作是否配合默契,谈判成员的能力是否胜任),并鼓舞士气,增加动力。

7. **换人。**撤换主谈人或者谈判人员来化解僵局,或者借助第三方进行调解。

(六) 让步的技巧

一般来说,我们建议不要轻易让步。如果轻易让步,对方觉得太容易,判断价格的水份没有挤干,从而拒绝让步,甚至会得寸进尺,要求你作更大的让步。让步也要讲究方式,才能令对方接受。

1. 递减式让步

在不损害己方基本利益的基础上,以递减的方式让步。当持续的让步越来越小时,说明价格越来越接近对方的底价了。让步要一点一点地让,一次让步的幅度不宜过大,要控制让步的节奏和次数。

让步的节奏要把握,不当的让步表现有:一是开始时坚持不让步,最后一下子做出重大让步,容易让人怀疑你的诚信;二是谈判前期很拖沓,随着截止时间的临近,心理压力增大,突然加快脚步,容易给对方以可乘之机。

让步的次数比较讲究。打个比方,小红和小明分别向同一个客户作让步。小红做了3次让步,每次5元,共15元。小明做了5次让步,依次是5元、4元、3元、2元、1元,共15元。尽管让利的总数一样,但客户更相信小明。让步时加上语言的配合,向对方强调让步给己方带来的损失,让对方感到你的诚意和牺牲,这是比较成功的让步。

2. 交换式让步

企图以让步赢得对方的好感,不但得不到对方的尊重,反而被对方视作愚蠢或者无能。因此,决不做无谓的让步。谈判专家不是一味的固守立场,寸步不让,而是与对方充分交流,从双方的最大利益出发,用相对较小的让步来换得最大的利益。

交换式让步用条件句提出让步,"如果……那么……",意思转化为"如果你给我 A,那么我给你 B"、"如果你放弃 C,那么我给你 D",前半句是条件,后半句是结果。

然而最好是能以小让换取对方的大让。我们发现,有时,同一件事情对双方来说并不是同等重要,一方不太重要的条款反而是对方看重的。比如购销谈判,在销售旺季时,销售商为保证收货日期,情愿以高出往常的进货价向厂家要货。厂商在这种情形下能够实现以小让获取大利。

第三节　秘书在商务谈判各个阶段的工作

【案例导入】
　　我国某机床厂在纽约与美国某公司进行机床销售谈判,对方压价过低,双方在价格问题上陷入了僵持的状态。厂长秘书沈红多方面搜集信息，并将信息与谈判团队进行讨论分析，得出结论：美国对日、韩提高关税的政策导致美国公司原先与日商签订的合同不能履行，日商迟迟不肯发货。而美国公司又与自己的客户签订了供货合同，客户要货较急，使得该公司陷于被动。我方根据这个信息，在接下来的谈判中不紧不慢地应对，美国公司终于以我方提出的价格签订购买合同。

　　这个案例反映了在商务谈判中，掌握信息是谈判成败的重要因素。把握对手的信息越多，就越能掌握主动权，从而在价格的谈判中取胜。可见，了解信息，掌握情报，积累资料是谈判准备工作的重要内容。

协助领导进行商务谈判是秘书的职能。秘书应在谈判的辅助性工作中发挥自身的创造性，凸显秘书在商务谈判中的作用。

一、秘书在谈判准备阶段的工作

在谈判前，秘书应根据上级的意图，通过调查研究，广泛收集谈判的相关信息，并对信息加工处理，为领导制定对策提供参考，或者提出可行性建议使谈判能够达到预期目标。秘书应协助领导组建谈判团队，参与拟定商务谈判计划，主动做好商务谈判的各项准备。

（一）调研与收集信息

商务谈判作为双方或多边的活动，对对手情况的了解及市场的调研必不可少，否则只会"盲人摸象"。只有充分调研，才能知己知彼，预测谈判中会遇到的种种困难，并做好应对的准备。秘书在进行调研搜集信息时，要具备超前意识，为谈判提供有关咨询及预案信息，协助领导判断谈判的发展趋势，把握谈判的主动权。

1. 广泛收集信息

在谈判的准备阶段，信息是基础；在正式阶段，信息是前提；在结束阶段，信息是资源。谈判的实力在很大程度上取决于拥有信息的程度。收集的信息主要为两大类：

（1）与谈判内容有关的信息

包括政策法规、产品的性能、市场行情、价格、对方的经营情况等。

政策法规信息，如国家的产业政策、税收政策、信贷政策、工商法规、合同法等。这对企业的经营起到引导、规范和制约作用。

市场行情包括同类产品质量的优劣、材料成本、价格的高低，市场销售情况、消费趋势，以及相关的交易信息等。这为科学准确的报价提供依据。

对方的经营情况，是指对方的生产、经营、财务收支、员工动态、库存与销售状况等。我们用之以分析对方的态度、需求、利益和谈判实力，从而制定出有针对性的谈判方案。

（2）与谈判对手相关的信息

包括对方团队的组成情况，如对方团队成员的分工、职位的高低、性别等；对方主谈的个人情况,如年龄、经历(个人履历及谈判经历)、爱好、个性、价值观、声誉及谈判风格等。还要了解对方的权限,避免与没权决定事务的人谈判,既可以避免浪费时间,又可以避免事先将本公司的立场透露给对方。

2. 获取信息的渠道

传统的信息源主要有以下 7 种:期刊、科技报告、专利文献、会议文献、图书、档案、口头信息。获取信息的渠道多种多样,秘书要充分利用各种合法手段获取有关信息。获取信息的方式有两种:

(1) 直接式

一是通过网络查阅各种文献资料,如查阅各类档案、报刊杂志、报表年鉴、历史资料等。这种方法简单、便捷,但信息量大,需要花大量的时间处理;二是谈判时面对面的沟通与交流;三是如果有可能,从朋友当中获取谈判对手的信息。

(2) 间接式

一是以付费的方式从专业调研公司或者有关咨询机构获取;二是多找几家谈判,让谈判对手的竞争方互相评判也是获取信息的捷径,因为对谈判对手的了解莫过于他们的竞争对手。

3. 处理信息

收集信息时,秘书要注意信息来源的可靠性与准确性。处理信息时,要甄别信息的真伪,围绕谈判目标对信息进行整理、分析,更深层次地挖掘对手内部信息。将获得信息的重点内容制成表格,一目了然,并撰写调查报告,供领导参考。

(二) 协助组建谈判团队

谈判是双方实力、智慧的较量,因而组建一个优秀的谈判团队很有必要。秘书应积极协助领导组建团队,不仅要帮助领导对团队进行考察与测试,筛选合适的人选,还可以对谈判班子规模及结构调整提出建议。谈判团队的组建需要考虑以下内容:

1. 谈判成员素质要求:忠于职守,忠诚可靠;洞察力强、信念坚定;体力充沛、精力旺盛。

2. 团队的规模与构成:团队人数适中,4—5 人为宜,一般不超过 8 人。团队由主要负责人、主谈人及各类专业辅助人员(如商务、法律、技术、礼仪人员等)构成。团队成员应该彼此信赖,紧密配合,有分工与协作精神。主要负责人应具有较强的组织能力。主谈人有商务谈判实战经验,思维敏捷,语言表达能力强,心理素质好,应变能力强。各类辅助人员应该发挥专业和技术上的才能,如商务人员应该精通商务知识、熟悉价格谈判和合同条款,法律人员精通国内外经济类法规等。

3. 明确分工和职责:给予负责人和主谈人(往往二者为同一人)一定的权力。

(三) 可行性研究分析

在调查研究的基础上,秘书辅助上级进行可行性研究分析,分析论证商务谈判是否切实可行。此举的意义在于了解双方的优势与劣势，并据此采取防范措施。根据研究的结果，秘书撰写可行性研究报告，为制订商务谈判计划提供依据。可行性分析从以下两方面进行。

1. **分析己方的条件。** 首先，明确谈判的目标和价值。如果谈判成功，企业的收益是什么，有多大？目标的内涵是指价格高低及可调幅度，成交额的数量，结算方式等；其次是谈判相关资料的准备情况，我方谈判团队的能力配合是否得当；再者是双方谈判时间、地点的磋商以及这些选择对己方的利弊分析。

2. **了解对方的情况。** 包括对方团队的组成情况，其主要谈判意向；了解对方的经营方式、技术水平、资本、信用等各项实力的数据；预测对方谈判的诚意、目标以及对方对谈判的重视程度等情况。

（四）参与拟定谈判计划并组织模拟谈判

谈判计划，也叫谈判方案，是对谈判内容和步骤所作的安排。成功谈判的前提是制订详细周密的计划，否则无法把握谈判局势，遇到一点困难就可能导致谈判的失败。虽然谈判计划是通过企业各部门合作制订的，但再好的计划也有漏洞，秘书作为制订计划的参与人，要发挥拾遗补缺作用，结合实际情况提出建设性意见，完善计划；同时，领导会对方案制订小组的建议及方案进行筛选，秘书如能向领导提出恰当的建议，或是提供一份材料数据，或是对谈判进行合理的解说，都能帮助领导完善谈判计划。

谈判计划制订后，为了检验谈判计划的效果，提高实战的能力，秘书在领导的授意下，组织团队进行模拟谈判。一组作为己方，另一组扮演对手进行谈判演练。模拟谈判可以让我们从己方的立场审视对方，便于对谈判方案进行调整或者加以完善。

拟定谈判计划需要考虑以下内容：

1. **确定谈判目标**

谈判目标指明谈判方向和目的。它有四个层次：最高目标（理想目标，若达成会实现利益的增值）、实际需求目标（希望达到的目标）、可接受目标（满足部分要求，在实际需求目标与最低目标之间，可灵活变化）和最低目标（底线，低于此拒绝交易）。目标的确定，可以让人正确判断如何交易、何时抽身而退。

在确定谈判目标的时候，一定要充分清楚己方的需求，把涉及到的常见的问题罗列出来，包括价格、数量、质量、交货期、折扣、售后服务等。谈判前，先列出自己的谈判目标，考虑对方可能关心的问题，按优先级分出来，再列出一个竞争对手目标，考虑对方可能关心的内容。

2. **拟定谈判议程**

谈判议程指谈判的程序，包括议题，谈判日程表，谈判时间和地点等。

（1）议题

议题指谈判时讨论的事项。设计议题时，可能会产生许多议题，要合理安排好议题的讨论范围以及讨论次序。

如何确定议题和限定其讨论范围呢？首先，应该用相关的标准来筛选。与谈判内容不相关，则删除；若相关，删繁就简，把相关的若干事项合成一项。其次，与对方协商。议程的确定不完全是单方面的决定，应该在谈判前或者在开局时与对方协商。双方交换议项清单，敲定它们是否属于讨论的范围，但要规定数量，以提高洽谈的效率。这种做法有利也有弊，好处一是许多建设性的议题是在互相讨论时产生的；二是会令对方提前考虑己方的利益，调整他们的计划。弊处是由于对方洞悉己方的动机，并以此作为拟定对策的参考，会使谈判充满潜在的危险。

议题的讨论次序可以根据优先级的原则排列。既可以根据重要、次要、不重要的顺序，也可以先洽谈双方共同利益的议题，把有争议的议题往后排。这样做的好处是，当谈判的主要内容大致达成后，你说："重要的问题都谈妥了，如果只差这一点而失败，不是太可惜了吗？"相信有争议的问题也将迎刃而解。如果在谈判时因为一些次要的问题而偏离了谈判的主题，应根据优先级的原则及时回归正题。

（2）谈判的时间和地点。谈判的时间一般由双方讨论决定，这不仅指举行谈判的时间，还包括持续时间、结束时间、休会时间以及每场谈判所花费的时间。时间的安排是谈判非常重要的环节。如果时间安排仓促，准备不充分，难免心浮气躁，很难在谈判中沉稳地实施各种战术；如果时间安排得太拖沓，不仅会耗费大量的时间和精力，而且随着时间的推迟，各种环境因素都会发生变化，甚至还可能错过一些重要的机遇。谈判地点的选择参见本章第一节的内容。

3. 制定谈判的战术

战术的制定可以充分发挥谈判者的创造性。要保证谈判目标的实现，需要灵活运用各种战术。制定战术需要注意以下问题：

（1）确定己方说话的顺序，包含该说哪些话、由谁在何时说。

（2）己方可以在哪些问题上、在何种情况下做出主动让步。

（3）己方有哪些材料可以在何种情况下公开。

（4）预计对方在谈判中会提出哪些问题，己方如何应对。

（5）己方在谈判中准备使用哪些谈判技巧。

4. 准备应急预案或者替代方案

预先准备应急预案或者替代方案，可以提升你的谈判地位，有助打破僵局。如果时间允许，多准备几个方案，从中选择一个最优方案。应急预案越多，选择的机会就越多，成功的机会就越大。

（五）完备的会务准备

如果谈判在己方的场地进行，秘书还要做好东道主的接待工作以及会务准备。会务准备主要从四方面进行：

1. 将确定下来的谈判名单、时间、地点及时通知谈判双方，以便对方早作安排。

2. 做好谈判场所的布置及座位的安排，扩音设备、通讯、传真、复印设备以及必要的文具事先都应准备并调试好。这些事项看似琐碎，但不可忽视，往往有时因为细节疏忽而失去谈判。

3. 准备好谈判所需的材料。这指己方的材料，包括：法律类，如合同法、经济法；法定资料，如企业营业执照副本、工商执照副本、税务登记副本；谈判项目资料，如企业简介、产品或者服务项目介绍、设计图纸、报价单、样品等。秘书将所需的资料整理后，按照谈判双方所需的份数打印装订成册，及时发到谈判人员手中。这些材料必须类目清晰，方便查阅，在谈判时使用或者在必要时提供给对方。

4. 安排好各种仪式，包括开始、签约及赠礼等仪式。

二、秘书在谈判过程中的工作

在谈判过程中，秘书要做好沟通协调工作，一是使谈判双方能够顺利沟通，二是保证团队成员之间、团队与决策层之间联系的畅通，最大限度发挥团队在谈判中的作用。同时，要合理安排会务工作，做好谈判记录，必要时充当翻译，协助谈判人员进行交流，并及时把握谈判的进程和动向，确保谈判有效进行。秘书还要积极促进协议的签订，准确拟定协议。

（一）建立良好的沟通渠道

谈判双方的相互信赖是谈判成功的前提，沟通是谈判的基础也是谈判顺利进行的保证。在开局时，秘书更要发挥沟通的桥梁作用，以良好的沟通渠道建立双方的信任关系。秘书凭借个人魅力赢得对方的好感，从而开创谈判的良好局面。一是通过与对方的友好交谈，对对方个人及事业的关心等方式表明己方的诚意；二是通过周到的礼仪服务，工作中勤勉认真的态度，促使对方信任自己；三是通过实际的行动来加强对方的信任，比如做到有约必行，不轻易许诺，准时赴约，不随便迟到等。

（二）价格谈判时的辅助工作

价格谈判是谈判的关键，事关企业的利益和谈判的成败，秘书需要协助谈判团队恰当运用商务谈判技巧和心理战术，必要时还要给予积极的配合。如为领导争取时间思考，秘书走进来说"您的长途紧急电话"，这样的配合天衣无缝。

秘书精心整理报价的依据是制定合理报价的前提。合理报价的依据：一是根据市场行情、产品质量、供求关系的变化来确定。二是根据谈判的气氛，双方的状态来选择报价的方式和报价的时机。秘书作为辅助谈判人员，要根据市场调研的数据及摸底探测时所掌握的对手情况，及时为谈判人员提供准确的报价资料。

价格谈判是艰巨的过程，可能需要几次的洽谈才能确定，秘书要善于把握形势变化，洞察对方动态，源源不断地为团队提供可靠、及时的信息为辅助决策服务。在谈判出现僵持时,秘书要巧妙运用化解僵局的技巧,促使谈判顺利进行。

(三) 积极促成签约

在成交阶段,秘书要仔细观察、分析和准确判断形势,看看哪些项目已经达成协议,哪些还有分歧,时刻提醒主谈人有关细节问题。秘书要积极促成签约,从几方面进行:一是在己方初定的协议中不能轻易让步,保持底线,适当给对手施加压力,促成签约。秘书此时要察言观色,必要时配合团队击破对方防线。二是不能急于求成,努力制造气氛,想方设法帮助对方作出结束谈判的决策。如在对方出现犹豫时做出适当的保证,劝服对方早下决心;同时,秘书根据掌握的详细谈判信息给予对方利益诱导,和团队仔细洽谈,在保障己方利益的同时适当做出让步。三是通过前期的充分调研,拿出实质性的利益方案,利用互惠互利原则,根据双方信誉担保,使双方从长远考虑,促进以后再次合作。

(四) 意向书、协议的拟定以及协助签署

意向书是表示缔结协议的意向,经过双方一致同意。这种文书旨在表明一种意向,并不是正式的协议。意向书为进一步正式签订协议奠定了基础,是协议书的先导。双方签署后仍允许协商修改,确定合作后,意向书的使命便结束了。它建立在商业信誉之上,对双方有约束力,但无法律效力。协议是指谈判双方在平等协商的基础上订立的一种具有政治、经济或其他关系的契约。

在谈判过程中,秘书要做好谈判记录并存档。因为谈判记录真实地记录谈判实况,为制订以后的谈判协议提供参考。谈判的结果可能会有三种情况。第一种是谈判破裂,秘书只需将谈判记录作为正式文件归档备案。第二种情况是没有谈出结果,但双方还有意继续进一步协商,那么秘书起草谈判意向书并协助签署。第三种情况是谈判成功,秘书起草协议并辅助签约。签约时,秘书要仔细揣摩意向书或者协议的完整性和合法性,使己方利益能够得到实现,不会出现利益分歧,使谈判顺利结束。此外,签定重要的协议,秘书还要组织安排签字仪式。

1. 意向书的拟定及签署

谈判意向书的作用是对已经达成的共识予以确认,这既是对之前谈判所做的小结,又为今后的进一步谈判打好基础。秘书起草意向书与下文合同的拟定要求大致相似。特别需要注意的是在签署之前,秘书必须与对方再次确认达成共识的内容。意向书签署后,秘书将此一式多份交给双方保存,和谈判记录一并归档,并要单独建档。

意向书范本

建立合资企业意向书

××厂(以下简称甲方)与×××公司(以下简称乙方),就建立合资企业事宜
进行了友好协商,达成意向如下:

一、甲、乙两方愿以合资或合作的形式建立合资企业,暂定名为××有限公司……

二、总投资×万(人民币)。××部分投资×万;××部分投资×万。

……

六、合资年限为×年。

七、合资企业其他事宜按《中外合资经营企业法》有关规定执行。

八、双方将在各方上级批准后,再行具体协商有关合资事宜。

九、本意向书一式两份,双方各执一份。

××厂(甲方)　　　　　　　　××/公司(乙方)

代表:　　　　　　　　　　　代表:

××年×月×日

2. 协议的拟定及签约

(1)协议拟定的要求:文字严谨,概念明确,不能有歧义,内容具体、合法。因为文字处理不当会带来难以意料的麻烦,一定要谨慎。

(2)把口头达成的协议见诸文字,拟定好初步协议,明确双方利益,并在条款上突显我方利益。秘书需要细心、耐心地对初步协议进行修改、完善,尤其对重要条款更要字斟句酌,反复推敲。

(3)从拟写协议到签订协议,秘书都要以严谨、认真的态度对待,只要没有最后签字,都不能掉以轻心。秘书要细心审视对方拟定的协议,查看是否有陷阱。签字前,秘书仔细检查协议是否规范,有没有漏洞,是否存在模糊点和矛盾之处。如果有,本着友好的态度与对方讨论解决,达成令双方满意的协议,充分发挥秘书的辅助作用。

(4)协议签定后,应该让协议具有法律效力,秘书可以将协议拿到公证处公证。协议签定后,也会出现许多风险。即便得到了对方的承诺或者拿到了协议,违约的风险依然存在。谈判者无法预测这些未知的风险,但应当尽量在协议中提出一些防范的措施规避风险。

(5)协议签署后,秘书应将协议一式多份送至谈判负责人及有关部门,并以原件和谈判记录建立专门档案,为谈判结果的落实提供依据。

三、秘书在谈判结束后的工作

商务谈判结束后,秘书要主动协助领导和谈判人员做好各项善后工作:

1. **做好返程准备或是恭送对方离开。**如果在异地谈判,秘书需要做好一系列的返程准备,包括整理、检查回收的资料,以防泄密;订回程票、住宿结帐。如果在己方场地谈判,秘书要做好离送的工作,维持良好的合作关系。

2. **整理归档相关文件。**秘书对待商务谈判文件应该具备保密意识和存档意识。商务文件涉及到经济利益,属于重要、机密文件,必须妥善保管,防止泄密。它也是企业发展的记载、企业成长的见证。秘书要整理好谈判的相关文件,将其作为日后谈判的经验。

3. 向上级领导汇报。秘书及时主动地上报材料和汇报;清晰详细的材料报告使领导更容易明白以及发现谈判中存在的问题,才能不耽误上级制定执行协议的决策,这个过程可以增加个人对谈判的意见,给领导提供辅助参考。

4. 结算与报销各项费用。秘书要积极对谈判各项费用进行审查,在不损害企业利益的前提下,征求领导意见,给予团队成功谈判的奖励。

5. 总结谈判经验教训。包括总结己方谈判的实施情况、评价己方谈判战术的发挥情况、评价谈判代表团内部的组织工作、对公司给予的谈判援助提出建议、评价谈判对手、对谈判成功的主要经验及重大失误作出分析。

6. 督促双方履约。只有如实履约,双方利益才能得到实现。秘书要督促协议的履行,及时跟进并上报有关实施的问题,辅助相关人员解决,必要时可向领导提出合理的应对措施;除此以外还要将履约情况反馈给对方,促使对方认真履约。为了保持谈判过程中建立的相互关系,秘书应就对方的履约工作表示感谢,可以通过写信、打电话、亲自拜访等方式。此举有助于提高对方的信任,督促对方履约。

【思考题】

1. 如何理解商务谈判中的互利谈判?
2. 影响商务谈判的因素是什么?
3. 简述秘书在商务谈判各个阶段需要做的工作。
4. 你能设想出"分橙子案例"的最佳谈判方案吗?

【案例分析】

天地公司在意大利发展的解决方案

天地公司和意大利一家饮料公司合作。双方合作的初步意向是:中方提供技术,意方提供土地、厂房。意方提供了两块地皮。一块位于郊区,面积够大,价格便宜。另一块处在繁华的市区,但面积小,地价贵。谈判时,意方希望选择郊区的位置,中方考虑市区的位置,理由是郊区的场地不利于打开饮料市场。谈判因而陷入僵局。谈判第三天,中方提出了一个解决方案:先在市区建厂,等两年成本收回后,再在郊区建立分厂,达到生产在郊区,经营、销售在市区的最终目标。意方对此方案表示认可,谈判成功了。

在此例中,双方的分歧点是场地的选择。如果双方都执着于各自的方案,谈判就无法成功,这时寻找互利的谈判方案很有必要。中方在了解双方需求的基础上,创造性地提出了不同阶段场地选择的发展计划,满足了双方的要求,实现了双赢的结果。可见,具有创意的互利方案是突破障碍、取得谈判成果的捷径。

【实践训练】

根据以下材料,撰写一份商务谈判计划,没有的要素可以虚拟。

天地网络集团欲向方正电脑有限公司购置台式电脑 200 台,希望对方以最优惠的价格供应。

背景资料:

甲方:天地网络集团是一家游戏网络运营集团,是一个覆盖面广、有影响力的网络集团。董事会主席是张冬。

乙方:方正电脑有限公司是××省支持的电子企业。目前,方正公司在计算机产品、重大行业信息化等领域已具有国内领先的技术实力和市场份额。销售经理是王强。

【知识链接】

一、商务谈判策略

1. 攻心战。从对手的个体和群体的心理活动出发,通过影响其情感与欲望,软化其对抗力量,增加亲和力,从而实现谈判目标的策略。

2. 蘑菇战。以耐心、韧性为武器,在相持中拖垮对手的谈判意志,从而达到预期目标的做法。

3. 影子战。谈判人员利用信息的不对称,利用人造的符合逻辑的假相,制造谈判优势,迷惑或迫使对手放弃自己的主张,实现既定的谈判目标。

4. 强攻战。在谈判中以决不退让或以高压的态度迫使对手让步的一类策略。具体策略有:针锋相对、最后通牒等。

5. 吞食战。吞食战以韧性为特征,只要时间允许,即可坚持以小胜大、步步进逼,逐步达到预期谈判效果。

6. 擒将战。针对谈判主要负责人、主谈人及主要助手而采取的一系列制服的手法。具体策略有:激将法、感将法等。

7. 运动战。结合实际谈判情况,以灵活变换谈判议题、组织形式、谈判态度与地点为特征的一类策略。

8. 外围战。为实现某个预定谈判目标,或保证全局谈判效果,有意针对影响达到所述目标的各种因素而采取的预备性、预防性的一类策略。

9. 决胜战。在谈判终局时,为进行谈判的最后交锋,以决定成交与否而采取的代价最小、效果最好的一类策略。

(资料来源:丁建忠《商务谈判教学案例》,中国人民大学出版社 2005 年版,第 414—447 页。)

二、谈判策划书

汽轮机转子毛坯索赔谈判策划书

一、谈判主题

解决汽轮机转子毛坯延迟交货索赔问题，维护双方长期合作关系。

二、谈判团队人员组成

主谈：胡达，公司谈判全权代表；

决策人：贺宇翔，负责重大问题的决策；

技术顾问：陶佳，负责技术问题；

法律顾问：张伟燕，负责法律问题。

三、双方利益及优劣势分析

我方核心利益：

1. 要求对方尽早交货；

2. 维护双方长期合作关系；

3. 要求对方赔偿，弥补我方损失。

对方利益：解决赔偿问题，维持双方长期合作关系。

我方优势：

我公司占有国内电力市场 1/3 的份额，对方与我方无法达成合作将对其造成巨大损失。

我方劣势：

1. 在法律上有关罢工属于不可抗力范围这一点对对方极为有利，对方将据此拒绝赔偿；

2. 对方延迟交货对我公司已带来的利润、名誉上的损失；

3. 我公司毛坯供应短缺，影响恶劣，迫切需要与对方合作，否则将可能造成更大损失。

对方优势：

1. 法律优势：有关罢工属于不可抗力的规定；

2. 对方根据合同，由不可抗力产生的延迟交货不适用处罚条例。

对方劣势：

属于违约方，面临与众多签约公司的相关谈判，达不成协议将可能陷入困境。

四、谈判目标

1. 战略目标：体面、务实地解决此次索赔问题，重在减小损失，并维护双方长期合作关系。

原因分析：让对方尽快交货远比要求对方赔款重要，迫切要求维护与对方的长期合作关系。

2. 索赔目标：

报价：

① 赔款：450万美元；

② 交货期：两月后，即11月；

③ 技术支持：要求对方派一技术顾问小组到我公司提供技术指导；

④ 优惠待遇：在同等条件下优先供货；

⑤ 价格目标：为弥补我方损失，向对方提出单价降5％的要求。

底线：

① 获得对方象征性赔款，使对方承认错误，挽回我公司的名誉损失；

② 尽快交货以减小我方损失；

③ 对方与我方长期合作。

五、程序及具体策略

1. 开局：

方案一：

感情交流式开局策略：通过谈及双方合作情况形成感情上的共鸣，把对方引入较融洽的谈判气氛中。

方案二：

采取进攻式开局策略：营造低调谈判气氛，强硬地指出对方因延迟交货给我方带来巨大损失，开出450万美元的罚款，以制造心理优势，使我方处于主动地位。对方提出有关罢工属于不可抗力的规定拒绝赔偿的对策：

(1) 借题发挥的策略：认真听取对方陈述，抓住对方问题点，进行攻击、突破；

(2) 法律与事实相结合原则：提出我方法律依据，并对罢工事件进行剖析，对其进行反驳。

2. 中期阶段：

(1) 红脸白脸策略：由两名谈判成员其中一名充当红脸，一名充当白脸辅助协议的谈成，适时将谈判话题从罢工事件的定位上转移到交货期及长远利益上来，把握住谈判的节奏和进程，从而占据主动；

(2) 层层推进，步步为营的策略：有技巧地提出我方预期利益，先易后难，步步为营地争取利益；

(3) 把握让步原则：明确我方核心利益所在，实行以退为进策略，退一步进两步，做到迂回补偿，充分利用手中筹码，适当时可以退让赔款金额来换取其他更大利益；

(4) 突出优势：以资料作支撑，以理服人，强调与我方协议成功给对方带来的利益。同时软硬兼施，暗示对方若与我方协议失败将会有巨大损失；

（5）打破僵局：合理利用暂停，适时利用声东击西策略，打破僵局。

3. 休局阶段：如有必要，根据实际情况对原有方案进行调整。

4. 最后谈判阶段：

（1）把握底线：适时运用折中调和策略，严格把握最后让步的幅度，在适宜的时机提出最终报价，使用最后通牒策略；

（2）埋下契机：在谈判中形成一体化谈判，以期建立长期合作关系；

（3）达成协议：明确最终谈判结果，出示会议记录和合同范本，请对方确认，并确定正式签订合同时间。

六、准备谈判资料

相关法律资料：

《中华人民共和国合同法》、《国际合同法》、《国际货物买卖合同公约》、《经济合同法》

备注：

《合同法》违约责任：

第一百零七条：当事人一方不履行合同义务或者履行合同义务不符合约定的，应当承担继续履行、采取补救措施或者赔偿损失等违约责任。

联合国《国际货物买卖合同公约》规定：不可抗力是指不能预见、不能避免并不能克服的客观情况。

合同范本、背景资料、对方信息资料、技术资料、财务资料。

七、制订应急预案

双方是第一次进行商务谈判，彼此不太了解。为了使谈判顺利进行，有必要制订应急预案。

1. 对方承认违约，愿意支付赔偿金，但对450万美元表示异议。

应对方案：就赔款金额进行谈判，运用妥协策略，换取在交货期、技术支持、优惠待遇等方面的利益。

2. 对方使用权力有限策略，声称金额的限制，拒绝我方的提议。

应对：了解对方权限情况，"白脸"据理力争，适当运用制造僵局策略，"红脸"再以暗示的方式揭露对方的权限策略，并运用迂回补偿的技巧，来突破僵局；也可用声东击西策略。

3. 对方使用借题发挥策略，对我方某一次要问题抓住不放。

应对：避免没必要的解释，可转移话题，必要时可指出对方的策略本质，并声明，对方的策略影响谈判进程。

4. 对方依据法律上有关罢工属于不可抗力从而按照合同坚决拒绝赔偿。

应对：应考虑到我方战略目标是减小损失，并维护双方长期合作关系，采取放弃赔偿要求，换取其他长远利益。

5. 若对方坚持在"按照合同坚决拒绝赔偿"一点上不作出任何让步,且在交货期上也不作出积极回应。则我方先突出对方与我方长期合作的重要性及暗示与我方未达成协议对其恶劣影响,然后作出最后通牒。

(资料来源:万丽娟《商务谈判》,重庆大学出版社 2010 年版,第 168—171 页。)

【扩展阅读】

1. [英] 德雷克·阿顿(Derek Arden)著,张亮译:《哈佛经典谈判课》,北京联合出版公司 2018 年版。

2. 陈文汉主编:《商务谈判实务(第二版)》,清华大学出版社 2018 年版。

3. 朱孔阳主编:《商务应用文写作教程》,东北财经大学出版社 2018 年版。

4. 王军旗主编:《商务谈判理论、技巧与案例》,人民大学出版社 2018 年版。

5. 吴仁波主编:《国际商务谈判理论·实务·案例分析》,浙江大学出版社 2018 年版。

6. 吴建伟著:《商务谈判策略与案例分析》,清华大学出版社 2017 年版。

7. 石永恒著:《商务谈判》,上海财经大学出版社 2013 年版。

下篇
秘书辅助决策业务

第十二章
调查研究工作

第十二章
调查研究工作

本章概述

调查研究是人们认识世界的最基本途径,是科学决策的基本前提,也是秘书深入实际、获取信息、当好领导的参谋和助手、实现辅助决策服务的重要途径之一。秘书应充分认识到调研工作的重要性,了解和掌握科学的调查研究方法,能完成领导交予的调研任务并能独立自主地开展调研工作。

学习目标

1. 明确秘书调查研究工作的作用、意义。
2. 了解秘书调查研究的特点和一般程序。
3. 掌握调查研究的方法。

重点难点

1. 秘书调查研究的特点。
2. 调查的方法。
3. 研究的方法。

第一节　调查研究概述

【案例导入】

常青藤公司最近推出一款新型手机投放市场,但市场的反应未达预期,上市一个季度了,销售量非常低迷。公司行政办公室主任张明早就已经暗暗留心了,知道早晚要为这事儿忙碌一阵的,因为新产品一个季度的常规"待考期"期限已经过了,所以安排了一些前期工作,组织办公室相关人员召开了非正式的讨论会,听听大家对新产品销售情况的看法。果然,这天上午上班不久,经理例会一结束,就把张明叫进去了。"这款手机怎么回事儿?你组织了解一下。"显然,张明正式受命调查研究。

调查研究是人们有目的、有意识地通过对客观事物和社会现象的考查、了解、分析、研究,以认识社会事物的本质及其发展规律的一种活动。调查研究作为一种科学的认识方法和工作方法,具有多方面的功能。它是正确认识社会的根本方法,是科学决策的前提,是有效改造社会的重要条件。调查研究这种广泛的社会功能,使它受到各行各业的普遍重视,人们愈来愈认识到,做任何工作都离不开调查研究。只有摸清情况,对症下药,才能切实解决实际问题。

调查研究也是秘书深入实际、获取信息、当好领导的参谋和助手、实现辅助决策服务的重要途径之一。秘书部门的调研工作与其他部门不同,通过广泛和有目的的调研,秘书掌握大量真实可靠、富有价值的信息,通过对信息的分析研究,认识事物的本质规律,为单位高层或领导者提出解决问题的意见和建议。调研是秘书的一项重要的工作内容,它贯穿秘书工作的许多方面,是秘书实务一项非常重要的辅助决策业务。

一、调查研究的含义

调查研究包括"调查"和"研究"两个方面,简称调研。"调查"是运用各种方式、方法、手段和工具掌握客观世界的各种真实情况的一种感性认识活动。"研究"则是根据调查所获得的材料,进行科学的审察和思维加工,以求得认识社会现象的本质及其发展规律的一种理性认识活动。

"调查"与"研究"是内涵不同但又紧密联系的两个概念。调查是研究的基础和前提,没有调查就没有发言权,没有调查,研究工作无从展开;研究是调查的发展和深化,没有研究,调查就失去了意义。表面上看两者虽有先后之分,但实际上是互相贯通,彼此渗透,不可分割的。在进行调查时,必然伴随着初步的分析和研究,这样才能使调查有的放矢,沿着正确的方向进行。在分析研究过程中,有时需要对一些问题进行局部的或进一步的补充调查,以便更全面地弄清事情的真相。人们就是这样通过不断的调查和研究,通过实践、认识、再实践、再认识循环往复以至无穷的过程,达到对社会事物及其发展规律的本质认识,进而处理事务、解决问题、改造社会。

二、秘书调查研究的意义

调查研究作为一种科学的认识方法和工作方法,对处于组织枢纽地位的秘书或秘书部门,意义和作用尤其不一般。

1. 调查研究是秘书的重要工作任务和方法

领导的作用是了解情况,掌握政策,作出决策。了解情况是认识客观事物、认识世界;作出决策就是处理事务和问题,改造世界。调查研究是作出决策的依据,又是检查决策正确与否的标准。领导者应有计划地深入基层进行调查研究。但是,由于领导者工作繁忙,不可能事必躬亲;另外,领导者到基层去调研,往往会受到一些干扰。所以,调查研究这项工作多半由为领导工作服务的调研部门、秘书部门来完成。在领导决策的全过程,处处离不开秘书的调查研究,它是当好参谋助手的关键环节。

在实际工作中，下属部门、基层单位递交的报告，有些是经过推敲修饰的，天衣无缝，不能反映客观实际情况，无法看出原始的真实的状况。因此，秘书部门的基层调研工作对领导机关的作用是巨大的。调研还成了解决常规问题、处理突发事件的必要手段。

2. 调查研究是秘书做好其他工作的前提

尽管现代社会已进入信息时代，人们获取信息的渠道和方式越来越多了，比如，通过网络查询就能获取大量信息，但是要真正接触实际，了解和掌握可靠的第一手信息，主要途径还是调查研究。这不仅是因为，通过调研可以得到大量直接的信息，更重要的是，通过其他渠道和方式得到的信息，还必须通过调查研究予以核实。秘书和秘书工作是"协助上司处理政务及日常事务并为决策及实施提供服务"的，处理政务和日常事务、决策与实施等都需要大容量、高质量的信息服务，而调研，是秘书和秘书部门了解实际获取可靠信息的主要渠道及发挥参谋助手、辅助决策作用的重要途径。

调查研究贯穿于秘书工作的全过程和各个环节。比如文稿撰拟，要占有材料、要切合实际、内容要真实可靠等等，离不开调查研究。信访工作、协调工作、督查工作、公务旅行管理、危机管理等等，同样离不开调查研究。因此，调查研究既是秘书重要的工作任务和工作方法，也是秘书做好其他工作的前提。

3. 调查研究是提高秘书自身素质的重要途径

秘书工作能力的提高，取决于两个方面：一是学习理论知识，二是积极参加社会实践。而调查研究是秘书很重要的社会实践，实践出真知，这对秘书工作能力、自身素质的提高意义重大。在实践中遇到的知识，很多是书本上没有的。通过调查研究，秘书不仅得以接触并了解基层和实际，同时能使秘书的多种能力及综合素质得到提高。比如，在调查的过程中，需要有较强的倾听能力、口头表达能力、交际能力、判断能力、启发能力和处理人际关系的能力；在研究过程中，需要较强的逻辑概括能力、分析能力、综合能力；撰写调研报告，需要较强的文字表达能力等。同时，秘书通过调查研究，可以加深对党和国家各项方针政策的理解，学习到干部和群众创造的种种新鲜经验，发现社会上的一些不良现象，提高辨别是非和自我完善能力。把调查研究称为全面培养秘书能力和提高秘书自身素质的"学校"，是恰如其分的。

三、秘书调查研究的特点

秘书部门的调研工作不同于其他部门，它是紧紧围绕领导决策的需要，根据领导的指示而进行的，是受命调研。这种调查研究，既着眼于解决实际问题，又具有综合、突击、迅速的特点。

1. 切合领导的工作需要

秘书部门调研，有其受命性特点，是为机关和领导服务的，要服从于机关和领导意图。调研选题同领导决策需求相统一，调研活动要按照领导意图来进行，调研成果也要以能否实现辅助决策服务为取舍标准。显然,秘书和秘书部门的调研工作有被动性的一面,应准确领会领导意图,把领导工作需要作为调研选题的方向,使调研工作和调研成果切合领导工作需要。

秘书调研任务受命于机关和领导,调研成果同解决实际问题相统一,政策性也强。秘书调研是紧紧围绕领导决策的制定和贯彻来进行的。这就要求秘书部门和秘书在调研工作中,必须从政治和政策上考虑问题,从解决实际问题出发,为领导决策和管理工作提出有价值的建议。

2. 调研内容广泛

秘书部门的调查研究与专门调研室的调查研究是有区别的,专门调研室是把调查作为主要工作,为领导提供咨询,调研内容主要与政策和本地区重大问题密切相关。办公室秘书的调研往往结合办公室其他日常工作来开展,办公室日常事务及管理的综合性特点,决定了秘书为领导的管理和决策所开展的调研内容多、范围广,只要涉及领导管理和决策活动,都可能成为秘书调研的内容。

3. 调研有时间限制

秘书调研,有时不是按某一时期的工作计划来进行的,往往带有不同程度的临时性、突击性。这种临时性、突击性的调查研究,需要急事急办,要求在最短的时间内完成调研任务,并在第一时间把调研结果报告给领导,让领导能及时采取相应措施。

四、秘书调查研究的类型

1. 基本情况调研

基本情况是指反映本地区、本系统、本单位的基本面貌和基本要素的情况,是领导工作的基础,也是秘书辅助管理的重要内容。基本情况调研是基础性的调查研究,是科学决策的基础依据,秘书应主动地、经常性地进行基本情况调研,全面掌握诸如机关单位的历史沿革、组织结构、干部队伍、职工状况、发展现状,企业的行政管理、人事劳资、固定资产、流动资金、产品及工艺、销售与服务、品牌推广等基本情况,为领导科学决策提供准确的信息服务。

2. 辅助决策调研

秘书调研除了提供基本情况外,还要紧跟领导的中心工作步调,这样,其成果才能为领导所采用,成为领导决策的依据;反之,就很难与领导的思维形成共振,其成果自然难以转化为领导决策。有时候,一个具体的政策和措施的实行,会使许多人的利益发生变化,引起各方面的巨大反响;又由于事物的复杂性和多样性,在执行政策的过程中,往往会出现未曾预料的情况和问题。这就需要及时到有关部门或基层调查研究,了解这些政策在哪个层面、多大程度上得到拥护欢迎?受到哪个层面、多大程度的反对?实行这些政策的进展情况如何?现在出现了哪些偏差和问题?能否收到预期的效果?秘书将上述问题及时反映给领导,作为他们修订或完善决策的根据。

3. 专题性调研

针对专项工作或某类问题进行的调查研究，是专题性调研。如某县委县政府联合组织的"三农"（农村、农业、农民）问题调研，某省人民政府办公厅组织的灾后恢复重建工作调研，对模范人物先进事迹的调研，对乡镇企业环保问题的调研等。在领导授意下起草各种文稿，是秘书经常性的工作，起草文稿必须做到：与上级的政策规定一致，与本机关过去制定的政策规定相衔接，能付诸实施。要做到这三点，一刻也离不开调查研究，这里涉及到的通常都是专题调研。只有通过调查研究，才能了解发布文件和执行文件的全面情况；才能从实际工作中发现问题，找出解决问题的办法，使撰写的文稿有的放矢，真正管用。

4. 突发事件调研

对组织内突发性的事件或事故的调查研究，是突发事件调研。突发事件有政治性的，也有经济性、生产性或技术性的；有发生于集体的，也有发生于个人的。这类调研，要求秘书迅速查清事实真相及原因，分清责任，以便领导能及时作出妥善处理。重大政治事件和生产事故往往由秘书配合保卫部门、公安部门共同进行调查。

5. 遗漏问题调研

对这类问题的调查，又称拾遗补缺调查。它包括处于几个职能部门的临界点的问题；几个职能部门都管但只管一部分的问题；群众反映甚大但不知归哪个部门管的问题；虽分管部门明确，但被长期拖而不决的问题。对这些"几不管"的问题，秘书部门要在准确领会领导意图的前提下，相对主动地自选调研课题，组织力量进行调研，为机关和领导及时、妥善处理遗漏问题提供服务。

五、秘书调查研究的一般程序

调查研究过程是了解情况、分析问题、解决问题的过程，有很强的逻辑性和条理性，按照时间的推移和工作内容，调查研究的过程大致可以分为四个阶段：准备阶段、调查阶段、研究阶段、总结报告阶段。

（一）准备阶段

1. 明确目的　确定对象

有调研意图和调研范围，是启动调研的前提，接下来就要明确目的，确定一定范围内的具体调研对象。目的，是指每次调查研究要达到的程度、所要解决的问题。如某个公司要对所属企业产品成本做一次系统的调查研究，是为了降低产品成本、提高经济效益问题。那么，"降低成本、提高经济效益"，就是这次调查研究的目的。某高校要对其秘书学专业毕业生的就业情况进行调研，以调整修订秘书学专业人才培养方案，那么"调整修订专业人才培养方案"就是这次调研的目的。目的明确后，对调研对象要细心进行研究和选择。选择对象要注意典型性和代表性，既要保证一定的调查面，也要注意信息源的代表性和说服力。

2. 收集资料　熟悉情况

调研的目的和对象均明确之后,就要准备有关资料,如关于调研对象的历史背景和现状的资料,调查中的交通线路、车辆车次安排情况,还要准备一些专业参考资料。资料要尽可能详细,以熟悉调查的对象。比如调查毕业生就业情况,应确定毕业生就业比较集中的地区,收集足够的相关信息如姓名、毕业时间、就业单位及工作部门、联系方式等。

3. 制订计划　拟出提纲

调查研究计划,应该包括整个调查研究的指导思想、主要目的、具体任务、基本要求、组织领导、经费预算、行程和进度安排、调查方式和工作纪律、食宿和交通安排等多项内容。大型的调查研究,应该制订比较完整的文字计划;小型调查研究,也应该有明确的计划安排。调查研究提纲,是指导我们实施调查研究计划的向导,是任何调查研究都必须编制的。即使是一个人完成一项最简单的专题调查研究任务,也应该有一个简明的提纲。提纲要周密,把考虑到的问题都写上。拟出提纲后要向领导汇报,确保领导意图得到贯彻。

4. 组织人员　合理分工

如果是作全面调查,解决工作方针和任务问题,通常由单位主要领导挂帅,组织各有关方面的骨干力量,编成若干个小组,分头进行调查。如果是专题性调查,可由单位主管该项业务的领导挂帅,参与调查的人员则由有关业务部门抽调。在人员配备上,要注意专业合理搭配,优势互补,以求得良好的整体效果。

(二) 调查阶段

这是调查方案的实施、执行阶段,也是秘书调研能力的重要体现阶段。主要是根据调查的具体任务和要求,以及调查方案中确定的调查方法,收集各方面资料。调查中,必须深入实际,坚持实事求是原则,材料的收集要全面,不能断章取义,不能经验主义,或者偏听偏信。要敏于发现新动向,观察细节问题。挖掘材料要深入,切忌浅尝辄止,为表面现象所迷惑。获取材料要真实可靠。

(三) 研究阶段

在调查结束后,对调查获取的信息、收集的材料进行整理和分析。秘书首先要鉴别材料,去伪存真,对材料的可行性和准确性做具体分析,还要补充调查一些不完整的材料。然后,按照一定的标准对所收集的材料进行分类整理,也就是材料的粗加工。最后,对所获得的调查资料进行全面系统的综合分析研究,从中找出领导决策所需要的依据。

(四) 总结报告阶段

这一阶段的主要任务是总结调查研究工作,撰写调研报告。调研报告是调查研究成果的集中体现,要着重说明调查结果或研究结论,并对调查过程、调查方法等进行系统的叙述和说明,同时提出建议和意见。调研(查)报告的一般格式及写作要求,见本系列教材中的《秘书写作》。

秘书要做的最后一项工作是对调研工作进行回顾和总结,为今后的调研提供必要的经验,并对调查材料进行立卷、归档处理。

第二节　秘书调查的方法

【案例导入】

心仪服装公司推出一个夏季全新系列产品,设计和营销策划案初稿总经理都很认可,但仍有疑虑,要求市场部提供珠三角、长三角、京津冀三大区域的竞品情况,私下吩咐总经理办的肖秘书和罗秘书查查资料,以确认这个系列新品的创新性。总经理办的两位秘书接受了部分调查研究工作。她们的调查是哪种类型的调查?适用什么方法开展调查?

调研中,应根据调研的目的明确调查的对象,选择和确定合适的、具体的调查方法。确定调查的范围和对象,形成调查的一般方式或类型,实施调查的具体做法,即调查的方法。

一、调查的类型

(一) 全面调查

全面调查,也叫普遍调查,简称普查。调查范围和对象是全部,即对总体调查对象中每一个具体单位都进行调查。普查的优点是调查资料具有全面性和准确性。缺点是工作量大、花费大、组织工作复杂,只能一般地了解概况,难以具体深入地了解情况。这种调查适用于重大项目的调查,适用于了解全局性的基本情况。如全国人口普查、少数民族人口调查、城市住房普查等。普查由于数量过大,只能采用书面调查和统计调查法。普查有两种组织方式:一种是组织专门的调查机构,配备一定数量的调查人员,对调查对象进行直接登记;一种是由上级颁发调查表格,由下级根据已经掌握的调查对象的各种原始记录和资料填报。即使是后一种方式,也需配备一定的专门人员,负责整个组织工作。搞好普查,一定要统一领导,统一行动。还要注意:普查项目必须简明,普查时间必须统一。

(二) 非全面调查

非全面调查是对调查对象总体中的一部分进行调查,以窥探事物的全貌。非全面调查主要包括以下几种类型。

1. 典型调查

所谓典型,是同类中最具代表性的人或事物。典型调查是从调查对象中选择具有代表性的部分或单位,通过对它们的调查来认识同类社会事物的本质及其发展规律。典型调查是秘书部门采用较多的调查形式。

典型调查有两种情况，一种是一般的典型调查，即在总体中择优（劣），选出一个或少数几个典型单位进行调查研究。秘书工作中经常要写典型人物、典型事件的典型材料，或总结成绩和经验，或总结问题和教训，或认识新事物，通常都属于这种。第二种是具有统计特征的划类选点典型调查，即将调查总体划分为若干个类，再从每类中选择若干个典型进行调查研究，以认识复杂的社会事务。正确选择典型，是保证典型调查科学性的关键。典型调查的最大误差是选点的误差，故对复杂的事物，必须多层次、多类型地选择典型。

典型调查的优点是调查人员较少，花费的财力、物力较小；便于进行深入而细致的调查。但典型调查也有局限性：一是典型的选择受调查者主观意志左右，难免带主观随意性；二是被选取的典型，与总体中其他同类事物之间，会存在一定差异，其代表性总是不完全的；三是典型调查的结论，究竟哪些是一般性的东西，具有普遍意义，哪些是独特性的东西，只具有特殊意义，需要典型数量较多才能准确测定。

2. 重点调查

重点调查，指在调查总体中选择一部分在其中起主要或决定作用的单位，作为调查点进行调查。重点调查的关键是准确恰当地选择重点单位。重点调查，是抓主要矛盾和矛盾的主要方面的思想方法在调查研究上的运用。尤其当调查任务只是为了掌握基本情况，而调查总体中一部分单位或因素能比较集中地反映这些情况时，适合采用重点调查方法。重点调查的优点是调查的单位不多，花费不大，却能掌握到对全局有决定性影响的情况，因此，它的使用亦相当广泛。重点调查秘书部门应用也很多，如要了解国家调控政策对房价的影响，只需要对一些大城市如广州、深圳、上海、北京、成都等进行调查就可以了。

典型调查和重点调查的区别。选择对象的标准不同：典型调查选典型，重点调查选出其中对总体起主要或决定作用的单位作为调查对象。调查的主要目的不同：典型调查目的是认识事物的本质和规律，是定性调查，重点调查多是进行定量调查。

3. 个别调查

个别调查也称个案调查，是指为了解决某一问题，对特定的个别人物或事件进行调查。由于个别调查的调查对象是个别的，故与典型调查类似，但区别也很明显。一是调查对象的特点不同。个案调查的对象是特定的、不可替代的，它不存在选择问题；典型调查却要对调查对象作认真选择。二是调查的目的不同。个案调查的主要目的是就事论事，解决具体问题；典型调查是为探寻和揭示某些社会现象的本质及其发展规律。秘书部门对突发性事件或事故的调查，属于个别调查。

4. 抽样调查

抽样调查是在调查总体范围内，抽一定数量样本作为调查对象，并以此来推算全体，即以其结果推算出调查总体的一般情况。在抽取样本时，总体中的每一个单位都有同等机会被抽中。

按随机原则抽取样本，叫随机抽样，它是抽样的主要方法。具体来说，主要有简单随机抽样、等距随机抽样、类型随机抽样、整群随机抽样、多段随机抽样等多种。

抽样调查实际上是一种普遍调查和典型调查相结合的形式。在普遍调查的对象太多无法进行时，它常用来代替普遍调查。但抽样调查不太适于作定性调查，不能取代为了更深入地研究问题而采用的典型调查。当调查对象的范围不十分明确时，不能进行抽样调查。在统计、工业、教育部门，这种调查方式用得相当广泛。政府秘书部门，有时采取这种方式了解某项政策的落实情况，如责任制情况，市场物价波动情况等。抽选好样本是搞好抽样调查的重要一环。

二、秘书调查的方法

1. 现场调查

现场调查是秘书亲临实地调查现场，了解情况，印证口头调查的情况，核实间接材料并丰富调查者的感性认识，有助于理解和分析调查对象的思想和行为。现场调查能够获得第一手资料，对事故调查、典型调查尤其重要。现场调查要防止有些单位弄虚作假，混淆视听，将调查引向歧途，一般情况可以不必事先通知，重大事故的现场必须事先由有关部门加以保护。调查要细致并作记录，必要时可以画出简图、摄影录像。在调查过程中，可将现场察看与个别访问相结合，尽可能多走几个观察点，进行比较。但是现场调查，调查者是旁观者，调查的情况可能带有偶然性或表面性。

2. 访问调查

指秘书对调查对象采取个别交谈、分别访问的形式了解或核实情况，也称"个别访问"。它比现场调查更深入一步，除了看还可以询问。调查对象一般是有关部门的领导人、当事人和知情人。

有关部门的领导人，比较熟悉本部门的全面情况，看问题比较全面，先听取他们的意见，可以帮助我们顺利完成调查任务，防止走弯路。但是，领导了解的情况，总还是有一定的局限，有些领导并不完全掌握具体生动的情况，有些领导由于平时作风不深入，或思想方法较片面，所反映的情况并不完全符合客观实际。所以，必须作进一步的调查，特别是向当事人调查。

应该说，当事人是最有深切体会的，他们对事件的全过程最了解，向当事人调查，可以获得最生动的例子和细节。但向当事人调查也有一定的局限，因为当事人容易就事论事，只看到局部，忽略了整体，特别是对某些与当事人有直接利害冲突的事件的看法，难免会产生片面性，或者因为有顾虑，不能把事物的真象如实客观地反映出来。因此，还必须向有关的知情人调查。

知情人不一定是事件的直接参与者，与事件没有直接的利害关系，顾虑比较少。俗话说旁观者清，知情人有可能提供较客观的情况，提供重要的参考材料。

上述三个方面的调查对象，不限于一个人，应该尽可能多找一些人个别调查。

个别调查的优点是深入、具体，能够掌握细节；可以防止几个调查对象之间的串通，有利于保密；面对面谈话还可以通过对调查对象表情、神态的观察，帮助辨别调查材料的真伪。缺点是由于分散进行，比较费时费力；取得的材料往往是感性、不系统的，容易得出片面的结论。如果调查人诚恳、机智，注意交谈的切入点，事先拟好交谈提纲，能取得调查对象的信任或合作，调查就容易取得满意的结果。访问调查要注意解除调查对象的顾虑，但不可作任何倾向性的示意，以取得尽可能真实、公正的材料。

3. 开调查会

调查人在取得调查对象合作或单位支持的条件下，可召集知情人开座谈会调查情况。毛泽东同志在湖南农村曾多次使用这种方式，做了大量富有成效的社会调查，写成了《湖南农民运动考察报告》等文章。

一般来说，确定参加调查会的人选应掌握三条原则：一是参会人应是知情者，二是参会人应敢于并善于当众讲话者，三是参会人应有代表性。参加调查会的人数以三五人到七八人为宜。过多则不易指挥掌握，发言者也难以尽言，过少则失去"会"的性质，等于个别调查了。

调查会通常以座谈的方式进行。召开调查座谈会前要事先通知，让参加调查座谈会的人明确调查目的、调查内容，以便有所准备并打消顾虑。

开座谈会调查的优点是调查对象之间可以互相讨论，互相启发，集思广益，也容易发现新问题，使调查不断深入；结论比较科学，有代表性；相对地节省人力、物力和时间。缺点是不适宜于机密内容的调查，缺乏主见的座谈者容易产生从众心理，人云亦云，意见一边倒，不容易得到精确的资料或数据。

召开座谈会，调查人不宜过早表态，也不要随便打断调查对象的发言，以免误导、诱导发言者。要根据调查对象的不同心理，分别采用不同的记录方式。对重要的材料，应反复核实。对个别有思想顾虑或言而未尽的人，可在会后再个别交谈，作为座谈会调查的补充。

一般来说，调查会不宜请与调查课题相关的权威人士、专家出席，以免影响、左右大家的意见。权威人士、专家的意见应通过专家调查的方式了解。

4. 问卷调查

秘书把需要了解的情况设计成不同类型的题目并组合成书面问卷（又称调查表），由被调查者作书面回答，即为问卷调查。调查面较广，而调查问题又比较集中的可采用问卷调查方式。问卷调查通常有三种类型：封闭式问卷、开放式问卷和混合式问卷。

（1）封闭式问卷

题目都是选择题或是非题，被调查人只能在有限的范围内选择答案或作出判断。其优点在于用数字或符号表示答案，便于计算机统计；缺点是答案事先设计，只有几种大体类型，无法调查特殊及深层情况。

（2）开放式问卷

题目是问答题和填充题，由被调查人自行答卷，不受任何限制。其优点是便于调查人自由发挥，各抒己见，所得资料丰富、具体，既有共性，又有个性；缺点是无法用计算机统计，不便于归纳、概括。

（3）混合式问卷

汲取开放式和封闭式的优点，一部分内容是开放的，另一部分内容是封闭的。弥补开放式和封闭式的不足，目前广泛使用。

问卷调查比较省时省力，其质量关键在于问题和答案的设计。设计的问题和可供选择的答案应紧扣调查目的，多角度多层次地贯彻调研意图，切近欲求信息的核心和实质。最好事先做小范围的调查再设计问卷，保证有的放矢。

5. 文献调查

秘书可通过查阅书籍、报刊、图表、影像、档案等资料获得所需要的材料。秘书必须熟悉图书目录和资料索引，以便顺利地进行查阅。也可利用电子计算机检索。文献形成的次序是由一次文献而二次文献而三次文献，查阅文献的顺序是逆向的，要最终找到一次文献，以一次文献为准。这种方法简便易行，文献资料丰富，时间、空间跨度大，收集资料费用低。缺点是所获得的资料往往是第二手资料，常滞后于现实，缺乏生动性、具体性。

6. 专家调查

这是征集相关专家学者们的意见，据以判断决策的一种系统分析方法，也称专家论证。具体采用两种方式：一是召开专家座谈会，二是采用函询法即"德尔菲法"（Delphi Method）。

专家座谈会是一种特殊的调查座谈会。召开专家座谈会又有"头脑风暴法"一说，就是组织者让与会专家从各自专业的角度出发，自由畅谈，糅合、修正、完善他人的意见和设想，或对别人的意见开展批评，以达到论述问题更透彻、深入的目的。

德尔菲法是在20世纪40年代由美国兰德公司首次采用的。德尔菲是古希腊城市，以阿波罗神而著名，传说中阿波罗常派人到各地收集聪明人的意见，德尔菲被认为是集中智慧和灵感的地方。因此，这种预测方法被命名为德尔菲法。

德尔菲法也称函询法，是指采用通信方式将所需解决的问题分别发送给各位专家，然后回收汇总全部专家的意见，并整理出综合意见，随后将该综合意见和预测问题再分别反馈给专家，再次征询专家意见，这样多次反复，逐步取得比较一致的预测结果。

德尔菲法依据系统的程序，采用匿名发表意见的方式，即专家之间不得互相讨论，不发生横向联系，只能与调查人员发生关系，通过多轮次调查专家对问卷所提问题的看法，经过反复征询、归纳、修改，最后汇总成专家基本一致的看法，作为预测的结果。

7. 网络调查

网络调查是传统调查在新的信息传播媒体上的应用。它是指在互联网上针对特定的问题进行的调查设计、收集资料和分析研究等活动。与传统调查方法相类似，网络调查也有对原始资料的调查和对二手资料的调查两种方式。

目前，网络调查采用的主要方法有：E-mail 法、web 站点法、Net-meeting 法、视讯会议法、焦点团体座谈法、Internet phone 法、在聊天室选择网民进行调查、在 BBS 电子公告牌上发布调查信息，以及使用 IRC 网络实时交谈等。

网络调查具有许多优势。互联网是没有时空、地域限制的，故调研信息收集具有广泛性。同时，利用计算机软件收集整理资料非常快捷，故网络调研信息具有及时性和共享性。网络调查还具有减少市场调研的人力和物力耗费、缩减调查成本的便捷性和经济性。最后，网络调查结果有较强的准确性。因为调查者不与被调查者进行任何的接触，可以较好地避免来自调查者的主观因素的影响；被调查者接受询问、观察，均是处于自然、真实的状态；企业网络站点访问者一般都对企业有一定的兴趣，不是单纯为了抽号中奖而被动回答问题。所以，网络调查结果比较客观和真实，能够反映事物的历史和现状。

网络调研也存在问题。一是网络的安全性问题。二是企业和消费者对网络调查缺乏认识和了解，网络技术有待完善、专业人员匮乏的问题。三是网络普及率不高和拒访现象的大量存在。四是无限制样本令人困扰，如果同一个人重复填写问题的话，问题就会变得复杂了。

此外，秘书调查的一般方法还有市场实验调查、电话调查等。

市场实验调查法也称试验调查法，就是实验者按照一定目的、有意识地通过改变或控制一个或几个影响因素，来观察对象在这些因素影响下的变动情况，认识对象的本质和发展变化规律。实验调查可以分为单一实验组实验和实验组与对照组对比实验，前者只选择若干实验对象作为实验组，通过实验活动前后实验对象变化结果的对比来得出实验结论；后者是选择若干实验对象作为实验组，同时选择若干与实验对象相同或相似的调查对象作为对照组，在相同的实验环境之中只对实验组给予实验活动，对照组不给予实验活动，根据实验组与对照组的对比，得出实验结论。

电话调查，是通过打电话的方式完成访问或问卷调查内容。

第三节　秘书研究的方法

【案例导入】

心仪服装公司总经理办的肖秘书和罗秘书完成新品创新性调查后，要形成调研报告呈交总经理。她们主要的研究方法应该是什么？

研究，是指根据调查所得的材料，进行整理、分类、核实，并以唯物辩证法的立场、观点、方法予以分析研究，找出事物的特点、实质、规律和解决问题的方法。

对调查材料进行研究所采用的具体方法相当广泛，例如哲学的方法、逻辑的方法、历史的方法、数学的方法、系统论方法、综合的方法等。在实际工作中,综合采用多种方法对调查得到的材料进行分析研究已成为趋势。比如,坚持历史唯物主义和辩证唯物主义,实事求是,将事物看成一个整体进行系统和全面的分析研究,这就涵盖了哲学的、历史的、系统的方法。定量分析和定性研究也是多种方法的综合。随着现代科学技术的发展,更需要引进一些现代科学方法。分析研究,本质上是逻辑思维过程,因此,调查研究中最基本的"研究"方法,还是逻辑思维的一般方法。从调查材料所固有的复杂性、模糊性、随机性等特点出发,秘书研究的方法主要是归纳法、综合法、统计法、比较法、演绎法等。

1. 归纳法

归纳法就是将多个同类的个别事物归在一起,从中概括出共同的属性或者特征而加以深入研究的方法。它是建立在直接经验反复出现的基础上,有一定的可靠性。归纳法有完全归纳和不完全归纳之分,前者根据的是同类全部个体,后者只选择部分个体。运用不完全归纳法,要注意所选取对象的代表性,准确选择典型,避免"以偏概全"。

2. 综合法

综合法就是将众多零散的事物进行横向组合或者纵向串联,看作一个整体进行研究的方法,又叫系统研究方法。这是由调查材料的复杂性决定的。

系统研究方法,就是按照系统论的原则研究获得的调查材料,以便从调查材料的整体以及各种材料的相互联系中,把握事物的规律性。具体说来,要坚持以下几点:首先,坚持集合性原则。就是要把调查材料当做反映客观情况的集合体来研究,看已获得的材料是否全面,如果不全,就需要进一步调查充实。其次,坚持整体性原则。就是要把调查材料当做互相联系的有机整体来研究。如果把事物内部联系着的各种因素、各个方面割裂开来,孤立地强调某些方面而忽视相互制约的另一些方面,就会出现以偏概全、把局部当作全局、把局部规律当作全局规律的错误。最后,坚持相关性原则。事物的本质和规律不但与构成事物的内在因素及其相互作用有关,而且也与事物赖以存在的客观环境有关。因此,不但要研究各调查材料之间的内在联系,而且还要研究与其相关的客观环境,只有这样,才能获得正确认识。

3. 统计法

统计法就是运用统计数字来描绘事物状况和变化,以得到规律性认识的研究方法。统计法是一种定量研究方法。

如对同一对象进行调查,既可能得到这样的材料,又可能得到那样的材料;既可能得到真实的材料,又可能得到虚假的材料。这些材料,在整个调查过程中具有随机性。对于具有随机性的调查材料,需要进行概率研究,即运用概率统计方法,对已获的大量材料进行统计研究,以揭示调查对象变化的统计规律性。对调查材料进行概率研究,具有重要意义。但进行概率和统计研究即进行定量研究时,要避免孤立地、片面地看待数据,比如,现在的物价水平是 20 年前的多少倍,这能说明某些问题,据此得出人们生活水平下降的结论,看问题就孤立了片面了。如果居民收入与 20 年前相比增长的幅度更大,结论应该是"总体生活水平有所改善"。

4. 比较法

比较法就是把两个或两个以上既同类又有不同之处的事物放在一起进行比较、分析,从而更深刻认识各自特征的研究方法。比较法往往和统计法配合使用,通过纵向与横向的比较,可以看出事物的发展趋势及在总体、全局中的地位和作用。

5. 演绎法

演绎法就是从一般的理论或普遍法则出发,依据这一理论推导出一些具体的结论,然后将他们应用于具体的现象和事物的研究方法。最常用的演绎法是三段论。

总之,调查研究是秘书和秘书部门的一项重要的经常性工作,秘书调研工作到位与否,直接影响领导决策的科学与否,秘书必须从实际工作出发,用合适的科学的手段和方法开展这项工作。调研工作一般流程如图 12－1:

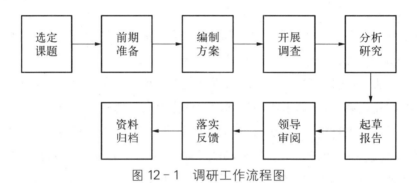

图 12－1　调研工作流程图

【思考题】

1. 秘书部门的调查研究工作有何特点?

2. 秘书调查研究的一般程序是什么?准备阶段应做好哪些工作?

3. 非普遍调查常用的方法有哪些?

4. 调查与研究有何关系?

5. 秘书怎样才能做好调研工作?

【案例分析】

1. 秘书应把握上司的"隐性"调研需求,先行一步

领导的调研需求往往是"显性"的,表现为领导直接向秘书下达调研指令,秘书依指令开展工作。但是有时也可能是"隐性"的调研需求,即潜在的、暂时还未明确的调研需求。在日常工作中,秘书如何了解上司的"隐性"调研需求,并针对"隐性"调研需求开展工作?章前案例中,公司行政办公室主任张明处理得很好。

"隐性"调研需求属于领导目前正在考虑、下一步要开展的工作或要解决的问题,这强调的是调研工作应该具有前瞻性。秘书要经常与领导换位思考,才能准确把握领导的"隐性"调研需求。

2. 张明接下来要做的主要工作

公司行政办公室主任张明受命做市场调研,收集新型手机销售相关信息。假如你是张明,接下来的工作如何开展?

分析:接下来按下列步骤开展工作。

(1)组织办公室的相关人员召开调研讨论会,正式提出调查的内容与方向,明确此次调研的目的、调研方法。

(2)按照办公室成员的特长进行分工:如有人负责市场客户调查,采用抽样调查法,了解目标人群对该款手机的反馈意见;有人通过网络收集相关信息;有人查找相关政策;有人调查竞争对手相似款型手机销售情况。

(3)汇总情况,写出调查报告及提出解决问题的办法。

【实践训练】

1. 设计一份规范的调查问卷及交谈提纲,调查本班同学的娱乐休闲方式和特点,为班级思想教育提供依据。从上述活动中总结说明秘书在调查研究中应注意哪些问题。

2. 走访社会一线秘书,开展秘书生存工作状况基本情况调查。

3. 下面是一份不完全的调查问卷,请根据调查意图、目的,补充问题及其序号,完善这份问卷。

企业秘书人才需求情况调查问卷

尊敬的企业负责人:

您好!

我们是××大学文学院秘书学专业的学生。为了解当前企业秘书需求情况,了解企业对秘书的综合素质、知识结构、专业技能等方面的要求,提高秘书素质及能力,我们进行这次企业秘书人才需求情况调查。此次调查以各领域的企业为调查对象,调查秘书的工作内容、能力及素质要求。此次调查可能会耽误您十几分钟时间,感谢您的合作。

＊贵单位是否设有专门的秘书工作部门

A. 有　　　　　　　　　　　　B. 否

＊贵单位希望秘书的性别是

A. 男　　　　　　　　　　　　B. 女

＊您需要聘请的秘书职位是

A. 董事长或总经理秘书/助理　　　B. 经理秘书/助理

C. 办公室秘书　　　D. 办公室文员

*您担任秘书工作几年了

A. 一年以下　　　B. 1—2年

C. 3—5年　　　D. 5年以上

*贵企业秘书的月收入是

A. 2 000元以下　　　B. 2 000—3 000元

C. 3 000—4 000元　　　D. 5 000元以上

*对现在的秘书您满意吗

A. 满意　　　B. 不满意

*贵企业秘书目前主要从事的工作是(可多选)

A. 办文、办会　　　B. 接待

C. 信息收集和档案管理　　　D. 调研、咨询、信访、督查

E. 其他

*您现在的秘书岗位迫切需要且必须具备的职业能力是(可多选)

A. 口头和书面表达能力　　　B. 理解能力

C. 阅读概括能力　　　D. 办公自动化运用能力

E. 外语能力　　　F. 速记能力

G. 沟通与协调能力　　　H. 收集和处理信息的能力

I. 获取新知识的能力　　　J. 较强的辅佐参谋能力

K. 独立办事能力　　　L. 观察判断能力

M. 调查研究能力　　　N. 分析综合能力

O. 组织与管理能力　　　P. 社会交际能力

Q. 公关活动能力　　　R. 应变预测能力

S. 创新能力　　　T. 心理承受能力

*您认为最可能影响秘书工作适应性的是(可多选)

A. 责任意识和敬业精神　　　B. 进取精神和主动性

C. 知识技能　　　D. 人际交往能力

E. 团队合作精神　　　F. 意志和性格

G. 角色认知　　　H. 学习能力

*您心目中高素质的秘书是什么样的?

……

【知识链接】

调查研究要坚持实事求是即"唯实"原则，做到四个"不唯"：

"不唯上"，指不能为了迎合领导意见而歪曲客观事实；

"不唯书"，指不能被书本上或过去的文件上已有的观点和结论所束缚，而不敢面对活生生的现实；

"不唯众"，指不能被暂时的多数人观点所左右；

"不唯己"，指不要从主观愿望和个人好恶出发，而要敢于否定自己原来的不符合实际的观点。

（——见杨树森主编：《秘书实务》，高等教育出版社，2011 年版，第 145—147 页。）

【扩展阅读】

1. 范伟达，范冰编著：《社会调查研究方法》，复旦大学出版社 2010 年版。

2. 郝大海著：《社会调查研究方法》，中国人民大学出版社 2005 年版。

3. 张彦，吴淑凤编著：《社会调查研究方法》，上海财经大学出版社 2006 年版。

4. 汪大海主编《公务员调查研究方法与能力培养》，中国人事出版社 2010 年版。

第十三章

信息工作

第十三章
信息工作

本章概述

　　在现代社会,信息已经成为办公的核心因素,现代秘书的各项职能活动都和信息息息相关,信息工作涵盖了秘书工作的诸多日常业务。这就要求现代秘书必须提高信息意识,掌握信息的收集、整理、存贮、传递、反馈、开发利用等要求和一般技巧,做好信息的日常收集和专项收集工作,发挥信息效能,提高日常事务工作效率,为决策部门(领导)提供良好的决策参考。

学习目标

1. 了解信息工作以及秘书信息工作的重要性和主要内容。
2. 了解网站信息管理及其主要内容。
3. 掌握信息收集的方法。
4. 掌握信息处理的步骤和方法。

重点难点

1. 秘书信息工作的重要性和秘书日常信息工作的主要内容。
2. 掌握信息收集的日常方法和专门方法。
3. 掌握信息筛选、加工、存储和传递的要求和方法。
4. 网站信息的主要内容和网站信息安全管理。

第一节　信息工作概述

【案例导入】

　　　　1996 年,一位四川成都的农民投诉海尔洗衣机排水管老是被堵,服务人员上门维修时发现,这位农民用洗衣机洗地瓜(南方又称红薯),泥土多,当然容易堵塞。服务人员没有推卸责任,而是帮顾客加粗了排水管。顾客感激之余,还埋怨自己给海尔人添了麻烦,说如果能有洗红薯的洗衣机,就不用烦劳海尔人了。

　　　　海尔营销人员调查四川农民使用洗衣机的状况时发现,在盛产红薯的成都平原,每当红薯大丰收的时节,许多农民除了卖掉一部分新鲜红薯,还要将大量的红薯洗净后加工成薯条。但红薯上沾带的泥土洗起来费时费力,于是农民就动用了洗衣机。进一步的调查发现，在四川农村有不少洗衣机用过一段时间后，电机转速减弱、电机壳体发烫。向农民一打听，才知道他们冬天用洗衣机洗红薯，夏天用它来洗衣服。

这让海尔集团董事局主席兼首席执行官张瑞敏产生了一个大胆的想法：发明一种洗红薯的洗衣机。1997 年海尔为该洗衣机立项，成立 4 人课题组，1998 年 4 月投入批量生产。洗衣机型号为 XPB40-DS,不仅具有一般双桶洗衣机的全部功能，还可以洗地瓜、水果甚至蛤蜊，价格仅为 848 元。首次生产了 1 万台投放农村，立刻被一抢而空。

农民兄弟用洗衣机洗地瓜的笑话催生了一种适应市场需求的新产品——可以洗地瓜的洗衣机。

请问：海尔开发生产可以洗地瓜的洗衣机的决策来源于什么？

一、信息与信息工作

（一）与信息概念相关的几个问题

在本书的第六章我们已经介绍过信息的概念，为便于理解，在此再简要介绍与之相关的几个问题。

1. 信息的概念来自通讯理论，在通讯理论没有形成以前，信息被看作消息的同义词，没有赋予严格的科学定义。20 世纪 20 年代，哈特莱在探讨信息传输问题时，提出了信息和消息在概念上的差异。

2. 美国数学家仙农在 1948 年的论文《通讯的数学理论》中给信息下的定义是，信息就是两次不定性之差。不定性就是原来的情况不清楚，人们使用了各种科学手段，了解情况后，不定性就减少或消除，这样人们可得到新的知识，这就是两次不定性之差的含义。

3. 随着科学的发展，现在人们认为：信息是客观存在的一切事物通过物质载体所发出的消息、情报、指令、数据、信号中所包含的一切可传递和交换的知识内容，是表现事物存在方式、运动状态、相互联系的特征的一种表达和陈述。简言之，信息是指具有新内容、新知识的消息。

4. 信息的含义之一，是作为通信的消息来理解的。这里所说的通信有人与人之间的，有人与机器之间的，有人与大自然之间的，还有机器之间的……只要有了信息的传递与交换，就是进行了通信活动。信息是自然界、人类社会和人类思维活动中普遍存在的一切物质和事物的属性。知识是一种特定的人类信息，是信息的一部分。社会实践是知识的源泉。信息是知识的原料，知识是经浓缩系统化和优化了的信息。智能则是为了达到某些特定的目的而运用这些信息的能力。

5. 信息的类型包括实物型信息、文献型信息、电子型信息和网络信息。①

(二)信息工作

所谓信息工作,是指社会组织及其员工对其管理、服务或生产经营活动所需资料数据的收集、整理、存贮、传递、反馈、开发利用等的一系列程序。

这个概念包含几个层面的内容:

信息工作的主体是社会组织及其员工,也即信息工作的从事者;

信息工作的客体是信息,也就是信息工作的对象是信息;

信息工作的效能是社会组织活动所需;

信息工作是一个从收集获得信息到整理利用信息的过程。

二、秘书与信息工作

(一) 秘书信息工作的重要性

信息是管理的基础和前提,全面真实的信息是做好管理工作和经营企业必不可少的。古今中外的历史事实表明,大到国家,小到一个单位部门,没有扎实的信息工作,离开必要的信息,就不可能进行有效的管理和经营。信息是决策的基础,信息工作是管理和经营不可或缺的重要组成部分。

随着信息科学的发展,党中央国务院高度重视信息工作,2007 年 4 月 5 日国务院颁布,2019 年 4 月 3 日修订的《中华人民共和国政府信息公开条例》,明确要求行政机关应当编制、公布政府信息公开指南和政府信息公开目录,并及时更新。这说明了信息工作在国家治理中的重要作用。

信息工作的重要性在不同的领域、不同的行业、不同的部门有不尽相同的体现,对于秘书部门和人员而言,体现在:

首先,信息是管理部门决策的基础,秘书部门和人员必须以扎实的信息工作来辅助科学决策。管理的核心是决策,决策一词的意思就是为了达到一定目标,采用一定的科学方法和手段,从两个以上的方案中选择一个满意方案的分析判断过程。决策的成败、方案的优劣,根本的一点是在已有信息的基础上分析、推理、判断的思维水平所致,而信息不全面或信息错误,再高的思维水平也无济于事。所以,只有积极主动地了解和掌握全面细致的信息,才有可能做出正确的判断,科学的决策。秘书部门、人员的信息工作,主要是指根据本组织的管理或经营需要,了解情况,掌握动态,发现问题,然后进行筛选处理,综合分析,提供信息资料给决策部门(领导)参考。

其次,信息是文件材料的重要素材来源,起草文件材料必须首先掌握大量详细的信息。秘书人员撰拟文件材料,不能闭门造车,而是要在掌握各种信息的基础上,根据领导意图,经

---

① 　马丽扬:《系统论 信息论 控制论通俗讲话》,河北人民出版社 1987 年版,第 80—81 页。

过分析、综合,形成更系统、更准确的新的书面信息。如某秘书在起草某校建校四十周年校庆庆典大会校长报告时,就曾翻阅大量历史资料(包括学校和主管部门的)、访谈一些老同志,掌握了大量学校开办、建设、发展的信息,在把握现任校长办学思想、思维方法的基础上,整理、综合信息,提炼观点,写出了得到领导认可的报告初稿。可以说,秘书撰拟文件材料,就是信息在秘书部门的应用。所以,信息工作,也是秘书部门自身工作的一个重要组成部分。

第三,信息是秘书人员接受咨询的"理"和"据",信访咨询工作需要依靠信息。秘书人员在接待来宾、群众来访和处理群众来信、来电时,必须运用所掌握的政策精神、规章制度、领导意图、实际情况等信息,经过分析、判断作出回应,或者转有关部门处理,这都离不开平时"有心"的信息工作。

第四,信息也是秘书日常管理工作的必备条件,做好日常管理工作必须依靠信息。秘书要办好各项公务,不仅靠领导意图、个人学识,还必须依靠各种信息作依据、作借鉴。信息多,耳朵灵,综合判断、处理事务的能力就强。秘书人员必须会运用各种信息,把相关部门联系、协调起来,明确分工,消除矛盾,同步协作去完成共同的任务。另外,秘书主动、认真地为部门领导反映各种情况,提建议要求,出主意,也是在运用信息为部门服务。

总之,秘书工作的一切方面都离不开信息,新时期特别要求秘书强化信息意识,研究并掌握信息工作的规律,才能做好日常事务工作,才能发挥好参谋助手的作用。

(二) 秘书日常信息工作主要内容

秘书部门及秘书人员是为管理决策层或领导个人服务的,通过向领导提供有效信息从而辅助上司决策是秘书份内的工作。秘书日常信息工作的主要内容包括:

1. 日常事务中的信息工作

秘书日常事务包括办事、值班、接打电话、接待来访、安排活动。秘书在处理这些办公室日常事务工作时,必须按照特定工作内容的需要,做好信息工作。例如,办事过程中接触的单位和人员的有关信息要用心记下;接听电话,要准确记录来电号码、来电者单位名称及其姓名和职务、来电内容及要求(包括是否限时回复),如果不清楚掌握这些信息,就无法决定是自己解决还是要报告领导或转告有关部门。如果来电是反映情况的,且情况紧急,如未能及时掌握关键信息,自然会误事;即便是一般情况,若信息掌握不好,也会影响工作。

2. 会务工作中的信息工作

会议是信息沟通、信息处理的重要途径。开会的过程就是信息交流、信息处理的过程。秘书的会务工作,一方面是确保会议信息有效流动,实现会议目的;另一方面又可通过会议掌握新信息。比如,从会议签到表可以掌握未到会人员名单,进而考虑是否需要单独通报会议精神;本单位主办的会议,可从中掌握不少外单位有关人员的诸如姓名、职务、联系方式等重要信息,也许对今后的工作很有帮助。因此,秘书要做好会议期间信息的收集、传递、反馈等工作,做到多听、多记、多想,全面地收集掌握第一手资料。

3. 文书处理中的信息工作

办文是秘书"三办"工作(办事、办文、办会)之一,文书是管理者了解信息的重要传递载体。秘书每天都要处理大量的文书,从文书的起草、制作、分发,到收文、传阅、归档就是信息工作的整个程序。这当中,不仅会有可助决策的信息,也有方便秘书自身工作开展的信息,秘书人员应留心收集、保存,以备使用。

第二节　信息收集的方法

【案例导入】

公司秘书小欧外出办事时,看到有家公司在举行开业典礼,他凑上前了解,该公司经营业务和自己所在的公司基本相同。于是,他掏出手机拍下了活动的场面,重点拍摄了嘉宾的形象和旁边几位观众之间的交谈。有些观众表示只是正好路过,看到有表演才停下来看看;有些表示这类公司好像本地已经有了,但愿产品质量不错,服务也好,有人还提到了小欧公司的名字。一位年轻人看小欧这么感兴趣,递给他一张粉红色的 A4 纸,原来是年轻人早到拿到的一份活动安排表,小欧粗粗浏览了一下,上面不仅有活动内容,也有出席活动的相关部门领导、嘉宾的姓名、单位及其职务。小欧如获至宝,但只轻轻说了声"谢谢",看完并没有还给年轻人,却不动声色一直抓在手里。

回到公司后,小欧处理完手头的事务,便坐下来仔细阅读这份活动安排表,上网搜寻这家新开业的公司的信息。

小欧这些举动,体现了秘书人员的信息工作意识和日常搜集信息的良好习惯,自觉运用了日常收集信息的几种方法。

信息是一种客观存在,蕴藏于茫茫大千世界中,要为我所用,首先必须拥有。拥有信息的途径就是收集。秘书部门和秘书人员与其他部门人员不同,要有效地发挥参谋作用,就必须掌握全面情况,才能给决策层提供充分、真实的决策依据。因此,秘书信息收集的范围要广要深。广,是指收集信息的范围要大、领域要广、时间要长;深,是指要收集纵向、横向的相关信息。

信息收集包括信息源开发及信息搜集等基础工作,是一个广泛搜集、汇总原始信息的过程。

一、信息收集日常方法

(一) 观察法

观察法是指人们直接用感官或借助其他工具认识客观事物,获取信息的方法。观察法是收集、获取信息的最基本方法。本章开篇案例中,维修人员从用户那里找到了洗衣机排水管总被堵塞的原因,企业负责人从维修人员口中听到了农民用洗衣机洗地瓜的信息,这些都是用观察法收集信息。

秘书应用观察法收集信息,除了直接使用感官,还可借助录音机、摄影机、摄像机等记录客观对象的活动。观察法的优点是方法简单、灵活,方便获得较为客观的第一手信息材料,适用于对环境、人物、事件实际状况的了解。缺点是容易受表面现象蒙蔽;观察效果也受观察者的观察能力影响。我们知道,观察能力由注意力、鉴别力、联想力等因素构成,这些因素会综合影响秘书的观察效果。

对于社会组织的秘书而言,观察法适用于领会领导意图、协调沟通、下情上达和上情下达;对于企业秘书而言,观察法适用于新产品的宣传和促销及跟踪调查,有利于掌握客户对新产品的第一感觉和评价,以便及时反馈相关信息。

(二) 阅读法

通过阅读报纸、杂志、网络文章、电子书刊等,以及每天都要传递、处理的各类文件和信函,从中获取信息。报纸杂志等公开出版物是最普遍的信息载体,阅读法的优点是获取和保存公开来源的信息方便,缺点是阅读面易受限制,获取信息可能片面,影响判断。比较之下,阅读文件和信函获取的信息真实度更高,更有利用价值。

(三) 访谈法

访谈法是秘书通过访问谈话的方式获取信息的方法。访谈的形式有面谈、电信访问、书面访问。面谈即面对面交谈获取信息;电信访问是借助于电话和传真等信息传递工具收集信息;书面访问是将信息征集内容设计为一系列问题供被访者作答来收集信息。访谈法的优点是易于感情沟通,互动性强,能获得语言信息和非语言信息,信息价值较高。访谈法的缺点是对秘书的交际语言运用和访谈技巧要求较高;人力、物力耗费大,耗时长;书面访问需作设计,访问方案所设问题及作答方式须考虑被访者心理接受特点等,访问方案的制订和访问结果的回收都不容易。

二、信息收集专门方法

专门收集信息,是指征集目的较明确、主题确定的信息收集工作,主要包括问卷法、网络法和有偿法等。

(一) 问卷法

1. 什么是问卷法

问卷法比一般书面访谈更为复杂,是一种向信息征集对象提供问卷(精心设计的问题及表格)并请其对问卷问题作答而收集信息的方法。问卷法的优点是避免主观偏见,减少人为误差;可以大规模开展信息征集,效率较高;收集的信息便于定量处理和分析。问卷法的缺点是问卷的回收难以保证,问卷的质量难以保证,要求信息征集对象具有一定的文化水平。

2. **问卷法应用需注意的问题**

(1)要向征集对象说明信息征集者身份(组织名称及信息征集人员姓名)及信息征集的内容、目的和意义,说明选择征集对象的方法和对征集信息的保密措施。

(2)要有明确且位置醒目的作答指导,包括填写问卷的要求、方法、注意事项等总体说明,一般以填写说明的形式出现。

(3)要有征集对象姓名、身份、职业及其地址、电话号码等个人基本状况记录项目,以便于信息分析及以后的深入调查。

(4)问卷的结构设计及类型可参考一般社会调查问卷的设计。

(5)用问卷法收集信息,一般需准备小礼物(纪念品)作为占用征集对象时间和精力的补偿,才能保证一定的问卷回收率。

3. **问卷法的实施步骤和调查方式**

问卷法的实施步骤:问卷设计——问卷调试——选择方式——问卷发送——问卷回收——问卷分析。

问卷的调查方式:报刊问卷,在报纸和刊物上公布问卷;邮政问卷,通过邮局把问卷寄出,对方回答完后按指定地址寄回;直发问卷,把问卷直接分发,调查对象立即填写,调查人员直接回收问卷。

(二) 网络法

1. **什么是网络法**

从互联网收集信息的方法简称网络法。我们知道,互联网不仅有大量的新闻页面,还提供电子邮件、远程登录、文件传送、信息查询、信息研讨和信息发布等服务。网络法,就是充分发挥互联网的这一优势,从中搜集我们需要的信息。

网络法的优点是信息时效性很强;最新信息补充及时;收集信息迅速、广泛;收集信息不受时间、地域的限制;能收集文字图表信息和声像信息。网络法的缺点是信息来源复杂,信息甄别工作量大;征集者需掌握计算机知识。

2. **网络法的类型**

(1) 人工型

人工型是指信息收集人员通过网络的通信功能和搜索功能来搜集有关信息,前者如通过论坛的跟帖、站内短信、QQ、微信等聊天工具、电子邮件等来搜集信息;后者指通过网络搜索引擎如百度等来搜索信息。例如,在百度的搜索窗口输入"洗地瓜的洗衣机",马上得到多达76页750多条的信息,其中有论文、博文、营销策划、厂家产品,甚至消费者的提问以及附带的"洗小龙虾不掉爪的洗衣机"新闻等等。

(2) 自动型

自动型有两种情况,一种是通过网站的文稿上传、意见反馈等模块从本组织网站收集信息；另一种是用软件自动抓取的方法，通过网络信息采集系统，实时而准确地从别的网站收集有关信息。

现在不少网络信息采集软件（系统），可以根据用户自定义的任务配置，批量而精确地抽取因特网目标网页中的半结构化与非结构化数据，转化为结构化的记录，保存在本地数据库中。能自动对目标网站进行信息抓取，支持 HTML 页面内各种数据的采集，如文本信息、URL、数字、日期、图片等，可与 Windows 任务计划器配合，定期抽取目标网站。这种网络信息采集系统广泛用于：门户网站的新闻采集，行业资讯采集，竞争情报获取，数据库营销等领域。

（三）有偿法

1. 什么是有偿法

有偿法就是有代价地收集信息的方法，有偿法和其他也要付出一定代价的信息收集方法（如问卷法的纪念品）不同，这是等价交换得到自己所需信息，主要包括交换法和购置法。

2. 有偿法的类型

（1）交换法

交换法就是将自己拥有的信息材料与其他单位的信息材料进行交换。秘书可通过交换信息的方式获得有关的信息，特别是与业务来往频繁的单位、企业建立稳定的信息交换网络，在信息上互通有无。随着电子政务的发展，现在政府机关横向交换政务信息简报已经成为获取外部资讯的一个重要渠道。交换法的优点是实现彼此间的信息共享；获得信息及时、适用；节省信息收集时间；可临时交换各自感兴趣的专题性信息；可根据需要，商定交换信息的方式、内容、期限。交换法的缺点是信息交换建立在自愿、互惠的基础上，在一定程度上影响信息交换对象的广泛性；信息保密容易存在问题；交换信息的范围窄。

（2）购置法

购置法是指购买与收集信息目标有关的数据、报刊、专利文献、磁带磁盘等。

如中国期刊全文数据库是目前世界上最大的连续动态更新的数据库，收录国内从 1994 年至今（部分刊物回溯至创刊）9 100 多种重要期刊（综合期刊与专业特色期刊）的全文，全文文献总量 3 252 多万篇，涉及的领域、学科广泛，产品形式丰富（包括 WEB 版、镜像站版、光盘版、流量计费）。很多图书馆购买其镜像站版，本馆读者可以从中下载阅读大量文章，其他读者则可以注册为 CNKI（中国知网）用户，有偿下载阅读文献资料。

又如从"专利技术全文资料网"可以购买农副加工、化工、能源、建材、金属矿产、食品饮料等各类专利全文资料、技术配方、研究报告、技术及市场资讯等信息。

购置法的优点是相关信息比较集中；可以获得大量系统化、专业化知识信息。购置法的缺点是费用高，花费时间和人力。

第三节 信息处理的步骤

【案例导入】

经理出差了，秘书小欧手头暂时没有急需处理的事情，便梳理前几天搜集到的那家新开业的公司的有关信息。他先将信息从来源分为口头交流、图片、纸质材料、网络资源。再将信息归为公司业务、上级相关部门、来往公司、公众反应几类。之后，通过比对，列出那家公司和自己公司完全一样的业务、对方有自己公司没有的业务、自己公司有对方没有的业务，出席典礼的领导、嘉宾名单，相关的部门，有来往的和尚未来往的公司名单等。

做完这些，小欧将信息来源、信息分类、梳理结果分别打印，准备等经理出差回来交给他。

信息收集工作得到的原始信息，须经筛选（选择判断）、加工（综合分析和整理）等一系列信息处理的过程，把原始数据转化为易于观察、传输、分析的形式，使之成为有用的信息，便于为领导决策和经营管理服务。信息按程序存贮后，便完成了变原始信息为有用信息，变单一信息为综合信息，变无序信息为有序信息，变低层次信息为高层次信息，变零散信息为系统信息的过程。

这个过程就是信息处理的几个主要步骤。

一、信息筛选

（一）信息筛选的含义

将分散、凌乱的信息加以甄别、提炼、整理，就是信息筛选。信息的筛选实际上是对原始信息资料的选留过程。对原始信息资料的选留一般分为两种：一是实用选留，即根据当前的需要选留信息；二是入藏选留，即作为日常的信息工作而进行的一般意义的选留。前者要求信息有深度，并适合当前需要；后者要求信息有广度，并具有长期利用价值。因此，秘书筛选信息既要考虑急用之需，选留含量大、有价值的信息，又要从长远利益出发，考虑到信息的系统性和连续性以及未来的潜在需要，选取留有保存价值的信息。

（二）信息筛选的基本要求

1. 可信度

决定信息取舍的前提是要对信息的准确性作出判断。信息的准确性从以下几方面来判断：信息反映的事实是否准确，信息来源是否可靠或权威，推论的依据是否可靠，推论的算法是否正确，推论的逻辑是否严谨，观点与看法是否符合辩证唯物主义，信息是否只在特定环境下有效等。

2. 相关度

指信息与本组织的管理、经营需要的紧密程度，只有与本组织的发展相关、反映本组织需求的信息，才是自己需要的信息，只有自己需要的信息，才是有价值的信息。在信息筛选过程中，必须针对具体的研究问题，考虑到本组织的实际需要，确定信息筛选的范围、数据规模和信息量。

3. 新鲜度

指信息内容是否反映了事物的本质和特征及其最新的变化，信息的新鲜度一般表现为信息是否包含新观点、新发现以及应用范围是否有新拓展。

信息筛选的这三个基本要求，在信息筛选的过程中应该同时具备，缺一不可。只有三者同时具备，才是有效的信息。在筛选信息的过程中，可以先从任意一个角度着眼，层层递进，直到符合要求，这样，就能整理出本组织管理或经营所需要的信息，为进一步分析信息奠定基础。

（三）信息筛选的注意事项

根据以上三个要求，筛选信息时就必须注意：

1. 要选取符合实际需要，内容真实，数据准确的信息；

2. 要选取时效性强、反映事态发展时间连续性的信息；

3. 要选取过程完整、角度全面、细节清楚的信息；

4. 要选取反映新问题、提出新观点、新要求的信息；

5. 要选取关系全局，政策性、思想性、动态性、建设性较强的信息。

（四）信息筛选的方法

1. 查重法，即若存在内容相同的信息，则剔除重复信息，选留有用信息；

2. 时序法，即若存在时间有先后的信息，则剔除旧信息，选留新信息；

3. 类比法，即若存在类型相同的信息，则剔除量小信息，选留量大信息；

4. 专家评估法，即碰到专业性强、技术性强的信息时，则约请专家或专业人员进行评估，根据其评估结果，结合本组织当前与长远的需要综合考虑选留和剔除问题；

5. 老化规律法，即按文献使用价值的老化规律来选留老化速度慢的信息。

二、信息加工

（一）信息加工的含义

信息加工是对经已筛选的信息进行去粗取精、由表及里、由此及彼的有序化、系统化过程。信息加工是在筛选后的原始信息的基础上，生产出价值含量高、方便用户利用的二次信息的活动过程。这一过程将使信息增值。只有在对信息进行适当处理的基础上，才能产生新的、用以指导决策的有效信息或知识。

（二）信息加工的内容

信息加工的内容包括以下三个方面：

1. **信息的分类和排序**：原始信息虽经筛选，但还是一种初始的、零乱和孤立的信息，只有把这些信息进行分类和排序，才能存储、检索、传递和使用。

2. **信息的分析和研究**：对分类排序后的信息进行分析比较、研究计算，可以使信息更具有使用价值乃至形成新信息。

3. **信息文稿的写作**：信息文稿不是一种文种，通常用文字记录和传递的信息是包蕴在总结、报告、简报、电文、新闻等中的，这里所说的信息文稿是指信息加工过程中用语言文字来描述信息而形成的书面文稿，以便存储、检索、传递和使用。信息文稿的写作，要求简明扼要，时间、地点、人物和事件（起因、过程和结果）等要素清楚，表达准确，无需铺陈细节，不加分析、揣测。信息文稿的写作可参照新闻消息的写法。

我们以具体事件为例。3月24日，×县金矿劳动服务公司在运输途中丢失3桶氰化钠。该县公安机关一直抓紧对此案的侦查工作。至4月10日，已陆续找回两桶。事情的经过是：3月24日早上，该县××乡哈哈砖厂一职工凌×上班经××桥头，发现一青色圆桶，凌欲将其拉回家，恰被自称为县金矿职工的青年（姓名不详，待查）发现，想以500元买下，凌怕钱少吃亏而未成交，遂将铁桶拉回家中。至4月7日，凌将这桶氰化钠以1 000元卖给某个体金矿（矿主姓名待查），矿主发现后即报县公安局，当即被查获。第二桶是在4月9日，该县在电视上发出了协查通告，县钢铁股份有限公司周某看到电视后回忆，并即到公安部门报告：3月24日，他在收购废钢铁时，有一人拉来一圆铁桶，与协查物相似，因该桶有毒物标志而未收购。4月10日，公安部门根据此线索，找到了那个人，经查验证实该铁桶是遗失的氰化钠。这桶氰化钠是此人于3月24日在××市五里路段发现的。他拾起随车拉到钢铁股份有限公司出售，因未能卖出而运回家。①

这起事件，可以这样整理为信息文稿：3月24日，×县金矿劳动服务公司在运输途中丢失3桶氰化钠，至4月10日，公安机关已追回被路人拾获出售的2桶，尚有1桶下落不明。

（三）信息加工的注意事项

信息加工过程要注意以下两点：

1. 信息加工要善于运用创造性思维，对信息内容进行定性分析和定量分析，从中找出本质的规律性的东西。如果只局限于情况介绍、数据罗列，这种信息加工的作用很小。

2. 在信息加工过程中，要实事求是地对信息进行加工整理，切忌主观臆断，把不同时间、不同空间、不同性质的信息硬性拼凑，造成信息失真；切忌人为地加以夸大、缩小或在加工中使客观事物变样。

---

① 黄桐华：《秘书工作实例评析》，广西人民出版社1997年版，第56—57页。

（四）信息加工方法

信息的加工方法可按信息的应用分为基础加工方法和深层加工方法。

1. 信息的基础加工方法

信息的基础加工方法是指将加工后的信息作为资源备用而采用的初步的加工方法。信息的基础加工方法主要有：

（1）文字加工

上述信息文稿的写作就是文字加工，即用简洁明了的语言概括原始信息材料的实质性内容，交代清楚信息的几大要素，剔除没有实际意义的旁枝末节。

（2）信息提要

从大量纷繁的信息材料中提炼出信息要点，形成信息索引，供后续综合处理和深度加工选用，同时单条信息或同一问题的诸条信息可以各种形式迅速传递报送。

（3）信息分类

按不同的内容、性质和作用，根据一定的规范要求，对信息进行分类。

2. 信息的深层加工方法

信息的深层加工方法是指根据一定的目的，对众多相关信息的整合加工。

（1）预测法

预测就是对事物未来发展的估计与推测，信息加工的预测法就是通过对已有信息的整合来获得预示事物发展方向的新信息的方法。如章首案例里的已有信息包括几个信息点：① 成都平原盛产红薯；② 成都平原的大量红薯会被洗净后加工成薯条；③ 成都平原的农民冬天用洗衣机洗红薯，夏天用洗衣机洗衣服；④ 用来洗红薯的洗衣机用过一段时间后，电机转速减弱、电机壳体发烫；⑤ 用洗衣机洗红薯会造成排水管堵塞。海尔人根据这些信息，预测出生产能洗红薯的洗衣机会有市场。这就是已有信息经整合，按其所揭示的事物的规律，作出了符合事物发展方向的预测，得到了新的信息。当然，家电生产厂家也可以据此预测专洗瓜果的或切割薯条的家用电器的市场前景。

（2）比较法

信息加工的比较法是通过对照不同的信息，从中找出其共同点和相异点，从而获得新的信息，发现和提出问题，进而据此提出解决方案和作出决策。例如，通过对渥太华和北京两市政府门户网站在组织系统、导航系统、检索系统和标识系统四个方面的对照分析，得出了这样的新信息：以渥太华市政府网站为代表的西方政府网站，在"以用户为中心"的理念指导下，网页设计人性化，标识清晰、简明，用户操作快捷，这些都值得借鉴；而北京市政府网站为用户提供的全面的检索功能，则远远优于渥太华市政府网站，这也是我国各省市地方政府网站所要学习的典范。[①]

---

① 彭志华：《基于信息构建的政府网站案例比较分析——以渥太华市和北京市政府门户网站为考察对象》，《传承》2009 年第 7 期，第 120—121 页。

（3）分类法

信息加工的分类法是指按照信息所反映的内容的事物属性的异同将信息区别为不同种类的方法。信息分类就是使信息条理化和系统化。分类法的关键是分类标准，也就是依照什么来分。如政府公共信息可按其来源分为人民政协渠道、专家咨询渠道、听证渠道、信访渠道、社会协商对话渠道、调查渠道等；而从内容来看，可分为劳动就业、教育培训、医疗卫生、社会保障、交通旅游、文化娱乐、消费维权、公用事业等等。

（4）分析综合法

信息加工的分析综合法是互相联系、对信息作统一认识的两种方法，分析法是指将信息分为各个部分、方面、因素和层次，并对这些部分、方面、因素和层次分别进行研究和认识的方法；综合法是指将信息的各个部分、方面、因素和层次联结成一个整体加以考察的方法。也就是说采用分析综合法加工信息就是对信息既分解来看又综合来认识。如北京市科技情报所 1978 年进行的"北京 2000 年展望"课题，就是一项大型综合性信息加工工作。参与课题的 30 多位情报人员，在将各行各业分析透彻的基础上，实现"大综合"，涉及到人口、劳动、产业、财贸、交通、文教卫生、旅游等社会各个领域。调研报告既有基础数据的汇总，又有论点论据的分析，还有宏观战略性展望，为决策者勾画出 2000 年北京发展的远景。[①]

三、信息存储

（一）信息存储的概念

秘书信息工作中的信息存储是指将获得的或加工后的信息记录下来，保存在某种介质（如纸张、电脑及各种存储盘）中，以备应用的工作。

信息储存不是一个孤立的环节，它始终贯穿于信息工作的全过程，因为不仅经已处理（筛选和加工）的信息需要存储，信息工作最早阶段（信息收集）的成果也要存储才有后续的信息处理工作。

（二）信息存储的介质

人类存储信息的水平，随着存储介质的变革而飞跃提高，信息存储量大大提高，信息检索也愈加科学。人类信息存储的介质，从最早的绳子（结绳记事）、岩壁（岩壁刻画记事），到后来的动物骨头、竹签、木头（刻字记事），到绸缎织物（写字记事），再到纸张（书写和印刷），以至随现代科技发展而出现的磁性存储介质、电子信息存储介质、光学存储介质，科学家预言将来会发展到生物存储（用 DNA 存储信息）。

（三）秘书存储信息的方式

1. 手工存储

包括两方面，一是原件存储，指纸质材料、录像带、胶片等的存储；二是目录、索引存储。

[①]　邓集文：《当代中国政府公共信息服务研究》，中国知网节点文献，2008 年 11 期，第 217 页。

2. 计算机存储

以数据库、电子表格、电子文档或其他运用程序的形式形成的信息能以计算机文件形式存储保存在计算机硬盘、移动硬盘、U盘上。因为计算机文件是可读可写的，为防止信息因操作失误或人为改动，以计算机存储方式存储的信息需作加密或锁定处理，或者生成不可写的电子文档格式（如 PDF）。

3. 电子化存储

有关信息的所有文档存储在用 CD－ROM 刻录机（刻录光驱）录制的不可再写光盘（即只可读不可再写入）上。

4. 缩微胶片存储

用照相方法记录保存信息资料。

四、信息传递

（一）信息传递的概念

信息传递这个概念有几种含义，一是物理学所指声波、电波的传播；二是信息学所指人们通过声音、文字或图像相互沟通消息；三是信息工作步骤之一的信息报送、发布。这里指第三种，即信息工作人员（包括秘书）在收集、整理信息后，按需要提交领导采用、转达有关部门参考或予以公开发布。

（二）信息传递的方法

传递信息的方法很多。古时的烽火传敌情、飞鸽传书、马驿，到后来的旗语、灯语，现代人则充分利用电话、电报、广播、电视、传真、通信卫星、电子计算机、手机等先进技术传递信息。有了现代通信技术，无论身处何处，都可以很快知道发生在世界各地的事情，并把本地的情况及时传送到世界的各个地方，传递的信息又多、又快、又准。

（三）信息传递的具体途径

1. 口头传递

口头传递是用口头语言将信息传递给信息接受者的一种方式。其优点是直接、简洁、迅速、经济，适用于直接向上司报告紧急情况、传达命令、回复口头咨询。缺点是不便储存，只能一次性使用。

2. 书面传递

书面传递是将信息转换成文字、数据、图像，传递给信息接受者的一种方式，如信函、报告、书面通知、印刷品告示、企业内部刊物、新闻稿、报刊等。这种方式可以避免信息失真变形，实现远距离多次传递，便于利用和储存。但信息传递的速度较其他途径要慢得多，只适用于传递时效性相对不是很强的信息，如常规性的阶段工作全面总结、常规工作经验交流等。

3. 电讯传递

电讯传递是利用现代化的通讯工具传递信息的一种方式，如电话、电报、传真、电子邮件等。优点是传递信息速度快、保真度高。缺点是，除电子邮件外，无法批量传递，难以做到同时向大量接收对象传递信息。

4. 网络传递

网络传递是通过互联网或内部网的各种信息发布工具传递信息的一种方式，如组织网站的各种信息发布平台及其论坛、网络聊天工具（如著名的 QQ 及 QQ 群、MSN、微信及微信群）等。

网络传递具有信息接收者既可以特别指定（如 QQ 对话、微信私聊）又可以广泛而不特定、信息传递量大、传递快捷等特点。

第四节　网站信息管理

【案例导入】

国庆长假快到了，公司营销部经理秘书小何着手准备材料，准备更新公司网页、微博、微信和 APP。精选了几张公司最新的产品图片，根据近期销售计划，小何开始撰写网络推文，之后便是排版，图文并茂、赏心悦目，还同时制作了一个配有优美背景音乐的 H5 挂在微信和 APP 上。

一、网站信息管理的含义

网站信息管理，一般而言，是指网络信息的发布和安全工作。在本书里，网站信息管理是指社会组织对其网络信息的采集和发布的管理工作。

随着互联网日益成为整个社会和大众不可或缺的联系纽带，人们已经意识到网站在扩大影响、树立良好形象、增强合作交流、提高社会效益方面的重要作用，在办公自动化方面一直走在前面的企业，更是在加快步伐把业务运作模式转移到以 Internet 为基础的平台上，以更好地为客户提供服务为核心，通过建立电子业务联系，稳固客户及合作伙伴关系，从而更好地提高企业运作效率。在我国，在党中央、国务院的高度重视下，信息化工作飞速发展，政府政务网站的建设也有长足的进步；教科研机构网站建设更是在社会进步和经济发展中发挥了重大作用。

网站信息管理不是网站管理，但又和网站管理关系密切，属于网站管理的一部分。网站管理是指网站的运行管理，既包括网站的日常维护又包括人员的管理。而网站信息管理只是网站的信息工作，即信息的采集和上传，待发信息的审核和编辑，拟发信息的发布和更新或撤销，以及信息安全管理等。企业秘书经常担任网站信息管理工作。

二、网站信息内容管理

(一) 网站内容管理的含义

网站内容管理是网站信息管理的具体表现,是随着互联网应用普及而发展起来的一项综合信息管理技术,是社会组织以网站为载体,将其在管理、服务或经营过程中所产生的各种信息资源集约、审核发布、统计分析、二次开发,持续增强网站信息的关联性、可读性,以达到信息价值最大化的目的的全过程管理。网站内容管理的主要作用是通过提高网站信息的关联性,揭示信息的深意,增强网站信息效能的持续性。网站内容管理的目的是使信息的价值最大化。

(二) 网站内容管理系统的作用

1. 增强非技术型内容供应者的信息提交能力,提高信息发布速度,缩短重要内容发布至网站的时间。

2. 快速更新网站内容与设计。

3. 增加网页文件的支持类型和重复利用,包括文档、网站内容、XML 以及声音、视频和图像等多媒体。

4. 自动对内容进行标识和分类,实现有效的个性化搜索;增强网站浏览者的满意度,提高网站关注度,提高组织吸引力,塑造组织形象。

5. 通过强大的管理工具来提高网站的建设管理水平。

(三) 网站信息内容

以企业官方网站为例,网站信息管理一般包括以下内容:

1. 企业官方网站管理

具体包括发布企业产品、服务信息,增加品牌、产品曝光率;介绍企业历史、辉煌成就,树立企业品牌正面形象;收集客户反馈意见,及时给予回复,满足客户需求;开展网上市场调查,及时了解客户需求,制定营销策略;网上客户服务,处理在线咨询,第一时间解决客户问题;处理网上订单,及时跟进销售线索,提高产品成交量。

这些内容的信息一般通过网页的企业介绍(一般包括企业简介、发展历史、企业文化等)、企业产品、网上业务、社会联系、客户服务、人才招聘等版块以及网站论坛、企业微博、APP 等及时或实时搜集和处理。

2. 论坛管理

论坛管理又称为论坛营销,主要是通过成立论坛,建立特定圈子内的交流群体,如品牌客户群;通过互动交流,建立企业与客户间,客户与客户间相互交流的平台;通过发表帖子,传递企业信息,宣传企业文化;通过引导回帖言论,及时发现负面消息并紧急处理公关。

3. 官方微博、微信、APP 管理(微博营销、微商、APP 营销)

企业官方微博管理又称为微博营销,微商、APP 营销管理运行方式与企业官方微博管理相同,内容主要是更新企业动态:通过发布让用户关注的微博、微信、APP,让受众了解企业最新动态,进行主动传播,例如进行微博、微信直播市场活动现场或 APP 推送相关网文,提升品牌知名度;更新产品信息:例如相关优惠,价格调整,以及产品详细信息,增加产品曝光率,推广新产品;介绍相关服务:增进客户对企业的了解,推广相关服务;宣传企业文化,树立企业品牌正面形象;处理在线答疑:例如产品价格咨询,产品功能使用咨询,产品故障处理等;还有就是在线预约,活动招募,互动营销活动,公关危机处理等。由于微博、微信已成为与许多人生活联系密切的工具,很多年轻人善于使用微博进行传播,"微博控"、"微信控"乐于将生活中的点滴与社会大众分享,故容易引发企业负面消息快速传播,企业应及时发现微博、微信中的负面消息并进行快速有效的处理或及时更新 APP 内容,向订阅用户澄清事实,消除负面影响。

由于微博、微信、APP 信息更新频率快,因此,提高微博、微信、APP 更新的频率很重要;枯燥无味的内容无法引起用户兴趣,通过增加多样化、图文并茂、趣味性的内容,可增加微博、微信、APP 可读性;增加互动与评论,积极回复"粉丝"们的评论,尊重"粉丝",让企业微博、微信、APP 更有人情味;学会用私信、私聊,私信、私聊可以保护收信人和发信人隐私,若部分信息不适宜在微博、微信上公开回应,可通过发私信或即时私聊的方式与对方进行联系,可避免敏感信息如价格信息被竞争对手得知;尊重用户,不与用户争辩;学会对产品与品牌进行监控;不要单方面发布,鼓励互动,引发公众讨论;留意竞争对手微博、微信、APP,若有客户在咨询竞争对手相关产品,热情积极私信回应,争取竞争对手潜在客户成为自己客户。

4. 特定领域营销平台个体信息管理

信息内容包括产品订单处理、电话录音跟踪、处理在线答疑、企业最新动态等。要求信息处理要及时,线索跟进要落实。具体做法:

产品订单处理:整理订单信息,例如客户姓名、联系方式、意向产品、期望价格、是否有货等信息,转交相关部门及时跟踪,并对该线索进行跟进以确保客户需求得到满足。

电话录音跟踪:通过企业服务专线电话录音跟踪,及时记录客人反馈信息,例如客户姓名,联系方式,所购产品或已购产品,提出的问题以及是否已得到答复,录入客户信息系统,以便日后进行跟踪。

处理在线答疑:尽全力解决客户提出的任何问题,若无法解决则转交相关人员进行跟进,例如某产品订货期、价格、规格、相关参数等。

特定领域营销平台个体信息管理要注意时效性,每日登陆平台,及时处理相关线索,体现企业办事效率,避免线索外流被竞争商家抢走;注意信息完整性,确保客户能在平台上找到心仪产品的最新信息。

三、网站信息安全管理

信息安全是当今社会一个重大问题,也是互联网面临的一个严峻考验,信息安全不仅关系社会组织、企业的生存,也关系国家的安危。因此,网站信息安全工作是社会组织、企业必须高度重视的工作。

(一) 信息安全的概念

1. 网站信息安全的定义

网站信息安全是指网站的硬件、软件及其系统中的数据受到保护,不因偶然的或者恶意的缘由而遭到破坏、更改、泄露,系统连续可靠正常地运行,信息服务不中断。

2. 网站信息安全概念的内涵

(1) 指网络环境下的信息安全体系(包括计算机安全操作系统,各种安全协议,安全机制如数字签名、信息认证,数据加密等)及其保障效果;

(2) 指为建立和维护信息安全体系所做的工作。网络安全专家将信息安全工作归纳为三个方面的安全需求:第一个层面是要对复杂的 IT 环境进行有效的保护性管理,第二个层面是需要具有未雨绸缪的防御性安全保障,第三个层面是随着信息交流的多样性、频繁性和重要性,确保信息与用户更好的连接。

(二) 网站信息安全管理的要求

1. 网站信息安全管理的依据

网站信息安全工作的依据是《计算机信息网络国际联网安全保护管理办法》、《中华人民共和国计算机信息网络国际联网管理暂行规定》、《中华人民共和国计算机信息系统安全保护条例》、《中华人民共和国电信条例》、《全国人大常委会关于维护互联网安全的决定》、《互联网信息服务管理办法》、《互联网电子公告服务管理规定》、《互联网站从事登载新闻业务管理暂行规定》、《互联网等信息网络传播视听节目管理办法》、《互联网文化管理暂行规定》和国家其他有关法律、法规、行政规章制度等。

2. 网站信息安全管理要求

(1) 网站及有关人员(包括网站管理人员、信息提交者等)必须遵守国家有关法律、法规,严格执行安全保密制度,并对所提供的信息负责。

(2) 任何部门和个人不得利用计算机网络从事危害国家安全,泄露国家秘密等犯罪活动,不得制作、复制、发布、传播任何法律法规禁止的有害信息。具体包括:反对宪法所确定的基本原则的;危害国家安全,泄露国家秘密,颠覆国家政权,破坏国家统一的;损害国家荣誉和利益的;煽动民族仇恨、民族歧视,破坏民族团结的;破坏国家宗教政策,宣扬邪教和封建迷信的;散布谣言,扰乱社会秩序,破坏社会稳定的;散布淫秽、色情、赌博、暴力、凶杀、恐怖或者教唆犯罪的;侮辱或者诽谤他人,侵害他人合法权益的;含有法律、行政法规禁止的其他内容的。

(3) 必须建立网站安全的检查、督促机构,明确检查督促责任。网站必须接受国家安全部门、本组织安全保卫、保密部门依法进行的监督检查以及所采取的必要措施。

（4）网站主页及部门网页内容均应明确领导责任，指定信息的审查、签发人员。信息的发布和接收要做到及时准确，要建立网站信息工作检查、评比机制。

（5）凡上网信息底稿均应保留一定期限，以备核查。

【思考题】

1. 什么是信息工作？信息处理的步骤是怎样的？

2. 谈谈秘书信息工作的重要性表现在哪些方面？

3. 下面是某种 U 盘产品的图片，该产品容量有 8 G、16 G、32 G、64 G，造型有卡通型、商务型和水晶型，请据此编制一份市场调查（信息收集）问卷。要求：① 符合信息收集问卷的编制格式要求；② 调查问卷问题设计符合市场调查的一般要求（需另外学习市场调查的有关知识）；③ 切合本产品市场前景的预测要求。

【知识链接】

1.《中华人民共和国政府信息公开条例》

2.《中共中央办公厅关于进一步加强信息工作的意见》

3.《信息工作的基本要求》(百度文库)

【扩展阅读】

1. 刘丽红:《现代秘书处理信息的高效模式探索》,《文学教育(上)》2014年第10期。

2. 余红平,雷鸣主编:《秘书信息工作实务》,重庆大学出版社2010年版。

3. 王琦等主编:《秘书信息工作与档案管理》,中国人民大学出版社2011年版。

4. 赵步阳,程宏亮主编:《秘书信息工作》,华东师范大学出版社2016年版。

5.【秘书信息工作案例:苏珊的日常信息工作】

秘书是近身服务于领导的工作人员,其工作定位必然是以领导为服务对象,以领导及其工作为核心。可以说,秘书辅助领导日常工作是一个常态,因而,那些上传下达、左右疏通、撰写文稿、会议准备、文书处理、电话处理等信息工作都是围绕其间的必要环节。秘书信息工作的基本途径理应是着眼领导工作,做到有效辅助。

这里是秘书苏珊对信息处理的几个有效做法。一是根据主管的口授笔记迅速整理出将开会讨论的事项;二是捡拾出必须由主管过目的航空信件;三是整理备忘录置于主管的签字卷夹内;四是将查阅的资料附在来信之后,置于主管的"速件"卷夹内;五是在行事日历上记下主管交办的明天的事项。我们看到,苏珊的系列务实做法,正是本着为领导服务的宗旨,根据领导的实际工作需求,跟进信息工作。面对这位日理万机的主管,苏珊秉持的信息工作理念是:熟悉并适应主管的行事风格,熟悉公司的业务流程,为主管处理各项事务尽铺垫及善后之责。

领导日常工作的每个环节无不和秘书的信息处理紧密相关。譬如,当领导表示出某种意图时,秘书应当注意领会并把握其主要精神,并以此为信息处理的切入点,最终形成决策所需的文本,为解决今后的实际问题搭桥铺路。又如,当领导有外出考察任务时,秘书应当及时传递辅助信息,这其中除了制订明确的计划外,还应竭尽所能提供考察地的相关背景资料,以保障领导出行的实效性,提高其工作效率。

作为秘书,除了接听电话、收发文件、迎来送往、参加会议等冗杂的日常事务外,还要经常面对工作中随时可能出现的各种特殊状况。可以说,信息大量涌入、高度密集。一个职业秘书对此应有足够的心理准备,以科学的预见和充分的实战经验,使自己立于不败之地。

所以，秘书信息工作的第二个途径应该是放眼日常事务，做到未雨绸缪。对此，苏珊有这样的说法："不要以为我每天都要加班工作，我并不是每天如此。只是在绝对必要时才这样做，我认为我必须时时有所准备，以迎接这种情况的发生。""对于会议议程表，我通常都会较实际需要时间提前几天准备好，以防临时赶不及。"在苏珊的案头始终准备着一本笔记簿，翻在空白的页，以备不时之需，她会将进餐时与客户的谈话要点记下，留供主管参考。苏珊对信息处理未雨绸缪，带来的是整个工作的有序推进，创造的是卓有成效的办公室文化。

现代管理日趋复杂，无形之中给秘书的信息工作带来了各种挑战。就以开会为例，其间的策划、组织、协调、写作、主持等过程最能考量秘书的信息处理能力。这主要表现在：一是根据领导意图和工作方向确定会议主题；二是根据会议内容制定会议议程；三是准备会议文件；四是做好会议通知；五是很据会议要求合理调配各种资源；六是应对会议期间的各种信息疏漏情况；七是会议期间做好记录、编写简报；八是会后撰写会议纪要。如此林林总总，秘书对各种会议信息的处理非但任务重，责任也大。

主动处理信息、谨慎传递信息，力求信息工作的畅通，这是对秘书的又一项考验。苏珊曾说过这样一段工作感言："首先，是我工作能专心致志，心无旁骛；其次，便是自动自发的精神，不管我的主管是不是催促我，我总是按部就班地做好我该做的工作。"

秘书信息工作的第三个途径应该是主动承担任务，做到有效沟通。苏珊在这方面也为我们树立了榜样。她的信息处理亮点表现在：一是对阅读的各种信息都会有针对性地进行摘录；二是在重大节庆日，会亲自致电或撰写贺信贺卡发给重要客户；三是随时就各类问题与部门负责人沟通。

从苏珊的做法可以看到，虽然秘书并没有义务牺牲自己的私人时间去额外地投身于工作，但如果秘书能主动承担任务，那样既是对自身的打造，也是一种积极的境界，更是实现有效沟通的基本前提。可以说，信息处理的良性循环便是打通管理的各种关节，理顺工作思路，使组织内的成员朝着共同的愿景努力。

当领导工作遇到疑难问题时，秘书应积极主动地思考"我能为领导做些什么"，提供解决问题的建议信息，为领导分忧；当决策执行受阻时，秘书更有责任通过调研和协调，积极沟通上下左右，直到决策得以顺利贯彻执行。

秘书日常对信息的深刻理解、综合处理及合理利用是秘书活动的基本职能，也是秘书活动中的必然内容。由于秘书信息工作受历史与自身认识能力的局限，对社会及单位的新精神、新动向、新政策、新经验等"新鲜信息"的掌握总会有不到位的情况，这在一定层面上影响了解决问题的力度。为此，秘书信息工作的第四个途径应该是重视信息反馈，做到适时跟进。例如，苏珊接到了盛怒之下的 B 客户的电话，是有关账目方面的问题。她在问明原委后，和有关部门联系明确结果，时隔不到两个小时便打电话将核对结果反馈给 B 客户，使他满意为止。同时，还将这事情的经过记下来准备告知出差在外的主管。苏珊的这个做法凸显了信息反馈的重要性，一方面及时处理了问题，另一方面维护了企业的形象，也为以后此类问题的解决积累了宝贵经验。又如,苏珊在开会时两度被电话打断,回到办公室后,除回复紧急电话外,还检查档案,获取必要的资料,仔细回复了另一个电话。苏珊对这些看似平常的电话业务从来都是认真处理,妥善解决。(引自胡峰力《秘书怎样做信息工作》,《领导之友》2014年第3期。标题及内容均有改动。)

第十四章
参谋辅助

第十四章
参谋辅助

本章概述

    自古以来,秘书就是领导的参谋助手;在现代社会中,秘书参谋辅助既迎合了组织管理体系的需要,也是秘书自身能力素质发展的必然,更是领导活动效率和效益的可靠保证。

    秘书与领导因为地位不同,工作内容、看问题的角度不一样,故秘书可以从思维方式和思维角度上与领导形成互补,给领导参谋辅助。这既包括在公文写作方面,也包括在运筹策划、组织协调、信息处理、后勤服务等方面。行使好这一职能,需要秘书把握一定的方法和技巧,既坚持"忠言",又善于"巧言"。故秘书要培养进言献策的习惯和准确领会领导意图的意识,掌握参谋建议的方法、技巧,逐步具备管理者宏观视野和全局观念。

学习目标

1. 了解秘书参谋辅助的内容;
2. 掌握秘书参谋辅助的特点和原则;
3. 掌握秘书参谋辅助的方法和局限性。

重点难点

1. 秘书参谋辅助的特点和原则。
2. 秘书参谋辅助的方法及技巧。

【案例导入】

    中国古代谋士进谏故事中蕴含了丰富的参谋艺术,为今天的秘书工作提供借鉴。《三国演义》以大量篇幅描写一群谋士(秘书)与不同的领导人之间辅佐、斗争的故事,是秘书斗智斗勇的参谋艺术的集大成者。新版电视剧《三国》第21集,反映了官渡之战之前,袁绍内部战与不战之争,曹操集团战与和之争,还有谋士(秘书)对领导人心理的揣摩与分析,以及何时该"谋"、何时该"不谋"的正确判断。建议观看电视剧后讨论。

第一节　参谋辅助概述

一、参谋辅助的含义

    办公室的工作千头万绪,归结起来就两大职能:一是办事,二是参谋。综合处理信息、督促检查、调查研究、处理信访,以及办文办会办事等大量日常事务属于办事,在这其中有着发挥参谋职能的较大空间。办事和参谋职能相互依存,相互作用:参谋职能渗透于秘书的办事职能中,不能独立存在,参谋以事务辅助为基础;有效的事务辅助会带动参谋工作的完成;秘书的参谋活动通过领导的政务管理施于整个系统。

参谋有三方面的含义:一是一种行为过程,参与策划和谋略,为决策者提供智力辅助性活动,即"代人出主意"(《现代汉语词典》);二是指从事参谋咨询活动的主体,即参谋者或参谋,即"代出主意的人"(《现代汉语词典》)。如军队中参与谋划军机,协助军事主管制定作战计划、指挥部队行动、管理和训练部队的军官;三是指官名,唐、宋节度使及各路统帅所属幕僚之一,掌参议谋划。《辞海》的解释侧重于第一种,参谋即"参与谋划"。

随着社会的发展,管理问题的日益复杂,"多谋善断"由一人独自完成已不可能。不仅在军队,而且在政治、经济等部门也需要出谋划策的参谋人员。现代社会不仅有供管理人员咨询、协助管理人员执行职责的个人参谋,还有成立单独的组织或部门的参谋团体,常称为"智囊团"、"顾问班子",它聚合了一些专家,运用集体智慧,协助主管进行工作。

参谋和管理之间的界限是模糊的。作为一名主管人员,他既可以是管理人员,也可以是参谋人员,这取决于他所起的作用及行使的职权。当他处在自己所领导的部门中,他行使管理职权时,是管理人员;当他同上级打交道或同其他部门联系时,他又成为参谋人员。例如,学校校长在学校内是管理人员,但在教育局做计划或决策而征询他的意见时,他便成为参谋人员。

秘书的参谋活动,是以秘书部门和秘书人员为主体,以所在管理系统的领导者为服务对象,以辅助领导正确决策为目标,以秘书事务为中介,以出谋献策为方式,影响领导者决策行为的过程。领导是决策者,作为参谋的秘书人员是辅助者。

二、秘书参谋的内容

(一) 辅助领导决策

现代社会竞争强,压力大,信息量大,决策难。组织实行科学管理决策,领导者需要多谋兼听,依靠咨询参谋人员,依靠下级、公众,倾听各方面意见,保证决策的正确性。因为一旦决策错误,比不作为影响更大更坏。

秘书的辅助参谋工作,表现在决策前不仅仅直接向领导提供政策、法律及相关信息资料,而且还从社会智囊群体中获取有关信息或谋略,再者进一步组织力量进行前期深入的专题调研,了解各层面信息,提供运作程序、方法、措施等方案。准确的信息、完备的资料、可靠的情报,是决策的依据;为领导提供富有创造性和科学价值的参谋服务,是对领导的一种智力补充和延伸;协助领导思考和发现问题、预见问题,是决策前秘书参谋的重要内容。具体有发现存在问题的参谋咨询、确定决策目标的参谋咨询、拟定备选方案的参谋咨询等活动,为领导决策事项提供可行性备选方案是最典型的秘书参谋工作。

　　在决策中,协助领导选择决策方案,将领导的意图完善化、具体化、系统化,物化领导决策的智力成果,如形成具体方案、典型经验材料、实施细则、阶段性总结、简报等。

　　决策作出后就进入决策施行阶段,决策能否取得预期效果,取决于决策的施行。领导者在决策后就会密切关注、引导和调控决策的施行,随时把握决策施行各阶段的效果,并通过秘书积极跟进决策施行全过程,了解施行进展情况,及时提出调整建议,保证决策方案的科学性、可行性。秘书参谋贯穿于决策施行的始终,是通过沟通协调、督促、检查等多项工作获得最新动态的反馈信息,辅助领导者发现问题及时修改、补充和完善,确保执行效果;是协调各方执行决策,提供实施完善决策的参谋咨询。

　　在单位内部,秘书参谋是多方面的,除了对决策的跟踪参谋外,还有对管理各环节的系统参谋,在计划、组织、指挥、协调、监督、控制、激励等各管理环节中,领导者都必须进行全面、系统而有效的工作,秘书在各个管理环节和阶段都处于与领导者配合的地位,熟悉各阶段、各环节的目标,任务和要求,也熟悉各阶段的承接和发展关系,便于从整体目标和长远利益出发,对各阶段出现的具体矛盾和问题,提出建设性的意见和建议。

　　秘书参谋不仅需要具备行业知识,而且需要政治、经济、科学等方面的知识和经验;不仅需要客观地把握自身的实力,而且需要准确把握来自各方面的竞争和挑战,成为领导者身边高智能的近身参谋助手。

(二) 日常工作的参谋咨询

　　近年,中央领导同志多次指示:秘书部门要充分发挥参谋助手作用,遇事能为领导想办法、出主意、提建议、拿方案。领导还没有想到的事,秘书人员想到了,而且想得很周到,还提出了新的建议,这就是个好秘书。秘书部门不仅在具体问题上能辅助领导,而且在大政方针的决策中,也能提供相关信息,诸如历史情况、文献、数据资料、权威观点、国内外各方面的看法等,乃至提供领导选择的建议或方案,便于领导作出正确的决定。秘书部门对领导工作的日常参谋咨询可能渗透在信息工作、调查研究、信访工作、文件起草和文书处理工作、会务工作、日程安排、突发事件处理等其他工作之中(参看书中相应章节,在此不一一赘述),也可能在平时随时提出建议或谏诤。

(三) 信息参谋

　　秘书参谋活动,以信息为基本资源,以信息构建内涵,以信息流通为主要活动形态。离开准确、全面、最新的信息,也就没有了有效的参谋活动。信息是参谋之基,参谋活动是收集、处理、开发、利用信息资源的智能劳动过程。

　　秘书部门处于信息枢纽位置,了解来自各方面的信息,对上级机关的政策和各部门的情况比较了解,掌握的信息比较全面。秘书部门处于组织管理的中介位置,便于上传下达,调整控制。秘书工作具有综合职能的优势,便于站在统领全局的高度参谋。

　　秘书向领导者提供动态信息和预测信息,提供智能支持,不像传说中的预言家那样充满占卜吉凶的玄机，也不像专家们对某方面未来发展的构想和推测那样抽象和梗概化，秘书向领导者提供的预测信息，是根据具体的动态信息和事物发展的客观规律，对影响组织自下而上发展的具体要素及要素间关系的未来变化的科学推断，它贴近组织发展的实际需要，对领导者筹划未来发展具有针对性和参考价值。也就是说，这些预测信息必须是立足现实特定环境、立足本单位历史发展需要的比较明确的推断，是对信息既有现实依据又有科学理论依据地综合分析的成果。不唯上、不唯书本，要对领导者起到切实有效的智能支持作用。

仅满足于被动办事的人，难以捕捉参谋时机；对实践中出现的新情况、新现象、新问题闭目不听或熟视无睹的人，无法找到参谋内容和参谋依据；问题浅尝辄止，不愿提出中肯有价值的意见和建议；仅凭头脑发热和一知半解，不作科学缜密思考的秘书人员虽处于系统的中介位置，也不能充分发挥参谋作用。

（四）利用办公自动化提高参谋效率

计算机网络进入管理系统，办公设备的更新直接影响着秘书参谋方法的变革，这在信息收集和传递手段方面表现得尤为突出。秘书在参谋中对单一对象的认识将不再是孤立、静止、片面的，可以更清晰地了解到它与有关各要素的相互联系，从而将其置于系统之中，这样就能保证参谋活动的科学性。

办公自动化取代了很多秘书手工操作工作，会务、礼仪等工作的市场化取代秘书部分工作。那么，当前秘书首要的任务是什么呢？是做一些计算机处理不了的、随机出现的、独特的工作，其中大部分是参谋工作。秘书参谋辅助工作的前提就是要有充分的信息资料，计算机网络为信息资料的收集节约时间，提高效率。

第二节　参谋辅助的特点和原则

一、秘书参谋的特点

（一）直接性

秘书部门贴近领导，秘书与领导接触的机会较多，便于把握参谋需求，正确领会领导决策思路，同时获取更多参谋时机，可以快捷有效地向领导直接提出参谋建议和方案，不需要经过任何中介环节，便能取得很好的参谋效果。

（二）综合性

秘书或秘书部门参谋咨询是全方位的，不是仅限于某一专门领域。领导管理的范围就是秘书和秘书部门参谋辅助的范围。秘书部门信息来源广，信息量大，掌握的综合情况多，便于全方位多角度地发挥参谋作用，及时、准确、全面、有效地为领导决策提供信息依据。例如,市广威食品厂梁秘书去医院看望一位生病住院的长辈时,买了一盒含糖糕点。他不知道长辈得的是糖尿病,不能吃含糖食品,可市面上销售的大都是含糖食品。梁秘书在医院里还了解到,很多病人都希望吃点椒盐饼干之类的低糖食品,可市场上根本买不到。随后,梁秘书连跑了几家医院,向病人和医生做了些调查,又发动办公室人员向一千多名消费者分发了调查问卷,收回了几百份。他又据本市居民人口进行估算,写了一份有针对性地生产特色糕点、糖果的调查报告。领导阅后马上采纳了他的建议。

秘书参谋具有对领导各项职责的综合参谋,对领导各项活动的综合参谋,为领导处理各种关系的综合参谋的特点。

(三) 主动性

虽然,大多数秘书参谋活动是根据领导的需要决定的,但是,秘书也不能像算盘珠子一样"坐"等领导的拨动。秘书部门不能等领导提出调研任务再开始收集信息、分析情况,应该积极主动地为领导工作提供智力服务,参谋应具有超前性。优秀的秘书应保持谦和有礼的态度,开放的心胸,勇于承担,谨慎应对,不要避之唯恐不及,要寻找机会参与谋划,增加经验,拓宽视野,领略任何创新求变的真谛。

(四) 随机性

随机性是指秘书除了通过会议、文稿等正规形式外,还可以在出差途中、午餐桌上等非正式场合向领导提供参考意见。秘书全面参谋与随机劝谏相结合,秘书在发挥参谋职能作用中既对组织整体运转进行谋划,又在客观具体工作中提醒领导,发挥劝谏作用,在领导外出考察、会见会谈、接待重要来宾、处理公文时,及时沟通反馈参谋建议。

领导者管理活动随时需要参谋,领导者工作方式方法随时需要监督参谋,秘书参谋的随机性决定他们可以自由选择参谋时点,灵活有效地进行随机参谋。

(五) 制约性

制约性是由秘书部门的地位决定的,是由秘书部门是领导集体的办公部门的职责决定的。一方面,秘书部门的参谋必须是对领导意图提出具体的方案措施;另一方面,秘书参谋能量受秘书对领导意图的认知程度、理解能力和时间的制约,还受秘书素质的影响。

秘书及秘书部门的参谋与专业研究机构或咨询公司的参谋不一样,必须根据领导工作的需要进行研究,是一种有限的"出谋献策"性的参谋,不像专业研究机构那样少受或不受领导者主观意志的影响,是从客观出发的科学思维活动。在西方发达国家,自20世纪上半叶起就出现了专门提供智力服务的商业性咨询公司,最著名的有美国的兰德公司、日本的野村综合研究所等,它们可以专同领导唱"对台戏",他们有时被要求必须挑领导决策的漏洞。在我国,国家和省市社科研究机构也承担着为领导机关重大决策提供智力服务的职责。市场经济体制建立以后,商业性咨询公司开始大量涌现,各种信息公司、点子公司更是比比皆是。

二、秘书参谋的原则

在现代管理工作中,秘书的参谋对于提高领导工作效率有着重要的作用。为了有效地发挥参谋作用,秘书人员在参谋活动中必须坚持以下原则:

(一)明确角色定位,不失职不越权

始终记住领导与秘书的关系是领导与参谋、管理者与助手的关系。秘书不要越过自己的职位,替领导当家作主。

作为秘书人员要淡泊名利,不被世俗所惑,要耐得住寂寞,安于清苦;一身正气,两袖清风;兢兢业业,任劳任怨;乐于默默奉献,甘当无名英雄。如:秘书人员出谋划策时,领导采纳了、拍板了,不能认为完全是自己的功劳;讲话稿写出来了,领导看过了,讲过了,在刊物上发表署上领导的名,不要怨恨。在做完每项参谋工作后,应想到自己的工作离不开领导的关心指导,要认识到秘书无论是写材料还是做事情,都是在贯彻领导的思想和意图。因此,秘书必须谨记自己的参谋地位,切忌喧宾夺主,越位争权。

三国时的杨修,才华横溢,却因为"鸡肋事件"死于曹操之手,原因何在?是因为杨修自视甚高且为人狂妄,实用计谋甚少,于政务、军务上很难对领导者有实质的帮助,又以善于揣摩曹操的心思自居,经常显示比领导者聪明,遮蔽领导者的光芒,这样的秘书最终成为"鸡肋"。谨记身份,保持思维清晰,说理充分不显锋芒,最大限度化解不利因素对参谋的干扰,得到领导的认同,提高建议的采纳率。

(二)明确参谋定位,谋而不断

秘书只能给领导建议,不能替领导做决断,只能根据领导的意图提供有价值的信息、资料和建议,不能把自己的意见或观点强加于领导,更不能背着领导或以领导的名义做出决定。秘书参谋是经过领导的再思考、再加工、再决策而作用于实践的,不是单单的秘书参谋的结果。秘书参谋能否取得成效,取决于领导的选择:秘书提供的方案往往是"半成品",经过领导的选择、加工,最后变成实施的方案,从而取得成效;取决于执行的选择:组织管理的决策方案,要经过实践检验,要进行适当调整,调整的决定者可能是领导,也可能是其他执行者。

(三)立足规劝层面,谋而有度

所谓"度",具体地说就是秘书在提供建议时,应讲究提建议的方法和分寸。有时候明明是一条好建议,但由于秘书在提供时不讲方法,结果不仅没有收到应有的效果,反而让领导对秘书产生了反感。劝谏一般最多两次,用商量的口吻,避免冲突。实践证明,秘书进谏如果"度"掌握得好,正确的建议定会被领导采纳。唐朝的魏征以"犯颜直谏"名垂青史,但他也是十分讲究"度"的,最终许多建议被皇帝采纳。

有些领导害怕下级露出才华,怕秘书成为自己的竞争对手。当两人水平相近,这种防的

情况容易发生。当你是小秘书、新秘书时,很多人愿意帮助你,当你成为办公室元老时,很多人防你、怕你。所以,秘书一定要注意提建议的时机和态度。秘书要有悟性,注意观察和揣摩领导处理问题的思想方法和管理艺术。

(四)提供准确信息,谋而有制

秘书参谋要注意准确性原则,不要随便给意见,不做调查研究。抗战时,刘伯承元帅曾把那些不讲究准确性、含糊其辞、模棱两可的报告比作"山西毡帽",正反面不分,前后都可以戴。譬如,有份参谋的情报写着:"敌人集结数千余人,似欲侵犯我军模样。"刘伯承指出:"这种情报毫无用处,空话! 究竟敌伪军各有多少? 日军是什么番号? 伪军是'皇协军'还是匪顽? 是从太原、石家庄来的,还是从济南来的都不清楚。敌军的师团各有特点,有的擅长山地战,有的擅长平原作战;司令官的经历、战术思想和性格也有差异。笼统说'敌人集结数千余人',真是丈二和尚摸不到脑壳!"①这样不准确的情报,让领导根本无法据此作出正确决策。

第三节　参谋辅助的方法和局限性

一、秘书参谋辅助的方法

秘书在参谋辅助时,如果讲究方式方法,往往可以达到事半功倍的效果。

(一)求同求异参谋方法

领导提出决策意向,秘书求同,按照同一方向思考问题,补充细节。领导提出决策意向,秘书逆向思考,反证领导决策的合理性——若不这样做,最坏的后果是什么? 最糟糕的情况是什么? 在具体事项的决策中,秘书既求同又求异进行辩证思考。

(二)比较参谋方法

秘书选取多套方案进行比较,加以论证,选出最佳方案。再好的方案,也必然杂以利害,不可能完美无缺,其比较权衡的标准是:两利相权从其重,两害相权取其轻,利害相权取其利,有利无害者最佳,利大害小者可用,利小害大者必舍。在设计和比较方案时,要多作定性分析与定量分析,做到多算于前,少失于后。具体比较可以从这几方面考虑。

纵向比:历史上有人这么做吗? 成功? 失败?

横向比:同时代左右比,借鉴不同国家、地区、单位的成功经验、失败教训。如在深圳建立特区,方便学习香港及国外经济建设经验,但是土地不卖,法律不变,企业必须向国家纳

---

① 刘备耕:《刘伯承的非常之路》,人民出版社 2003 年版。

税,企业属性可以是独资或者合资。特区建设取得成功后,把经验推广到全国。这类比较一定要注意相关的因素,因为涉及多方面,要注意辨别区分。

几个方案对比:提供多个方案,比较条件、结果,深入分析各方案优劣。无论是哪一种方案,都要阐明它的优缺点,不能一概而论;若将每种方案的优缺点阐述得越充分越透彻,领导采纳的可能性就越大。对隐含秘书主张和建议的方案,要尽量陈述得客观一些、严谨一些,以引起领导者的足够重视。如果领导决定采用隐含秘书意见和建议的方案,或表示将吸取多个方案的优点,重新设计方案时,那么秘书的进谏就真正起作用了。

(三)诊断参谋方法

这种方法是从中医望、闻、问、切诊断中学来的,是对组织运转的某些不正常现象或问题进行分析,找出病因,对症下药。领导主要负责管理工作,地位在组织上层,对基层情况不太了解,有些问题还没有立即引起领导的足够重视,但是已有苗头,秘书在基层了解情况,这时就要深入分析,找出病因下药,最好一针见血,解决问题。如某组织位于中国西部,属于"老、少、边、山、穷"地区,组织如何进一步抓住西部大开发机遇加速发展,这就要对组织目前的状况作诊断分析,提出参谋意见。秘书参谋工作需要有一点预见性。

(四)补充完善参谋方法

参谋方案轮廓设想主要注重创新,利用总体上客观条件和问题提出各种抽象思路;细部设计要特别注重面对实际,进行冷静思考和周密分析,要防止以偏概全和出现各种漏洞;细部设计出的各套可行方案要有整体性、系统性和可行性。

已经基本确定的决策方案,秘书若在实践中发现其局部出现某些疏漏,或者环境变化出现不协调之处,可采用补充完善的方法,即注重信息反馈进行参谋。如发现典型是补充完善参谋的具体方法,通过发现和培养典型,树立榜样,可以协助领导有力地推动工作,起到以点带面的作用。秘书发现典型的途径,一是跟随领导下基层调查研究时,注意观察,发现典型;二是从各地上报的大量稿件、材料中注意发现典型。

(五)效果评估参谋方法

在方案实施之后,以目标、计划为尺度进行总结评估,分析得失,总结经验教训。这种反馈参谋便于领导者弥补缺失,改善和优化工作,以取得良好的工作绩效。效果评估参谋方法的关键:一是实事求是,客观准确地向领导者反映效果;二是要透过现象,抓住问题的本质,有的放矢地指出问题的关键,使领导者能把握主要问题,抓典型,指导全局工作。

二、秘书参谋辅助的技巧

秘书参谋方法是秘书实行参谋职能的方式和手段,是遵循秘书参谋活动规律,总结具有普遍性、规范性的参谋方法。秘书参谋技巧是指秘书对参谋方法熟练而卓越的运用,是建立在对秘书学的学科知识的了解,以及秘书自身的实践经验、胆识魄力之上的,它是秘书人员的智慧、常识、经验的综合反映,是秘书综合素质的重要体现。

一个成熟而有作为的秘书参谋者,应当把秘书参谋理论与参谋实践结合起来,把秘书参谋规律与参谋技巧结合起来。在秘书参谋活动中,参谋者与参谋对象之间,有信息情况的交流,也有思想感情的交流。参谋的内容广泛,环境条件复杂,经常出现某种随机现象、模糊现象,意向不明、关系不清,这是一般秘书参谋方法难以解决的,它要靠参谋者的变通才智,临机处理,这需要秘书有突破、有创新地运用参谋技巧,才能有效、灵活地发挥参谋辅助作用。秘书要参在点子上,谋在关键处。

(一) 婉转建议

由于参谋咨询工作主要是为领导出主意,这里就有一个如何让领导心情舒畅地接受建议和意见的问题。秘书对领导谏言,要注意态度诚恳谦虚,不要显示自己比领导高明。如果能引用历史上或现实生活中相似的例子,更能说明问题。例如,某经济欠发达地区一所研究机构近年来经济效益滑坡,出现了严重的人才流失现象,领导非常着急,苦于无法控制。办公室主任这样向领导建议:"听说××省××研究院前几年跟我们的情况相似,这几年已经扭转了局面,他们单位的网站上有详细的材料介绍呢。"领导得到线索后自己到该网站了解有关情况,得到很大启发,后来参照该院经验制定了切实可行的稳定人才和引进人才的政策,取得很好的效果。提供有价值的参考信息,让领导自己从中得出结论,比秘书直接提出主张要有效得多。

(二) 真诚建议

在劝谏时,只有充分表达你的真诚,才能让对方真正从心里接纳你并认真听你的意见,才能够收到良好的效果。秘书在进行劝谏时,一定要注意言辞的诚恳,感情真挚,以情动人,不能让人产生言语上排斥,否则就会适得其反。具体可以从以下方面入手,就能取得满意的参谋效果:第一,保持真诚的笑容,能消除人际之间的隔离感和陌生感;第二,讲实情、说真话,诚心诚意表达帮助领导改进工作的各种想法,能得到领导的认可;第三,轻松地交流,并不是所有参谋都有严肃的原则问题,对一般性问题的参谋建议,若能在轻松和谐的气氛中进行,将能取得更好的效果。提意见建议要有感情叙述,这比枯燥刻板的陈述,参谋效果会好得多;第四,注意耐心倾听,不能滔滔不绝地阐述自己的看法,没有观察对方的反应,没有及时调整自己表达意见的方式,秘书应能引起双向交流,运用共同的话题促进相互沟通。

(三) 巧设比喻

敢于实报直谏是秘书个人素质,能巧言进谏是秘书参谋辅助技巧。秘书最忌见风使舵,人云亦云。我们把古代的劝谏艺术运用到现代秘书工作中,同样会收到很好的效果。

唐初政令规定,男子未满 18 岁不得征召入伍。贞观三年,唐太宗听从大臣的建议,打算把未满十八岁但身体强壮的也征兵入伍。魏征劝谏道:"我听说把池塘的水放干来捕鱼,这样做的后果当然不是捕不到鱼,而是第二年没有鱼可捕了;放火焚烧森林来捕猎,并不是捕不到野兽,而是第二年再也没有野兽可以捕获了。如果家中尚未成丁的男子全都应召入伍,国家的租税徭役,又由谁来承担呢?"[①]后来唐太宗听从魏征劝谏,放弃这一打算。魏征在向太宗进谏时运用修辞的方法,巧设比喻,说理委婉,使抽象的问题具体化,使深奥的问题通俗化。

(四) 设建议卡

设建议卡是秘书向领导进谏的一种好形式。秘书在设建议卡时,可根据不同时期、不同阶段、不同性质的工作,在观察、思考、分析的基础上,适时提出建议,填写建议卡。建议时说明建议的背景、目的、意义及如何操作等。领导或采纳或否定,都会逐一认真进行批阅,作出指示,签署意见。尔后秘书再根据领导的指示、意见进行处理。

建议要有独到之处,能够给人以启示,这是秘书提建议、提预案的灵魂所在。建议要有新见解、新思想,并不是赶时髦,标新立异,而是要通过对事物表面的观察,揭示出事物的本质,反映事物发展的方向。

(五) 选择时机

1. 避开领导心情烦躁时

不要在领导工作繁忙或心情烦躁时进谏。在领导工作不忙或心情轻松愉快的时候,用交谈、聊天、闲扯的方式传递意见和想法,这时候领导听意见兴致较高,采纳意见的可能性大,效果较好,即使讲错了,领导也不会往心里去。随时关注领导者情绪的变化,不仅是高兴与沮丧的情绪,还应注重领导者较长期的情绪。如新上任的领导 55 岁,想平平稳稳地干到 60 岁退休,比较保守,那么开拓进取的建议可能不合适,要提缓慢改进的建议。如果新上任的领导 38 岁,想大干一翻,那么积极进取的大胆建议可能会被采纳。

2. 选择恰当的场合

避免在正式场合进行劝谏,而应在无他人在场时与领导交流,他人在场劝谏可能会影响领导的威信。张秘书从来不在公众场合对上司的观点提出过异议,但是当只有上司和他两人时,他往往会用谦恭的态度,小心翼翼地提出这样或那样的建议。后来上司总会在开会没人提意见时,将他叫到身边,询问他的意见。这显示上司对他的重视,他的建议方式成功了。

劝谏者切不可伤害领导的自尊心。领导者所处的地位,所担负的任务,所掌握的权力,决定了其自尊心更强,接受反面意见的心理承受能力较低。特别是对于那些不顾场合,不讲方法,言词激烈的批评意见,即使其内容百分之百的正确,但由于伤害了领导的自尊心,领导往往从维护自己尊严和威信的角度加以拒绝,并运用手中的权力对批评者施加压力,甚至打击报复。所以,有时耿耿忠心、直言相谏者屡屡碰壁。现代秘书在进行劝谏的时候,一定要看清楚场合,掌握好时机,站在领导的位置上想问题,千万不能盲目地劝谏,伤了领导者的自尊心。

---

① (唐)吴兢撰,(元)戈直集论《贞观政要·卷二》,文渊阁四库全书电子版。

3. 紧贴领导工作重点

紧贴领导工作思路和关注的重点，急领导之所急。科学证明，信息接受者对某一信息最需要时吸收它的可能性最大。一般来说，某一问题迫在眉睫，或决策者正在考虑这一问题，或这个问题解决的条件已经基本成熟，那么，秘书出谋献策就容易引起重视，也会产生信任。如果是领导目前没有关注的问题，再好的建议也是不合适（时）的。秘书提出参谋建议，必须善于找到与领导共同的话题，有了共同的话题，双方沟通才有兴趣。

（六）注重细节

1. 了解领导的个性特点

领导的个性特点往往会影响秘书参谋的效果，准确地把握领导的个性特点是秘书参谋活动取得最佳效果的前提。

某公司领导新官上任烧起了第一把火，即在总经理办公室召见手下各位秘书，进行工作调整。秘书们都做了充分的准备，但是，进去的秘书个个心情沮丧地走出来了，唯独苏秘书是个例外。其他秘书纷纷凑上去求教个中玄机，苏秘书说："这或许就是一杯咖啡的功劳吧！"原来，苏秘书一走进总经理办公室，就发现那里变了样：原来杂乱的书桌变得干净整齐，物品摆放得井井有条，老总表情严肃而认真，苏秘书对总经理的性格猜到了几分。恰巧此时，他看到总经理桌面有一点咖啡污渍，便不慌不忙地用纸巾擦拭干净。总经理看后，点头称谢，两人的距离也变得亲近、自然了。接着，苏秘书在介绍情况时，列举了大量数据证明取得的成绩及存在的问题，给总经理留下了深刻的印象。秘书在参谋时要学会把握领导的个性特点，一般来讲，成功的领导最大的特征就是寡言少语，他们做事低调，但说出来的话却条理清晰，逻辑严密；他们不会轻易地表明自己的立场，经常喜欢做倾听者。这时，秘书要转变角色，说给他听。上述案例苏秘书就是从上司性格猜测他处理问题的方法，参谋时注重细节，用数字说明问题才得到领导的认同。

2. 请领导做选择题

在向领导提意见或建议时，宜多请领导做选择题，多使用征询的口吻，将意见转变成问题提出来，把自己放在请教的位置上。例如秘书说："总经理，这个事情我已经想过了，大概有三个方案可以解决……我不清楚哪一个方案更好一点。"这样的话语易让人接受，也会让人感觉被尊重。同时，秘书在向领导进言时将主动权留给领导，这样，领导易于接受秘书的建议。

此外还有先褒后贬，援引实例等参谋技巧。

三、秘书参谋辅助的局限性

秘书的参谋辅助是客观存在的，正确认识秘书的参谋活动，对辅助领导做出正确的决策和提高秘书的素质有重要的意义。

（一）对秘书参谋活动的偏见

目前社会上存在对秘书参谋活动的偏见。具体表现为：

1. 否定秘书的参谋活动

有些人认为,秘书的工作不过是收收发发、抄抄写写、接接电话,送送客人,辅助决策、参谋职能是少而又少的。有些领导认为秘书部门的参谋作用无关痛痒,根本就不重视秘书部门提供的参谋信息。其实,秘书部门及秘书的参谋活动,除了为领导决策献计献策外,还更多地表现在日常工作中的建议和意见,如草拟文稿的观点和措辞,提供办会的建议和方案等等,这些都包含了秘书的参谋活动。

2. 夸大秘书的参谋活动

我们不能把秘书参谋活动等同于国外的"思想库"、"智囊团",把秘书个人活动比之为领导的高参。秘书只有在领导的职能范围内提出参谋建议,才具有针对性和实际参考价值。有些领导在决策时,会全盘使用秘书部门提供的信息,甚至将决策权交予秘书部门,这样就夸大了秘书部门的参谋作用,会导致决策的不理想,甚至失败。过分夸大秘书部门参谋咨询作用,可能还会导致秘书扩权擅权的结果。企业的经营战略、重大事项的决定和筹划,单单靠秘书和秘书部门是不行的,要靠包括领导班子中的副职、职能部门的工作人员及秘书、社会上的科研机构、咨询公司等整个决策支持系统才能完成。

3. 要求每位秘书争当"高参"

参谋辅助是秘书部门的常规工作,秘书既要当好领导的助手也要当好领导的参谋,这些说法都是针对整个秘书工作和秘书队伍而言的,不能理解为每位秘书工作者都要争当领导的"高参"。在一般机关中,在大政方针和重大决策上的参谋咨询任务,主要是由政策研究室的研究人员和办公厅(室)主任等高级秘书承担,领导信任的有经验的秘书也能提供一定的有价值的建议,而一般秘书则主要通过自己分管的具体工作为领导服务。当然,这不排除秘书在适当的时机或平时与领导交往时,对某些问题提出自己的意见和建议,但是没有必要把出谋献策列为每位秘书的必备职责。

（二）秘书参谋辅助的局限性

1. 认知深度方面的局限性

某些秘书部门的领导人和秘书精通协调、文字等工作,是这方面的专家,但不可能是市场营销、生产作业、财务会计、物资供应、人力资源等许多方面的专家。面对企业管理出现的各方面的问题,特别是面对一些需要专业知识和能力解决的问题,秘书显得力不从心。目前,活跃在各行各业、各企事业单位的秘书大部分是通用秘书,文秘的专业背景很难适应高层次参谋助手的需要。这也反映秘书知识不专、不深的现状。

2. 认知广度方面的局限性

秘书主要在领导机关活动,很少有时间下基层,缺乏实践认知,实践范围的局限性必然带来认知广度的局限性。

3. 创新方面的局限性

秘书只能在专项服务中创新,如在办文、办会、办事等方面创新,在其他方面的创新活动会受限制。

4. 自觉参谋意识的局限性

有些秘书认为"谋断是领导的事",秘书主要做具体工作,这是不准确的。秘书要加强职业道德,加强工作的责任感,不管是事务工作还是参谋辅助工作,都要保持高度的自觉性。

秘书要克服害怕承担责任,不相信自己能力的想法。任何事情只要做过一次,就会有信心。要克服负担过重,参谋乏力的认识,不能认为办公室人手少,主要精力忙事务,政务就没有时间了。要克服信息不畅,参谋缺乏依据的情况。同时,管理者也要为参谋人员提供必要的信息,以便从参谋人员处获得有价值的支持。

【思考题】

1. 为何参谋辅助是秘书重要的职责?
2. 秘书参谋辅助有哪些特征?
3. 举例说明秘书参谋辅助的原则和方法。
4. 举例谈谈秘书参谋辅助的技巧。
5. 请谈谈本书其他章节秘书具体参谋的内容。

【案例分析】

1. 某县县长在出差前向县办副主任交待一项任务:他出差回县后要分别接待两位投资商,分别洽谈同一投资项目。请县办副主任协调经贸主管部门预先做好方案和安排。

县办副主任掌握了情况后,认定两位投资商中,一位信誉很好,但实力相对较弱;另一位信誉不如前者,但实力却很强,且投资意愿强烈。同时,考虑到县长出差回来后即有其他大量公务等待处理,不宜也很难花更多时间先后与两位投资商洽谈。于是,他不听主管部门的意见,只做了县长返县后与后一位投资商洽谈的具体预案和安排。

县长返县后,立即发觉县办副主任未理解自己要通过多方洽谈、在比较竞争中选择最佳投资者的意图,其所做洽谈方案和安排是片面的。而此时,两位投资商均已到县。不得已,县长连夜找到县办副主任及主管部门负责人,临时补救敲定了与两位投资商先后洽谈的具体方案与安排。

最终,该县选择了前一位信誉较好的投资商,并与之签定了协议。

县办副主任不当的参谋辅助违背了哪一条秘书参谋原则?为什么?

2. 秘书小吴参加工作不久,没有多少工作经验,但是却有热情与干劲。她到某知名汽车品牌 4S 店担任秘书,负责公司的官方网站维护及新闻发布工作,每月给相关的各大报刊、网络媒体提供约 150 条新闻。后来,随着工作的熟悉,她能挤出些时间向同类型企业学习。她建议公司开通微博,把更贴近顾客的信息资料发布出去,公司同意她的做法并把这一任务交给她。微博开通后,顾客反映很好,点击量迅速增加,并带动公司销售量的增大。但这却加大了小吴的工作量,小吴累并快乐着。

【问题讨论】小吴这是自找苦吃吗? 她的建议是如何提出并实施的?

【实践训练】

1. 善于参谋的办公室主任

某局局长平时不够节俭,造成不少浪费。但在一次大会上,他做了关于勤俭节约的专题报告,却讲得颇为生动、深刻。

会后,办公室主任对局长讲:"大家反映您讲得很好,请求将讲话行文下发执行,您看行不行?"

"要作为文件下发,可能要修改、充实一下。还是请你这个秀才代劳了。"局长犹豫了一下说。

办公室主任立即接话:"是不是根据您讲的内容,在文后提出几条关于提倡勤俭、反对浪费、厉行节约的具体措施呢?"

局长当即回答:"行。有劳你了。"

文稿交局长后,办公室主任还有些不安。没想到局长很快予以签发,并将签发稿亲自递交办公室主任:"讲话整理得不错,补充的几条具体措施切实可行。尽快印发全局范围执行。"

办公室主任说:"您讲得很好,我是按您的报告精神加以整理的。"

"我知道是我讲的,我当然要照我讲的去做的。"局长笑着说。

文件下发执行后,由于局领导以身作则,局内浪费现象得到遏制,勤俭节约开始风行。

实训要求:列出办公室主任在建议中运用的参谋方法和参谋技巧。

2. 研究切实可行的方案

某地铁公司秘书随领导检查工作时,发现某些站台出入拥挤,回来后提出解决问题的建议。

实训要求:建议学生到地铁站或公交车站实地调查,提出切实可行的解决方案。

【知识链接】

季市长与他的秘书

与季市长接触过的中外朋友,没有一个不敬佩他学识渊博。和他见面后,文学艺术家会把他看作知己,工程技术专家把他看成同行,井下工人说他是贴心人,种地的老农乐意与他扳着手指谈收成,就是那些在自己研究领域里痴迷的"怪人",也会与季市长有共同语言。不少人称季市长是全才、天才。只有他的妻子知道,老季不过是个比别人勤奋些的凡人。这位出了名的、勤奋的凡人后面,还有一位不出名的、更勤奋的人——市长秘书老许。

季市长上任伊始,就发现办公厅秘书处老许学识渊博,功底深厚。俄罗斯曾派一个航天科技代表团来市里访问,市长要出面接待,许秘书为市长准备了谈话提纲。会谈中,季市长不仅对世界航天领域的发展状况作了透彻的分析,而且对人类共同开发宇宙资源提出了一些很有见解的看法。航天专家一个个称赞不绝,说季市长的见解精辟,对航天尖端科学了解如此深刻的政府官员是不多见的。后来,季市长又接见了一个考古代表团,季市长从许秘书准备的材料中,不仅掌握了本省本市的文化遗产,而且对我国最新考古成果也了解得比较全面,特别是对该考古代表团成员的成果知晓得十分具体。有位专家私下问旁人,季市长是否是考古学者出身?当他得知市长原是学建筑专业的,他惊得目瞪口呆。

一天,日本一个建筑代表团要来访问,季市长认为自己是搞建筑出身,又当城建系统领导多年,对建筑行业的情况还是比较了解的。并且因为工作忙,所以没有去看许秘书为他准备的资料。结果,在会谈中客人问起中国园林建筑各流派的艺术风格时,季市长一时难说清楚。好在许秘书在座,礼貌而自然地接过话题,既回答了客人提出的问题,也顾及了领导的威信。从那以后,市长每天下班总要看看办公桌上有没有许秘书留下的资料。如果有,他一定要带在身边,哪怕工作到深夜,他也要把许秘书留下的资料读完、记住。

前不久,许秘书积劳成疾住院了,恰巧这时美国水生物代表团前来访问。市政府办公厅为了搞一份供市长参考的资料,请来了高校和科研单位的水生物方面的专家,结果搞了两天因意见不统一而写不出一份材料。第二天就要与美国朋友会谈了,市长下班时习惯地看看自己的办公桌,见有一份水生物研究方面的综合资料照例放在那儿,许秘书病中还没有忘记自己的职责。第二天,办公厅安排专家们一起出席座谈,以便帮助领导回答专业性很强的问题,没想到市长谈吐自如,旁征博引,毫无外行窘态。不仅美国专家感到吃惊,连本市的学者也大为赞叹。

老许与市长配合了四年,市长的书籍和资料增加了五倍。市长升任省长后,每晚睡觉前看第二天需要的资料的习惯没变。许秘书已经退休了,但被他画着各种符号的各类资料,还经常出现在原任市长、现在的季省长的手中、枕下和书桌上。

从上述案例中你明白领导需要怎样的秘书吗?

案例来源:豆瓣小组网站

【扩展阅读】

1. 习近平著:《摆脱贫困》,福建人民出版社 1992 年版。

2. 董边,镡德山,曾自编:《毛泽东和他的秘书田家英》,辽宁人民出版社 2012 年版。

3. 王茜著:《田家英秘书工作研究》,知识产权出版社 2012 年版。

4. 张文远著:《只有先当好秘书,才能后做好领导》,中国财富出版社 2014 年版。

5. 王怀志,郭政著:《参谋助手论——为首长服务的艺术》,世界图书出版公司 2014 年版。

6. 郑明武著:《毛泽东四大秘书》,中共党史出版社 2015 年版。

7. 权延赤著:《走近周恩来》,四川人民出版社 2016 年版。

8. 王起翔《习近平谈如何科学开展秘书工作》,《领导之友》2016 年第 4 期。

9. 胡利民,崔美荣著:《秘书的秘书》,中国言实出版社 2018 年版。

10. 新华社:《习近平对全国党委秘书长会议作出重要指示》,中华人民共和国人民政府网 2018 - 10 - 20。

第十五章

企业文化

第十五章
企业文化

本章概述

现代企业秘书,已经不是传统意义上的文字秘书,他们更多地参与协助领导进行科学管理工作。企业文化是现代管理的主要内容,秘书必须了解企业文化的结构,明确在企业文化构建中的地位和角色,积极主动参与企业文化建设。

学习目标

1. 了解企业文化在企业运作中的重要性。
2. 了解企业文化的结构。
3. 掌握秘书在企业文化构建中的地位和作用。

重点难点

1. 企业文化的结构内容。
2. 秘书在企业文化构建中的作用。

【案例导入】

　　小李大学毕业收到两个企业的录用通知,她想实地考察一番。她走入企业甲,一进大门,两排的木菠萝树让她欣喜万分,她进一步了解到企业还种有荔枝、龙眼等果树,每年夏天果子成熟时,企业把果实全部分给职工,还举办中秋瓜果节。小李高兴坏了,决定留下。企业乙也不去看了。是什么促使她留在企业甲?

第一节　企业文化概述

　　现代企业秘书,已经不是传统意义上的文字秘书——领导的文字助手,他们更多地参与协助领导进行科学管理工作。领导工作的主要内容是管理,秘书辅助领导也主要是辅助领导管理,秘书是管理层(管理圈)中人,虽然不同行业、单位秘书工作的具体内容有别,但其起点与终点都是管理,管理贯穿在秘书活动的始终。

一、企业管理与企业文化

松下幸之助认为：管理是人们为了共同幸福而进行的活动。① 哈罗德·孔茨对管理下的定义是："管理就是设计和保持一种良好环境，使人在群体里高效率地完成既定目标。"②那么，企业管理与企业文化之间的关系是什么？ 企业文化是如何提出的？ 要回答这个问题，必须简单地回顾现代企业管理科学的发展历程。

现代企业管理发展一般分为四个阶段。第一阶段（20 世纪初到 20 世纪 30 年代），即所谓的古典管理理论阶段，这一阶段解决了企业员工定岗、工作定量的问题，把人作为生产工具进行"无情"的制度管理以提高工作效率。第二阶段（20 世纪 30 年代到 60 年代），这一阶段不再把人看成无思维的劳动工具，而是把心理学的研究成果引入企业管理，主要研究工人在生产中的行为，分析这些行为产生的原因，以便通过调节企业中人际关系来优化人的行为从而提高生产率。第三阶段（20 世纪 60 年代到 80 年代），是管理丛林阶段，在这一阶段，多种管理学派并存，出现"管理理论的丛林"现象，管理科学日趋成熟，管理学家把第二次世界大战后迅速发展起来的系统论、控制论、信息论和计算机科学等最新研究成果运用到企业管理中，形成了如"决策理论"、"目标管理理论"等管理学派分支。但也有学者认为，如果"管理理论的丛林"继续存在，将会使管理工作者和学习管理理论的初学者如同进入热带丛林中一样，迷失方向而找不到出路。第四阶段（20 世纪 80 年代以后），即企业文化阶段。20 世纪 50、60 年代，日本经济飞速发展，日本企业的生产率大大超过美国，并夺走了大量原属于美国企业占领的市场。日本企业的异军突起引起了美国学者对日本管理模式的浓厚兴趣，不少学者将日本企业和美国企业进行了比较研究，发现美国企业更多重视企业系统、战略、技术、结构、制度、规章等"硬性的管理"因素在企业中的作用；而日本企业更多的看中企业目标、宗旨、信念、风格、技巧和人的价值观的"软性的管理"因素。这种"软性的管理"因素统称为企业文化。随着日本企业竞争优势的日益显现，人们逐渐认同了以企业文化为核心的管理思想。

国外对企业文化给予了很高的评价，例如肯尼迪和迪尔花了约半年的时间对美国近 80 家企业进行系统调查后，得出结论："在美国企业中，一种强有力的文化几乎始终是持续成功的推动力。"③美国《幸福》杂志指出：没有强大的企业文化，即价值观和哲学信仰，再文明的经营战略也无法成功。企业文化是企业生存的基础，发展的动力，行为的准则，成功的核心。美国哈佛商学院著名教授约翰·P·科特 90 年代初研究了企业文化与企业经营业绩关系后指出："1. 企业文化对企业长期经营业绩有着重大的作用；2. 企业文化在下一个 10 年内很可能成为决定企业兴衰的关键因素。"④清华大学经济管理学院教授魏杰说："管理企业主要

---

① ［日］松下幸之助：《实践经营哲学》，中国社会科学出版社 1989 年版，第 4 页。
② 哈罗德·孔茨：《管理学》，经济科学出版社 1998 年版。
③ ［美］阿伦·肯尼迪、特伦斯·迪尔：《西方企业文化》，中国对外翻译出版公司 1999 年版，第 6 页。
④ ［美］约翰·P·科特：《企业文化与经营业绩》，华夏出版社 1997 年版，第 12—13 页。

靠管理制度,但再好的管理制度也会有失效的时候,当管理制度失效时靠什么管理企业? 靠企业文化。"①

二、企业文化的含义

尽管企业文化热已经在全球范围内产生了深刻的影响。但究竟什么是企业文化,企业界和学术界也没有完全一致的看法。综合国内外的研究,对企业文化定义大致有两种:

第一种是狭义的,认为企业文化是意识范畴的,主要包括四个要素,即价值观、英雄人物、典礼仪式、文化网络。第二种是广义的,认为企业文化是指企业在创业和发展的过程中所形成的物质文明和精神文明的总和。根据国内企业和企业文化发展的特点,本章采用后一种。

我们认为,企业文化是在一定的社会政治、经济、文化背景条件下,企业在生产与实践过程中所创造或逐步形成的,为企业成员普遍认可和遵守的具有本企业特色的价值观念、行为准则、团体意识、工作态度和思维模式的总和;企业文化是企业成员共享的一套价值观体系,是重视人、以人为中心的企业管理方式。每个企业的文化都是独特的,企业文化影响着企业的个人行为和群体行为,渗透到企业的所有行为当中并发挥其作用。企业领导层在企业文化形成过程中起主导作用,企业文化通常体现创办人及其后继者所提倡的文化和经营思想。

领导管理从某一角度来说,就是构建企业文化,使企业得到长足的发展。秘书的工作就是辅助领导构建企业文化。

第二节　企业文化的结构

一、企业文化的结构

企业文化一般分为三个层次,即精神层、制度层和物质层。

(一) 精神层

精神层主要是指企业的领导和员工共同遵守的基本信念、价值标准、企业道德及精神风貌。精神层是企业文化的精华、核心和灵魂,是形成物质层和制度层的基础和原因,主要体现为企业哲学、企业价值观、企业精神、企业伦理和企业形象。

1. 企业哲学。是企业生产经营管理实践中提升出来的世界观和方法论,是关于企业如何赢得竞争优势,即企业基本的思维方式,是揭示企业运行规律和管理规律的。企业哲学的根本问题是企业中人与物、人与经济规律的关系问题。美国管理学界认为,企业哲学与经营

---

① 魏杰:《关注新的企业文化》。

管理的关系,就像火车头与火车厢关系一样,企业哲学是推动企业这辆火车前进的动力。

2. 企业价值观。是人们关于什么是有意义或无意义的根本看法,是人类所特有的价值取向的根本见解。价值观是企业文化的核心,是价值的排序问题,即什么排在第一的问题。例如,IBM 的核心价值观有三条内容:第一,尊重个人;第二,客户至上;第三,追求卓越。几十年来,这三条价值观在 IBM 不仅激励着员工创造出质量优异的产品,而且创造出用户满意的最佳服务。如河北衡水电机厂的价值观是"劳动最光荣"。

3. 企业精神。是一个企业积极向上的群体意识的体现,是一个企业的灵魂,企业家精神是企业精神的人格化。企业精神是全体(或大多数)职工共同一致的、彼此共鸣的内心态度、意志状况、思想境界和理想追求。企业英雄人物精神最能体现企业精神。如大庆王进喜身上体现了大庆"有条件要上,没有条件,创造条件也要上"的艰苦创业、自力更生的企业创业精神。

4. 企业伦理。是指企业职工认同并在实际处理各种关系中体现出来的善恶标准、道德原则和行为规范。

5. 企业形象。是一个内涵十分丰富的复合概念,是一个公司的个体形象、类形象、组织形象、艺术形象、自我形象的复合体。一般理解为企业的知名度、美誉度、文明度。如长虹的形象就定位在发展民族工业的责任者上;华为形象定位于引领科技自主创新者。

(二) 制度层

制度层是企业文化的中间层次,主要是指对企业组织和企业员工的行为产生规范性、约束性影响的部分,它集中体现了企业文化的物质层和精神层对员工和企业组织行为的要求。制度层规定了企业成员在共同的生产经营活动中应当遵守的行为准则。它主要包括以下三方面:

1. **一般制度:** 指企业中存在的带普遍意义的工作制度和管理制度。如计划制度、生产管理制度、劳动管理制度、岗位责任制度、奖励惩罚制度等。

2. **特殊制度:** 主要指企业的非程序化制度,如员工评议干部制度,总结表彰会制度,一些企业的"五必访"、"六必访"制度,即员工生日、结婚、生子、生病、退休、死亡时要访问员工家庭;员工与干部的对话制度,如定期举行的员工与领导的座谈会制度、厂长(经理)接待日制度、厂长(经理)热线电话制度、企业成立周年庆典制度等。与一般制度相比,特殊制度能够反映一个企业管理的特点和文化特色,优秀企业必定具有良好的企业文化,必然有多种多样的特殊制度。

3. **企业风俗:** 指企业长期相沿、约定俗成的典礼、仪式、行为习惯、节日活动等,如体育比赛、歌咏比赛、集体婚礼等。它不需要强制执行,完全依靠习惯、偏好的势力维持,一旦被企业全体员工共同接受并沿袭下来,作用往往比规章制度大得多。

(三) 物质层

是指企业文化的表层部分。具体包括:

1. 企业名称、标识、标准色、标准字。

2. 企业外貌。如自然环境、建筑风格、办公室和车间的设计和布置、绿化美化污染治理等。

3. 产品的特色、式样、外貌和包装。

4. 技术工艺设备特性。

5. 厂徽、厂旗、厂歌、厂服、厂花等。

6. 企业的文化体育生活设施。

7. 企业造型和纪念性建筑。

8. 企业纪念品。

9. 企业的文化传播网络。如企业自办的报刊、有线广播、闭路电视、企业网站、企业公众号等。

二、企业文化在企业运作中的作用

(一) 导向作用

把职工的个人目标引导到企业目标上来,吸引员工成就自己的梦想,同时也是企业的梦想。

(二) 约束作用

企业文化对企业每个成员的思想和行为具有约束和规范作用。员工最基本的要遵守企业各种管理制度,积极融入特殊制度,逐渐接受和喜欢企业风俗。

(三) 凝聚作用

通过这种凝聚作用,职工就把个人的思想感情和命运与企业的兴衰密切联系起来,产生对企业的强烈的归属感及认同感。

(四) 激励作用

激励职工的主人翁责任感及为企业奋斗的精神。

(五) 辐射作用

企业文化通过广告、活动等方式把企业文化向所有员工辐射,向社会辐射。

(六) 陶冶作用

企业文化陶冶员工情操,传承几代人。如北京同仁堂的堂训"同修仁德,亲和敬业;共献仁术,济世养身",这一理念不仅影响员工行为,更重要的是陶冶员工的情操,培养优秀的品质,优秀的企业文化随着百年老店一脉相承。

(七) 创新作用

企业文化激励员工不断创新,形成良好氛围,这些创新可能是工作中的一些程序,也可能是技改,甚至可能是发明创造。如日本卡西欧公司提出的"开发就是经营"的企业哲学,对激发员工的创新精神起到积极的作用。

第三节 秘书在企业文化构建中的地位和作用

在企业文化建设的过程中,企业秘书的全程服务不可或缺。

一、理清认识上的误区

国内由于企业管理的运用与研究起步较晚,所以企业界对企业文化存在许多认识上的错误。在构建企业文化之前,秘书要与企业领导层一起充分讨论、认识和了解目前企业文化建设存在的几大误区。

企业文化无用论:认为企业文化对企业没有用处。

企业文化万能论:将企业文化看作灵丹妙药,无论企业出现什么问题,都归咎于企业文化问题。

企业文化领导论:认为企业文化有与没有、好与差都是领导的事情,有什么样的领导就有什么样的企业文化,企业文化与普通员工关系不大。很多人把企业文化认为是总经理文化、高层文化,这是不对的。

企业文化政工论:就是将公司的政治思想工作等同于企业文化,或者是用企业文化代替思想政治工作。

企业文化标签论:认为搞企业文化建设就是给企业贴几个标签,搞几个朗朗上口的响亮口号;认为搞了内部报刊、内部网络、文化活动,在电视上频频亮相,多多进行企业文化宣传等就是企业文化建设。

企业文化速成论:认为企业提炼出几个精神,列出几条企业的宗旨,总结几条经验,贴到墙上,然后在全公司内宣讲,大家精神鼓舞,然后再过上几个月或一年半载,企业文化工作就完成了。

企业文化模仿论:认为企业文化建设就是要学习模仿成功企业的文化,这往往造成企业没有真正学习到优秀企业的精华,只是学习到其表面的华丽用语。

企业文化娱乐论:认为企业文化建设就是跳跳舞、唱唱歌、搞搞比赛等。

我们认为:企业文化建设是一个长期的过程,不可能一蹴而就;企业文化是独一无二的,不可能通过"克隆"而成功;企业文化最后要落到全体员工身上,而不是领导文化;企业文化与企业经营管理有关系,它能完善企业经营管理;企业文化厚重,对企业产生深远的影响,而不能简单化、娱乐化。

二、构建企业文化目标

我们应该树立明确的企业文化构建目标：

1. **终极目标**。通过企业文化构建实践，引导和规范全体员工的行为，使企业文化的核心价值观和理念潜移默化地深入员工脑海中，营造出一个积极向上、廉洁高效、员工身心愉快的工作氛围。

2. **阶段性目标**。通过企业文化构建，保障企业经营业绩目标的实现和增长，为企业未来发展打下扎实的文化基础。

3. **外在目标**。通过企业文化构建，增强员工的团队凝聚力，塑造企业的整体形象，为企业的品牌创造做出应有的贡献。

4. **内在目标**。通过企业文化构建，使企业成为具有执行力的企业，管理者的决策和各项政策及规章制度能得到有效地执行。

三、构建企业文化的步骤

构建企业文化的步骤包括企业文化的调查与诊断、企业文化方案的设计、企业文化方案的实施、企业文化的完善与创新。

(一) 秘书与企业文化的调查与诊断

首先，要进行企业内外环境的调查。任何企业都是与周围的事物处在一定的联系中，其所处环境对企业的发展具有重大的影响。企业经营环境既有外部的，又有内部的。外部环境包括社会经济因素、政治与法律因素、人口与社会因素、社会文化因素、民族文化因素、国外先进企业的理念、行业竞争态势等。内部环境包括企业家思想、企业优良的传统和作风、企业员工思维模式和现状、企业现有经营理念、战略目标、规章制度、组织结构、人力资源管理现状、财务管理、科研开发、企业文化网络等。要构建完善的企业文化，就必须对这些因素作出客观、细致的分析，区别哪些因素是主要的，哪些因素是次要的，哪些因素曾起过积极的作用，哪些因素已经成为企业发展的障碍。摸清"家底"，才能"对症下药"。

其次，对现有企业文化诊断。诊断现有企业文化的类型与发展状况。可以通过对企业内部团结度与交往度两者结合的诊断分析得出企业文化的类型。团结度反映的是企业文化的核心，即企业价值观的整合程度。员工个体价值观越整合，在工作中就会越团结。而员工之间交往越频繁、越密切，他们之间的和谐程度就会越高，因为交往度反映的是企业文化传播的深度。

最后，将模糊不清的企业文化的精华内容提炼出来。将不适应企业的价值观淘汰，将适应企业发展的价值观建立起来。

秘书在这一阶段的工作主要是提供信息服务，对员工进行问卷调查，了解员工对企业文化的认识情况,将调查的内容进行分类整理,让领导层对现存企业文化的优劣有个直观认识。

(二) 秘书与企业文化方案设计

企业文化方案设计包括精神层、制度层、物质层三方面。

1. 对精神层的提炼

在企业哲学提炼中强调国家、企业、员工三者最终追求目标的一致性;企业价值观强调人才是企业最重要的因素,因为企业能吸引人才、留住人才才能创新产品;企业伦理设计中注重民族传统的道德在现代企业的运用;企业形象的设计要内外结合,有自己的定位点。

在企业行为中,企业精神层理念常常会发出"无声的命令",发出"心灵的呼唤",发挥无形的导向功能。员工会根据企业精神、企业价值观等的要求去行动,这是很强大的内在的导向力和凝聚力。

企业精神层理念的提炼不能千篇一律,而应该根据企业所处的行业特点和竞争环境进行具体的设计定位。另外,企业精神层理念的定位要具备长久性、稳定性、全局性,避免急功近利,因为这关系到企业的前途和命运。企业精神层理念应与企业家自身的哲学思维,特别是其世界观、人生观、价值观有联系;与企业英雄模范人物和优秀群体的世界观、人生观、价值观有联系。

世界上一些著名的企业,都有自己一套独特的文化。如百事可乐公司企业文化定位的竞争性就很明确,他的竞争对手就是可口可乐;而松下电器公司的企业文化定位"唯有本公司每一位成员的亲协力,真诚团结,才能促成企业进步与发展"则是团队型企业文化;又如"仁心待人,严格待事"是瑞士劳力士手表公司的经营理念;"大则死,小则活"则是日本太阳集团企业的最高目标。

2. 对制度层的设计

将企业文化观念要素在实践中加以贯彻和实施,必须依赖企业制度层的保证。

一般制度要注意体现个性化原则,如海尔公司的"日清日高"——日考核制度;体现合理化原则,即企业的工作制度应该切合企业的实际,对企业现在的发展阶段而言,具有可行性、合理性。责任制应该做到责任的分解要科学合理、公平公正,充分发挥员工的主观能动性。

企业的特殊制度最能体现企业的特色,体现企业精神文化要素,特殊制度要注意体现企业员工主人公的精神,让员工参与企业的经营管理,体现干部和群众平等对话,解决实际问题的管理风格。如松下企业在企业经营困难时不裁员,让员工减少工时、充电学习的做法,极大地提高员工与企业同甘苦、共患难的信心,使企业和员工的命运紧紧结合在一起。

企业风俗要注意区分良好风俗和不良风俗,对良好的风俗,企业有意识地引导而不是采用硬性的规定,注意企业领导者、英雄模范人物、非正式团体的"领袖"等人在企业生活中的特殊地位,他们的个人意识、习惯、爱好、情趣、态度常常对企业风俗有较大的影响。

3. 对物质层的设计

企业文化物质层的内容非常丰富,它是企业文化的物化形态,折射出来的是企业经营哲学、企业精神、工作作风和审美意识等企业理念,企业内外人员首先感受和了解到的就是它的物质层内容。物质层的设计要体现精神层的核心理念。

在企业文化方案设计的过程中,秘书不是主持者和表决者,而是重要的协助者。这一阶段的主要工作是协助领导层抓住企业文化的精华内容,进行思想提炼和文字归纳工作。在这一时期,秘书要起草和收集供领导选择的多种可行方案;参与对各种方案的分析、比较和评价;参与对初定的企业文化方案的反复论证,对于已经确立的企业文化方案,秘书还要把它提炼成独特、简明、容易记忆的文字,便于员工理解和执行。

秘书在这一阶段还是组织管理者和宣传教育工作者。如组织企业员工对企业旗帜、服装、歌曲等进行征集评比;组织相关人员对企业的环境和建筑布局进行重新规划和布置,把不同的功能区域重新区分,本着生态的原则、文化的原则、美化的原则,让企业成为员工心情舒畅的工作地。为使企业文化理念深入人心,容易被员工理解和掌握,秘书部门要参与组织和编写企业文化宣传手册。一方面要对企业文化的抽象理念进行诠释,把观念口号化为明白易懂的运作理念。如海尔集团提出了"要么不干,要干就要争第一"的名牌理念,"有缺陷的产品就是废品"的质量理念,"先卖信誉,后卖产品"的营销理念,"人人是人才,赛马不如相马"的人才理念等等。由于这些口号通俗易懂,和员工的实际工作紧密结合,员工理解和运用这些理念就很容易。企业文化春风化雨、落地生根,就会成为全体员工的思想观念。另一方面要结合企业自身的案例进行分析引导,用发生在员工身边的事例来诠释企业文化理念。秘书人员要注意收集与此有关的故事,通过报纸、广播等渠道进行宣传,引导员工进行讨论,给每个企业文化理念都配上一个或几个故事,让这些故事在员工中持续传播。优秀的企业文化不仅让企业的中高层管理者认同,而且让所有的员工甚至是临时的员工都记得,这才叫卓越的企业文化。

(三) 秘书与企业文化方案的实施

企业文化实施主要有以下几个方面:

1. 员工教育

新的企业文化所倡导的各种观念只有深入人心方有效果。因此,对企业员工进行新的企业文化教育与培训,是企业文化强化和深植的重要措施。企业可以开展以下教育与培训活动:① 颁布企业文化手册,使员工知晓新的企业理念、行为规范等;② 开展企业文化学习班,使员工进一步了解和熟悉企业价值观、企业精神、企业宗旨等;③ 通过视、听等形式向员工介绍新的企业文化塑造的背景、经过,新的企业理念的来源、形成等,特别是可以把经过调查得来的令人感动的员工事迹整理成一个个故事,再通过讲故事的形式讲解给员工听,使企业理念、精神内化于员工心中,从而自下而上地主动适应创新。

与众多美国企业不太重视宣传企业理念的做法相反,IBM 建立了完善的教育制度。公司的教育渗透到各个阶层,从经理到职工,每人每年必须接受 40 小时的正规培训,同时,公司还准备了种类繁多的必读刊物,直接寄到员工家中以便其学习。

2. 活动强化

以企业文化为主题,开展多种积极有效的活动,将企业文化理念寓意于各种活动之中,能使员工不知不觉地被新企业理念、行为规范所影响。这些活动可以是:企业庆祝活动暨企业文化誓师大会;体现企业价值观、行为信条的内部文体活动;为企业文化建设外部造势的各种公关活动,如企业标识的确立,企业造型和纪念性建筑的建造,企业纪念品设计等;以及为体现企业社会责任形象而开展的各种公益活动、企业的文化传播网络等等。只要这些活动给员工带来的影响达到一定程度,新的企业价值观、工作信条就会很快地内化于员工的具体行为之中,激发员工的工作热情与积极性,赋予企业蓬勃生机与活力。

3. 领导垂范

企业领导人是企业文化的倡导者。从实践上看,这样的领导人往往又是企业的开创者。企业文化建设需要有一个富于思想和哲理的领导人,他们愿意推行自己的思想和观念,具有推行自己思想和观念的能力,企业领导可以通过对企业内外事物的评论、检查、控制以及奖励来引导企业员工关注相关事物,从而将自己的意识、观念嵌入到企业文化之中,久而久之,这些意识就会对员工的价值观念和行为起到一个整合和导向的作用,而一旦员工形成共识,企业家精神就会转化为巨大的激励因素,从而形成企业共同的价值观,给企业带来无限生机。人们都知道,没有沃尔特·迪斯尼,就没有迪斯尼公司"给顾客所有你能提供的东西!全力保持干净!友好对待顾客"的经营哲学。没有张瑞敏,也不会有举世闻名的海尔文化。"经营者要利用一切机会,反复地向职工进行企业使命观和经营理念的教育,把他变成每个人的血和肉,并按照完成企业使命的需要严格要求职工,该说的说,该批评的批评,该纠正的纠正。"①

秘书在这一阶段是坚定的执行者和沟通协调者,可以率先在秘书岗位制定办公室工作规范,帮助员工树立制度管理的观念,因为秘书参与企业文化设计的所有阶段,最理解制度出台的原因和深远意义。企业文化传播网络与企业文化的其他载体相比,具有更突出的传播功能,秘书本身主要从事的是文字工作,做宣传是他们的老本行,再说秘书办公室是信息的集散地,从这里发布的正式信息比其他渠道传播的小道消息更能反映企业的主旋律,反映领导层的思想,因此这份工作秘书担当组织领导并参与其中最合适。秘书处于企业中心枢纽的位置,负责上下沟通协调的工作,他们可以更多地帮助领导了解到群众的需要,同时让员工们理解制度不是难为员工的,而是帮助员工及企业更好地发展的。

(四) 秘书与企业文化的完善与创新

企业文化在实施和推广过程中出现的问题应该及时分析并做出调整。对方案实施效果可以从以下两个方面测评:一是经济效益,看企业文化塑造是否带来了效益提高、市场竞争力的提高和市场份额的扩大;二是社会效果,看企业的信誉度、知名度、美誉度是否提高了。

---

① ［日］松下幸之助:《实践经营哲学》,中国社会科学出版社 1989 年版,第 88 页。

通过与企业先前状态数据对比,与创新预期目标进行对比,便可掌握企业文化创新的实际效果。最后,根据评价结果,采取相应措施,以完成对企业文化创新整个过程的监控。

秘书在企业文化的完善与创新阶段提供调查论证服务,时刻关注相关数据的收集和整理,把企业文化的完善与创新工作纳入自己的工作范围,为领导提供及时的服务。

总之,企业文化构建是一项系统工程,需要调动各方面资源协调行动。秘书部门作为企业领导的综合辅助机构,在企业文化建设过程中的作用是无法取代的。因此,秘书人员应该认真学习企业管理和企业文化的理论,积极地思考领导管理的重点,了解领导管理的核心内容,在管理的各方面主动配合领导,让秘书的助手工作真正落到实处,实现新时期秘书工作由简单的文字工作到复杂的管理工作的过渡。

秘书与企业文化建设调查表 表 15－1

企业基本信息	企业名称		
	企业地址		
	企业创立年代		
	你所在部门、职位		
企业文化精神层	企业理念		
	企业核心价值观		
	企业作风		
	企业宗旨		
	企业形象		
企业文化制度层	有否一般制度(如 1. 计划制度　2. 生产管理制度　3. 劳动管理制度　4. 岗位责任制度　5. 奖励惩罚制度等)		
	特殊制度(如 1. 员工评议干部制度　2. 总结表彰会制度　3. 干部访问员工家庭制度　4. 企业成立周年庆典制度等)		
	企业风俗(如 1. 企业典礼　2. 体育比赛　3. 歌咏比赛等)		
	多长时间一次:(每周一次;每月一次;每季一次;每年一次;不定期)		
企业文化物质层	企业建筑风格		
	企业的绿化美化和污染治理		

<table>
<tr><td colspan="3" align="right">续　表</td></tr>
<tr><td rowspan="4">企业文化物质层</td><td>有否：1. 厂徽　2. 厂旗　3. 厂歌　4. 厂服
5. 厂花</td><td></td></tr>
<tr><td>有否文化体育生活设施</td><td></td></tr>
<tr><td>有否企业自办的报刊；有线广播；闭路电视</td><td></td></tr>
<tr><td>企业纪念品</td><td></td></tr>
<tr><td>作为秘书，你参加了哪些企业文化建设及管理工作</td><td></td><td></td></tr>
<tr><td>备注</td><td></td><td></td></tr>
</table>

【思考题】

1. 简述企业文化在企业运作中的重要性。

2. 简述秘书在企业文化建设中的地位与作用。

3. 简述企业物质文化要素的基本内容。

4. 简述如何将企业文化有效运用于企业内部管理，以形成良好的企业团队。

【案例分析】

1. 导入案例分析

本章导入案例中，促使小李留在企业甲的原因是企业文化的吸引力。据调查，同一地区同一职位，薪酬相差无几，留下人才的是企业文化，以及职工对企业文化的认同。

2. 从点滴做起

在思科，广泛流传着这样一则故事：一位思科总部的员工看到他们的总裁约翰·钱伯斯先生，大老远地从街对面小跑着过来，这位员工事后才知道，原来钱伯斯先生看到公司门口的停车位已满，就把车停到街对面，但又有几位重要的客人在等着他，所以他只好小跑着回公司了。因为在思科，最好的停车位是留给员工的，管理人员哪怕是全球总裁也不享有特权。

点评：很多企业在进行企业文化塑造时，喜欢大张旗鼓地开展一些活动、培训和研讨，其实企业文化的精髓更集中在企业日常管理的点点滴滴上。作为企业管理者，不管是高层还是中层，都应该从自己的工作出发，首先改变自己的观念和作风，从小事做起，从身边做起，自己先认同并传播公司的文化。这是决定企业文化成败的关键。

3. 独具魅力的 HP 公司文化

刚刚在美国获得 MBA 学位的 C 先生,第一次踏进 HP 公司总部大门时,便被该公司文化深深吸引,毅然抛弃几大家族企业于不顾,投身到 HP 公司的怀抱。

C 先生第一次接触 HP 公司时,感到该公司很特别,"面试时我的经理非常和善,感觉未来与这些人很容易相处,当时我还感到该公司很尊重人,也很会照顾人。比如,跟我面谈的经理非常尊重我,在安排我去美国总部面试时,他把一切都安排得好好的,早上还有专人到我住的旅馆来接我去吃早餐,而后开车送我到公司。我从他们的行为举止中,感到他们非常想吸引我到该公司工作"。

当时 HP 公司的管理已举世闻名,但在世界 500 强中,该公司还仅排在第 150 位,员工只有 5 万人。当时该公司有一个结论,在新招来的员工中,5 年后,大概只有 50% 的人留下;10 年后,大概只有 25% 会留下。"可是留下来的这个人,肯定已对 HP 公司文化坚信不疑,行为举止也是本公司化的,这样的人肯定会对本公司做出很多贡献。"现在 HP 公司的员工已从当初的 5 万发展到 12 万人,在世界 500 强企业中,该公司已从 150 位跃升到第 13 位。

HP 公司文化常常被人称为"HPWay"(HP 之道)。HPWay 有五个核心价值观,它们像是五个连体的孪生兄弟,谁也离不开谁。C 先生对五个核心价值观倒背如流:一是相信、尊重个人,尊重员工;二是追求最高的成就,追求最好;三是做事情一定要非常正直,不可以欺骗用户,也不可以欺骗员工,不能做不道德的事;四是公司的成功是靠大家的力量来完成,并不是靠某一个人的力量来完成;五是相信不断创新,做事情要有一定的灵活性。

HP 公司文化不仅锁住了 C 先生一个人,还锁住了全公司 12 万员工的绝大多数。与 HP 公司打过交道的人都会感到 HP 公司的作风与别家公司不一样,它更加和蔼可亲、更加有大家风范。很多公司一旦发展壮大后,总裁就开始有很多的特殊待遇,比如说有私人飞机,但 HP 公司历任总裁却没有。

HP 公司文化能抓住人心,让文化在不知不觉中成为 HP 公司管理的特色。HP 公司的管理能以柔克刚、柔中有刚、人情味十足。C 先生说:"公司不同,文化也不同。但不管你这家企业文化是软性的还是硬性的,这都不是最重要的,重要的在于你的员工是否相信企业文化的价值观,你的企业文化能否成为凝聚员工的向心力。如果企业所有的人都相信你的企业文化,你的企业文化的力量就会很大,对人的约束力也会很大。你的企业文化使员工的凝聚力越强,你的公司将来的实力就越大。"

C 先生说:"如果某个文化能被很多人接受,这个文化能根深蒂固地延长很久,那么这个文化是比较有生命力的。有些文化在短期之内可以使企业获得成功,但它不能得到很多人的认同,也没有办法持之以恒地做下去,这个文化就会慢慢消失。HP 是有 60 年历史的公司,其文化传播延续了60年,说明这个文化已经很有力量。"①

HP之道的核心价值观是什么?

点评:HP的核心价值观是尊重人,爱护人,留住人。

4. 称呼的艺术

在联想集团,从总经理到基层员工,大家都提倡直呼其名。通过这样的称呼,拉近员工之间的心理距离,从而提升员工之间的凝聚力。

点评:企业文化要大处着眼,小处着手。不要以为企业文化有多高深。作为高层管理者,只要在日常工作中稍加注意,一样能塑造出浓浓的企业文化氛围。秘书可以建议老总从明天起在公司提倡直呼其名,并且秘书率先试行,看看效果如何?

【实践训练】

1. 依据假期实习单位的实际情况,小组讨论,列出企业文化的内容,列出秘书参与企业文化建设的工作内容。

2.《华为博士员工离职率21.8%　任正非反思人才流失》②

2月14日华为心声社区官网上发布了一份由任正非签发的华为内部邮件,反思华为为什么留不住博士类员工。在邮件中,同时披露了一些在华为工作的博士员工的"存活"情况。

邮件标题为"打造引领战略领先的华为军团,怎样才能避免'叶公好龙'? 作为公司创新主体的2012实验室及研发体系的博士员工群体为什么流失?"署名是"公司人力资源秘书处"。

这份文件中的数据显示,进入公司的博士类员工近5年累计平均离职率为21.8%,入职时间越长累计离职率越高,邮件中提到华为2014年入职的博士经过4年,只有57%留在公司。

在华为工作的特招博士主要来自于三类人群:国家重点实验室;已有成功项目研发实践经验的优秀博士;重点院校重点专业的优秀博士。对于这些人才,华为在校招时将他们定位为华为未来各领域内的技术领军人物。

但这些由华为精挑细选的顶尖人才的离职情况更令人担忧,"33%—42%的离职率也很难说我们对这类优秀人才苗子的管理处于较好的状态吧"。

邮件认为,"英雄无用武之地"是人才土壤"肥力"流失的主要因素。邮件披露,在愿意接受访谈的82名离职博士员工中,有56人反映离职的主要原因还是岗位与个人技能不匹配、主管技术能力弱导致自身发挥受限、自身特有优势无法发挥等。尤其是入职2年内的博士员工,满怀激情而来,而在一次次学无所用的心灰意冷中离去。

要求: 从网上查找相关资料,研究问题,提出应对方案。

---

① 陈德:《惠普文化独具魅力》,《市场报》2002年第12期。
② 信息来源:《华为博士员工离职率21.8%,任正非反思人才流失》,网易财经2019-02-17。

【知识链接】

1. 随身携带企业价值观

在 GE 公司,有一个价值观的卡片,要求每个人必须随身携带,就连总裁,也随时都拿出这个卡片,对员工进行宣传,对顾客进行讲解。

2. 技研新阳集团

东莞技研新阳集团在企业文化本土化、特色化方面做出了突出贡献,相关资料参看《商业评论》2016 年第 11 期及企业网站。

【扩展阅读】

1. [美] 阿伦·肯尼迪,特伦斯·迪尔著《西方企业文化》,中国对外翻译出版公司1989 年版。

2. [日] 松下幸之助著《实践经营哲学》,中国社会科学出版社 1989 年版。

3. [美] 约翰·P·科特著《企业文化与经营业绩》,华夏出版社 1997 年版。

4. 张德主编《企业文化建设》,清华大学出版社 2003 年版。

5. 罗长海,林坚著《企业文化要义》,清华大学出版社 2003 年版。

6. 叶坪鑫,何建湘,冷元红著《企业文化建设实务》,中国人民大学出版社 2014 年版。

7. [美] 特伦斯·迪尔,艾伦·肯尼迪著《企业文化:企业生活中的礼仪与仪式》,中国人民大学出版社 2015 年版。

8. 屈瑾《在高校秘书学专业进行企业文化课程建设的研究》,长春师范大学学报2015 年第 7 期。

9. 范振华,许洁微,黄永桃《秘书学本科生企业文化建设专项能力培养探索》,《学理论》2018 年第 8 期。

10. 范振华《秘书在企业文化建设中的多维作用探究》,《新西部》2018 年第 11 期。

11. 黑龙江省作家协会《企业文化》,2015—2018 年。

12. 中国工人出版社《现代企业文化》,2015—2018 年。

第十六章

督查工作

第十六章
督查工作

本章概述

　　督促检查工作,简称督查工作,是领导机关实施管理的有效手段。自古及今,凡高明的领导者都会对决策进行督办,以确保决策目标的实现。秘书部门承担着协助领导督促检查的重要职责,有着其他部门不可替代的作用。本章阐述秘书工作机构的督促检查工作,或称秘书督查。督查工作不仅是各级党政机关的一项重要工作,也普遍应用于各类企事业单位。

学习目标

　　1. 了解督查工作的地位和作用。

　　2. 了解督促检查工作的特点及原则。

　　3. 掌握督查工作的程序及方法。

重点难点

　　1. 决策督查的程序和方法

　　2. 专项查办的程序和方法。

第一节　督查工作的地位和作用

【案例导入】

　　2017 年 5 月 8 日,中央环保督察组向常德市交办 L 县 FD 石膏制品厂废气污染问题投诉信访件后,L 县有关部门责令 FD 石膏制品厂停产整改,但该厂停产后一直未整改。2018 年 4 月,湖南省开展县级集中式饮用水水源地环境保护专项行动,FD 石膏制品厂因在 L 县水库饮用水水源二级保护区内,被要求于 2018 年 6 月 30 前完成拆除任务。

　　2018 年 7 月 1 日,省环保督察组到该厂现场核查时,L 县某镇人民政府正组织人员和机械设备对该厂部分次要厂房进行拆除,但主要生产设备和生产厂房均未拆除,且未能提供主体工程拆除协议。督察组离开后,厂区拆除工作便停止。通过对相关人员的调查询问发现,FD 石膏制品厂的拆除工作进度一直滞后,且存在制造虚假整改现场欺骗督察组的嫌疑。

　　对此,督察组向地方交办该问题以后,L 县党委、政府立行立改,按照"依法关停,协议补偿,安全拆除,生态修复"的原则,制定了《L县FD石膏制品厂"两断三清"工作方案》,于7月8日完成对该厂的拆除工作,7月13日完成厂区覆绿工作。

从督查角度看,任何一项好的决策作出以后,执行情况如何,关系到问题能否解决,而督查是否到位,是促使决策能否实施的重要手段。因此,开展好督查工作非常重要。

一、督查的概念

督促检查,是指对上级或本级领导机关的决策、工作部署和领导批示、指示以及交办事项的落实施加推动力,促使其目标任务的实现而采取的措施和行为。从根本上说,督促检查是对领导者工作作风的监督和检查,是推动决策落实的手段,是重要的领导环节和领导方法。[①]

秘书部门是直接为领导服务的办事机构,承担着协助领导做好督查工作的重要职责,为保证政令畅通,提高工作效率,发挥着其他部门不可替代的作用。

二、督查工作的地位

督促检查是一种领导行为,对于保证党政机关和企事业单位重要决策的落实,确保各项工作健康、顺利进行,具有十分重要的地位。

秘书是领导的参谋和助手,开展督促检查,履行秘书职责,对于协助领导科学决策,保证政令畅通,落实各项工作,具有十分重要的作用。

三、督查工作的作用

(一)实现领导决策科学化

领导决策是一个过程,决策过程的科学化决定决策的科学化。常规的决策是领导者根据个人或团队的知识、经验,提出问题,作出方案,再组织实施,这种决策程序有一定的局限性。当今社会,知识越来越丰富,信息量越来越大,决策所涉及的内容也会十分广泛而复杂,更何况社会实践不断变化和发展,单凭个人或几个人的判断已经不能保证决策的正确性,这就需要一种科学的决策程序。对于重要的决策,要采取"提出方案-进行实施-发现不足-修正完善"的过程。"发现不足",有赖于督促检查来完成,通过督查对决策实施过程进行跟踪监测,及时发现决策实施过程中的新情况新问题,进行分析综合,对原来的决策进行修订使之更加完善,这就可以最大限度地保证决策的科学化。

(二)保证领导决策落实到位

领导作出决策,就要贯彻实施。从科学决策到组织实施到最后顺利达到目标是一个系

---

① 傅西路:《中华秘书全书·案例卷》,人民日报出版社2006年版,第414页。

统活动。决策作出,只是系统活动的一个重要部分,决策执行则是系统活动的另一个重要部分。执行过程如没有督促检查,就有可能出现落实不到位或走样变形的情况,而这些问题不及时发现解决,就不能保证领导决策真正落实到位。

（三）促进工作作风转变

督查实质是对领导干部工作作风的监督。不少工作不是决策不正确,而是实施中没有落实好,或者变了样,造成了不良影响。通过督查,可以防止官僚主义和形式主义,使各级领导干部深入基层,解决问题,多办实事,形成一种务实的良好风气。还可以对那些效率不高、推诿拖拉的部门进行敦促,提高办事效率和质量。

（四）密切上下级之间的联系

领导决策实施的目的,归根结底是解决人的问题。上级机关一方面要把决策落实到基层,变成下级员工的自觉行为;另一方面还要深入基层,了解决策实施情况,倾听下级员工的意见建议和要求,根据下级的正确意见完善决策。督查工作的进行,可以把上下贯通起来,密切关系,推进决策顺利实施。

（五）总结和推广先进典型经验

为了推进决策落实,秘书在督查中会注重发现一些推行决策好的先进典型,也会发现一些落实决策不到位的后进典型,并在一定范围内进行通报,推广先进经验鞭策后进,由点到面,推进工作的全面开展。

第二节　督查工作的特点与原则

【案例导入】

督查工作一直被视为抓落实、促发展的"利器"。但是,不知从什么时候开始,一些地方的督促检查工作走了形、变了味,不仅要求层层准备台账资料、级级安排填写表格、处处要求留形留痕,甚至要求每一层级、每一领域都建立微信工作群,并且要求在群里进行汇报,还有的要求发布工作定位到系统平台,搞得基层干部叫苦不迭,而实际的效果却很让人怀疑。这种"层层加码"式的督查,变成了形式主义、官僚主义的新变种,违背了督查工作的领导授权原则,必须引起各级各地各有关方面的高度警醒,并切实加以整改。

一、督查工作的特点

秘书的督查,就是根据领导授权,按领导要求进行,为领导工作服务,这是秘书督查的总

特征,这就要求秘书督查要把握好"度",做到工作到位不越位。秘书督查的具体特点是:

(一)指令与专指的结合

从督查的来源看,秘书的督查受命于领导的指示,自上而下运行,没有领导的授权和批准不能擅自督查,也不能自作主张越级为领导作决定,这就是秘书督查的指令性。同时,秘书的督查是根据领导对某一专项工作授权进行,这就使督查具有专指的特性。这就要求秘书督查工作是有批必查,有查必果,有果必报,事事有结果,件件有回音。

(二)广泛与单一的结合

从督查的内容看,秘书的督查既广泛又单一。领导工作的广泛性,决定了督查工作的广泛性,督查工作涉及到领导工作的各个领域和层面。由于督查工作具有专指的特点,因而督查事项又是单一而具体的,是路线、方针、政策落实中的具体环节,涉及相关工作的具体问题。这就要求秘书督查工作抓具体,具体抓,跟踪督查,一项一项落实。

(三)程序与督导的结合

督查工作有其自身的特点和规律,要求秘书督查要严格按程序进行,如制定预案、组织实施、报告审核、反馈意见等各个环节,都要按程序办,以保证督查的效率和质量,如不按程序进行督查,就有可能出现越位或不到位的情况,达不到促进决策落实的目的。督查工作,不仅有调查研究、了解情况的职能,还具有督促指导工作的作用,对不落实的工作,要及时督促推动,对有困难、有问题的工作,要协调有关部门研究解决。督查部门,一般只查不"办",不越俎代庖,个别领导交代的事项则可以直查直办。

二、督查工作的原则

秘书督查工作的原则,是督查工作过程中必须遵循的基本原则和行为准则,在督查实践中应当坚持执行。

(一)领导授权

领导授权是秘书在督查工作中最基本的原则。秘书在督查中必须体现领导意志,根据领导的指示开展活动,不能自作主张,想查什么就查什么,未经领导授权的事项不能擅自行动。但要处理好领导授权与发挥秘书部门主动性、积极性的关系,既要按照领导的授权要求做好督查工作,又要积极主动地开展工作,把握好工作的度,工作到位不越权。

(二)分级负责

同级的秘书督查部门向本级党委、政府负责,把本级党委、政府的决策督查落实好。在督查上级和本级党委、政府及职能部门的重大决策落实时,要尊重和依靠下级部门和单位;涉及部门和单位的工作,由有关的部门和单位督促检查,本级秘书督查部门不代替有关部门和单位的工作,不直接处理问题,主要是掌握情况并向同级党委、政府反馈;加强同部门和单位的联系,做好配合与协作。

(三) 实事求是

秘书督查部门在领导决策下达后,要及时收集和掌握贯彻落实情况,全面系统向领导反馈,实现推动决策落实的目的。秘书督查部门在全面了解掌握情况的基础上,正确地分析判断决策落实的程度、取得的成果、存在的问题及原因。向领导的反馈要做到客观公正,没有个人偏见,不弄虚作假,不唯书不唯上,如实反映,有喜报喜,有忧报忧。

(四) 注重实效

督查工作坚持注重实效原则,摸实情、讲实话、办实事、求实效,着力做一些有利于帮助推动部门和单位更好实施决策的工作,真正体现督查的促进作用;力戒形式主义,不能只靠打电话,看材料,听汇报来督查,要深入实际,深入群众,下得去,沉得深,抓得住,善始善终。

第三节　督查工作的程序和方法

【案例导入】

2018 年 9 月,贵德县委办政府办创新方法,规范督查工作程序。一是实行重点工作日常督查制度。县委副书记、县政府常务副县长直接分管督查工作,对全县督查工作统筹协调和指导;"两办"负责做好重点工作日常督查和领导督查的协调、服务工作,分解县委县政府重大决策部署,细化任务分工,明确责任单位。二是实行县级领导分工包干负责制度。实施"一名常委牵头抓总、一名县级领导全程跟进,一周一通报、一月一督查"的分片包干督查办法,通过"分部门联口包抓督查制"、"分乡镇联点包干督查制"、"督查情况报告制"三个具体举措落实。三是实行督查会商联动制度,形成督查资源共享、督查任务共担、督查结果共用以及难点问题共同研究处理的态势。

这一做法符合督查工作程序管理原理。

在实际工作中,秘书部门的督促检查应该清楚督查什么? 怎么督查? 也就是了解督查的基本任务、程序和方法。

一、督查工作的基本任务

(一) 对领导决策落实的督查

对领导决策落实的督促检查,称"决策督查",这是秘书部门督查的主要任务。有以下三方面内容:

1. 督查文件精神贯彻落实情况

我国各级党委政府或公司企业的重大方针政策通常以文件的形式发布,具有指导性和执行性,秘书部门协助领导抓好各项重要决策的落实,就要加强对各级文件精神贯彻落实情况进行督促检查,这是督查的最基本任务之一。

2. 督查会议决定、决议贯彻落实情况

以会议的形式讨论决定重要工作或作出某一重大工作部署,是管理工作中贯彻集体领导民主决策常用的方式方法。如,我国政府常见的会议有市长办公会、政府常务会议、政府全体会议,还有经济工作会议、农业工作会议、财政工作会议、计生工作会议等专门工作会议;党委常见的会议有党的代表大会、党委全委会、常委会和党委工作会等。秘书督查部门要根据会议决定的内容进行立项,交办并责成有关部门进行落实。

3. 督查年度工作计划贯彻落实情况

各级党委政府、各企事业单位每年都以工作计划的形式对本年度的工作进行规划,并以书面的形式公布或下发。这些工作计划多是从全局出发,有目标,有任务,有措施,秘书督查部门要根据工作计划的内容,进行具体的督促检查。

(二) 对专项查办件的督查

对专项查办件的督促检查,称"专项查办"。"专项查办"相对"决策督查"而言,它是对领导交办的具体事情的督查。"决策督查"与"专项查办"构成秘书督查工作的两个主要方面,"决策督查"从宏观方面推进领导决策的贯彻落实,"专项查办"通过解决具体问题来推进工作,二者是"面"与"点"的关系。

专项查办,主要有四个方面内容:

1. 督办领导的批示交办件

领导对某项工作中存在的问题表明态度或提出要求,就会进行批示,批示的渠道有多种,如在报告、简报、群众来信、报刊、信息等上面批示。秘书督查部门要对领导的批示件进行有效的督促办理,确保落实,这是秘书督办工作的一项重要职责,也是督办工作的主要内容。

2. 督办人大议案、政协提案

人大代表、政协委员在人大会、政协会上,以议案、提案的形式,反映人民群众和各民主党派的意见和要求,对党和政府的工作提出建议。这些人大议案、政协提案一般由党委、政府职能部门具体承办,也有一些由党委、政府的秘书部门直接承办。秘书督查部门要对相关职能部门的承办起督促、催办作用,一督到底,做到事事有回音,件件要反馈。

3. 督办新闻媒介反映的意见建议

官方网络、党报、党刊、电视、广播等在社会生活中有着重要的舆论监督作用,一些单位或部门在工作中存在的突出问题以及群众提出的意见建议,经常通过这些媒体反映出来,秘书督查部门要主动将带有典型性的、突出的、领导未能了解的问题挑选出来,经过一定的程序,立项发有关部门或地方查处,并进行催办落实。

4. 督办其他一些具体事项

秘书督查部门还可以根据工作的实际情况,在领导授权的前提下,确定一些需要督促检查的事项,立项督办,全方位推进工作任务的落实。

二、督查工作的程序和方法

(一) 决策督查的程序和方法

1. 决策督查的基本特征

一是层次高,督查的内容是各级党委政府、企事业单位的中心工作、重要部署以及全局性的工作;二是范围广,覆盖面大,参与的部门多,具有宏观性、整体性和系统性;三是综合性强,需要上下左右协调配合,深入调查研究才能完成;四是难度大,决策督查中概念化、原则化的内容多,需要抓住重点和关键环节,化虚为实。

2. 决策督查的工作程序

（1）决策督查工作程序

一是分解立项。重大的决策和重要的工作部署后,秘书督查部门要按照领导的意图,拟定出督查方案,分解立项,量化任务,明确责任。分解立项要重点突出,抓住宏观问题、难题、关键性问题。分解立项前,征求相关领导和承办部门的意见,或先由主办部门提出具体落实方案后再立项。对重大决策落实所提出的目标任务,可视情况予以公布。分解立项经领导批准后,通常以办公厅（室）的文件下发。

二是跟踪督查。对领导重要决策和重大工作部署贯彻落实情况建立督查档案,进行跟踪督查。内容主要有：贯彻落实的主要做法、取得的成效及经验,群众的意见、反映及要求等,存在的主要问题及解决的主要措施等。对重要的决策和重大的工作部署,一年内一般要进行一至两次较大范围的集中督查,可组成相关部门参加的督查组,对本级职能部门和下级单位工作落实情况进行检查并将结果以书面报告的形式向领导机关汇报。

三是综合反馈。对重要决策和重大部署的贯彻落实情况进行分析概括,作出阶段性的评估,向领导机关作出综合反馈。要注重反映新情况、新问题、新举措,以及带有普遍性、全局性、政策性的问题,并提出解决的思路和方案,供领导决策参考。

（2）决策督查工作程序管理

一是立项管理。领导决策是一个综合、复杂、多变的动态管理活动,秘书督查部门要以领导决策中的目标落实为标准,加强督查立项管理。做到立项内容齐全,一般应包括立项事由、办理要求、承办单位、完成时限、反馈形式;立项程序规范,所立项目要领导审批、分解项目由领导授权、方案经领导审批后,相关部门要坚决执行;项目分解便于实施,首先将总任务分解成可操作的相对独立的具体任务,再将概念化的任务具体化,以具体的措施体现,最后根据不同阶段,确定重点督查项目。

二是协调管理。领导决策的目标任务明确后,就要将任务落实到具体的责任部门或个人,使承办者明确职责。秘书督查部门在协调任务落实中要注意以下四个方面:第一分层划分,层层分解,自上而下,由大到小,既考虑总目标的实现,又考虑具体承担者的执行力,合理授权;第二结构合理,将决策目标分解中那些关系密切的工作归入相关的职能部门,分层归类,形成多级管理的结构;第三任务明确,要根据各职能部门工作职责、班子素质、工作能力情况进行划分任务,确保任务的完成;第四协调一致,建立从上级到下级的指挥协调系统,统一指挥,通过协调来调节上下左右之间的分工合作关系,达到步调一致,协调推进。

三是运行管理。对重大决策、重要工作部署在运行过程中要进行有效管理。第一,事先管理。宏观预测,设计多种方案供领导选择;抓苗头性倾向性的问题,防患于未然;预防突发事件。第二,现场管理。对一些责任重大、事关全局的工作,有时领导和秘书直接到现场进行指挥,对工作中的各个环节进行检查督促,发现问题及时纠正,对可能出现和已经出现的

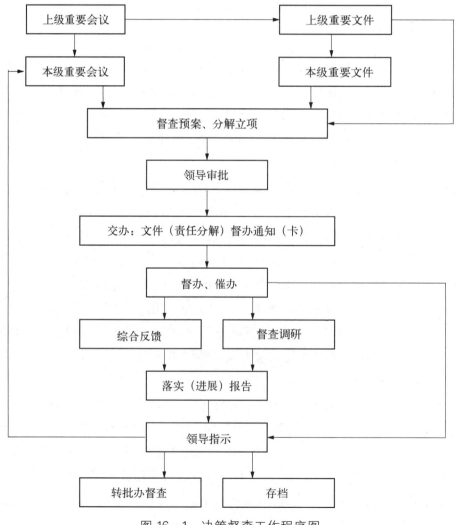

图 16-1　决策督查工作程序图

问题进行实地协调,果断解决。第三,多级管理。把组织系统分成多级或几层,授予不同的权力,缩短反馈信息时间,增强管理的时效性和灵活机动性。第四,事后管理。完成决策目标后,检查计划落实情况,总结经验教训,将来供其他部门借鉴。

四是评估管理。决策目标完成后,对督查情况进行阶段性或终结性的评估,并向领导报告。报告要有情况,有分析,有建议。

3. 决策督查的方式方法概述

（1）决策督查的基本方式

向下了解情况,向上反映情况,是决策督查最基本的方式。了解和反映情况要做到善于发现和敢于反映问题,督查中既要注意观察发现工作中的成效和典型经验,还要重视出现的问题,并及时向上反映,这有助于领导掌握全面真实的情况,加强调控或修正;善于抓住带有普遍性、根本性和倾向性的问题,抓住了要害和关键,才会引起领导的关注和重视;要善于发现和总结工作中的新经验,把决策实施过程中出现的新情况、新做法、新经验反映给领导,得到领导的重视和肯定,并在更大范围内推广和运用,对推动工作将起到更大的促进作用,充分体现督查的价值。

（2）决策督查的常用方法

协助督查。根据中心任务,提出督查建议,制定督查预案,作好督查准备;督查进行中,安排组织好相关活动,协助领导收集整理各类情况;督查结束后,协助领导进行分析,提出解决问题的措施。

催报督查。协助领导建立健全逐级报告工作制度的方法。重要文件公布和重大工作部署后,要按照文件要求和领示批示,拟定督查预案,提出办理要求,确定办理期限,填写文件督办通知卡,领导批准后送承办单位办理。

催办督查。不定期地对决策承办单位催促办理的方法。催办方式可以是文字方式、电话汇报和当面报告。

巡视督查。由领导授权组织巡视督查工作组对重大决策和重要工作部署的落实情况进行督查的方法。一般由领导带队,深入实地与基层检查督导,促进决策落实。

调研督查。将调查研究与督促检查工作结合起来的方法。选择一些有代表性的单位和部门,对事关全局的热点、难点、重点问题以及有倾向性、苗头性的问题进行调查研究,写出专题或综合报告,促进决策的落实。

协调督查。根据领导授权,协调和推动本级职能部门和下级机关开展督促检查的方法。加强同各职能部门的联系,了解工作进展情况,及时向领导汇报。

通报督查。以情况通报的形式推动决策落实的方法。选择先进或落后的典型进行分析,总结出有指导意义的经验教训,在一定范围内进行通报,以推动工作的开展。

媒体督查。同新闻媒体进行合作督查的方法。利用电视、网络、广播、党报、党刊等对决策实施过程中的情况进行报道,表彰先进督促后进,营造舆论氛围,督促工作落实。

监测督查。通过各级秘书督查部门在城乡基层单位设立监测点,监督决策落实情况的方法。重点监测重大决策在基层的落实情况。可以采取召开座谈会,暗访等方式进行,也可以采取定期或不定期通信、电话方式进行。

选择决策督查方式方法要注意三个方面:一是根据督查任务确定督查方法,不同的任务,采取不同的方法;二是方法的运用忌生搬硬套,要从本地区、本单位的实际出发确定方法,不能千篇一律;三是注重实效,切忌形式主义,求真务实。

4. 决策督查的类型

(1)"大事要事"的督查

所谓"大事要事",一般是指由党委、政府筛选确定,以年度为落实期限,以文件形式固定下来的若干项重要工作的总和。这类"大事要事"有明确的界定范围和文件依据,概念清楚明白,便于操作。

"大事要事"督查的特点:覆盖范围的广泛性、多层性,落实的时效性,实际落实的紧迫程度差异性,落实过程的变异性。

要根据督查事项的特点,有针对性地选择以下的方法。

运用网络,逐项督查,力求全面,不留死角。秘书督查人员的督查覆盖面是有限的,可采取网络督查方式,拓展时空。首先,在年初将大事要事确定后,分解为可操作的具体事项;再将具体事项落实到承办的相关单位、部门和负责人;最后通过督查网络,将承办单位的工作置于全方位的监控之中。秘书督查人员系统地掌握"大事要事"的落实情况,进行双向协调,推进督查事项完成。

全程督查和阶段督查结合,抓好年度目标,确保如期完成。一要突出抓好年度目标,以年度为界限,按照全程和阶段督查相结合的原则,开展每月、每季、年中和年度督查,使督查工作层层深入,保证年度目标如期实现。二要着力抓好年内的目标,一些大事要事规定完成的时限长短不一,对于规定时限的目标要抓紧落实,防止延期拖拉。三要注重抓好跨年度目标。有些大事要事由多个年度目标组成,属于中长期决策内容,督查工作要前后贯通,逐年循序开展。

突出重点。"大事要事"中有很多关键性事项和量化目标,督查人员要找出这些事项,有所侧重地进行督查。

抓出不落实的事项和环节连续督查。一要实事求是地找出并向领导反映事项中的负面信息;二要尽可能反馈苗头性、倾向性的问题;三要深入调研,抓住突出问题,跟踪督查,彻底解决。

(2)组织大型督查活动

大型督查活动是由领导或督查部门协调督查网络,联合有关职能部门,有计划、有组织的对某项重要决策、重要工作部署实施较大规模的督促检查行动。

大型督查活动涉及面广、人员多,要注意把握几个重要环节:一是选准督查内容,要根据工作总体部署,筛选出有决定意义的、牵动全局的关键项目;要准确把握领导意图,选择领导的关注点;要统揽工作全局和进程,选出难点和薄弱点;要深入群众,选出社会关注的热点问题。二是制定切实可行的督查预案,预案的制定要吃透领导批示的精神,掌握领导决策意向;要吃透有关政策,不能违背相关政策;要吃透相关内容,掌握多方专业知识;要与有关部门协商,相互配合。三是开展督查前集中培训,明确督查内容、重点、标准、难点、方式方法、程序等,统一尺度,形成督查合力。四要组织实施督查方案,确保督查落到实处。五要写好督查报告,成为领导再决策和指导工作的重要参加依据。

(3) 督查调研

督查调研,是指把督查与调查研究工作结合起来的一种重要的工作方法。督查是调研的基础,调研是督查的深化。督查中有研究,调研中也会有督查,从督查到调研,是对事物的认识不断深化的过程。

督查调研的方式方法。一是单独深入式。由秘书督查部门独立地按照领导授权或主动地按照一个时期的中心工作,有针对性选择一些题目,深入实际进行督查研究,边研究边督查边反映情况,推动决策落实。督查部门在调研时,可以采取开座谈会、直接交谈、现场考察、数字统计等方式进行。二是部门联动式。对涉及面比较大的重大决策调研时,需要组成联合调研组,有规模,有层次,影响大,效果好。三是委托或协调式。对于涉及有关职能部门的决策,可以通过交办、委托或协调相关部门根据时间要求来调研,督查部门派人定期进行指导。

(4) 暗访督查

暗访督查,就是经领导同意,在法律许可的范围内,不打招呼、不暴露身份,直接对有关单位和部门进行暗查暗访,真实地全面地了解掌握基层的情况,为领导决策提供真实可靠的依据。

暗访督查要根据督查的目的和要解决的问题,选好适当的"点"。对于处置热点问题,要深入到意见最多的单位;对于了解案件真相,要深入案件发生的现场;对于了解重要决策落实情况,采取典型调研或随机抽样调研方法。

暗访和明查有机结合。暗访结束后,可以对某些问题进行明查,直接对暗访单位的人员进行座谈。

(5) 建立决策落实监测点

为及时了解和监测决策的落实情况,有选择地在一些单位和部门建立决策落实监测点,及时、客观地将决策落实过程中的情况及问题反映上来,使领导掌握情况,不断推进决策落实。

要科学地选择监测点和联络员,监测点的选择要疏密适当,充分考虑到各个地区、各个阶层、各个领域、不同方面的利益,具有广泛性和代表性。还要聘请素质高、认真负责、敢讲真话的有关方面人士担任监测点的联络员。要根据不同阶段、不同时期的工作重点,明确监测重点内容。对联络员要进行有效的管理,适当的培训和奖励,发挥长期监测作用。

(6)办好督查内刊、网站

督查内刊。就党政机关办的督查内刊而言,以情况通报、工作情况交流为主,反映各级党委、政府贯彻落实决策的情况、经验、做法、体会。其中,向上报和向本级领导发的内刊,主要反映决策落实中存在的困难、问题,解决问题的建议,向下发的内刊,主要反映贯彻落实的情况,起到相互借鉴、启发的作用。

督查网站。督查网站的内容丰富,形式新颖,突破时空界限,使用十分方便,是展示监督工作重要的平台和媒介,在督查工作中起到十分重要的促进作用。督查网站可设置以下版块:本地要闻,当地党委、政府或本单位大事要事的情况报道;领导讲话,上级或本级领导、负责人在重要会议或重大工作部署的讲话、报告等;重要文件,刊登上级或本级的重要文件、材料等;指示处理,领导同志的指示、处理情况等;查办公告,将社会各界的来信来访、网络舆情等立项交办情况公布;决策督查,就重要工作部署和重大事项作出的立项任务分解情况向社会公开;专项批示,领导对具体事项进行批示及处理立项公布;重点项目,就重点项目中领导指示进行立项任务分解情况公开;实事办理,党委政府或单位办实事、做好事情况通报;督查公告,就领导批示处理结果进行通报;表扬栏,对贯彻落实各项工作的单位或个人进行表扬;曝光台,对贯彻落实各项工作不力的单位或个人进行批评,对各项工作进展排名先后进行公布;他山之石,刊登有关单位开展工作的先进经验及做法;网民留言,网民给当地领导的意见建议;书记信箱,网民直接给当地党委书记的信;省(市、县、区)长或总经理信箱,网民直接给行政长官的信;社情民意直通车,网民直接通过督查网提意见建议;理论学习,刊登相关理论文章及业务知识。

(二)专项查办的程序和方法

1. 专项查办的基本要求

(1)依照程序办事

对于查办事项,先由秘书督查部门提出拟办意见,报领导批准后,方立项查办;查办中如有问题,应及时报告领导,提出解决问题的意见建议,由领导决定;查办结束,办结报告送领导审核后报上一级领导。

(2)依靠部门查办

秘书职能部门不能直接查处案件,不能代替职能部门和地方机关工作,可发挥协调职能,以转办、催办和开协调会的办法促进职能部门和地方机关的查办。

(3)确保查办质量

对于立项的查办事项,要抓紧催办落实;需报告查办结果的,要逐项登记,立案催办;经调查确属失实的,也应报告结果;涉及到多个问题,如部门之间出现推诿情况,要做好协调工作;对长期拖拉不办的,报请领导后,派人调查了解,督促落实。做到有批必查,有查必果,有果必报,有报必实。

（4）扩大查办影响

专项查办工作,既要把领导指示的问题或事件调查清楚并作出正确处理,还要善于从中进行总结分析,得出经验教训,以通报通知形式下发到相关部门和单位,做到触类旁通,推动类似问题的解决,扩大查办成效的影响。

2. 专项查办的工作程序

（1）呈批立项

有四个环节:一是立项,领导批示的要求查办的事项,列为领导批示查办件;人大议案和政协提案要求办理的事项,列为议案与提案查办件;从新闻媒体有关材料中选择的问题,报请领导审批后,列为自主查办件。二是拟办,立项后要提出拟办意见,即提出预查内容和事项的要点,提出办理形式(转办、协办或自办),提出交办方式(发函、电话通知、直接交办、来人面谈等),提出办理要求、明确办理时限、办理责任目标,拟办意见提出后,送有关领导决定。三是登记,对专项查办事项编号登记,包括查办内容、领导批示、承办单位、来文单位、办理时限和要求、发文时间和顺序编号等。如有上级机关转来的查办件,应注明交办单位、交办时间等。四是通知,查办事项经领导批示并登记后,通过发函通知承办单位。通知时,附上领导批示及相关材料的复印件,原件由交办单位留存备查,如查办件需几个单位同时办理,要明确一个主办单位,抄送有关单位。

（2）督办落实

查办通知发出后,要跟踪催办,掌握进展情况。一是电话询问承办单位可否收到通知、如何处理,作好电话记录;二是督促承办单位在规定的时间内办结事项,因故不能按期办结的,要说明原因,明确延长时限;三是对超过办结时限,经电话催促未报办理结果的,可发催报通知单,如仍未报结果,可派人到承办单位和部门当面催办或发逾期未结警告卡催报,直至通报批评;四是根据需要,向下级单位和部门通报专项查办事项的办结情况。

（3）报告结果

专项查办件办结后,承办者要及时向领导和上级机关书面报告。由主办单位正式行文报告,采取专题报告形式,一文一事,一般不超过 2 000 字。

（4）审核把关

收到查结报告后,要进行审核,看事实是否清楚,问题是否解决,任务是否落实,结论是否准确,处理是否符合政策规定。对不符合要求的,要求承办单位重新查报或由秘书回访核实。对符合要求的,报原批办领导审阅,如无意见可结案,如有新的批示,则继续办理。影响较大或带有普遍指导借鉴意义的查办结果,可发情况通报或公开报道。对反映强烈的损害民众利益的热点、难点问题,可通报批评,情节严重的报领导同意后,移交纪检监察和司法部门处理。

（5）立卷归档

对专项查办中形成的各种文字材料、电子文档、电话记录等正文和底稿等,要妥善保管,阅卷归档。

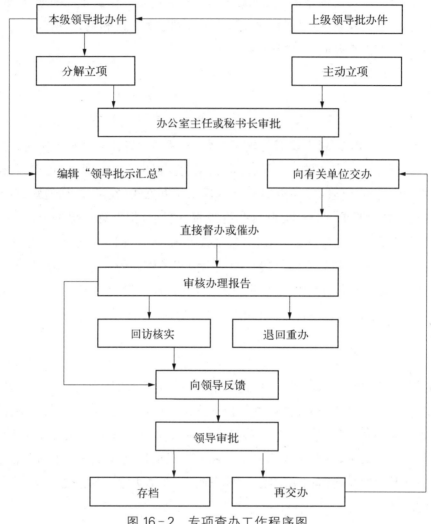

图 16-2　专项查办工作程序图

专项查办中应注意三方面的问题：一是确定办理时限做到实事求是,既考虑时效,也考虑质量。对领导批示要求紧急办理的事项,应限定紧急时限,要求承办单位和部门立即采取措施,随时报告进展情况;对要求不太紧急的事项,要合理提出办理时限,防止拖拉;对内容复杂、涉及范围广时间长的事项,要充分考虑办理的时间,不能主观臆断;对涉及法律的事项,要考虑法律程序所需时间,切合实际地确定办理时间。二是催办协调落到实处,对立项查办事项,加强日常催办,保持与承办单位的联系。当发现查办不及办时,要及时报告领导,督促部门抓紧处理;当案件较复杂,涉及范围大,短期难以查清的,也及时催办并动态汇报进展情况;当事项涉及多个部门时,要确定牵头部门并协调相关部门共同承办落实。三是处理好与纪检、监察及信访工作的关系。专项查办,是根据领导授权展开,主要任务是向下传达、检查、催促,向上报告结果,一般不参与办案,也不代表办案,处理问题的权力在领导。纪检、监察是职能部门,赋有直接处理问题的职权;信访部门的职能是独立受理来信来访,事无大小都应对来信来访作出交待答复。专项查办处理的是比较重大、性质比较严重的事项,来信来访中的事项,领导批示后也可成为专项查办的事项。

3.专项查办的方式方法

(1)专项查办的主要工作方式

专项查办采用什么样的方式方法,要根据查办的内容和目的来选择,一般有以下三种方式:

一是转办。查办事项经领导审批立项后,秘书督查部门根据领导批示及查办内容,及时转给承办单位查处。可采取发函、打电话、发电报、派人前往或请人前来的方式进行转办,发函查办是常用的方式。函件须经领导审批同意后发出,如果是领导的批示件,可直接发出查办函,如有紧急的查办事项,可先电话通知查办单位办理,随后转去查办函及有关材料。转办中应注意,一般要逐级下转,不越级下转;要把查办材料转给被查单位或个人的上一级或主管部门,不能把查办材料转给被查的单位或个人。

二是协办。涉及几个部门或单位的问题,需秘书督查部门协助有关方面共同调查办理的一种工作方式。协办事项,要明确牵头单位和协办单位。一般而言,协办事项的牵头单位为各级地方党委和各级政府的职能部门,各级秘书督查部门主要是做好协调工作。特殊情况领导授权秘书督查部门牵头,协同有关部门和单位根据领导批示查处。

三是自办。领导批示交办特别重要事项,且又有较强的机密性,时间紧,不适宜转给有关单位和部门查处时,由秘书督查部门直接派人调查处理;对于一些事关重大的事项,领导亲自出面,秘书督查部门参加查处。这两种专项查办事项在下级机关使用较多,在上层中层机关中使用较少。

(2)专项查办的"四结合"方式

要做好专项查办工作,应根据不同事项的特点,采取适当的"结合"方式。

一是发函督查与现场督查相结合。对领导批示事项,向督查对象发"催办通知单"或"督查事项追踪反馈通知",督促有关部门和单位及时查办批办事项,并报送查办结果,这对于普遍性的、面上的督查事项较适用。但在实际工作中,由于情况的复杂性、多样性,仅靠发函是不够的,还需要深入实地,调查研究,提出切合实际的解决办法,即现场督查。二者的结合有利于落实查办事项的解决。

二是秘书部门督查与领导督查相结合。对于一般性的专项查办,由秘书督查人员根据领导的批示进行督查,既能体现领导意图,又能减轻领导负担,体现秘书的助手作用。对于影响比较大、涉及问题复杂、督查对象层次和职位比较高的专项查办事项,仅凭秘书督查难以取得预期效果,甚至查而不果,这就需要有关领导亲自出面督查,以增强督查力度,保证督查效果。

三是直接督查与网络合查相结合。随着各单位各部门抓决策落实的力度加大,督查工作的范围扩大、任务加重,仅凭秘书督查人员的直接督查难以完成日益加重的查办任务。故此,要充分利用现代网络技术,建立健全督查网络,发挥基层兼职督查员的作用,共同开展督查工作。

四是协调解决与群众参与相结合。在协调解决查办事项时,要体现以人为本的理念,客观公正、实事求是地协调解决问题,既不能强行协调,也不能当"和事佬",尤其是事关群众切身利益的事项,更要妥善解决,让当事人心诚悦服,又符合群众利益。需要时可采取协调解决与群众参与相结合的办法,以群众是否满意,是否答应,作为解决问题的标准。

4. 突发事件的专项查办

"突发事件,是指突然发生,造成或者可能造成严重社会危害,需要采取应急处置措施予以应对的自然灾害、事故灾难、公共卫生事件和社会安全事件"[①]。

对突发事件的专项查办,要坚持三个原则、五个环节、六种方法。

坚持三个原则。一是实事求是的原则。对于突发事件存在的问题要深入了解清楚,不能渗入个人喜爱,真实地反映客观事实,为领导决策提供科学的依据;二是坚持认真督办和依法督办原则。既要充分尊重执法及涉及到的部门意见,又要听取其他方面的意见,综合提出督办意见;对需要按法律程序解决的问题就要坚持通过法律手段解决,对需要采取行政手段的,要在法律允许的范围内依法督办。三是坚持注重协调的原则。对于督办中出现的不同意见、观点,要搞好协调,化解矛盾,统一认识,形成合力,解决问题。

把握五个环节。快速处置,控制事态发展;查清事实,抓住主要矛盾;快速督办,尽快解决事件;注重回访,防止事件反弹;总结归类,扩大督办效果。

运用六种方法。群众代表,真情投入,明查暗访,跟踪介入,分而治之,扶正压邪。

【思考题】

1. 督查工作的特点是什么?
2. 督查工作的原则是什么?
3. 决策督查的程序和方法有哪些?
4. 专项查办的程序和方法有哪些?

【案例分析】

1. 决策督查要科学立项分解

为贯彻中央办公厅、国务院办公厅《关于深化政务公开加强政务服务的意见》,某市委、市政府作出了落实意见,某区委督查室,把实施这一重大决策部署分成了三大块,即进一步深化政务公开工作、统筹推进政务服务体系建设、强化监督保障措施,共设 17 个方面,

---

① 《中华人民共和国突发事件应对法》,2007 年 11 月 1 日。

即推行行政决策公开、推进行政权力公开透明运行、加大行政审批公开力度、深入实施政府信息公开条例、着力深化基层政务公开、加强区政府各部门内部事务公开、逐步建立健全政务服务体系、充分发挥服务中心作用、明确行政服务中心职能、规范行政服务中心运行、推进基层便民服务、探索建立统一规范的公共资源交易平台、加强信息化建设、整合政务服务资源、加强组织领导、加强制度建设、加强监督考核等,还细分了 29 个具体项目。对每个具体项目,明确具体要求、分管领导、责任单位、责任人、完成时间等,并以文件形式下发,在督查网上公布。督查室以此为依据进行检查验收,结果也在督查网上公布。广大市民对这一工作进展进行监督。增加了工作的透明度,增强了相关部门和工作人员的责任心,取得了良好效果,扎实推进了政务公开工作深入开展,提高了依法行政和政务服务水平。

评析:督查部门对上级重大决策和重要工作部署进行分解立项时,要明确任务、职责、完成时间。 立项要设计督查方案,把决策的内容准确地提炼、要概括为比较集中的、具体的要求,分解为单个的、实在的项目。 立项方案应有以下几方面内容: 立项事由; 办理要求; 承办单位; 完成时限; 反馈形式。 立项要重点突出,任务尽可能量化,责任要清楚,一经批准要坚决执行。

2. 专项督查要有五要素

某城区为落实市委、政府"替企业排忧解难、促进企业健康发展"的精神,城区主要领导主持召开了企业家座谈会,会上,一家企业的负责人反映,公司位居偏僻市郊,门前的一段道路没有安装路灯,公司女工上夜班提心吊胆。会后,区委主要领导批示,将公司反映的问题交给区委督查室进行办理。督查室人员深入实地进行调查得知,该公司所处路段属背街小巷,而据该城区路灯管理所反映,背街小巷的路灯都由各单位自己出资安装。督查室的人员召集位于此路段的几家单位进行协调,筹集了安装路灯的费用,由路灯管理所进行安装施工。从领导交办督查室办理该事项到解决问题,亮起路灯,不到 20 天时间。[①]

评析:这是一起督查部门专项查办中协调督办的成功案例。这个案例体现了督查事项办理工作要具备"五个要素",即有调查、有建议、有批示、有落实、有反馈,这五要素不可缺少, 也不可倒置。

【实践训练】

一省报内参以《守着水库无水灌溉,两千村民心急如焚》为题,反映某县某屯村民小组长伙同一批村民承包水库,为牟取利益,每年捕鱼时节,把水库的水全部放干,而当农忙时

---

① 杨忠明:《从一则成功案例看督查工作五要素》,《秘书之友》2011 年第 1 期,第 18 页。

节急需用水时,水库里无水可用,严重影响村民的生产活动。市委督查室接到省委领导的批示后,立即会同有关部门组成调查组,深入实地调查,初查结果与《内参》反映情况出入较大。为此,市里决定成立专门调查组,对整个事件进行全面核查。

如果你是督查室的负责人,应如何组织好这次的专项查办,请列出具体的督查程序。

【知识链接】

1. 构建大督查工作网络。新疆昌吉州本级党委、政府办公室督查科合并成立督查室,规格定为正县级,由州党委一名副秘书长兼任督查室主任;县市和园区督查室定为正科级。州县(市)两级督查室人员编制纳入党委序列,实行统一管理调配。州本级督查室定编15人,县市督查室定编5~7人。根据工作需要,州县(市)部门可单独成立督查室或指定科室承担督查工作职能,确定1~3名专兼职督查员,形成了自上而下、横向到边、纵向到底,宽领域、广覆盖的大督查工作网络。

2. 督查"三位一体"机制。新疆昌吉州建立了组织、纪检、督查"三位一体"的新机制,改变督查对事不对人、难以进行责任追究的做法,实现了督事查人的有机结合。组织、纪检、督查三部门明确分工,各司其职,做到了"五共同",即:共同研究督查内容、共同实施督促检查、共同运用督查结果、共同评价责任人实绩、共同追究不落实责任,形成了强大的督查工作合力。[①]

3. 利用网络进行督查。目前,全国不少的党政机关、企事业单位开发启用了"网络督查管理系统",全面实现督查任务"网上发布、网上督查、网上反馈"。建立起了协同作业、追踪绩效的督办任务管理模式,执行反馈、过程监控、信息共享,提高了督查办的时效性、实效性。

4. 自下而上督查。一般的督查是自上而下,而对一些涉及到基层的工作,则可直接到第一线,与群众当面了解情况,发现问题所在,倾听到群众的意见,了解事件真相,形成解决办法。

【扩展阅读】

1. 习近平:《没有督查就没有落实——在与浙江省委督查室干部座谈时的讲话》,《秘书工作》2015年第1期。

2. 中共中央印发《关于加强新形势下党的督促检查工作的意见》,中华人民共和国中央人民政府网。

---

① 彭安华:《创新督查工作的几点做法》,《秘书工作》2011年第2期,第27页。

3. 丁薛祥:《提高政治站位 发扬严实作风 努力提升新时代督查工作水平》,《秘书工作》2018 年第 2 期。

4. 夏玉婷:《浅谈抓好督促检查工作的几个关键环节》,《中国邮政》2017 年第 10 期。

5. 苗秀旺,常增书:《督查工作规范化建设初探》,《秘书之友》2005 年第 5 期。

6. 胡壹,仵爱怀,邸韶妮:《新时期做好督查工作的思考与研究》,《办公室业务》2017 年第 9 期。

7. 孙登怀:《督查工作"九悟"》,《秘书工作》2015 年第 7 期。

8. 石邦林:《专项查办的几个重要环节》,《秘书工作》2016 年第 5 期。

9. 薛莎莎:《做好专项查办的"五个关键词"》,《秘书工作》2013 年第 2 期。

第十七章

危机管理

第十七章
危机管理

本章概述

　　本章主要阐述了危机管理的定义,危机管理与风险管理的区别,提出了危机管理的原则,预防第一、公众利益至上、主动面对、快速反应、口径一致、诚实开明原则。重点阐述了秘书在危机管理中的职能,包括建立危机预警机制、进行危机准备、实施危机处理、协助组织进行危机恢复工作的基本内容。

学习目标

　　1. 了解危机管理与风险管理的区别。

　　2. 掌握危机及危机管理的定义。

　　3. 掌握秘书在危机管理中的职能和遵循的原则。

重点难点

　　1. 危机管理中秘书的职能。

　　2. 危机管理中秘书遵循的工作原则。

　　3. 危机管理中秘书如何加强信息管理。

【案例导入】

　　某企业进行股份制改革,厂长由基层通过民主选举产生。新厂长对工厂生产及销售比较了解,上任伊始,就带着厂里的技术及销售骨干,三下广州、深圳,四上苏州、无锡、上海……摸清了企业未来的发展方向。回到厂里,厂长连夜召开企业高层会议,研究内部招股集资、购买先进生产线的措施,此法,既解决了企业融资难的问题,也让员工手里的钱能获利……企业张贴通知,呼吁职工全员购买公司内部股份,但是,职工却不太理解,议论纷纷,有些人还酝酿集体上访告状!眼看着厂长上任以来面临的最大的信任危机就要爆发,秘书也听到些风言风语……

　　秘书在发现危机苗头时,第一时间向员工了解详细情况。原来,员工们觉得目前企业产品供不应求,为啥要上新的生产线? 全员集资,万一出了差错钱打水漂了怎么办?

　　秘书马上把了解到的情况向厂长汇报,并建议厂长召开全员大会,把在国内调查的情况跟大家通报,让员工们当家作主,决定企业的未来发展方向。同时,厂长也单独拜访了几位意见特别大的员工,倾听他们的心声。终于,企业内部拧成一股绳,达到前所未有的和谐,企业决策也能贯彻执行。

作为辅佐领导的秘书,处在组织的枢纽位置,了解基层群众的想法,也清楚领导意图,对将要发生的危机应该有足够的敏感,才能辅助领导,化解危机。

第一节　危机管理概述

一、危机的概念

在韦伯辞典中,"危机"被定义为"有可能变好或变坏的转折点或关键时刻"[①]。研究危机的先驱 C. F. 赫尔曼(Hermann)认为:危机是威胁到决策集团优先目标的一种形势,在这种形势中,决策集团做出反应的时间非常有限,且形势常常向令决策集团惊奇的方向发展。[②] 荷兰莱登大学危机研究专家乌里尔·罗森塔尔(Rosenthal)在赫尔曼定义的基础上进行了修改,他认为:危机就是对一个社会系统的基本价值和行为准则架构产生严重威胁,并且在时间压力和不确定性极高的情况下,必须对其做出关键决策的事件。学者巴顿(Barton)认为,危机是"一个会引起潜在负面影响的具有不确定性的大事件,这种事件及其后果可能对组织及其人员、产品、服务、资产和声誉造成巨大的损害"。[③]

上述定义中,赫尔曼对危机的定义是着重从决策的角度分析的。他认为危机本身就是一个决策过程,这种决策过程不同于常态决策,它强调的是决策者对恶劣形势的判断与迅速反应。罗森塔尔的定义更强调危机的本质:是对一个社会系统的的基本价值和行为准则架构产生严重威胁。巴顿的定义则是将危机的表现形态展现出来,例如"对组织及其人员、产品、服务、资产和声誉造成巨大的损害"。

二、危机管理的定义

危机管理(Crisis Management)在西方研究中又被称为紧急事件管理(Emergency Management)、紧急事件的风险管理(Emergency Risk Management)和灾难风险管理(Disaster Risk Management)。"危机研究和管理的目的就是要最大限度地降低人类社会悲剧的发生。"[④]

在危机中,组织采取不同的危机管理方式就会有不同的结果。"任何组织形态在经历危机状态的过程中,都可能面临着三种截然不同的结局。"一种是由于组织采取

---

① 薛澜,张强,钟开斌:《危机管理——转型期中国面临的挑战》,清华大学出版社 2003 年版,第 25 页。
② 中国现代国际关系研究所危机管理与对策研究中心:《国际危机管理概论》,时事出版社 2003 年版,第 5 页。
③ 罗伯特·希斯:《危机管理》,中信出版社 2001 年版,第 18—19 页。
④ 胡宁生主编:《中国政府形象战略(下册)》,中共中央党校出版社 1999 年版,第 1159 页。

了果断有力的危机管理而使组织的危机损失减少到了最小,组织从危机中获得了生机;另一种是组织在面临危机时,由于未能采取正确、及时的危机管理措施而使组织在危机中丧失机遇,遭遇失败;最后一种是组织采用的危机管理措施虽然使组织避免了暂时的危难,但从长远发展看却未能使组织真正恢复生机。由此可见危机管理的重要作用。

那么如何进行危机管理呢? 格林(Green)注意到危机管理的一个特征是"事态已发展到无法控制的程度"。一旦发生危机,时间因素非常关键,减少损失将是主要的任务。危机管理的任务是尽可能控制事态,在危机事件中把损失控制在一定范围内,在事态失控后要争取重新控制住。

米特罗夫和佩尔森认为,收集、分析和传播信息是危机管理者的直接任务。危机发生的最初几小时(或危机持续时间很长的最初几天),管理者应同步采取一系列关键的行动。这些行动是"甄别事实,深度分析,控制损失,加强沟通"。

上述对危机管理的定义可以归纳为两个方面:

第一,危机管理就是要尽可能控制事态,减少损失。为了达到这个目标组织需要针对危机的特点分阶段进行危机管理,危机管理实质上可以划分为事前、事中和事后三个阶段的管理。既强调危机前的预防,更强调危机发生时的应对和危机后的恢复。

第二,危机管理的过程就是危机信息传播与沟通的过程。只有最大限度地及时掌握信息才能够为危机管理做出可靠、可行的决策,才能够影响公众认知,最终恢复组织信誉与形象。

三、危机管理与风险管理的区别

(一) 危机与风险的关系

风险是事件发生的概率及其后果的函数,可以用如下公式表示: $R = f(P, C)$,其中 R 表示风险,P 表示事件发生的概率,C 表示事件所造成的后果。

对风险防范不善,造成的危害达到较大的程度时,危机就会发生。可以说,风险的存在是导致危机发生的前提。对风险进行有效的评估和管理,可以防范危机的发生。组织如若对各种风险熟视无睹,或者对于已经认识到的各种风险不采取有效的措施,今天的风险就会演变为明天的危机。

危机与风险的主要区别表现在:风险是危机的诱因,危机是风险的显性化;并非所有的风险都能引发危机,只有当风险释放造成的危害达到一定程度、对组织的基本目标构成威胁时,风险才会演化为危机。

不同组织的风险程度是不一样的,表 17-1 是美国危机管理专家巴顿依据风险程度对不同组织的分类。

表 17－1 不同组织的风险程度[①]

高风险组织	中度风险组织	低风险组织
各类制造商（尤其是医药和化学品制造商）银行、金融机构、信托联盟、贸易机构	零售连锁店	保险代理
公共交通（航空、铁路、公交及地铁系统）	生物技术公司	软件公司
服务机构（宾馆、饭店、旅游公司、航空公司、机场）	石油生产商和分销商	慈善机构
便民商店	电信公司	广播电视台
核电厂、卫星实体	家庭用品制造商	财务会计公司
夜总会、娱乐休闲场所	包装公司	服饰生产商
软饮料与果汁生产商	网络中心	地方商务机构
直升飞机、筏艇、轮船及娱乐用飞船出租	计算机制造商与分销商	旅行社
建筑、房地产公司	发动机和重金属制造商	房地产经纪机构
煤气站、公共设施	电梯制造商	法律事务所
	大型超市及购物中心	咨询公司
	健康俱乐部、日常护理中心	汽车出租公司
	医疗机构	邮购公司
	个人卫生用品制造商	国际机构
	烟酒公司	

（二）危机管理与风险管理的区别

与危机和风险的关系相似，危机管理与风险管理既有联系又有区别。对于危机管理与风险管理之间的关系，目前尚无定论。我们比较同意罗伯特·希斯（Robert Heath）的观点，认为风险管理是危机管理的一部分，是危机管理的起点，通过强调风险的缩减与缓解，达到减少企业危机发生的可能性的目的。[②]

危机管理实质上可以划分为事前、事中和事后三个阶段的管理，在危机管理的事前预防阶段，需要找出组织面临的所有潜在的危机，并根据它们发生的概率的大小排列出合理的先后顺序。这种量化、排序的工作是非常困难的，单靠公共关系研究和实践中以前固有的手段，难以很好地完成这项任务，因此，风险管理被逐步引入到公共关系危机管理中。

风险管理最早起源于保险业，后来被运用到金融领域，含有很强的计量因素，用于在面临各种风险时估算成本和收益；[③]后来又逐渐被运用到医疗保健、环境保护等被认为是高风险的行业和领域。20 世纪 80 年代风险管理开始被引入到公共关系中的议题管理和危机管理，尤其在后者，风险管理的流程、策略等被广为借鉴，成为危机管理的重要手段。

---

① 劳伦斯·巴顿：《组织危机管理》（符彩霞译），清华大学出版社 2002 年版，第 54—55 页。
② 罗伯特·希斯：《危机管理》，中信出版社 2001 年版，第 34—93 页。
③ 罗伯特·希斯：《危机管理》，中信出版社 2001 年版，第 24 页。

第二节　危机管理的原则

有效的危机管理必须遵循一些基本的原则,这些原则主要包括:

一、预防第一原则

危机管理并不是像某些人想象的那样,仅仅是将业已发生的危机加以处理和解决。如果危机管理仅仅局限于此,则决不能达到组织危机管理的最佳状态。所谓凡事预则立,不预则废,组织的危机管理应从事前做起,在机制上避免危机的发生,在危机的诱因还没有演变成危机之前就将其平息。危机管理必须如奥斯本(Osborne)和盖布勒(Gabler)所说的:"使用少量钱预防,而不是花大量钱治疗。"[①]

组织的全体员工,上到高层管理者,下到一般的员工,都应"居安思危",将危机的预防作为日常工作的组成部分。现今许多组织都十分注重内部管理,因管理不善导致的危机可能表现在:第一,员工因对组织产生逆反心理而出现跳槽,传播对组织不利的信息影响组织形象和泄露组织机密等,严重的向媒体或劳动部门反映组织问题而带来报道或审查;第二,因传播虚假信息带来的工商、行业监管、媒介等行业和部门的查处及报道等。一些著名企业家将危机预防看得很重并不断落实到管理和经营中去,如比尔·盖茨的著名危机论:"微软离破产永远只有 18 个月";海尔张瑞敏"永远战战兢兢,永远如履薄冰";任正非"华为总会有冬天,准备好棉衣,比不准备好";联想柳传志"我们一直在设立一个机制,好让我们的经营者不打盹,你一打盹,对手的机会就来了"。

二、公众利益至上原则

在危机处理过程中,应将公众的利益置于首位,以组织长远发展为危机管理的出发点。要想取得长远利益,组织在处理危机时就应更多地关注利益各方,而不是组织的短期利益。危机处理人员若能以公众利益代言人的身份出现,则对整个危机的处理奠定了良好的基础。

2004 年 11 月 19 日发生了 NBA 历史上性质最为恶劣的球场暴力事件即奥本山宫殿斗殴事件,也直接引发了 NBA 联盟对于球员场内外行为的严肃整风运动。在活塞队的主场奥本山宫殿进行的一场步行者与活塞队的比赛中,步行者前锋阿泰斯特、小奥尼尔和杰克逊与现场球迷爆发了一场球员球迷大斗殴。

奥本山宫殿斗殴事件的影响是非常恶劣的,首先,由电视直播、网络媒体等将球场暴力传遍全球;第二,这是罕见的球员与球员,球员与球迷的大规模斗殴;第三,NBA 的公众形象和公众关系在不到半小时中一下倒退了 60 多年,大大伤害了球迷的心。但是,NBA 的公关

---

① 戴维·奥斯本,特德·盖布勒:《改革政府——企业精神如何改革着公营部门》(周敦仁等译),上海译文出版社 2001 年版,第 205 页。

危机处理非常成功，首先，进行及时、坦诚的调遣和形象修补，NBA 第一时间向广大的球迷道歉，并居安思危，随后几年相继出台"着装令"、"零容忍令"等政策，塑造 NBA 良好的公众形象。第二，遵守严格规定，开出 NBA 史上最重的罚单，通过司法机关，对整个事件进行公正的调查、定性。如对阿泰斯特进行了 04 至 05 赛季全年禁赛的处罚，并追究法律责任；对小奥尼尔进行停赛三十场的处罚，并追究法律责任；对史蒂芬杰克逊进行停赛二十五场的处罚，并追究法律责任。第三，公平公正，严惩肇事球迷，平息球员的不满。调查结果表明，阿泰斯特当时已经躺在记录台上等待裁判的处理，是不良球迷先将啤酒杯砸在他的头上，但是阿泰斯特防卫过当，并错击了没有扔杯子的球迷。罗恩·阿泰斯特、斯蒂芬·杰克逊以及杰梅因·奥尼尔由于参与"奥本山宫殿事件"，被判以每人一年的察看期、60 小时社区服务以及 250 美元罚款。除此之外，他们三人必须要接受愤怒情绪辅导。而参与这次斗殴事件的两位球迷约翰·格林和查理·哈迪德，在被警方认定为责任人之后，也遭到活塞队官方的"禁观赛"处罚，宣布他们成为奥本山宫殿球馆不受欢迎的人。

NBA 一连串理智而迅速的行为最大程度的减轻了斗殴事件带来的恶劣影响，同时，以此为契机果断治理球场暴力，推动了 NBA 在全球的发展，让全世界见到一个富有激情而又拥有严格规范的成熟的职业体育联盟。这则案例也充分说明公众利益至上以及公平、公正原则是处理重大危机事件的法宝。

三、主动面对原则

当危机发生时，组织应立即承担第一消息来源的职责，主动配合媒体的采访和公众的提问，掌握对外发布信息的主动权。如果组织作为第二或第三消息来源，很容易造成媒体的误导和公众的误解，陷入被动。危机发生之后，不论危机的责任在何方，组织都应主动承担一定的责任。即使受害者对于危机的爆发负有一定的责任，组织也不应急于追究，否则容易加深矛盾，不利于问题的解决。在情况尚未查明、公众反映强烈之时，组织可以采取高姿态，宣布如果责任在己方，一定负责赔偿，以尽快消除危机的影响。

美国的阿罗滋食品公司在澳洲某一地区曾被威胁有人投毒。该公司果断地查封了澳洲所有的阿罗滋饼干。事后经查证，此事的始作俑者系一精神病人，所谓投毒纯属妄言。阿罗滋公司被"冤枉"了一把，此事甚至在当年商界传为笑谈。然而，正是因为阿罗滋的高度负责，使得原本抵制阿罗滋饼干进口的日本、韩国的进口商纷纷进口该公司生产的饼干。这样，阿罗滋不仅弥补了在澳洲的损失，而且还额外地赚了一笔。

四、快速反应原则

危机的突发性特点要求危机处理必须迅速有效。危机一旦发生，伴随着大众媒体的介入会立即引起社会公众的关注。组织必须以最快的速度设立危机处理机构，调集训练有素的专业人员，配备必要的危机处理设备或工具，以便迅速调查、分析危机产生的原因及其影响程度,全面实施危机管理计划。由于公众对危机信息的了解愿望是迫切的,他们密切关注事态的发展,组织发布信息必须及时,以便有效地避免各种谣言的出现,防止危机的扩大化,加快重塑组织形象的进程。

如在 2004 年 5 月 23 日法国戴高乐机场 2E 候机楼坍塌这场公共危机中,法国政府的危机反应是较为迅速的,对外传播也可圈可点。政府在事发后一边展开调查,一边制定对外传播时间表,启动了危机管理小组。首先,总统发布讲话。5 月 23 日清晨 7 点左右,在危机爆发半个小时内,第一个进行信息发布的人是法国总统希拉克,他首先表示了"深切同情",接着发表声明要求立即展开调查,尽快确定原因,这就给公众吃了一颗"定心丸",表明这一事件无论是何种性质,都会得到法国政府的妥善处置;随后两天,政府交通部长发布信息,戴高乐机场总裁召开新闻发布会;最后,机场设计师公开致歉。三天之后,事件平息下来。纵观整个案例,政府的快速反应为事件的快速解决起到非常重要的作用。

五、口径一致原则

在危机处理过程中,组织必须指定专人负责进行对外联络与沟通,一个声音对外,以确保宣传口径一致,不出现矛盾或存在差异。在危机处理过程中,最好不要中途换人,因为更换人员需要花费时间重新了解事件真相,在沟通方法与口径上可能与原来不一致,从而引发公众的不信任,对组织处理危机的诚意产生怀疑。

组织面对危机所做的任何反应,必须保证前后所提供的信息是一致的,也就是所谓"口径一致"(one voice)原则。如果组织发布的信息前后矛盾,媒体和社会大众对组织的发言或提供的信息就会产生怀疑,甚至不信任。在协助组织主导舆论的过程中要注意两个问题:一是否只能由同一个发言人对外发言,才能做到信息一致性的要求?我们需要强调的是,充分的准备有助于所有发言人做出信息一致性的要求,因为使用相同信息来源的多位发言人,可能会比准备不充分之单一发言人的回答还要一致。二是非正式管道的发言问题。"任何员工都有可能在媒体的劝诱下回答问题,而成为非正式的发言人",[①]"出自非正式发言人的消息无法确保它的正确性和一致性"。[②] 所以,组织的危机处理或应变计划中,"应该详细说明处理任何询问的方法,而且要……让员工控制一下急于为公司发言的冲动……所有的猜测与谣言就是随着这些非正式发言人的意见散布到各家媒体"。[③] 因此,危机处理或应变计划要和"相关训练可以减少任何发言……前后一致的消息是比前后矛盾的消息可信度高……要建立对外反应的可信度,言辞一致相当重要"[④]相结合。

---

① Coombs,W. Timothy:《危机管理与传播》(林文益、郑安凤译),风云论坛出版社有限公司 2002 年版,第 174 页。
② 同上。
③ 同上。
④ 同上。

六、诚实开明原则

当危机发生之后,大众媒体和社会公众最不能容忍的事情并非危机本身,而是组织千方百计隐瞒事实真相或故意说谎。组织应尽快与大众媒介取得联系,公布事实真相,不能利用记者不熟悉某一专业的弱点弄虚作假,也不能遮遮掩掩,像挤牙膏一样,这样会欲盖弥彰,不利于控制危机局面。为大众媒体设置障碍是愚蠢的,因为记者可以在最大范围内揭露疑点,从而引起人们的种种猜测,加大危机处理的难度,对恢复组织形象极为不利。由于有些危机本身就是由于公众误解而造成的,向公众提供真实的信息,通过大众媒介广泛宣传,误解自然就会消失。如果由于各种原因组织不能完全讲出有关危机的各种细节,最起码应保证所披露的内容是完全真实的。

第三节　秘书在危机管理中的职能

当前,由于人为原因和自然原因造成危机事件频生,当危机事件发生时,若处理不当往往会给人民群众造成更大的生命和财产损失,从而严重影响组织形象乃至国家形象,造成整个社会的不稳定和不和谐。美国前国防部长麦克纳马拉说过一句很有意义的话:"今后的战略可能不复存在,取而代之的将是危机管理。"这充分说明了危机管理对于现代社会的安全起着举足轻重的作用。而应对危机事件及其管理,组织最需要的就是要及时发现和大胆启用有应对突发事件能力的优秀秘书。

一、危机管理中秘书工作特点

秘书部门为解决公共突发事件而进行的公关协调工作与领导者所进行的工作不同,有着其自身的特点,与秘书的其他日常工作相比也有其特殊性,主要表现为:

(一) 非权力支配性

在管理系统内,秘书没有执掌法定支配性权力。但是,秘书是领导机关中比较特殊的工作人员,处理协调事物时代表着领导机关的意向,凭着领导的权威和权力惯性,在公关协调过程中产生较大的影响力。同时,被协调的各方心理上受着领导权力的辐射影响,在一般情况下,能够接受秘书进行的协调。

(二) 非职责限定性

秘书的公关协调职能没有明确的职责范围的限定。秘书公关协调的非职责限定性与其非权力支配性紧密相关。由于没有法定的支配性权力,协调主要依靠领导的权力惯性、权力辐射和思想素质及工作方法。而这些都是受个性影响的变量,具有较大的不确定性,加上环境、条件等因素的影响,使得秘书公关协调的范围具有较大的伸缩性,因而组织管理系统无法用职责范围来限定秘书的公关协调职能。

(三)非确定地位性

秘书公关协调具有非职责限定性,因而也就没有确定的地位。如在上级领导成员间沟通信息,促进相互理解和支持而进行协调,秘书处于下级地位,是下级对上级的工作关系;在同级职能部门工作人员间协调时,秘书处于同级地位,是平级间的工作关系。执行同一协调职能任务,处于几种不同的地位和存在不同的关系,这就是秘书公关协调的非确定地位性。

(四)认同疏导性

由于秘书公关协调具有以上三个特征,所以在公关协调过程中,秘书一般不能用直接强制手段,而是采用信息沟通、感情交流等手段加以疏导,使有关方面达到认同,消除分歧,实现协调。认同疏导不仅要有足以澄清真相的信息为依据,而且还要有足以明辨是非的道理,更要有感染有关人员的感情基础。这样才能明之以事,晓之以理,动之以情,使各有关方面在维护组织整体利益,实现组织整体目标的基础上达到协调一致。

二、危机管理中秘书工作原则

(一)及时原则

及时原则是指危机一旦发生能及时控制。危机突然发生时,可能会造成一定程度的混乱,并给人们的心理上造成紧张、恐惧,各种谣言也最易流传。因此,危机的处理一定要抓住宝贵的"24 小时"的时机。

(二)主动原则

在组织进行公共突发事件处理时,无论面对的是何种性质、何种类型、何种起因的事件,组织都应主动承担责任,积极进行处理,即使起因在受害者一方,也应首先消除危机事件所造成的直接危害,以积极的态度去赢得时间,以正确的措施去赢得公众,创造妥善处理危机的良好气氛,而不应一开始就采取消极、被动的态度,追究责任,埋怨对方,推诿搪塞,从而耽误处理危机的时间,造成危机处理的被动局面,引发更大的危机。积极主动还表现在维护公共利益上,使组织的行为与大众的期望保持一致,通过一系列对社会负责任的行动来建立组织的信誉。

(三)真实原则

组织在处理危机的过程中,无论对组织内部职工,还是对新闻媒体、受害者、上级领导等都要实事求是,不能隐瞒事实真相。当危机情况出现以后,组织应确定一个发言人代表组织对外部介绍事件真相以及组织正在做出的努力,让公众了解情况,理智地对事实做出分析判断,以争取主动,求得公众的信任和谅解。

（四）公开原则

当危机发生时，一个组织必须公开它所知道的一切关乎危机的消息。如果确实不能掌握可靠信息，那就必须承诺在了解后全部加以公布。日本中央大学教授石崎忠司在《危机发生时的信息管理——核电站事故的教训》的演讲中指出，隐瞒负面信息会令有关企业丧失信用，而这些企业可能会进一步使整个行业的可信性受损。公开包括负面消息在内的准确信息是企业遭遇危机时必须履行的社会义务。危机发生后，为了避免产生不信任和混乱，有关方面必须迅速而且正确地公开信息，并且设计一元化的信息管理系统，避免内部人员的说法自相矛盾。危机时，权威机构信息公开和主流媒体的及时介入，能够降低社会成本，减少因谣言导致的损失。

三、危机管理中秘书的职能

在任何危机管理过程中，危机生命周期都是制作操作流程最重要的考虑因素。按照美国学者斯蒂芬·芬克的危机生命周期理论，我们将组织危机管理的流程归纳为以下四个阶段：危机预防阶段、危机准备阶段、危机反应阶段和危机恢复阶段。根据秘书工作的特点，秘书在四阶段危机管理中的职能为：

（一）建立预警机制

1. 树立危机意识

危机意识是秘书工作意识的内容之一，有了这种意识，就能对危机的征兆较为敏感，能及时发现危机迹象，对有可能导致危机的小问题尽早加以控制；同时，对危机的到来有充分的心理准备。当危机到来时从容镇定，能够在危机中看到并抓住改善管理、重塑组织形象的良机，而不至于束手无策或手忙脚乱。要重视不同意见，特别是不顺耳的反面意见。当然，秘书人员树立危机意识并不意味着工作缩手缩脚、畏首畏尾。正因为有了危机意识和相应的准备，才能够放心大胆地创新、改革，把辅助领导工作做得更好。

2. 加强信息管理

信息管理是预警系统的重要组成部分。信息管理的含义就是防止不利的信息对领导决策和组织正常工作的干扰，避免领导做错误的决策，避免公众的心理和情绪受到不良刺激。秘书部门及秘书人员可根据组织的性质，将危机信息和呈报范围分成不同级别，对收集到的事关危机的信息进行筛选、分析和整理，借助科学的方法，对危机可能造成的后果或损失进行初步的评价，然后根据具体情况决定该信息呈报或发布的范围和时机，要防止漏报或误报。[①]

2007 年 8 月，受"帕布"和热带辐合带共同影响，广东雷州半岛南部普降特大暴雨，暴雨造成严重大的洪涝灾情，湛江、茂名、雷州三市 37 个乡镇共有 116.5 万人受灾，其中倒塌房屋

---

① 郝懿：《刍议和谐社会构建与秘书危机公关》，《中国经贸导刊》2010 年第 19 期，第 95 页。

36 间。由于连日大暴雨,8 月 12 日凌晨 4 时,湛江的乌石、北和、覃斗等地出现"湛江大暴雨要引发大地震"传言,引起当地群众恐慌。面对这些传言与谣言,地方领导没有忽视,而是将其视为重要的信息来监测。8 月 12 日凌晨 5 时许,湛江市雷州英利镇镇长李巧言表示,他先后接到了覃斗镇和本镇两名退休干部的电话,询问雷州是否会发生地震。之后,当地干部发现传言范围不断扩散,于是立即上报上级单位。湛江市地震局、湛江市气象局获悉传言后,在上午 8 时 25 分决定利用气象部门的手机短信应急服务平台,向湛江民众发送辟谣短信。8 时 30 分,接到指示的省气象局科技服务中心立即启动应急服务预案,随时向湛江市 140 万手机用户发送紧急短信。8 时 41 分,准备工作就绪,辟谣短信以每小时 50 万条的速度开始下发,湛江民众开始陆续收到由广东省气象部门和地震部门联合发布的短信:"湛江市地震局、气象局特别提醒您:近日没有发生地震,今天早上 4 点钟左右,湛江市雷州乌石、北和、覃斗等地出现地震谣传,请大家不要恐慌!"10 时 30 分,广东省气象局再次通过手机短信应急服务平台加发另一条免费气象短信,告知湛江民众未来天气动向。在短短的 3 个多小时内,280 万条免费提醒短信顺利下发,省气象台表示,这次紧急行动显示了手机气象短信应急服务平台在灾害天气信息服务和突发公共事件应急服务中的重要作用。

这则案例生动地说明了危机预防就是最好的危机管理。而危机预防的有效手段就在于重视对信息的侦查、分析与预警。这则案例也说明了手机短信等新媒体在危机管理中越来越受到重视。

(二) 进行危机准备

组织的危机准备就是在危机发生之前,在预测可能发生的危机之后,着手建立相应的机构、准备危机中可能需要的各种物质资料等。具体如下:

1. 组建危机处理小组

组织的危机处理小组可以是专设机构,也可以是由各部门人员兼职组成的临时机构。危机处理小组必须获得组织最高领导的授权,以使其在危机爆发后能拥有危机处理的最高决策权力,调动所需的资源。为此,危机处理小组的成员必须包括组织的最高决策者和专业性的公共关系人员、管理人员、法律人员、财务人员等。秘书应该在危机处理小组中发挥辅佐管理、协调关系的职能。

2. 保障组织资源充足

资源保障包括两个方面:人力资源和物力资源。人力资源的保障重在对组织内部的员工进行危机意识的培养,同时,要对组织危机管理的专业人士进行培训,以确保危机处理时有一批训练有素的专职人员。组织物力资源管理是对组织经营所需的各种物资、设备进行计划、采购、使用和节约等的组织和控制,关系到组织的正常连续运行和流动资金的节约。物力资源应注重组织各职能机构的硬件建设,提供危机处理时所需的各种物资保障。

3. 组织仿真"演习"和训练

任何组织的危机预防都要落实到具体的实战演习中,以确保危机意识能够有效转化为行动,并发现与改进危机预案的问题和缺陷。因此,组织可在平日进行仿真训练,增强组织危机管理人员的应变能力。如北京市公安局、消防局、地铁公司在2007年9月15日组织了地铁灾害事故实战演习,在演习中,地铁司机在发现火情后,立即向行车总调度报告,并将列车开进国贸站;总调度向主管部门报告情况,同时拨打110、119报警,启动应急广播、事故照明和通风排烟系统;组织引导车厢和站台上的乘客紧急疏散和火灾扑救。众多部门在演习中强化了危机意识,提高了危机处理能力。

(三)实施危机处理

1. 深入现场,了解事实

这是危机处理的第一步,出现危机事件的组织领导人还必须亲自出马。中外成功的危机管理案例都有一个共同的特点,就是领导人亲赴第一线,给人一种敢于负责,有能力、有诚意解决危机的形象。2000年8月,俄罗斯有118位官兵的"库尔斯克"号核潜艇沉没时,普京总统没有立即终止休假,赶赴现场,犯了危机管理错误,导致普京的支持率从7月份的73%下降到65%。

在这个关键的第一步中,秘书部门及秘书人员首先要协助领导迅速公布危机事件的真相以及组织明确的、正确的态度和所要采取的措施,使内部员工不至于人心恐慌,保持镇定,相信组织,增强克服困难的信心。其次,帮助组织引导内部员工真实传播信息,不散布流言,通过多种渠道,广泛传播事件真相,争取海内外各界人士的同情和支持。

2. 主导舆论,统一对外

危机事件发生后,各种传闻、猜测都会发生,媒体也会纷纷报道。这时候,组织应委派"发言人"主动与媒介联络,特别是首先报道事件的记者,以"填补信息真空",掌握舆论主导权,统一对外传播。

秘书应当在领导的支持下,迅速查明事件真相,并将真相开诚布公地告知媒体和公众,以示组织解决问题的诚意,在取得公众谅解的同时,也可以避免流言和无端猜疑,遏制事态进一步扩大。此时的工作重点就转移到媒体公关上来,要引导媒体对事件进行客观报道。媒体尤其是大众传播媒体因为其传播方式和效果,往往成为危机影响范围扩大的重要因素,甚至可以引发危机。所以,组织要实事求是、立足长远,勇于承担责任,同时主动与媒体沟通,公布危机事件的前因后果,把握信息传播的主动权,让公众更多地了解和认同组织。因为秘书部门往往受命于领导,代表领导机关办理组织管理中的对内对外各项工作事务,其特殊的地位以及领导者权利、权威的延伸与辐射,使秘书人员具备了面对媒体公关的能量。当危机事件发生时,秘书虽然没有掌握管理系统中的支配权力,却可以作为组织的代表出面,以训练有素的姿态面对媒体和公众,这又与领导直接出面解决不同,有很大的回旋余地和弹性空间,增强了公关的效果。秘书的这一工作职能在没有设立公关部门的组织中体现得尤为突出。

3. 启动小组，确立对策

危机事件一般影响面较广、压力较大、时间较短，为了最大限度地平衡组织与公众的利益、控制事态的发展，就要立即启动专门的危机处理小组，由主要负责人亲自领导，并根据事件性质的需要决定其构成。危机处理小组要根据搜集到的情报和资料以及组织所拥有的可支配资源制订危机处理计划，并立即奔赴危机事件现场，展开全面行动。危机处理机构的组建不是随机的，它有权调动组织的可支配资源，并有权代表组织做出妥协、承诺或声明，而秘书部门因其在组织中的枢纽地位及其与领导者的特殊联系，成为危机处理小组不可或缺的成员。秘书可以直接受命于领导，向各有关部门和公众传达领导的决策和意图，同时，可以及时将调查结果和危机事件的进展反馈给领导。在危机管理计划中必须明确危机解决方案、目标和策略等内容。涉及专业领域的危机事件，秘书则应在制定危机管理计划时咨询专业人士共同参与决策，以确保危机计划的可实施性。

4. 安抚公众，缓和对抗

这一步很关键，因为一般的处理方式是一味地自我表白，一个劲地为组织作解释工作，这是危机处理的大忌。即使组织有各种理由，此时也应该先安抚受害公众，真心诚意地取得他们的谅解，这样危机才有可能顺利化解。

秘书人员要协助相关单位或公共组织正视问题，主动承担责任，造成的后果不避重就轻，对应承担的事故责任不推诿搪塞。首先，要诚恳地向公众致以歉意。其次，协助有关部门尽快调查危机发生的原因，追查肇事者，或搜寻下落不明、生死未卜人员，对遭受伤害的人员进行积极的抢救治疗，对其家属进行慰问、抚恤，或对受损失的人员在经济上进行赔付、补偿，必要时予以先行垫付，或对相关人员进行心理干预等。这些行动要争分夺秒，全力以赴。这本身就是一种态度，它不仅有助于控制事态，而且有助于赢得公众的信赖和支持。

5. 全员公关，加速化解

危机发生后，组织要第一时间分清公众类型，因此，秘书必须掌握公共关系学的基本知识和技能。这一环节，秘书要协助组织争取顺意公众和边缘公众（如消费者、社团、权威机构等）的合作，协助解决危机。这是增加组织在公众心目中的信任度的有效策略和技巧。

秘书部门要争取上级乃至社会公共组织的关心和救助资金的拨付、新闻媒体的跟踪报道、军队和公安部门乃至保险部门等的协助。重大危机事件的发生时，还要充分考虑寻求国际社会的救援和支持。对上级主管部门乃至社会公共组织，要协助本组织派人或组织负责人亲自去通报受灾情况和采取的措施等，征求并按他们的意见处置危机。对于国际社会的救援与支持要协助政府相关职能部门开通"绿色"通道，使人员和物资尽快到位，获得良好的社会声誉。

（四）进行恢复工作

1. 协助组织确立新的公关目标

从危机开始发生起，秘书人员就要识别和判断危机的类型，了解组织形象受损的程度，逐步明确重塑形象的目标和内容,为开展新一轮的公关活动做好充分准备。要根据造成危机的原因,全面总结以往组织危机应变工作的问题和经验,分析在危机中与新闻媒体交往的情况,提出标本兼治的计划方案。同时也要看到,危机过后,组织的实力或形象受到一定程度的影响,群众对组织产生反感、怀疑或抱有观望态度。一般来说,重塑组织形象的工作主要包括以下几个方面:① 协助组织使受害者及其家属得到最大的安慰和谅解;② 协助组织尽快核实并补偿受损失者;③ 协助组织尽快通过积极的公关活动消除不良影响,吸引群众的合作与支持。

2. 协助组织加大信息传播力度

危机事件往往是组织向公众显示其高超的传播能力和生存能力的大好时机。秘书人员要利用各种传播媒体,展示组织能够经受波折,坚忍不拔的素质和强大的凝聚力,进一步扩大组织的知名度,提高组织的美誉度。要宣传领导人高超的决策水平和指挥艺术,宣传应变机构得当的工作计划和实施方案,宣传员工的团结协作风格和奋斗精神。

【思考题】

1. 简述危机与风险的关系。

2. 简述危机管理的定义。

3. 危机管理的原则有哪些? 举例佐证。

4. 在危机管理中,秘书如何进行危机准备工作?

5. 危机爆发后,秘书应作出何种反应?

【案例分析】

重大突发公共安全事故舆情应对工作的五点启示
——以"10·28"重庆公交车坠江事故为例①

编者按:2018 年 10 月 28 日 10 时 08 分,重庆市万州区一公交车在万州长江二桥桥面与小轿车发生碰撞后坠入江中,应急管理部、公安部等部门组成的部际联合工作组迅速指导当地做好人员搜救等处置工作,该事故受到公众持续关注。11 月 2 日,事发时公交车内监控视频公布,事故原因系乘客与司机激烈争执互殴致车辆失控,这一结果震惊舆论。随后,舆论围绕公共安全、法律责任、警示意义等话题展开深入讨论,各地也陆续出台保障出行公共安全的应对举措。法制网舆情中心(ID:fzwyqzx)详细梳理此次舆情事件,呈现舆论场中的各方观点,并结合近年来发生的多起重大突发公共安全事故舆情工作的经验教训,提出处置建议,以供相关部门参考。

---

① 王媛,彭晓月:法制网舆情中心(ID:fzwyqzx),2018 年 11 月 10 日。

一、舆情综述

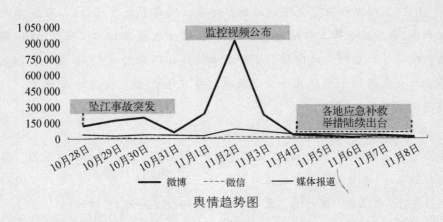

舆情趋势图

（一）重庆突发公交车坠江事故　舆论火速聚焦

2018 年 10 月 28 日 12 时许，重庆市公安局万州分局官微"@平安万州"通报称，当日 10 时许，一辆大巴车与一小轿车碰撞后冲破长江护栏坠江，市区两级党委政府已紧急组织公安、海事、长航等相关部门全力搜救。13 时许，万州区委外宣办官微"@万州发布"通报称，坠江车辆水下位置已基本确定，车载人数、事故原因等相关信息正在进一步核实。当日，由应急管理部副部长孙华山牵头，公安部、交通运输部等部门相关负责同志参加的部际联合工作组赶到事故现场，指导协助地方党委和政府做好人员搜救等应急处置工作。

突发消息引发新华网、"@央视新闻"等媒体转发和网民聚焦。

（二）"女司机逆行"谣言流传　警方通报辟谣

随着舆情升温，救援进展以及事故原因成为关注焦点。此时，更多细节被地方媒体披露出来：《南方都市报》引用万州区委宣传部工作人员说法，证实坠江大巴车为 22 路公交车，司机基本信息也遭曝光；《新京报》等媒体采访相关处置部门后报道称，事因小轿车车主"穿高跟鞋开车逆行"导致，万州区交巡警支队通报其已被警方控制。以上消息经过"@搜狐新闻"等媒体、大 V 扩散后引发舆论哗然，不少网民怀带愤怒之情对"肇事女司机"展开人身攻击。

当日 18 时许，"@平安万州"再发通报，称事故原因系"公交客车在行驶中突然越过中心实线，撞击对向正常行驶的小轿车后冲上路沿坠江"。舆情发生反转，网民纷纷向女司机道歉。

（三）官方次第发布救援信息　舆论持续关注进展

10 月 29 日，舆情持续高热，与救援工作有关的报道铺天盖地。同日，后车行车记录仪记录的重庆公交坠江瞬间视频曝光，惨痛画面引发网民唏嘘。随后，又有网民爆料称"公交车司机 K 歌到凌晨导致开车时睡着引发事故"，使得部分网民猜疑之声再起。

10月30日，据澎湃新闻报道，涉事轿车女司机解除控制后回家。

10月31日，救援工作取得突破性进展：失事公交车黑匣子已找到，公交车被打捞出水。事故调查、善后安抚等工作陆续推进过程中，官方救援工作组织有序，媒体同步发布的信息有效缓解了公众的焦灼情绪。部分媒体报道标题触动人心、画面感强，如《父亲不幸在重庆坠江公交遇难 救援队儿子含泪救援》《重庆坠江公交被捞起 车体变形》等，舆论场悲伤情绪久久不散。

（四）事故原因公布震惊舆论 舆情高热触顶

正当舆情降温之际，11月2日，重庆官方召开新闻通气会公布了事故原因。据车内黑匣子监控视频显示，系乘客与司机发生激烈争执互殴致车辆失控所致；两人互殴行为严重危害公共安全，涉嫌犯罪。这一消息无异于在舆论场投下一颗"重磅炸弹"。

当日，"重庆公交车坠江原因"、"重庆公交车坠江视频"等微博相关话题阅读量突破5亿。媒体转载报道时以《2人争执，3秒互殴》《她错过了1站，14个人错过了后半生》等强烈反差、表达极度痛惜之情标题文章，带动情绪迅速扩散。而自媒体的讨论热度更是高涨，无数网民将矛头指向乘车者刘某，愤怒称"就因为你坐过车，就让全车人为你陪葬"，刘某的个人信息也遭到"人肉搜索"，其家属甚至遭到线下骚扰。另外，"你有多少明天，才能扛过一个意外"等论调也流传甚广，舆论被恐惧和焦虑情绪笼罩。

（五）类案接续曝光 舆论迅速转向反思层面

视频的曝光无疑将这起事故的舆论讨论引向另一个层面——社会公共安全问题。《南方都市报》等媒体称，22路公交车近年来多次发生打斗事故，严重者受到刑事拘留处罚；同时，全国范围内抢夺方向盘的司乘纠纷类案也接连曝出。另据网络调查报告显示，仅2017年至2018年间，类似公开判决的案件就有52起，其中，52名乘客和1名司机因危害公共安全获刑，案件起因均是坐过站等细小原因。在此阶段，媒体、自媒体、专家、网民围绕如何保障社会公共交通安全、如何重塑公共规则意识等问题进行反思和探讨。

时　间	事　件	行为后果	涉案人员处置
2018年4月2日	安徽大巴女乘客下车要求被拒后抢夺方向盘	未有人员伤亡	以危险方法危害公共安全罪被采取刑事强制措施
2018年4月20日	湖南大巴车上一乘客抢夺方向盘被其他乘客飞踹制服	未有人员伤亡	移交派出所处理
2018年5月2日	江苏男子瞿某饮酒上车后因公交卡余额不足与司机争吵乱拨公交车档位杆	一乘客在司机急刹车时摔伤	被常熟市法院依法判处有期徒刑三年，缓刑三年

续　表

时　间	事　件	行为后果	涉案人员处置
2018 年 5 月 11 日	北京乘客因冒用学生卡乘车被司机制止与司机发生撕扯	严重影响公交车正常行驶	涉嫌以危险方法危害公共安全罪被刑拘
2018 年 6 月 9 日	重庆綦江公交车乘客因妻子未能上车与司机争吵猛抓司机手中的方向盘	车辆偏离正常路线,险酿交通事故	未提及
2018 年 9 月 19 日	湖北汉口公交车男子突然爬上驾驶室抢夺方向盘	及时停车未造成伤亡	未提及
2018 年 10 月 14 日	江苏镇江女乘客大闹行驶中公交车坐到司机身上抢方向盘	未提及	涉嫌以其他危险方法危害公共安全被刑拘
2018 年 10 月 29 日	北乐公交车乘客坐过站下车遭拒用手提整箱牛奶击砸司机	与轿车发生剐蹭	以危险方法危害公共安全罪被刑拘
2018 年 11 月 4 日	湖南湘潭公交车上一名老人因坐过站要求停车,遭拒后抢夺方向盘	及时停车未造成伤亡	被警方带走调查

（六）多地出台应急补救举措 舆情逐渐降温

11 月 3 日之后,重庆公交车坠江事故所带来的舆论辐射效应逐渐显现。

11 月 4 日,重庆多部门联合召开全面加强公共交通安全稳定工作会议,将从严惩危害公共安全的各类违法犯罪行为、为车辆配备必要的安全防护设施、制定出台驾驶员突发情况处置操作规范等多方面全面加强公共交通安全稳定工作。

11 月 5 日,应急管理部召开党组会议,要求完善公交车、长途客车驾驶员安全防护设施;中国新闻网报道称,目前南京、北京、重庆、西安、武汉、长沙等多个城市公交部门纷纷出招防"车闹",如加装护栏、安装一键报警装置、"心理疏导＋应急演练"等。

截至 11 月 7 日 12 时,与重庆公交车坠江事故有关的媒体报道超 9 万篇,相关微博 200 万余条,微话题"重庆公交坠江"等阅读量逾 15 亿次。

二、舆论观察

（一）坠江事故之悲

1. 探讨事故带来的警示意义

因情绪失控导致公交车坠江,这样沉重的代价让人窒息。舆论主要围绕事故带来的警示意义进行讨论。《人民日报》、新华社、央视网等央媒立足社会文明和遵守公共规则，指出社会公共安全水平与社会公德素养密不可分，对规则和文明的捍卫更需要法律的保驾护航。还有部分舆论声音关注事故发生背后的另一层原因，即情绪失控，呼吁公众保持冷静克制。如《新京报》评价称，"从本质上来说，这起事故是规则意识进化不完全的'衍生品'，是人际内耗和互掐的结果"。

2. 反思人性"平庸之恶"

在微博、微信等自媒体中，有网民指责乘客的无理取闹，有网民讨论司机应急处置方式失当，还有网民将矛头对准了另外 13 名乘客的"无动于衷"，但更多论调则认为悲剧根源来自于人性的"平庸之恶"。如网民"@牧野山林"称，"很多时候，我们都在那样一辆车上，有人装睡，有人假装看不见，在众人的无动于衷中共同走向了深渊"。微信公众号"霍老爷"的文章《22 路公交车上，没有一个屈死鬼》轻松获得 10 万+ 阅读量。同时，以微信公众号"长安剑"为代表的官方新媒体则立足正能量，发出"弘扬正气"的倡议，号召公众不做冷漠的围观者、低俗的跟风者、负能量的传播者，短短 48 小时内就收到 5000 余万人积极响应。

（二）涉法议题之问

在此次公交车坠江事故中，相关的涉法议题必然是舆论场中无法绕开的重要话题。而这一话题大致分为两点内容：

1. 事故各方法律责任几何

在事故原因未公布之前，已经有专家、律师讨论涉事司机可能承担的法律责任。如法律人士曾杰等认为，涉事司机可能涉嫌交通肇事罪和危险驾驶罪。对于乘客刘某的责任，浙江雄略律师事务所主任律师郭力认为，可对其依法认定为"以危险方法危害公共安全罪"。还有舆论声音关注到后续追责赔偿问题，如北京师范大学刑事法律科学研究院中国刑法研究所副所长彭新林表示，公交车公司作为运输合同上的承运人，需承担民事责任；《法制日报》认为，女乘客和公交司机的民事责任由他们的继承人在其遗产范围内承担，遇害的无辜乘客家属可以同时向女乘客和公交司机的家属、公交公司提出民事赔偿。另外，也有网民指出，按照最新防护栏标准，重庆万州公交车或不致坠江，该问题则将责任主体指向了路桥管理部门。

2. 如何以法治手段进行规制

事故原因公布后，舆论更多的关注如何通过法律手段对现有扰乱社会公共安全的行为进行规制。其中，干扰公交司机驾驶并造成严重后果的行为，涉嫌"以危险方法危害公共安全罪"，应被追究刑事责任，这是目前舆论的普遍共识。北京大学法学博士后郭卫华建议在刑法中单列"妨害安全驾驶罪"，以减少重庆公交车坠江之类的惨剧。另外，还有舆论认为严格执法、规范司法与加强普法也不可或缺。《新京报》提出，有必要针对"抢夺公交方向盘"等危害公共行为制定严格的执法标准。《法制日报》评论称,要"以司法遏制殴打公交司机的恶行,法院的判决应是对群众呼声的回应"。东南大学法学院副教授顾大松建议,可在公交车驾驶室旁边贴上法规条文,明确乘客妨害司机正常驾驶的法律责任,提示乘客面临的法律后果。

（三）公共安全之议

舆论围绕如何保障社会公共安全,提出了诸多有见地且操作性强的建议。如中国政法大学教授阮齐林建言,公交公司应对司机进行安全意识培训,建立起司机预防冲突防范体系,比如在培训时明确告知司机如遇此类事件,首先靠边停车、报警,不能与乘客暴力冲突,培训结束后,进行考核,如不达标不能上路。

另外,也有部分专家、大 V 等表示可以引入国外一些先进的制度和经验。大 V"@陈世渠"称,在从 2017 年年初开始,为保证驾驶员安全,美国堪萨斯城给每辆公交车驾驶座都装上玻璃隔离门,且新法规定袭击驾驶员等同于袭警;爱尔兰的驾驶室位置被保护得特别好并设有防弹玻璃。参考消息网称,英国伦敦市政府对公交车司机的安全培训,除了开车技能外,重点还包括如何应对冲突。

三、舆情解析

(一)事故原因出人意料瞬时引爆舆论

事发以来,自"女司机逆行酿祸"被官方释疑之后,这起坠江事故的原因就一直成为公众抹不去的心头之问。舆论对此也多有揣测,车辆失控、司机急症、路况故障……但始料未及的是,这场惨剧竟起于一场司乘之间的争执,其起因之荒唐、情节之戏剧、结果之惨痛,都无疑带给公众极大的心理冲击,堪称是"近年来庸常之恶、无视规则者酿成的最惨痛的人祸"。而从舆情走势看,这则监控视频如同导火索,将舆论场中的愤怒、批评、指责、反思等种种负面情绪瞬间点燃,成为舆情陡然升温的关键因素,并对后续舆情态势产生了决定作用。

(二)"人人自危"式代入心理引发情感共鸣

相较于以往发生的重大突发事故而言,此次事故造成的人员伤亡并非最多,性质也并非最恶劣,但却因深深戳中公众痛点而引发了情感共鸣。如果说在视频公布前,公众多持观望、等待的旁观者心态,那么事故原因公布后,公众的焦虑和恐慌的心理被大大激发,产生出强烈的同理心和代入感。这种感受使网民意识到,"任何一个人都有可能成为舆情事件中的当事人"、"人人都可能成为受害者"。公众急于通过公开讨论的方式倒逼问题解决,避免重蹈覆辙。在此背景下,网民就出行公共安全、公共规则等话题展开讨论,并在短时间内汇集成为巨大声浪。而这场讨论也是迄今为止,公众对恪守、敬畏公共规则形成的认知最为统一、讨论最为深刻的一次,客观上为后续法规制度的完善打下了坚实的舆论基础。

（三）强烈情绪催动舆情强势升温

回看坠江事故舆情脉络，可以清晰看到，舆论情绪在整个舆情发展过程中的关键推动作用。视频公布前后的舆情信息量差距高达十倍，其中相关话题在微博舆论场的讨论中体现尤为明显。比如，针对"女司机逆行"传言，大量网民在强烈的愤怒和膨胀的正义感驱使下，发出"害人精去死"、"自杀谢罪"等网络言论。在视频公布后，涉事者"死有余辜"、全车人为不守规则者"陪葬"等情绪性论调充斥网络。总体来看，本次事件的舆论传播呈现出明显"情绪主导舆情"的非理性特征，在负面情绪的强势催动下，舆情热度迅速攀升触顶。

（四）次生舆情频发增加舆情曲折性

重大突发事故的发生具有突然性，往往令人猝不及防，这也决定了其在舆情发展过程中的不可控性。任何一则消息、一个进展可能都对舆情的走向产生影响，衍生出舆情风波。在舆情早期，"女司机穿高跟鞋逆行"的消息在网络疯传，致使舆论关注点一度失焦。随后，又有网民称司机凌晨K歌致事发，还挖掘出其抖音账号等个人信息，再次让舆论矛头转向。而视频公布后，多起因乘客与公交车司机发生争执导致车祸事故的类案被集中曝光，不断催热舆情讨论热度。可以看到，不实信息、网络暴力、类案曝光等次生或衍生舆情在此次事故中均有出现，一定程度上增加了舆情态势的曲折性和复杂性。

四、处置评点

2015年、2016年，全国范围内相继发生了一系列重大突发公共安全事件，政法机关舆情危机处理能力建设被迫提上日程，并在处置应对中得到锤炼。在这类突发公共安全事件中，舆情应对与舆论引导是考验危机处理能力的重要标尺，回顾此前案例以及总结重庆此次事故处置工作可以发现，相关处置部门表现出来的一些经验或教训，值得政法机关借鉴和警惕。

（一）完善新闻发布制度　抢占宣传阵地

国务院发布的有关政务公开和舆情应对的要求中均有提及，对涉及特别重大、重大突发事件的政务舆情，要快速反应，最迟要在5小时内发布权威信息，在24小时内举行新闻发布会，并根据工作进展情况，持续发布权威信息。在湖北"东方之星"沉船事件发生后，交通、水利、气象等相关部门组织14次新闻发布会，每小时向媒体通报救援最新进展；宁夏公交车纵火案中，贺兰县、银川市在事发后连续召开新闻发布会，通报伤亡人数，对事件作出定性，介绍救治情况。密集的信息发布向公众展示事件全貌，体现出救援工作的有序开展，有利于抢占舆论阵地。

当然，发布会并不是唯一选择，当信息量不足以支撑一场新闻发布会时，也可以选择在官方微博或微信平台进行情况通报。在准备不足的情况下仓促召开发布会，可能带来另一种形式的"灾难"。例如天津港爆炸事故发生后，天津政府在紧急召开的新闻发布会上出现时间推迟、出席人员频繁变动、发布会被打断等情况，在引发网民吐槽之余，更加深了舆论对政府救援处置不力的质疑。

（二）兼顾官方信息的准确性和时效性

在突发事件中，网络舆情风险主要来自两方面：一方面，公众的"信息饥渴症"使得他们容易对已公开的信息进行"加工"和"想象"，产生不实信息；另一方面，调查的"空档期"，谣言往往趁虚而入，增加社会恐慌情绪。这意味着舆情回应需要兼顾准确性和时效性，尽力压缩舆论对信息"加工"的时间以及谣言滋生的空间。尤其是在事发初期，公众最迫切地想了解的是事实真相和进展情况，官方必须抓紧第一时间与舆论赛跑。从时效性角度来说，重庆当地政府部门在事发2小时内通过警方官微发布首份情况通报，8小时后给出事故原因结论，基本符合重大突发事件舆情回应的要求。

（三）建立辟谣与发布的协同机制

对于突发事件中滋生的网络谣言，一般是采用"官方辟谣＋全媒体播报"的方式清理舆论场。但这远远不够，还需加强对媒介信息发布的审查力度，及时处理未经权威证实的不实信息，从渠道上切断谣言传播的可能。这就需要在官方和媒体之间建立辟谣和信息发布的协同机制，保持权威发布、媒体自采、信息管控三者之间的平衡，令官方声音在其他信息的印证和补充中得到增强。例如在天津港爆炸事故中，"700吨氰化钠泄漏"、"有毒气体扩散"等谣言满天飞，事发4天后，《人民日报》对传播较广的谣言进行汇总，澄清谣言数量多达27个，中央网信办更是火速查处360个微博微信账号、60家网站，有力廓清了舆论氛围。重庆公交车坠江事故中，在媒体自采的"女司机逆行导致车祸"说法广泛传播、网民对女司机"喊打喊杀"时，万州警方及时明确事故原因，及时刹住舆论乱象。

（四）主动设置议程　把控信息流向

在突发重大公共安全事件中，事态发展速度加快，通常会引发强烈的舆论跟随效应，其表现就是舆论随着事件进展产生大量的情绪性讨论，导致官方的权威回应被淹没。因此，舆情处置主体可在议程设置方面借助舆论跟随效应，充分利用官方新媒体平台的权威性和主流媒体的影响力，突出政府的主导性工作。例如从救援工作难点入手，将救援队伍作为报道主角，通过媒体将舆论关注引向救援工作，实现对信息流向的把控。同时，还通过对正面人物的塑造和事迹的宣传，对冲舆论的负面情绪。如重庆公交车坠江事故发生后，"@央视新闻"连续发布27篇微博，用图文、视频等方式持续播报救援的详细进展，展露救援工作中的温情细节，引起众多媒体官微转载；在上海外滩踩踏事件中，一开始即由上海市政府新闻办公室官方微博作为对外信息发布的主窗口，协同相关部门信息发布与推送，使官方微博成为社会、媒体、网民等获取信息的唯一窗口，保证了到场信息的权威性。

（五）突发事件处置不能止步于舆情

面对重大灾难事故时，舆论讨论往往会向社会问题这一层次深入。在此语境下，除了仍要将突发事故的处置摆在第一位之外，也需在社会面进行相应调整，实现宣传与反思的同步。只有消除和控制了那些造成事故的风险因素,推动安全升级、制度保障、法律完善,才可能从根本上消除和控制风险,重塑公众安全感。以重庆公交车坠江事故为例,具体来说:一是实体层面的改进,公共话题通常伴随着焦虑恐慌情绪,必须有赖于实体层面的实质性改变予以安抚和缓解,如各地纷纷推出的保障公交车安全行驶的措施;二是以案普法的跟进,用法律利剑惩治违法现象,保护公共安全,是社会反思落地的必然途径,例如多地法院在官微官网上披露类案的判罚结果,起到了生动普法和警示教育效果。

结语

目前,重庆公交车坠江事故舆情总体平缓,后续处置工作仍在继续。但该事件以及类案处理中,还有一些舆情风险需要注意。

除了技术和安全手段升级,舆论还呼吁完善法律法规,建立刚性的制度,给处于工作状态的驾驶员遮起一把保护伞,为类案处置提供更为精准的法律指引,相关立法司法部门可关注此类舆论动向。

从当前公布的多起案例来看,公安机关均将打骂、拖拽司机、抢夺方向盘等行为以涉嫌以危险方法危害公共安全入罪。此举固然符合当下的舆论心理期待,但各地政法机关也需严守执法边界,明晰暴力与非暴力的界限以及冲突双方的责任归属,以免处置扩大化,矫枉过正。

虽然引发悲剧的涉事人员均已在事故中死亡,但还有一些法律责任需要更进一步的调查工作来明确,例如对公交公司和涉事人员的民事赔偿责任问题,后续或随着相关内容的发布还会引起舆论热议,当地处置部门需提前做好舆论引导预案和准备。

思考:

1. 重庆公交坠江事件的危机决策有什么成功之处?如何体现了快速反应原则?

2. 如何引导危机事件中的信息流向?

3. 在危机管理中如何制定媒体策略?

案例分析目的:

1. 吸收重庆有关部门处理公交坠江事件的成功经验,培养学生危机管理的预防意识与决策意识。

2. 通过讨论,培养学生对危机管理的兴趣,增加学生之间的互动与学术交流,提高对各种危机案例的比较意识与学习意识。

【实践训练】

学生以班为单位分组调查政府、企业、事业单位处理危机事件的情况,了解这些组织危机管理的预防意识及危机管理的处理情况。

要求：

1. 每位同学出 5 个问题，以 10 人左右为一组，每组根据危机处理的流程出 50 个问题形成调查问卷；

2. 每组选出正、副小组长，负责调查问卷的设计、打印及调查的组织工作，组长依据表现加分；

3. 每组在实地调查结束后，形成一份书面调查报告，字数约 3 000 字。

目的：　通过调查锻炼学生的社会调查能力、应变能力、表达能力、写作能力，培养对危机管理实践的感性认识。

【知识链接】

美国弗吉尼亚校园枪击案①

2007 年 4 月 16 日 7 点 15 分(北京时间 19 点 15 分)，美国弗吉尼亚理工大学发生恶性校园枪击案，枪击造成 33 人死亡，枪手本人开枪自尽。枪击案令美国举国震惊。枪击案凶手为韩国裔学生赵承辉，案件发生后，在美国政府通报韩国外交通商部疑凶可能是韩国裔学生之后，韩国政府立即启动应急机制，以韩美关系、侨民利益、国家形象为重点，在事发后的两天内采取了一系列紧急措施。其中，政府危机管理、政府危机公关发挥了不可忽视的作用。

一、在政府内部组成紧急对策小组

在得到凶手可能是韩国人的通报后，韩国外长宋旻淳立即召集紧急对策会议，成立紧急对策小组。并致电美国国务卿赖斯对这次悲剧中遇难的无辜人士表示了沉痛的哀悼。同时，韩国政府和韩国驻美国使领馆也就有关在美韩国侨民安全等问题紧密协商，并采取相关措施。这些行动说明了政府在应对国际危机公关的第一步：在政府内部组成紧急对策小组，迅速行动，紧急部署。

二、政府各级官员反复表达哀悼和慰问

在未确认疑犯是韩国裔学生前，卢武铉就对遇难者表示了自己的深切哀悼。4 月 17、18 日两天内卢武铉三次向全体美国国民表示震惊和哀悼。此外，韩国总理、韩国各大政党也向美国国民表示慰问。并采取行动消除不良影响。外交通商部已经指示所有韩国驻美外交机构，希望它们能采取有效措施，努力避免在美国的韩国人受这起事件影响。

韩国政府各级官员反复表达哀悼和慰问，一方面显示出对这一事件的充分重视，另一方面也营造出韩政府正在积极处理问题的舆论氛围。

三、在国内运用适当的公关策略

韩国政府也积极在国内运用了相当合适的公共关系策略。18 日，韩国的一些民间团体

① 唐钧：《政府公共关系策略与实务》，中国传媒大学出版社 2008 年版，第 208 页。

和首尔市民组织了烛光集会等活动,哀悼枪击案亡魂。在美国驻韩大使馆附近,韩国民众还设立了悼念处,由市民自发向枪击案遇难者遗像献花和留言。

17 日,韩国观光公社决定,停播刚于 16 日开始在 CNN 电视台播出的韩国旅游广告"闪亮韩国",以避免情绪处于较激动状态下的美国民众对韩国产生不必要的反感。与此同时,某韩国民间团体原定于 19 日前往美国国会就《慰安妇决议案》进行游说活动的计划也被推迟,以免收到适得其反的效果。

四、驻美大使的公关活动

在嫌疑人身份确认后,韩驻美大使李泰植立刻紧急返回位于华盛顿的大使馆,并取消了使馆部分公开活动。17 日晚,李泰植参加了由 800 多名华盛顿地区教会和当地韩国教会组织合办的烛光追悼礼拜,强调"在美韩国人应该以枪击案为契机,进行自我反省和忏悔,继续创造融入美国主流社会的机会"。他还提议有关韩国侨民团体轮流绝食 32 天,为 32 名遇害者乞求冥福。

这些活动通过美国媒体广为传播,向美国民众展示出在美韩国人对此次事件怀有同样的震惊和悲痛。

五、借助媒体力量,及时澄清事实

韩国媒体在这起涉及韩国裔学生的突发事件的报道上,采取了颇具"技巧"的处理手法,大大促进了政府危机公关的有效进行。由于韩国社会普遍对枪击案存在忧虑情绪,韩国媒体对韩国政府的决定和措施给予了大量报道,为消除各种传言和稳定民心起到了积极作用。

【扩展阅读】

1. 薛澜,张强,钟开斌著:《危机管理——转型期中国面临的挑战》,清华大学出版社 2003 年版。

2. 罗伯特·希斯著:《危机管理》,中信出版社 2001 年版。

3 郝懿《刍议和谐社会构建与秘书危机公关》,《中国经贸导刊》2010 年第 19 期。

4. 劳伦斯·巴顿著:《组织危机管理》(符彩霞译),清华大学出版社 2002 年版。

5. Coombs, W. Timothy 著:《危机管理与传播》(林文益、郑安凤译),风云论坛出版社有限公司 2002 年版。

6. 唐钧著:《应急管理与危机公关——突发事件处置、媒体舆情应对和信任危机管理》,中国人民大学出版社 2012 年版。